ペップ・グアルディオラ

PEP GUARDIOLA

キミにすべてを語ろう

マルティ・パラルナウ／著
羽中田昌＋羽中田まゆみ／訳

東邦出版

疑いを持つ人々へこの本を捧げる
なぜなら疑いを持つあなたたちは正しいから

CONTENTS

本書におけるサッカー用語一覧　4

訳者プロローグ　6

第1章　時間、忍耐、情熱 …… 11

第2章　最初の戴冠 …… 97

第3章　奇跡的な年 …… 167

第4章　3月のリーグ …… 259

第5章　負けて立ち上がる …… 323

エピローグ　420

【本書におけるサッカー用語一覧】

インテリオール……センターフォワードとウイングの後方で中央よりもサイド寄りに位置する左右の中盤の選手。FCバルセロナでは10番、8番とも呼ばれる。日本ではインサイドハーフ、インサイドミッドフィルダーとも言う。

カンテラ……スペインのサッカークラブの下部組織。また「生え抜きの」という意味合いで使われることもある。FCバルセロナのカンテラは、その寮名「ラ・マシア」から転じて、マシアとも呼ばれる。

サリーダ・デ・バロン……後方からの攻撃の始まり。プレッシャーをかけてくる相手の第1ラインを超えることを目的にしている。ビルドアップの出発点。

サリーダ・ラ・ボルピアーナ……攻撃の始まりであるサリーダ・デ・バロンのやり方の1つ。アルゼンチン人監督リカルド・ラ・ボルペが実践したと言われている。メディオセントロが2人のセンターバックの間にはまり込んでプレッシャーをかけてくる相手ツートップに対して数的優位を作ることを目的とされていたが、今ではさまざまな監督によってその目的や応用のバリエーションが広がっている。

タクティクスーテクニック（戦術的テクニック）……戦術を伴ったテクニック。集団スポーツでは、テクニックと戦術を切り離して考えることはできない。現代では選手の能力を戦術、テクニック、フィジカル、メンタルに分けて捉えている従来の考え方はナンセンスとされている。

ティキタカ……フットボールの1つのプレースタイル。ショートパスを使って移動しながらボールを保持するのが特徴。ＦＣバルセロナやスペイン代表のパス回しを形容する表現として使われる。

デスコルガード……守ってカウンターを狙うスタイルのチームが前線に残すアタッカー。

ドライブ……スペインではコンドゥクシオンと言いドリブルと分けて考える。周りを見ながら主にセンターバックがボールを運ぶこと。ＦＣバルセロナのピケのプレーに象徴される。

パウサ……小休止。英語でポーズの意味。前に急ぎすぎないで、チーム全体を整えるほんの少しの間をグアルディオラは大事にする。

ピボーテまたはメディオセントロ……中盤の選手で、センターバックの前、中盤の底でプレーする選手。日本ではセントラルミッドフィルダーとも言う。ドイツでは6番、ＦＣバルセロナでは4番とも呼ばれる。

ファルソ9……ファルソはスペイン語で「偽」を意味し、従来の背番号9（センターフォワード）のポジションではなく、下がって中盤にポジションをとるセンターフォワードのこと。メッシが有名。

ファルソラテラル……ペップが1年目のバイエルンに適応させた戦術で、ラテラル（サイドバック）を本来のサイドではなく、インテリオールの高さでセンター寄りに配置した偽りのサイドバック。

ポジションプレー……選手が動きながら的確なポジションを保ってパスを循環させることで相手チームの秩序を壊し、自チームの攻撃の態勢を整え、ゴールを狙うサッカーの1つのスタイル。またボールを奪われた後、素早く激しいプレッシャーでボール奪還を可能にするのも特徴。グアルディオラのサッカーに象徴される。対極にあるのがゴール前を守ってカウンターを仕掛けるスタイル。

訳者プロローグ

２０１４年の夏の終わり、妻の一言からすべては始まった。

「パラルナウがペップ本を出すみたいだよ」

「あのパラルナウが……（私はパラルナウ・マガジンの愛読者）」

「そう、バイエルンに1年帯同して書いたみたい」

「えっマジ、1年間も！　ペップは個別のインタビューは一切受けないはずだけど……」

「うん、でも、そう書いてあるよ。カタルーニャの新聞の情報だけど間違いないと思う。初めて知らされるグアルディオラの内密な話って……」

「で、いつ出るの？」

「スペイン語版とカタルーニャ語版は9月の初め！」

私の胸は高鳴った。グアルディオラの内密な話、闘いの中で語るペップの真実の肉声。高鳴る心臓の鼓動は、ペップ劇場へとつながる扉のノックだった。

こうして妻と私の半年間に及ぶスペイン語の翻訳作業が始まった。原書は４３０ページ。幾度も理解に苦しむセンテンスに遭遇したものの、それでも夢中になってページをめくった。ペップは何を語ってくれるのだろうか。まだ見ぬ次のページでの展開に胸を躍らせ続けた。これまでそれほどサッカーに興味を示さなかった妻が徐々にペップやペップが紡ぐサッカーの世界に魅了されていく。そこには、しばしば夜を徹してスペイン語と格闘する、心をときめかせる2人がいた。

本書は、サッカー監督としての私のバイブルとなった。たくさんのことを教えてくれた。「君が見たことや感じたことを、すべて本に書いてかまわない。しかしシーズン中は、チーム内で見たことは一切口外しないこと」

この約束で、ペップはバイエルンの最初のシーズン、信頼を寄せる著者パラルナウに帯同して取材することを許可した。

『Herr PEP』はドイツチャンピオンとなったペップ・グアルディオラ監督の情熱とオブセッション（こだわり、執着）をありのままに綴った真実の物語だ。

ここにはペップ自身の言葉と、闘いの中の緊張感と深い葛藤がある。非公開トレーニングの取材、ピッチやロッカールームでの選手やコーチングスタッフとの語らいもある。

1つだけ本書からの私の学びを紹介したい。

バイエルンは4バックにしたり、3バックにしたり、フォーメーションの変更が日常茶飯事だ。メンバーの組み合わせも目まぐるしく変わる。ラームの中盤へのコンバートや中盤でプレーするサイドバックなど、新たなプレーモデルの数々……。ペップ・バイエルンが戦術変更を頻繁にしながら進化を続ける理由を知りたかった。

翻訳を終えて浮かび上がってきた私なりの答えは、「相手チームを研究し尽くすからこそ進化がある」ということだった。対戦相手を知るからこそ、自らの力を発揮するために自らを変える必要があることを知った。これがバイエルンの進化につながり、ひいてはサッカー全体の進化につながっていると思えてならない。「自分たちのサッカー」という言葉の背後に広がる深淵な世界とその重さを知った。日本サッカーの各チームの形も選手の個性と対戦相手によって決まるのだ。チームは進化（変化）を続けなければならない。チームは生きている。

本書のエピローグで、ペップは13－14シーズンの振り返りと14－15シーズンに向けての思いを語った。それに対して著者ペラルナウが残した言葉の中に次の2行が含まれている。

「2年目の方が1年目よりも厳しいことを、グアルディオラは承知している。だからこれまでの人生で、これ以上ないほど強烈なペップになろうとしている」

14－15シーズンがスタートした。そして瞬く間に時は過ぎ、ペップ2年目のシーズンもいつしか終盤戦に突入している。これまでの戦績だけを見ると、史上最速でブンデスリーガの優勝を手にした昨シーズンにも劣らない数字を残している。チャンピオンズリーグ（CL）でもグループステージを1位通過し、順調に決勝ラウンドに駒を進めた。昨シーズン同様に怪我人が多いこと、ブラジルワールドカップによる影響で多くのスター選手たちが出遅れたことを鑑みてもまずまずの出来と言えよう。補強したシャビ・アロンソとロベルト・レバンドフスキのフィットも早かった。対戦相手によって3バックと4バックを使い分け、変幻自在な選手起用の変化も機能している。最近、興味深かったのは、ビルドアップの時にサイドバックのラフィーニャとメディオセントロのシャビ・アロンソを大きく広がった2人のセンターバックの間に組み込んだことだ。これまではシャビ・アロンソだけが中盤から落ちてセンターバックと3人でボールを運ぶのはよく目にしていたが、わざわざサイドバックをはめ込むライン形成は初めてだった。これはウィンターブレーク明けの2月から、バイエルンの流れるようなパス回しが影を潜め、カウンターを受けないために重心を若干後ろに置く戦い方にシフトした1つの表れなのかもしれない。いずれにせよペップはCL優勝の可能性を高めるためになにかを意識している。つまり「これ以上ないほどの強烈なペップ」が姿を現わし始めたのだ。これから何かが始まる。是非、本書とともにペップ劇場のクライマックスを愉しんでいただきたい。

最後になりましたが、本書出版の実現にご協力していただいた多くの方々に深く感謝を申し上げます。

東邦出版の中林良輔さん、本当のことを言えば、翻訳をしている途中、本書の内容を独り占めして、監督をしている東京23FCの選手たちにだけ伝えたいと思ったことを告白します。8月のあの日、新宿のカフェで出版を引き受けてくれたことに感謝です。そして、豊かな知性とサッカー愛（特にアトレティコ・マドリー）を持って多くのアドバイスをしてくれた友人ユセフ・バシャ（Josep Basha）、難解なカタルーニャ語の人名表記に力を貸してくれたバルセロナ留学時代からの友、愛知県立大学の奥野良知准教授、きめ細やかな構成をしてくれた澤山大輔さんに感謝です。皆さん本当にありがとうございました。

ヨハン・クライフの宿敵だったバイエルンをこんなに応援している自分が信じられません。人生もサッカーもなにが起こるかわからない。だからステキなのですね……。

バルセロニスタ　羽中田昌

Herr PEP

by Martí Perarnau

First published in Spanish in 2014
by RocaEditorial. Original title: 'Herr Pep'.
Japanese translation rights arranged
with SalmaiaLit and Roca Editorial
through Japan UNI Agency,Inc.

第１章　時間、忍耐、情熱

「私たちには忍耐が必要だ」
カール・ハインツ・ルンメニゲ

「私たちには情熱が必要だ」
マティアス・ザマー

「私には時間が必要だ」
ペップ・グアルディオラ

カスパロフの謎　２０１２年10月 ニューヨークにて

夕食会は和やかに、温かい雰囲気の中で過ぎていった。

ガリー・カスパロフはサラダを食べる間、同じ言葉を繰り返しながら頭を揺らしている。「不可能だ……」。3回目には明らかな苛立ちが見て取れた。しかし、ペップ・グアルディオラは、執拗に尋ね続ける。「なぜ若きチェスプレーヤー、マグヌス・カールセンとの闘いに勝つことが不可能なんだ。なぜ……」

2人は数週間前に知り合いになったばかり。不屈の精神、努力、知性、献身、粘り強さ、揺るぎない己を兼ね備えたカスパロフという人物との出会いに、ペップは興奮していた。短い間に2回も食事をともにし、経済やテクノロジー、スポーツについて語り合い、チェスの超人に夢中になったのである。

FCバルセロナの歴史上、最も輝かしい一時代を築いた男は、フットボールのエリートを辞めて、ニューヨークで静かな時間を過ごし始めたばかりだ。監督就任1年目には6つ、4年間で14ものタイトルを獲得。しかしこの偉業を達成するために、ペップは空っぽになった。疲れ果て、苛立ち、取り返しのつかない傷を負う前にバルサに「さよなら」を告げなければならなかった。

ニューヨークでの再出発には、家族との時間を取り戻し、エネルギーを回復するという意味があった。一方、新しい考え方を学ぶことや親しい友と過ごす時間を持つことも目的の1つだった。

その友の1人に、世界的に有名なエコノミストであり、コロンビア大学・経済学の教授で、09－10シーズンにはバルサの経理アドバイザーを務めたシャビエー・サラ・イ・マルティンという人物がいた。サラ・イ・マルティンは、かなり前からニューヨークに住んでいる。

実は、ペップの家族は、ニューヨークに住むことに抵抗を感じていた。子どもたちはまったく英語ができず、クリスティーナ夫人は地元カタルーニャの家業が気になっていた。さり気なく手を差し伸べてくれたのが、サラ・イ・マルティンであり、子どもたちや夫人のニューヨークでの生活に潤いを与えてくれた。「おかげで、家族が思い描いていたより、ずっと素晴らしい1年になった」とペップは感謝している。

カスパロフは、そのサラ・イ・マルティンの親友だった。ある秋の夜、ペップはニューヨークの自宅に彼を招いた。すると思いがけない返事が戻ってきた。

「ペップ、ごめん。今夜はカスパロフ夫妻との約束があるんだ」

しかしこれは、ペップ夫妻とカスパロフ夫妻が会食に同伴するための、さり気なくも魅力的な誘いだったのだ。こうして、2人は出会ったのである。

彼らはチェスとフットボールの話ではなく、テクノロジーと発明、定型を打ち破る価値、不確実なモノを前に怖気づかないこと、そしてパッションについて語り合った。特に、パッションについては多くを語った。カスパロフはテクノロジーの進化に関して慧眼を持ち、自分の意見を示す。彼によると、テクノロジーは投機のためのモノになってしまい、社会に対する経済的な貢献が少ないと言う。また、職業として女性の社会参加を可能にした電気の発明とインターネットの発明とでは、比較にならないらしい。元チェスの世界チャンピオンは「インターネットによって生み出される経済の実際の影響は、電気の発明がもたらしたモノよりずっと劣る」と説明した。例えば、iPhoneはアポロ11に搭載されていたコンピューターのプロセッサーよりもずっと優れている。10万倍は高性能だ。しかし、一方は月に人類を到着させるために使われ、携帯電話は小鳥を殺すために使われている（携帯ゲームソフト『アングリー・バーズ』のこと）。

驚異的な頭脳の持ち主であるサラ・イ・マルティンでさえ、カスパロフとペップの語らいを「知性とインスピレーションに溢れた会話は、とても魅力的だった」と語った。お互いを引きつけ合う魅力を持つ2人は、その数週間後に再び夫妻で夕食をともにする約束をした。

2回目の夕食会で、サラ・イ・マルティンは南米に行って不在だった。チェスに話が及んだ時、ペップはカスパロフのある一言に取り憑かれた。「近く、マグヌス・カールセンは新しい世界チャンピオンになる」と予言したのだ（この会食の1年後の2013年、カールセンは世界チャンピオンになった）。カスパロフは、チェスの完璧な支配のための秘訣、弱点を修正するトレーニングをカールセンに施したことがある。ペップの執拗な質問が続いたのは、この後からだった。

「今のあなたは、この若きチャンピオンを負かすことができますか？」

「私は彼に勝つ力を持っている。しかし、勝つのは不可能だ」

すべての衝動をコントロールし、静かな駆け引きで15年間も世界のトップに立ち続けてきた男の政治的に正しい返答だった。ペップは質問を続ける。

「でもガリー、君は力を持っているのになぜなんだ？」

「不可能だ……」

ペップは頑固者だ。簡単には引き下がらない。3回も同じ質問を繰り返すことも厭わない。チェスプレーヤーは、プロテクトのため固い殻の中に閉じこもってしまった。まるでチェス盤の前で劣勢になっている時のように、瞳は料理のプレートを見つめたままだ。そして再び、愚痴っぽく繰り返すだけだった。

「不可能だ……」

最後に、ペップは戦術を変えてみた。少ししか味わっていないサラダのプレートを横に置き、カスパロフが若いカールセンに勝てないと感じる理由を語るのをじっと待つ。ただの興味本位からではない。彼の答えには、スポーツにおける高いレベルのカギが隠されていると確信したからであった。

ペップは、どうしても知りたかった。目の前に、生きる伝説がいる。その伝説は未だに間違いなく勝つ力を持っている。なのに、なぜ不可能なのか？　もちろん好奇心もあったが、カスパロフの謎は、孫に語るための逸話以上のモノを含んでいるに違いなかった。

ペップにとっては、自分への問いでもあった。「なぜバルサで、あれほどまで消耗したのか。これほどの消耗を、今後どうやって避けたらいいのか」。もしペップを定義するなら、「すべてを疑う人間」とするだろう。不安や無知からではない、完璧を追求するがゆえの疑いだ。完璧に到達するのは不可能だと知っている。しかし、それでも疑問を抱く。だから、いつも「仕事はまだ終わっていない」と感じる。すべての選択肢を見直さない限り、最も良い解決策は見つけ出せないと知っているからだ。チェスのマスターが次の手を打つ前に、すべての可能性を検討する。疑問を解決することへの執着は、ペップという人間の隔てがたい一面である。この男は、最終決定の前にいかなるプレーについても、グルグル思考をめぐらすことができるのだ。

試合の準備に臨む時は、チームの資質を疑わない。選手は攻撃のため、ボールのため、そして勝つために挑む。しかし試合のコンセプトはとても広く、ペップは小さな線まで描く。彼の大きなアイデアは、とても小さなアイデアによって構成されている。準備のため1週間ずっと、小さなアイデアを分解して組み立て直す。何度も、何度も……先発メンバー、選手の貢献度、相手に応じた動き、選手間の調和、相手の攻撃に応じたライン間のインタラクション……ｅｔｃ。

ペップの知性は、まるでチェスプレーヤーのよう。展開を予見し、自分たちと対戦相手のすべてを評価して利害を測る。どこのチーム相手だろうと、準備は同じ。すべてのオプションを細かく砕き、採点するまで1秒たりとも休まない。終わったら再び見直し、グルグルと思案し始める。ペップの右腕マネル・アスティアルタは、ペップを「32分間の王様」と評する。アスティアルタは監督の執着を制止するためにあらゆる手段を使い、気晴らしをさせようとする。しかし、30分以上持ったことがないのだという。

「フットボールのことを忘れるためにランチに誘うんだ。でも、32分経つと遠くへ行ってしまう。瞳は天井を見つめ、相槌を打つだけでもう私を見ていない、そして、対戦チームの左サイドバック、メディオセントロのカバー、ウイングのサポートなどのことを考えているんだ」(アスティアルタ)

カスパロフの答えは、ペップにとっても重要だった。

「なぜ、カスパロフのような伝説的なマエストロが、力があると自覚しながら、ライバルに勝つことが不可能なのか?」

テーブルの話題は再び情熱に戻り、感動の消耗を経て、『集中力』へと帰着した。「たぶん、集中力の問題じゃないかしら」。ペップの妻クリスティーナが言う。そして、夫カスパロフの代わりにダリアが続けた。

「もし1試合だけ、2時間だけなら、ガリーはカールセンに勝つと思うわ。でも、そうじゃないでしょ。ゲームは5、6時間かかる。ガリーはそんな長時間休む間もなく、すべての可能性を計算しながら頭を使って苦しむことを望んでいないと思うの。カールセンは若く、自分が消耗するなんて思いもしないわ。ガリーは違う。一日中、それも毎日毎日、同じことを繰り返すのを望んでいないのよ。1人は集中が2時間、もう一方は5時間。だから、勝つのは不可能なのよ」

「………」

カスパロフは、最後まで「不可能」という言葉以外に、口を開くことはなかった。

その夜、ペップ・グアルディオラは、「カスパロフの謎」を考え続けていた。ほとんど眠らずに……。

雨のミュンヘン　2013年6月24日ミュンヘンにて

バイエルンでの初日は雨……〝サン・ジュアンの日〟だった。ペップは溢れ出る充実感を抑えなければならない瞬間まで、喜びを隠さず、はしゃいでいた。重圧による不安以上に、幸福だった。外の雨も、爆竹と花火で賑わうカタルーニャの祝日サン・ジュアンも、この男には関係ない。再びフットボールの世界に戻るという幸福に包まれている。その上、熱狂的で高性能、エネルギッシュなバイエルンという雄馬の背中に乗れる。この契約の歓喜は、３冠を獲るのに匹敵していたに違いない。

２０１３年６月24日は、バイエルンにとっても歴史的な1日となった。監督就任会見では２４７人もの記者にアクレディテーション（取材許可）が出された。記録的な数字である。皇帝の即位式のような熱狂が、ミュンヘンのアリアンツ・アレーナに充満する。ペップはもはや、バルサを去った時のように疲労困憊してはいない。瞳には輝きが戻っている。その光は、大好きなボールに近づいたことの証、パッションそのものだ。

「私はフットボールが好き。選手になるずっと前から好きだった。プレーすることが、見ることが、語ることが大好きなんだ。このクラブやユースの若者たち、そして何よりブンデスリーガのライバルたちを、より早く学ぶために、私はゼーベナー・シュトラーセ（練習場）に閉じこもるだろう」と宣言した。

その日、プレスルームを見渡すと、ペップから数メートル離れたところにアスティアルタがいた。常に影の存在であり、ペップの右腕だ。ペップが針路から外れないよう、厳しく的確な助言を与える。ときどき、口論になるのが、またいい。その隣のバルサ時代からのスタッフ、ドゥメナック・トゥレンは、ヘルマン・ヘラルドとともにセカンドコーチの任務に就く。ヘラルドはトーマス・ミュラーやダビド・アラバ、フィリップ・ラームを育てた指導者だ。そしてバルサの監督就任時にすべてを捨てペップの下に馳せ参じたフィジカルコーチのロレンソ・ブエナベントゥーラも、ジャーナリストたちに混じって座っている。彼もまた、欠かすことのできない1人だ。さらにその隣にいるのが、スカウティング責任者のカルラス・プランチャルト、やはりバルサ時代からの仲間だ。対戦相手の分析と、より重要な自チームの分析を担当する。

驚きは、ペップの妻クリスティーナと長女のマリアが6列目に座っていること。さらに、ペップのバルサ監督就任を強く後押しした元バルサ役員のアバリスト・ムルトラ、スペインサッカーの映像権を持つ会社を経営するジャウマ・ロウテス、ペップの兄ペーラ・グアルディオラの姿も確認できた。最後に見つけたジュゼップ・マリア・ウルビッチは、ペップの大切な友であり代理人である。

そんな中、クラブの執行役員であるカール・ハインツ・ルンメニゲが、すでに定められた目標を記者たちに説明した。

「チャンピオンズリーグ（CL）の優勝は美しいが、最も重要なのはブンデスリーガのタイトルだ。ブンデスは34試合で構成されるため、チーム作りの役に立つ。しかしCLはそうではない。ペップがチームをどう作り、どう変えるか。私はそれを知りたくて仕方がない」

彼はクラブをさらなる頂きへ導くための決定的なピース、それがペップであると確信している。

「世界ランキングで、バルサに10ポイント差まで迫ることができた。しかし、まだ2位だ。今シーズン大きな成功をおさめたとはいえ、1位ではない。グアルディオラのような監督と契約できたことに大変満足している。バイエルンにとって、この上ない喜びだ」

ペップは、膨張する熱気を冷まそうとした。

「私がバイエルンの一時代を築くなんて、ただの推測でしかない。一歩一歩やっていくだけ。期待は非常に高いと感じているが、簡単なことではない。ちょっとナーバスになっているよ……」

プレスルームに集まった記者たちが一瞬どよめく。ペップがドイツ語で語るのを誰も期待していなかったからだ。流暢とまではいかないが、正確な文法表現に驚いた様子だ。ドイツ人記者たちが矢継ぎ早に質問を始めるほど、達者なドイツ語だったようだ。多くの記者たちが最も知りたがったのは、２００８年にバルサでデコ、ロナウジーニョを切った時のようなレボリューションがあるのかということであった。張り詰めた空気の中に、ペップのドイツ語が溶けこんでいく。

「チームの中で変わることはほとんどない。私の考えでは、４つものタイトル（２０１２年のドイツ・スーパーカップを含めて）を取ったチームは、変わる必要がない。バイエルンはとても良いチームだ。勝利数だけではなく、そのキャリアに対しても尊敬するハインケスのレベルを保つことが、私の最も望んでいること。彼の意見を聞くために一刻も早く会談を持ちたい。ハインケスの後継者になれたことを誇りに思う」

会長のウリ・へーネスは、ペップの話を受けて、こう語った。

「ここでトレーニングするのが想像できる、とペップが言った時、私たちは信じられない気持ちだった」

こうして、新監督とクラブは青年のような情熱と大いなる志、大いなる可能性を携えてともに歩み始めた。しかし、まだ何も成してはいない。すべては今からである。フットボールは常にゼロから始まり、今があるだけなのだ。ペップが会長の言葉に応えた。

「バイエルンのようなクラブが呼んでくれたのだから、準備が整っていなくてはならない。時は満ちた。私にとって、大きな挑戦だ。バルサ時代はもちろん素晴らしかったが、私には新たな挑戦が必要だった。バイエルンは私にその可能性を与えてくれた。ここでは常に良いプレーをし、勝たなければならない。大きなプレッシャーを感じているが、準備はできている。繰り返しになるが、すべて勝ってきたチームに大きな変化は必要ない」

2008年のバルサを任された時のスピーチとは大きく異なっていた。あの時は、試合の最後の瞬間、最後のスローインまで競い、走り、闘うと誓った。ここでは、それらの努力は当然のことなのだ。ペップはその先を見つめているのかもしれない。監督としてのプレッシャーも、ミュンヘンのビールや雨のように当たり前なのかもしれない。ペップは、ただこの街の景色の一部となるのだ。最後に、自分のフットボールの理想を短い言葉でメディアに語った。

「私が常に抱いている理想は、攻撃、攻撃、そして攻撃することです」

その後、ペップが初めてアリアンツ・アレーナのベンチに座る姿を確かめるために、プレスルームの人々はピッチに降りていった。雨上がりの外の空気に触れ、私は監督の好きなギリシャ人の詩人・カバフィスの〝イタカ〟の一説を思い出し、ペップに向けて言葉をかけた。

「旅路が長くありますように……」

するとミュンヘンの爽やかな朝の中にいる1人のカタルーニャ人が、ゆっくり踵を返してカタルーニャ語で付け加えた。優しく微笑みながら……。

「旅が良いものになりますように!」

ペップには、ボールと情熱とフットボールが必要だった。バイエルンには、いったい何が必要なのだろう?なぜ変化しなければならないのか? 無敵の3冠馬が、なぜ騎手を変えなければならなかったのか?

バイエルンが監督を変える理由は理解できる。

・最も成功したシーズンの後に、より一層の知的な努力をチームに要求するのは難しい

・クラブは、アイデンティティを失い苦しんでいた時期があった

新しい道筋を照らす知恵を模索する幹部たちは、クラブの在り方や経営を改めて考え直さざるを得なかった

のかもしれない。バイエルンは歴史、可能性、資金力、自尊心、社会的サポート、栄光に満ちたキャリアを持っている。数えきれない成功は、ゲルマン人の最も良い長所が築き上げた。信じる心、鋼のような精神力、忍耐の持続性……。

しかし、ドイツサッカーを現代のフットボールとして定義するものは何一つなかった。ヘーネスとルンメニゲは、足りないものを獲得することに決めたのだ。単にタイトルを取るためだけではない。タイトルも狙うが、不滅と主導権を握るアイデンティティの印を求めたのだ。バイエルンを象徴してきた粘り強さや気力、フィジカルだけではない別の何か……。

ミュンヘン人の賢さを最も示すのは、頂点にいる時にリノベーションしようとする心意気なのだろう。バイエルンには、ハインケスの路線を踏襲する選択肢もあったはず。しかし、ペップの手でもう一歩前進し、特徴を備えたチームにすることを望んだ。簡単なプロジェクトではない。ハインケスは、とても高いバーを置いていったのだから。

ペップの瞳は、バイエルンのパラドックスを映し出す。これ以上登ることができない山頂にいるのに、もう一歩前に踏み出そうとするパラドックスを。

この日、アリアンツ・アレーナのピッチの上で、ペップは来るべき月日をサポートしてくれるテクニカルディレクターのマティアス・ザマーに、パラドックスに挑む共謀犯としてのサインを送った。ミュンヘンは年に１３４日も雨が降る。ペップはこの、当たり前の雨に慣れなければならない。

旅立ち、バイエルンへ　2012年10月 ニューヨークにて

この5カ月の間、ペップは多くのオファーを受けた。オファーといっても具体的な金額が示されたわけではない。チェルシー、マンチェスター・シティ、ACミラン、そして当然のことながらバイエルンから。それは、ペップの手腕に心を奪われた者たちによる、一種のラブレターのようなものだった。

バルサと別れるまでの道のりは、長く厳しかった。クラブとコーチのティト・ビラノバに決意を告げる前に、彼は友人のアスティアルタに気持ちを打ち明けていた。多くの言葉を尽くして説明したはずだが、実のところ「消耗」という一言にすぎなかった。集中と緊張の4年間で、ペップのハートと身体は空っぽだった。自分の持っているサッカーのすべてを与え、これ以上貢献できるものはないと感じていた。

しかし、それだけが動機ではない。4年間、ペップはバルサで監督として、リーダーとして、スポークスマンとして、事実上の会長として、また、試合の移動のオーガナイザーまでもこなしてきた。1年目は、エネルギッシュで衝動的、大胆かつ強烈な個性のジョアン・ラポルタ会長の下で働いた。次に会長の椅子に座ったのは、サンドロ・ロセイ。物腰の柔らかさとエリートとしての冷静さを兼ね備えているが、必要に応じてまったく異なる顔を使い分ける人物だった。芝居がかった尊大なラポルタに対しては、ペップは慎しみ深さで彼をフォローした。必要以上にモラルを気にする臆病者のロセイには、常にエネルギッシュさで応えなければならなかった。この2人の会長との関係は簡単ではなかった。

ラポルタには感謝している。親友という仲ではないが、2つの輝かしいチャンスを与えてくれた。1つ目は、3部から2部に昇格させたバルサBの指揮官に採用してくれたこと。ペップはこの昇格をCLやスペインリーグのタイトルに並ぶ功績の1つとして、いつも大切にしている。初めての采配は、それだけ困難だったのだ。

2つ目は、1年後のトップチームへの監督就任。ペップの感謝の気持ちは誠実だ。クライフのドリームチームの同僚で、当時、バルサのスポーツディレクターだったチキ・ベギリスタインにも同じように感謝の気持ちを捧げている。

ラポルタとの年月は、異論の余地のないほどの成功をおさめたが、苦労も多かった。チームは1つの道を進んでいたが、クラブ全体はそうではなかった。フットワークの軽い小舟を操るのではなく、動きの鈍い大型船を操縦しているような感じだった。ペップが舵を取るピッチの上のリズムや方針とは確実に違う方向へ、巨大になり過ぎたバルサは向かっていた。それでも、ラポルタとのスポーツ面での調和は合致し、チームはすべてのタイトルを勝ち取ったのだ。

２０１０年初頭、ペップは自分の将来が容易ではないと悟った。ロセイが、その年の夏に行われる会長選挙の有力候補者だったからだ。ラポルタとの意見の不一致が原因で副会長職（２００３~２００５年）を辞した後に、圧倒的な支持で後継者として戻ってきた。新会長は、極めて煩雑なクラブの仕事に加え、官僚的な仕事のやり方を押し付けてきた。それは、ラポルタ派だと思われていたペップに対する遺恨と敵意でもあった。仲間内で、ペップのことを「ダライ・ラマ」と呼び、その厳格な態度を揶揄した。ロセイは、前任者が手に入れた6冠に苛まされていたのである。

そして、会長としてロセイが初めて下した大きな決定の後、2人の距離はさらに開いていった。経理上の問題で、ラポルタを訴えるかどうかをソシオ（会員）に問う選挙を強行したのだ。つまりソシオに最終決定を託して、巧みに過去を断ち切ろうとした。これが、ペップの「さよなら」の始まりだったのかもしれない。

4年の間、ペップは選手たちに最高のパフォーマンスを要求し続けてきた。多少の摩擦が生まれるのは自然なことだ。多くの選手たちは、動じることなく冷静にトレーニングを続けた。しかし、数名の選手たちは、獲得したタイトルの多さに惑わされ、選手の能力だけで世界一になったと過信するようになった。ビッグゲームだけしかモチベーションを持たず、極寒の地でのゲームや2月の最悪なピッチコンディションのアウェーなど、不利な試合を避けるための言い訳を探し続けた。契約したばかりのある選手も、信頼には応えてくれなかった。

ある日、ペップは言った。

「選手たちの瞳に輝きがなくなったら、チームを去る時だ」

そして2012年の初め、実際に何人かの選手たちの瞳から輝きがなくなった。バルセロナの街では、「ピケ、セスク・ファブレガス、ダニエウ・アウベスを切ってチームを作り直そうとしたが、ロセイが協力しなかったからペップは辞めた」とまことしやかに語られている。ペップは言う。

「それは違う。何の関係もない。私が会長に辞意を伝えたのは2011年10月だった。その後、私の考えは1度も変わらなかった。チームを作り直すなんてことはあり得ない。去ることを決めていたんだから。私は消耗しきって辞めた、ただそれだけ。そのシーズンの真実は、3−4−3でレアル・マドリーに、3−7−0でクラブワールドカップに、かつてないほど良いプレーをして勝ったこと、4つのタイトルを手にしたことだけ。私たちは素晴らしいプレーをした。しかし私は限界だったし、チームに与える新しい戦術がはっきりと見えてこなかった。だから私は去り、それ以上のことはまったく何もなかった」

ニューヨークでの10月のある日、アスティアルタは毎週のルーティーンであるペップとのインターネット会談で「準備してくれ。バイエルンを選んだ」と告げられた。

ペップとアスティアルタはともにスポーツマンで、オリンピックチャンピオンだが、2人の間には相違点がある。だからこそ、素晴らしい関係で補い合えるのだろう。ペップはピッチの上で思いがけないようなパスをするのが好きな、並外れたフットボリスタだ。相手のGKから遠いところでプレーして、前例がないほどチーム全体を動かしてきた。アクションする前に、次のアクションを常に考えている。チームの優位性を作り出すため、あらゆる手段で、チームメイトたちを最も効果的なポジションに配置させる。ペップの成功は、チームをオーガナイズするところにあった。

アスティアルタは、「水の中のマラドーナ」だった。唯一無二の水球選手であり、試合で得点を稼ぎだす素晴らしい才能を持っていた。連続7年もの間（1986〜1992年）世界ナンバーワン選手に選ばれ続けた。すべてのタイトルとメダルを取り、勲章も与えられた。エリアの中のキラー、飽くことを知らないゴールゲッターだった。スペイン代表として578試合に出場し、1561点をあげ、オリンピックに6回出場している。個人技で試合を救い、「水中のマイケル・ジョーダン」とも呼ばれた。オリンピックと他のすべての大会で4大会連続得点王に輝いたが、スペイン代表として金メダルを獲ることは叶わなかった。しかしペップと親交を始めたころから、彼は変わった。個人主義者的なやり方でプレーを続けたら、個人記録は作れるかもしれないが金メダルを獲ることはできないと悟ったのだ。

バルセロナのオリンピックで銀に終わった後、彼はプレースタイルを修正し始めた。厳格な自己批判を行い、エゴイズムを押し殺し、コレクティブなポジションにつき、誰よりもディフェンスをした。すると、チームメイトが変わり始めた。皆個人技に走らなくなったのだ。アスティアルタは得点王にはならなかったが、チームはオリンピックの金メダルを獲得した。2年後のワールドカップも引き続き優勝した。彼の献身が、チーム全体の成功をもたらしたのだ。

バルサでの4年間と今のバイエルンで、アスティアルタはペップの影であり続けている。集団としての必然性と個人の正当な欲望との間でどうやって折り合いをつけるか、誰よりも熟知しているゴールゲッターなのだ。「マラドーナ」や「マイケル・ジョーダン」だった頃に比べ、彼の性格は慎み深くなっていた。雰囲気の臭いをかぎ分けて、直感を駆使する。次のプレーを予測し、経験によってチームを輝かせる。まるでサッカーの中盤の選手がFWのためにパスを出すように。ペップは言う。

「監督は、とても孤独だ。隣に、誠実な人間が必要なんだ。うまくいかない時や孤独な時、信頼できる人に近くにいてほしい。マネル（アスティアルタ）は常にそうだった。私のため多くの具体的な仕事をこなし、私を不愉快にしたり疲れさせることを処理してくれる。マネルこそ自分に疑問を抱いたり、良くない時に、助けてくれる人間なんだ。もちろん多くの良い瞬間も分かち合ってきた。彼は最高のスポーツマンで、特別な直感を持っている。競技種目は違うが、最終的にスペシャリストというのは、とても似ているのだと思う。

マネルは行くべきか、行かざるべきか、直感で感じ取る。チームがハーモニーや慎重さを失ったら、ロッカールームが自分のモノと感じられなくなったら、チームの結束が崩れ出したら……。こういうコトは、特別な直感からしかわからない。マネルはそれを持っている。彼が世界チャンピオンだったからではなく、特別な直感の持ち主だから、それゆえ一流なのだと思う。一般のスポーツ選手は、機械的な判断しかできない。真に上等な人間は、プラスの直感を持って際立っている。それとは別に、私たちは友人同士だよ。『水中のマラドーナ』は、些細な仕事でも誠意を持ってやる。ずっとそうだったし、これからも、そうあり続けるだろう」

2012年10月のニューヨーク。マリア、マリウス、バランティーナの3人の子どもたちは、未だに英語の学習と学校に慣れずに苦労していた。カタルーニャ人監督には、フットボールクラブのオファーの電話が頻繁にかかってきていた。シティのチキ・ベギリスタインは執拗だった。アブラモビッチは大風呂敷を広げてきた。ドイツ人たちはまじめだった。大きな約束は何もしなかった。

「準備してくれ。バイエルンを選んだ」

今すぐ契約書にサインする、という意味ではない。プレーについての談話を持つこと、ギャランティの交渉のための場を持つという意味だった。へーネスの返答は早かった。「心配ない、金は探す」。バイエルンは銀行からの借り入れなしにペップとの契約を決めた。最初に必要な投資を決定し、出資者にそれを伝えた。今回の投資対象はペップだ。

フットボールについての話は、簡単なものだった。ペップ、へーネス、ルンメニゲは即座に理解しあった。マリオ・ゴメス、ルイス・グスタボ、ティモシュチュクについての議論もした。バイエルンがトニ・クロースの放出を望んでいないことも確認した。11月にはニューヨークのペップの自宅でへーネス会長が見守る中、契約が交わされ、1月に公表された。テレビ局スカイ・イタリアが、次期バイエルン監督はペップだと暴露してしまったため、クラブは公表を２０１３年1月16日に早めねばならなかった。バイエルンは、ハインケスへの配慮が足りなかった。ペップとの契約を伝えていなかったのだ。メディアの情報を通して知らされたハインケスは、面白くなかったにちがいない。この時点では、まだ、彼が3冠を獲ってレジェンドとしての地位を確立するとは誰も想像していなかった。

なぜ……なぜ？　２０１３年6月25日 ミュンヘンにて

「私たちは、ニュー・バイエルン構想の第3段階にきている」

かつてバイエルンとレアル・マドリーのレジェンドだったパウル・ブライトナーに、進行中の改革について語ってもらった。

「バイエルンは同じシステムで数十年間プレーしてきた。パル・チェルナイが監督だった70年代の終わりに選手だったカール（ルンメニゲ）と私は4－1－4－1、4－2－4あるいは4－4－2と呼ばれるバイエルンのスタイルを確立したんだ。それが、ごく最近の2008年まで続いた。多少の相違はあったものの、実際には、いつも同じ戦術だった。システムはすでに賞味期限切れになっていて、21世紀には過去の遺物に過ぎなくなった」

バイエルンは、変わらなければならないと確信していた。だが、ルイス・ファン・ハールが来るまでは、何をすべきかがわからなかったようだ。

「現代サッカーでは、バルサのようなスタイルだけがタイトルを取れると考えていた。とにかく動く、ポジションを変えてボールを循環させる。バルサはリズムを変えてボールを保持し、まるでバスケットボールのようなサッカーを始めた。90分間で5時間もボールを保持する勢いだ（笑）。新しいアイデアが導入されるまで10年ぐらいは、この形が続くだろうな。私たちの時代遅れのサッカーも、ファン・ハールが現代風に変えてくれた。適任だったと思うよ。バイエルンのシステムは完全に変わったのだから」

ブライトナーによれば、ファン・ハールは改革の最初の段階を演じたことになる。

「ボールを保持するチームにして、システムも変えた。クラシックなプレーの代わりに、ポジションプレーを始めたんだ。しかしそのポジションは固定されたもので、各自が影響するサークルを持つだけだった。そのサークルから出ることも、出る義務もなかった。ともかくボールに触って、パスをしながらプレーし始めた。ボール保持率は80パーセントにまで上がったが、動きが少ない上に遅い。アリアンツ・アレーナでは30分も経つと皆あくびをしていた。7万1000人の観客たちは、瞬間、瞬間で何が起こるかわかってしまう。正確なプレーだったが、非常に予測しやすかった」

そして、ユップ・ハインケスが構想の第2段階を指揮した。

「ファン・ハールのシステムを保持したが、ただボールを持つだけ、という考え方を変えた。スピードとリズムの変化が必要だったんだ。確立されるまでに2年かかったよ。2年目のファーストシーズン（8月～12月）は修正しなければならない動きが多くあったが、セカンドシーズンには最高の勝ち点を得た。2月には、すでに望んでいた速さとリズムを備え、シーズン当初とはまったく違うチームになっていた」

そして、第3段階のリーダーとして選ばれし者がやってきた。ペップ・グアルディオラだ。

「ハインケスは、まだ固定したポジションでプレーしていたが、スピードとゴールを取るという目的は叶った。これからはポジションチェンジ、コンスタントなボールの循環、選手の流れるような絶え間ない動き、止まらないプレーをペップとともにやるだろう。まさに2、3年前の魅力的なバルサのサッカーへと続く道の途中に、私たちはいる」

ブライトナーの話は70年代の終わりから、ペップが新監督として就任した現在まで進んだ。バイエルンは、オットマー・ヒッツフェルトからペップまでの10年間に7人もの監督交代があったことを忘れてはいない。この交代の多さは、安定のなさを象徴している。ブライトナーの話には、一貫性があった。

ドイツサッカー誌キッカーの記者ムニール・ジトゥーニは、グアルディオラのオペレーションが成功するためのキーファクターとして、感情と知性の問題に言及している。

「ペップはプランを持っている。選手は考え方を変えなければならない。記者もまた、理解のための努力が必要だ。選手が新しいやり方に適応できるかどうかが、とても重要になるだろう。しかし、ペップもまた、適応しなければならない。ここの選手たちは、すでにとても高いクオリティを持っている。選手と監督、両サイドの妥協が良い結果をもたらすだろう。これは、感情と知性の問題になるだろうね……」

ドイツの中で最もフットボールが盛んなミュンヘンでは、ビールと意見を分かち合うために、すべての記者たち、ブロガー、ツイッター、クラブのファンたちがグループを作って集う。#tpmuc と名付けられたグループの1つと夕食をともにした。シュテフェン・ニーマイヤーはメンバーの1人で、バイエルンのすべての試合を追いかける熱狂的なサポーターだ。ペップの就任が決まる前から、ペップが最も適任だと思っていた、と語った。

「2012年5月、僕らはリーグとCLとカップ戦すべてを失った。今でこそバイエルンは完璧なチームだと言われているけれど、あの頃はそうじゃなかった。でもバイエルンの良いところは、常に前進と向上を続けようとすることだ。ハインケスがそれを実行した。今度はペップの番だ。ハインケスの遺産が特別なのは明らかだけど、まだモチベーションは残っている。モウリーニョのチェルシーに欧州スーパーカップで勝つこと、CLを2年連続で獲ること、才能豊かな選手たちをもっと伸ばすこと……まだまだ、やることは残されている。ペップにはできるはずだ」

フットボールの世界では、成功の後の変化は、高いリスクを伴うと考えられている。その成功が大きければ大きいほどリスクも高い。ニーマイヤーは、さらに熱く話を続ける。

「ペップは去年まで世界一の監督だったのだから、理に適っている。ペップが監督として前進できるチャンスをバイエルンは持っている。互いの前進のための決断が必要だったし、この契約は適切だったと思う。ドイツサッカー、バイエルン、ファン、そしてペップ。すべてにとってウィンウィンな決定だ。ペップはバルサで学んだ完璧なフットボールを応用するためのプランを持ち、違う地域のフットボールや知性を学びたがっているんじゃないか。バイエルンを分析する多くの時間はあったはずだ。バルサをそっくりコピーするんじゃなくて、今のチームに多少の変化を加えて、バイエルンをより良いチームにしようとしている。3年もすればペップは他の国へ行って、他のスタイルを探すかもしれないね」

ドイツリーグ（DFL）の最高責任者のクリシュティアン・セイファートも、こう語っている。

「ドイツ中がペップに夢中だ。この契約で、嫉妬や苛立ちは起こっていない。ブンデスリーガ全体への良い影響と、大きな魅力になる、と誰もが考えている。彼とともに私たちは成長できるはずだ」

再びパウル・ブライトナーに登場してもらおう。

――バイエルンの理事たちは、バイエルンで機能していたモノを変える勇気を必要としたはずだが？

「このことを言わないと、現実を無視してしまうことになるね。12－13シーズンが始まる前に、ユップ・ハインケスはヘーネスとルンメニゲに対し『これが最後の年だ』と告げた。その時バイエルンの経営陣は、ペップのことを考えた。バイエルンが3冠を獲るずっと前からだ。3月に入って多くの人々が『なぜ？　チームは良いプレーをしていて、全部のタイトルを取った監督を変えるのか』という疑問を抱いた。その理由は、2012年6月にハインケスがすでに辞める決断を下していたからだ。クラブはペップを監督に招くためのリスクを何も冒していないし、『新しい監督はペップであるべきだ』と全員が納得していた」

――バイエルンは、少し前のバルサのように、または70年代のバイエルンのように欧州を支配できるのか？

「毎年CLのタイトルを取らなくても、この先、5年間は欧州サッカーのリーダーになるのは間違いないだろう。チームがより良くなるために、毎年CLのタイトルを取る必要はない。5年前のバルサのように、バイエルンはフットボールで成功をおさめるだろう。私は確信している」

――フランツ・ベッケンバウアーのクラブが成功のためにヨハン・クライフの息子（ペップ）と契約するのは、パラドックスではないのか？

「パラドックスでも何でもない。私たちはオランダサッカーに大きな敬意を抱いている。クライフは友でありライバルだ。偉大な人間であり、バルサ時代は素晴らしい監督だった」

ベッケンバウアーとクライフ。バイエルンとバルサの象徴であり、ドイツとオランダのシンボル。1974年、ミュンヘンでのワールドカップ決勝でも対戦した。彼らの後継者たちが今、欧州サッカーの覇権を握るという同じ目的のために結びついている。連綿たるフットボールの歴史の中で、グアルディオラはチェス盤の上で赤い駒とともにプレーしているのかもしれない。

ブライトナーの言葉で締めさせてもらおう。

――なぜペップ・グアルディオラだったのか?

「ペップ以外の誰も考えられなかった。私たちバイエルンは『どうやったらペップが来てくれるか』だけを計画していた。それが私たちの未来への、唯一の可能性だったからだ」

初トレーニング　2013年6月26日 ミュンヘンにて

もし、ペップが戦争に行かなければならないとしたら、真っ先に召集するのがロレンソ・ブエナベントゥーラだ。ブエナベントゥーラは根っからの早起き。朝6時に起きるのも、苦にならない。夕方のトレーニングプランの最終見直しのために、ずいぶんと早い時間にペップと朝食の約束をした。これで6月26日、アリアンツ・アレーナで開催されるトレーニング初日の組み立ては完璧だ。

ペップはニューヨークから、ブエナベントゥーラはスペインのカディスから、これまで意見交換をしながら7日間のトレーニングプランを作成してきた。ブンデスリーガが始まる8月9日の金曜日までに、3つの公式戦を含む13試合を組む。この中には、ボルシア・ドルトムントとのドイツ・スーパーカップも含まれていた。

２０１３年5月14日、ペップは最初の7週間のプランの概要を5行のメールでスタッフたちに送っている。内容はいたってシンプル。ドイツ・スーパーカップに向けて競争力を高めること、ブンデスリーガを良いコンディションで始めること、イタリアでのキャンプのことも含めたドイツ語とカタルーニャ語の簡潔な文書だった。バルサ時代、ずっと対処してきたアメリカやアジアへの恐ろしいプレシーズンのツアーと無縁なのは、天の恵みであった。

ブエナベントゥーラにとっても、それは同じ。新しいバイエルンのフィジカルコーチとして、彼は45日間のトレーニング、うち12日間は午前と午後のダブルセッションを組んだ。バルサの時には、このような好機を持ったことなど一度もない。ここでは、トレーニングと試合を重ねながら約60ものセッションをたった7週間で持つことができる。多忙なビッグクラブにとっては贅沢極まりない話で、自ずと笑顔になっていた。

ブエナベントゥーラは英語もドイツ語も話さない。しかし、バイエルンの人々の間でスムーズに働く。師匠は、陸上競技出身で、フットボールやチームスポーツのフィジカルトレーニングの学校をつくったパコ・セイルロ。ヨハン・クライフのドリームチームでそのメソッドを実践し、25年の長きにわたりバルサの選手たちのフィジカルを作ってきた。その成功は周知の通り。セイルロから、3～5日という短いサイクルでトレーニングを組み立てるメソッドを学んだ。ここで言うフィジカルとは、各選手に適した持久力、スプリント力、または瞬発力のことを指す。次の試合に照準をあわせた〝タクティクスーテクニック〟とコンディションをシミュレートしながら、常にボールとともにフィジカルのトレーニングをするのだ。あたかも、試合をするようにトレーニングする。トレーニングのすべての瞬間に、ペップが提示するプレーの原則が存在しなければならない。

それぞれのトレーニングセッションは、ペップとブエナベントゥーラが取り決めた〝タクティクスーテクニック〟の特定の目的が優先される。例えばある日は、サリーダ・デ・バロン（ビルドアップの始まり）。別の日は、ボールを失った後のプレッシャーのかけ方などだ。新バイエルンのペップのトレーニングは、監督でも選手でもなくボールが主役だ。ルンメニゲは、「今すぐにでもペップがチームをどう変えるか、トレーニングを見てみたい」と好奇心を露わにする。マティアス・ザマーは別の表現を使った。

「私たちがペップを知り、ペップが私たちを知る時がきた。お互いが可能な限り謙虚に、ともに仕事をする時だ」

ルンメニゲやザマー、選手たちにとって、最初のトレーニングは驚きだったに違いない。長距離走や1000メートル走、ウェイトトレーニング、筋トレのサーキットなど陸上競技のようなセッションが1つもないのだから……。

ウェスティン・グランド・ミュンヘンホテルでの朝食後、7時30分にはホテルを出た。トレーニングは夕方からだったが、メディカルチェックに来る選手たちに挨拶をしたかったからだ。ペップたちがアリアンツ・アレーナに着くと、ハインケスの後を引き継いだベテランコーチたちも到着したばかりだった。ドゥメナックとともにセカンドコーチを勤めるヘアマン・ゲルラント、2011年にGKのノイアーとバイエルンにやって来たGKコーチのトニ・トパロビッチ、そしてブエナベントゥーラの下で仕事をするフィジカルコーチのアンドレアス・コーンマイヤーとトーマス・ウィルヘルミがそこにいた。

午後4時、フィジカルコーチ陣はアリアンツ・アレーナのピッチに降り、トレーニングの準備を始めた。3人のユースの選手たちも、セッションの見本を示す役割として来ていた。洪水被害のための募金として1人5ユーロの入場料を課したが、7000人近くのファンが集まった。アリアンツ・アレーナに最も近いフレットマニング駅が改装中のため、アルテ・ハイデ駅で降り、バスに乗って移動しなければならない。道中は長い。メトロの中では、ほとんどの者たちが携帯電話を手に持っているが、話をする人は誰もいない。静かだ。大騒ぎの地中海から来た人間にとっては驚きだった。ときどき、誰かがその静寂を破って携帯で会話を始めるが、ささやき声で終わった。

しかしこの静かさが、試合の日には喧騒へと変わる。メトロやバスの車両は、ファンの期待や歓びの声で溢れかえる。対戦相手のファンの声も混ざり合い、いつの間にかメトロの旅は応援歌のコンクールと化すのだ。

こうして午後5時1分前、20人ほどの選手たちが（セカンドチームの選手たちがほとんどだが）ピッチに姿をあらわした。この日、ペップはシーズンの目的や今後のことなどを一切話さなかった。多数の選手の不在が理由である。ハビ、ダンテ、ルイス・グスタボは7月15日まで来ない。アリエン・ロッベン、アラバ、マリオ・マンジュキッチ、ジェルダン・シャキリ、ダニエル・バンブイテン、クラウディオ・ピサーロらは1週間後のイタリア合宿から参加する。ケガ人のマリオ・ゲッツェ、バスティアン・シュバインシュタイガーも、昨シーズンから離脱中のホルガー・バドシュトゥバーもいない。よって長い演説は避け、センターサークルの中で、短く語っただけだった。

「1つだけ要求がある。走ってくれ。プレーやパスのミスはOK。しかし走らないのは許さない。もしそれを破ったら、ここから出ていってもらう」

彼にとっての真のオフィスであるピッチに戻ってきた。398日ぶりのトレーニング。こうして、ペップらしくトレーニングは始まった。

セッションは、ウォーミングアップのロンドから。8人ごとに3つのグループを作り、それぞれ円周上の6人が最高のスピードでパスを回し、中の2人がボールを奪う。子どもの頃からやっているバルセロナの選手たちよりもずっと流れが悪い。ヨーロッパチャンピオンたちは、ロンドに関しては不器用だった。ペップは思わず頭を掻いた。一方、選手たちは陸上競技のような練習を思い描いていたのに、のっけからボールに出くわしてしまった。

正面スタンドの下の観客席にはファンがいっぱいだが、誰の声も聞こえない。元来、ドイツのサッカーファンは、とても騒がしい。試合の日には、このモダンな大聖堂は歌で満たされる。しかし、トレーニングに立ち会う時は主役に敬意を払って、静かに見学するようだ。

8分間のロンドを2回、いくつかのボールを使った動き。常にボールに触れながら、ウォーミングアップは過ぎていった。そして、3つのラインを使った持久力のトレーニングで、ペップとブエナベントゥーラは修正のために幾度となく中断しなければならなかった。選手たちは理解するのに苦労している。特に若い選手たちは何度も繰り返さなければならず、グアルディオラは心配そうに頭を掻いた。

3つのラインのトレーニングについて、ブエナベントゥーラが説明してくれた。

「70メートルのラインを、行きと帰りで異なった2つのリズムでプレーする持久力トレーニングなんだ。行く時は3つの〝タクティクスーテクニック〟を実践するので、遅いリズムでやらなければならない。戻る時はただ走るだけ。全部で約6分の行程だ。往復で150メートルだが、4キロを走るのと同じ負荷になる。素走りだけではない持久力トレーニングで、後々ゲーム形式のトレーニングにもつながるように、連携の練習を入れている。往路には、ペップのプレーコンセプトが入っている。1つ目は第3の動きを使って、前向きでパスを受ける。2つ目は、2×1。3つ目はコーンの間を通ってパス。1つ目のコンセプトでは3人の選手が協力し、2つ目と3つ目は、個人でやる。彼らにとって、これまでのやり方とは違う新しい持久力のトレーニングだ。去年までの800~1000メートルの素走りの代わりにボール、連携、プレーのコンセプトを導入してやっている」

ベンチには、6月3日に右足首の手術をしてリハビリ中のシュバインシュタイガーがザマーとともに座っている。最初は10日で回復すると医師に言われていたが、倍以上の時間が経ってもトレーニングに戻れない。バトシュトゥバーとゲッツェは、スタンドからチームメイトの動きを見ている。バトシュトゥバーは、ドルトムント戦で負傷した右ひざ前十字靭帯の手術を受けたが5月に再発、９月に再手術の予定だ。隣に座っているゲッツェは、４月30日のＣＬセミファイナルのレアル・マドリー戦でのハムストリングの肉離れ。ファイナル出たさにリハビリで無理をして再発。２カ月に及ぶ離脱となっている。この３つのケガが最も長いケースだ。ペップが、再び頭を掻くのが目に浮かぶ。

ピッチの上では、ブエナベントゥーラが指揮をとって、ボールを使った持久力の基本練習が終わっていた。セカンドチームの若い選手たちは必要以上に速く走ってしまい、フットボリスタとしての不足を露わにしたが、おそらく10回ほどのトレーニングを終えた頃には、エクセレントになっているだろう。

４番目は、４分間のポジションプレーの練習。〝コンセルバシオネス〟と名付けられたセッションだ。ペップにとって、非常に重要なセッションになる。長方形のグリッドの中に三角形の３人のフリーマンと４人のディフェンダーが入る。周りに４人の選手が位置し、ボールを失わないようにパスを回し続ける。ボールはワンタッチで循環させる。ペップは何度も「プレッシャー、プレッシャー」と力強く叫んでいた。ボールを速く循環させて、ボールを奪う時は激しく強いプレッシャーをかける。これが最もバイエルンに備えてもらいたいチームの印なのだ。

このセッションでは、２人の選手に頻繁に指示が飛ぶ。最初はトニ・クロース。コンスタントに流れるようにパスを循環させるための身体の向きのアドバイスを受ける。次を考えてパスを出すことで、常に自分より前にいるチームメイトたちに時間を与えることができる。選手時代のペップにとっては自明の理であり基本だった。バイエルンサッカーの未来の指揮者たりえるクロースのために、多くの時間を費やした。

ただパスをするのではなく、意図を持ってパスをし、次のアクションのため即座にポジションをとる。それが、チームメイトに次のプレーの選択肢を提供する。イニエスタの最も重要な特性は、彼のパスによって仲間がパスを続けられること。自ら（ゴール近くのプレッシャーの厳しい場所で）三角形の頂点となってサポートを提供し、止まることなくボールを動かし続ける。イニエスタのいるチームは、いつも試合をコントロールして支配できる。パスの循環のために身を捧げ、時には動きながら、時には適したポジションにとどまって。

このパスは、何の役に立つのか、出す前に考える……。

だがクロースにとって、それほど難しいことではなかったようだ。次の練習の時には、ペップの教えをほぼ自分のものにしていた。

次に指示が飛んだのが、磨けば未知の才能が発揮されるジェローム・ボアテング。ディフェンスラインを保つ、迎え撃つのではなくこちらから仕掛けるディフェンスをする、集中力を切らさない、この3つの弱点を改善することがシーズンの目標だ。トレーニング初日からペップは、今までチームがやっていた位置よりもずっと高いところにディフェンスラインを敷くよう指示した。相手のFWの動きを予測し、後ろからではなく、より高い位置で速さとアグレッシブさと大胆さでディフェンスするのが目的だ。ハビ・マルティネス不在の今、ボアテングの成長がバイエルンのパフォーマンスのカギとなるだろう。

集中して〝タクティクス－テクニック〟を追求した80分間のトレーニングが終わった。このように次の試合のための戦術が設定され、常に100パーセントの力で臨む約1時間半のトレーニングはシーズン最後まで続くだろう。ペップは、その後2人の選手と単独で話をした。1人目は、中盤の選手で2013年4月に17歳でトップデビューを果たしたピエール・エミール・ホイビュルクだ。ダイヤの原石のようなデンマークのヤングボーイを、最初のセッションからよく観察し続けた。トレーニングが終わってからは、歩きながら話をした。

今後、集中して強度の高い4週間のプレシーズンと、長いレギュラーシーズンを通して慌てず急がず、サッカーの秘訣のすべてを教えていくつもりだ。ペップは、自分と同じポジションのホイビュルクに経験を細かく伝えるのだ。

2人目はリベリー。セッションの終わりを告げるストレッチと、プロプリオセプションのコンビネーションと、軽い腹筋の最中に話をした。ペップは彼のFWとしての才能に魅了されている。一方、リベリーは自分のキャリアを押し上げてくれるペップの可能性に惹かれ、互いに尊敬しあっている。しかし、理解の形を完全に見つけるまでには、まだ時間がかかるだろう。ペップはこの時、センターで攻撃するのは快適かどうかを質問した。リベリーにとって、ペップが言いたいことを理解するのは簡単ではなかった。

ペップの理想のFWは、エリアの中に最初からいるべきではない。コレクティブなアクションの頂点として、移動しながらエリアに到達するのだ。リベリーはそのポテンシャルを持っている。センターのゾーンで素晴らしい攻撃ができる直感があった。しかし、左サイドでの攻撃が習慣となっているフランス人には、監督の言葉をありありと思い浮かべることはできなかったようだ。リベリーのセンターでの成功、そのための時間に余裕があるとは言い難いが、パッションと互いの貢献で切り開いていくだろう。

こうして、「英語で話すのかと思っていたら、ずっとドイツ語だったんだ」とヤン・キルヒホフ選手が語った最初のトレーニングは終わった。この日も、最後にピッチを去ったのはブエナベントゥーラである。一番最初にピッチの芝に足を踏み入れ、一番最後にピッチを去る彼の姿は、シーズン最後の日まで繰り返し見られる光景となるだろう。

最初の試合　２０１３年６月29日 ワイデン・イン・デアオーバーファルツにて

チェコ国境近くの小さな町、ワイデン・イン・デアオーバーファルツ（ドイツ南東部バイエルン州の都市。ニュルンベルク東北東約80キロのナープ川沿いに位置する。オーバーファルツ地方の中心都市）でペップ・バイエルンの最初の試合が行われた。６月29日の正午。まだ４回のトレーニングしか行われていなかった。欧州チャンピオンの主力は、イタリアのトレンティーノでのステージから合流する。そのため、トップチームの選手は13人のみ、他は皆セカンドチームの将来有望な選手たちだった。

デビュー戦というのは、簡単にはいかないのが常だ。毎年、バイエルンはファンクラブ（ペーニャ）が持つ３６００ものサッカーチームのうちの１つと対戦する。まさに、ファンにとってドリームゲームだ。今年はワイデン・バイエルンが当たり、人口４万１６８４人の町の大事件となった。町民の４人に１人となる１万１０００人が試合会場に詰めかけた。ペップはお祭りのような試合とはいえ、この一戦を初めて自分の意思を示すモノとして大いに活用した。それは、ワンピボーテの宣言だ。

ユップ・ハインケスの成功の１つが、シュバインシュタイガーとハビ・マルティネスのドブレ（ダブル）ピボーテだった。彼らの任務は、ペアになって背番号6のゾーンのスペースを閉じたり、敵のコースを限定すること。ハインケスのドブレピボーテは、素晴らしい出来栄えで3冠の原動力でもあった。しかし、ペップはこの時を待っていましたとばかりに、試合の最初からそれをやめたのである。

10年以上も、選手としてエリートだったペップは、ディフェンスラインの前のポジションでチームをオーガナイズしてきた。バルサでは背番号にちなんでヌメロクワトロ（４番）、あるいはピボーテと呼ばれるポジションだ。アルゼンチンでは5番、ドイツでは6番、あるいはセントラルミッドフィルダーと呼ばれている。

また、スペインではメディオセントロと名付けられ、バルサとは違う呼び名になる。ディフェンダーやＧＫからダイレクトにボールを受け、前向きに攻撃を組み立てる。敵のラストパスを断ち切り、カウンターアタックを未然に防ぐため、ディフェンス能力も極めて重要だ。

しかし、ペップの選手時代のプレーを思い出してみると、身体は細く、貧弱で、その上、足も遅くディフェンス能力のかけらもなかった。フィジカルの弱さゆえセカンドチームの試合さえ出られない有様だったのだ。そのペップに注目したのがクライフだ。コーチのカルレス・レシャックが80年代の終わりに、バルサのトップチームの監督クライフに言った。「グアルディオラというセカンドチームでとびきり上手い選手がいるんだが、試合に出ていないんだ」。その一言で、クライフはそのひ弱なＭＦをトップチームに上げた。ペップの人生が激変し、背中の４番が光りを放ち始めた瞬間だった。ペップ以降、バルサではこのポジションをヌメロクワトロと呼ぶようになる。その後、クライフが建設中だったドリームチームへのデビューも早く、ペップの才能は10年以上もバルサで輝き続けた。

自分の弱点を自覚し、長所を伸ばすことに専念したペップ。走るのが遅い代わりに、ボールを速く走らせた。対戦相手との接触プレーの代わりに、パスで相手をあざむいた。堅い守備の代わりに、攻撃した。ペップの監督としての片鱗は、すでに垣間見えていた。相手の攻撃を恐れる前に、こちらから攻撃を仕掛ける。ボールを操ることを追求し、スピードのあるパスで敵の守備を破ることで、弱点を克服していったのだ。

２０１３年11月のある日、トレーニングが終わり、ペップは選手としての自分のキャリアを少ない言葉で語った。

「もし、私がゴールゲッターとしての能力やフィジカル、スピードに頼っていたら、11年もの間バルサでプレーを続けられたと思うかい？」

ペップはバルサで出場した全385試合で、わずか13点しか得点していない。過酷なフットボールジャングルで生き残るためには、長所を伸ばすしかなかった。それは当時のサッカー界において、極めて珍しい考え方であった。パスを受ける前に、常に次のパスを思い描く。繊細なテクニックを可能にするためだけのフィジカルトレーニングも追求した。パスを通してチームメイトを助けるプレーを基本にする。相手をあざむくパスで、ディフェンスラインを超えることほど喜びに満ちた貢献はなかった。

「もし、私の前に5人のディフェンスラインがあるとする、彼らは私にサイドへパスを出させようとするだろう。サイドからサイドへ、深くもなく危険でもないパスを。この5人のラインと、その後ろの4人のライン間のスペースはコンパクトだ。2つのラインは、サイドのスペースへ私を追い詰めて、危険を回避しようとする。だから私は、2人のウイングを深く広く配置させ、他の攻撃陣を敵のライン間で動き回らせた。そして、5人のディフェンスラインをあざむく。左右に揺り動かし、混乱させ、サイドに行くと見せかけた瞬間、パーン！　攻撃陣に向けてパスを打ち込む。それでおしまい。その時には、すでに完全に前を向いた攻撃陣がGKに向かって突進している。こうやって、他の選手との違いを出してきたんだ」

ここで少しばかり専門的になってしまうが、フォーメーションについて説明しなければならない。バルサでペップがやっていた4－3－3のことを、ドイツでは4－1－4－1と表現する。一見すると大きく違うように思えるが、まったく同じだ。4人のDFに、1人のメディオセントロ、2人のインテリオールと2人のウイング、そしてFW1人。国によってその表現が異なる。このフォーメーションというものを、ペップは重要視していない。「ただの電話番号さ」と言う。ペップの師の1人であるファンマ・リージョは「最初のキックオフの時ですらそんな配置にはいない」と断言している。しかし理解を容易にするために、このフォーメーションを使った表現を利用することはやぶさかではないだろう。いずれにせよ、ペップのバイエルンは4－3－3

を頻繁に使っている。

ペップはワンピボーテで選手としてデビューした。そのせいか、ドブレピボーテを避け続けるきらいがある。ドブレピボーテでは自分のスペースが減ってしまい、チームを操作するのがままならないと感じるのだ。微妙な身体の向きを使ったフェイントの効果も期待できない。そして何よりもフットボリスタとしての彼の原則である〝パスを受ける前に、次のパスを考える〟ことが妨げられてしまう。よって選手時代、息苦しくて喪失感に苛まされると感じたドブレピボーテを監督としても避けているのだ。

ホイビュルクは良いプレーをする。ペップは、この若いデンマーク人に自分と同じものを感じている。それは、パスを受ける時の身体の向き、片方のサイドにパスを出すと見せかけて逆サイドにパスを出すフェイントのかけ方。つまり、パスを使って敵のラインを超えられるのだ。まだ17歳で成熟が必要とはいえ、バイエルンのセルヒオ・ブスケツになれるとペップは直感した。今日の試合で、唯一90分間出場した選手はホイビュルクだけだった。バイエルンとの3年契約のうちに、このダイヤの原石を磨かなければならない。

フランク・リベリーのこの試合におけるファーストポジションは、ペップが愛するファルソ9（ファルソヌエベ／偽りの9）だった。レオ・メッシの能力開発に使われ、彼を世界一にしたポジションだ。ファルソ9はペップの発明ではない。古いメモリーから引っ張り出してきたもので、アルゼンチンのアドルフォ・ペデルネラの時代から存在していた。彼はリーベル・プレートのラ・マキナ（機械）と呼ばれたチームのリーダーだった（1936～1945年）。そして、最初にこのやり方を導入し、世界に広めたのが50年代に大活躍したマジック・マジャール（ハンガリー代表）の主役ヒデクチ・ナーンドルだ。アルフレッド・ディ・ステファノ、ミカエル・ラウドルップ、フランシスコ・トッティのような選手たちも偉大なファルソ9である。しかし、ペップが古いメモリーから復活させて新たに命を吹き込んだ2009年5月2日までは、近代サッカーの主流とは言えなかった。

サンチャゴ・ベルナベウで、リーグ優勝争い真っ最中のレアル・マドリー戦。ペップは後にリーグ3連覇の第一歩となったこの大事な試合に『爆弾』を投げ込んだのだ。試合開始10分の時点で得点は0－0。エトーとメッシのポジションを変える指令が下された。センターフォワードのエトーが右サイドへ、メッシは右ウイングからピッチの中央のゾーンに移動。だがワントップではなくもっと後方、まるで中盤の選手のようなポジションだった。マドリーのセンターバック、クリストフ・メッツェルダーとファビオ・カンナバーロはその変化に対応できなかった。2013年11月、デュッセルドルフでメッツェルダーと食事をした際、当時の驚きをこう語っている。

「ペップが考案したファルソ9のようなポジションへの対応は、あの試合（マドリー対バルサ）が初めてだったと思う。エトーを右に置いてメッシが真ん中。ファビオと私は叫び合っていた。『どうする？　どうする？』。メッシを中盤まで追ったほうがいいのか、それとも後ろに残るか。どう対処していいか、わからなかった。それに、あのメッシを捕まえるなんて、到底不可能だったんだ」

ペップ・バルサはその試合を6－2で勝ち、最終的にリーグ優勝を果たした。特筆すべきは、タイトルと栄光と名声を独占するバルサの時代が、そこから始まったことだ。それも今まで見たこともないような、豊かなサッカーで。ファルソ9はペップの並外れた戦略家としての能力、メッシのような例外的なフットボリスタによって再定義された。決してペップの発明ではなかった。

では、どのような経緯でフットボールのメモリーからファルソ9を復活させたのか？　それは、試合前日の2009年5月1日。グアルディオラは、いつものように対戦相手の研究のためバルサの練習場に残っていた。監督に就任してからのルーティーンであり、バイエルンでも続けている仕事だ。対戦するチームの長所と弱点を探しながら、まる2日間かけて相手を分析する。前節、前々節の試合をすべて見直し、さらに、バイエルンで一緒にやっているドゥメナックやカルレス・プランチャットなどの助手たちが選んだシーンをチェックする。試合の1日前になると執務室の扉を閉ざし、音楽をかけて（ほとんどは優しい調子の音楽）、試合の解決策を探す。相手はどこから攻めてくるのか？　自分たちは、どこで優位性を作りだせるか？　しかしこれらの追求に対して、妙案が閃くのは稀なことだった。２０１１年9月、カタルーニャ議会に表彰された時のペップの話を引用する。

「試合の前になると私は、部屋に閉じこもり、対戦相手の映像を2、3本見ながらメモを取ります。それは、自分の仕事の重要性に恐れをなす時間でもあり、自分がその重要な任にあることを再認識させられる時でもあります。そして勝つための解決策が閃いた時、1分から1分20秒くらいの間ですが、そのわずかな時間だけが、私の職業に意味を与えるのだと思います」

このほとんど奇跡のような瞬間を大衆の前で語った時、おそらく5月1日のことを考えていたのではなかっただろうか。それまで17試合負けなしのマドリーを打ち破らんとする前代未聞な解決策を見出した、あの夜のことを……。その日、過去のマドリーとの試合を何回も見直していた。すると中盤のグティ、ガゴ、ドレンテは、チャビとヤヤ・トゥーレに対して激しくプレッシャーをかけに行くが、センターバックのカンナバーロとメッツェルダーはGKカシージャスの近くに残ったままなので、中盤の選手との間に大きなスペースがあることに気づいた。とてつもない広さだ。さらに、2人のセンターバック間にも大きなスペースがあった。

この時、すでに夜10時を過ぎていた。コーチたちさえ残っていない。ペップは独りきりでコーチたちさえ残っていない。薄暗い部屋の椅子に座ったまま、サンチャゴ・ベルナベウの広いスペースを自由に動き回るメッシを想像した。メッシの動きに戸惑い、エリア内で身動きが取れなくなったメッツェルダーとカンナバーロも想像の中にいた。

そして、気が付くと受話器を手に持ち、分析担当のスタッフやチームの知性と呼ばれるチャビにではなく、メッシ本人に直接電話をかけていた。

「レオ、私だ。ペップだ。とても、重要な話がある。今すぐ来てくれ」と伝えた。

夜10時半、レオ・メッシが静かにペップの部屋のドアをノックした。ペップは映像をメッシに見せながら、「このスペースは、明日の試合では君のものだ」と示した。そう、ファルソ9のゾーン。そして、決戦前夜の指示を送った。

「レオ、明日のマドリー戦ではいつものようにサイドからスタートする。でも、合図を送ったら、相手中盤の背中にある、さっき教えたゾーンを動き回るんだ。レオ、いいか。チャビとアンドレスが中盤のラインを飛び越すパスを君に送る。そうしたら、ダイレクトにGKのカシージャスへ向かって行くんだ」

それは、誰も知らない2人だけの秘密だった。試合当日も、ティトを除いて誰にも知らせなかった。ただ試合の数分前、チャビとイニエスタを呼んで、一言、指令を出しただけだった。「レオをラインの間で見つけたら、ためらわずにボールを渡してくれ」と。

2009年5月2日、バルサはマドリーを6－2で圧倒した。メッシがファルソ9となり、ペップは満足そうな笑顔を浮かべていた。

それ以後、ペップはこの形に信頼を置いている。今日、ワイデンでバイエルンのファルソ9としてフランク・リベリーがデビューした。トレーニング初日、すでにリベリーには話をしていたがあまりいい顔はしなかった。ストリートサッカーで自由奔放に育ったリベリーには、サイドでボールを得てから相手DFに向かってドリブルして、チームメイトにアシストするという特徴が身体に染み込んでいる。片方のサイドだけを気にすればよかったポジションから離れ、両側を気にしなければならないセンターでプレーする質的な飛躍を理解するのは難しいかもしれない。しかし、ちょっと下がったセンターにいれば、相手の中盤裏のライン間でボールを受け、前向きのままゴールに向かえるのだが……。

とにかく、この最初の試合でフランス人を試してみた。

センターでプレーしたリベリーと、クロースや周りの選手たちとの連携は悪くはなかった。しかしすぐに、左サイドラインぎりぎりの快適に感じる本来のテリトリーに戻ってしまう。染み込んだ特徴は簡単には消せない。それに対しペップは何も言わないが、自分の目的も忘れてはいない。この男は、何事にも絶対に妥協しないのだ。適切な瞬間を追求し、機会を待つのみだ。

ワイデン・バイエルンは1－15というあり得ない大差でバイエルンに敗れた。だが、欧州チャンピオンたちに感謝している。ペップ・グアルディオラによって、さらに強化されつつある3冠を獲ったばかりのスタープレーヤーたちを間近で見ることができたのだから。熱狂的なサポーターがアイドルたちを楽しんでいる一方で、新監督は熟考しながらピッチを引き上げていった。ホイビュルクとワンピボーテ、クロースとチームのリズム、リベリーとファルソ9……。

ラームとタルトの山　2013年6月30日 レーゲンにて

驚きを隠せなかった。

プレシーズン2試合目となる親善マッチが、レーゲンの町で行われた時のことである。試合会場に到着した時、ロッカールームのテーブルの上に菓子パンやタルト、清涼飲料水が山のように置いてあった。すぐさま、何人かの選手たちは、その中からチョコレートタルトを選ぶ。TSVレーゲンとの試合開始まで1時間15分ほどしかない時にだ。テーブルの上のお菓子の山は、試合当日の計2日間に渡って見る光景だった。ペップは目を点にして、チームマネージャーのキャシュリーン・クルーガーに聞いてみた。

「ワイデンでもそうだったが、なぜ地方のクラブはバイエルンを清涼飲料水やお菓子でもてなすんだ？」

すると「バイエルンの習慣に従っているのだ」という答えが返ってきた。それから4時間後、試合を終えてミュンヘンに戻るバスの中で、ペップはザマーに提案した。「栄養士が必要だ」。

チェコ国境に近い町レーゲンは、ミュンヘンから1時間半ほど離れたところにある。ＴＳＶは１８８８年に設立され、現在はドイツ7部リーグに所属する。この試合は１２５周年のアニバーサリーを祝うために組まれたものだ。レーゲンのスタジアムのスタンドは、７０００人のファンたちで溢れかえり、見上げると雲一つない青空が広がっていた。

ペップはこの日、バルサで監督として過ごした最後のシーズンで使ったフォーメーションを採用した。エムレ・ジャン、ボアテング、ディエゴ・コンテントの3人だけのディフェンスライン。３－４－３である。カタルーニャ地方のローカル新聞アラ紙には、「ペップはクライフニスタの印である３－４－３をドイツチャンピオンにさせた」という見出しで記事にもなった。

クライフの３－４－３を、ペップは選手として経験している。バルサ監督時代は、戻って来たばかりのセスクを11人の中に入れるための苦肉の策として採用した。３人だけのＤＦはとても危険に見えるが、厳密な戦術を課して素晴らしい結果を得た。その最も際立った例が、カリム・ベンゼマが開始27秒でゴールしたモウリーニョ率いるマドリーとの一戦であった。ペップは４－３－３でスタートしたが、失点から10分後に３－４－３へ変更、結局３－１で逆転勝利を飾った。

レーゲンでは、３－４－３を最初の45分で試すことに決めた。このプレシーズンの目的は、すべてを試すこと、選手たちを知ることだ。ペップがバイエルンの選手を知らないなんて、奇異に思うだろう。もちろん名前と顔は一致する。一人一人の経歴、長所、欠点も知っている。しかしリベリーやラームやノイアーの特徴を知っているだけでは足りない。表面的なスカウティングではなく、各選手がチームへ提供できる能力を十分に認識した上で、選手に要求できるモノを追求したいのだ。

バルサの監督時代、ペップはチームのすべてのポジションを２人体制にすることを考えた。２人の右サイドバック、２人の左サイドバック、２人のセンターフォワード……。だが、それは現実的ではない。そこでペップが望んだのは、ポジションの重複だった。２つのポジションでプレーできる選手を求めた。もし、可能なら３つのポジションを。ブスケツのような、メディオセントロとセンターバックとインテリオール。あるいはハビエル・マスチェラーノのようなセンターバック、サイドバック、メディオセントロをこなせる選手だ。

なるべく少ない構成人数のチームにしたいという考えがあったので、思いついた案だった。フィールドプレーヤーの理想は20人。特殊なポジションのＧＫは除くが、すべての選手が３つの異なったポジションで最高のパフォーマンスでできたら、この上ない。

バイエルンでは、ハビ・マルティネスが、ビルバオで示したようにメディオセントロ、インテリオール、センターバックができる。だが、もっと他にも探さなくてはならない。だから、各選手にどこまで要求できるかを知りたい。その知るチャンスが、勝敗を気にしなくてもいいプレシーズンにある。この案件を模索するために、ドルトムントより10日も早くトレーニングを開始したのだった。ペップは、このマルチな能力を備えた選手たちを組み合わせることに非常に長けている。

ワイデンでは、リベリーのファルソ９の起用に力を注いだが、今回はペンディングになっているラームの使い方である。カタルーニャ人ジャーナリストのイザック・リュックがコラムで書いている。

「バイエルンとドイツ代表の永遠のキャプテンであるラームは、ゲームの流れを活性化するためと、守備へのトランジション（移行）のためにインテリオールのポジションにコンバートすることが決定したようだ。6月30日は重要な改革の日となった」

この日、ラームはワンピボーテの前の右インテリオールとして起用され、まるで元来の中盤の選手のようにプレーしたのであった。

2回目の親善試合も9－1で楽勝した。ミュンヘンに戻るバスの中で、ペップはザマーと話をして、チームのために「栄養士が必要だ」と頼んだ。これ以上菓子パンや清涼飲料水を与えたくなかった。ザマーがこの願いを受け入れるのに時間はかからないだろう（翌週のトリノ合宿から、栄養士のモナ・ネマーがチームに加わり、ロッカールームのタルトの山は終わった）。

ペップはザマーとの話が終わると、すぐに別のことを考え始めた。まさにラームのことだ。興奮しながら今日の印象を語るペップに、隣の席のドゥメナックも同意しながら耳を傾けている。

「ラームのポテンシャルを見たか？　パスコースの見抜き方を見ただろ？　ターンしてボールを守ることもできる。ラームはサイドでも中盤でもプレーできる選手だよ！　そう思わないか」

これは、今シーズンで一番大きなコンバートになるのかもしれない。

トレンティーノの収穫　2013年7月6日 アルコにて

夏のバケーションが始まる7月最初の週末だということを、私はうっかり忘れていた。中央ヨーロッパの旅行者たちで空港と道路はすし詰め。おまけに、ルートを間違えた。ガルダ湖の東岸を登るところを、西岸を登ってしまった。そこは、花で溢れた小さな村々が点在する美しいルートだった。しかし、制限速度が時速40キロの一般道だったため、到着するのにとても時間がかかってしまった。

　バイエルンは、北イタリアのトレンティーノ（自治県）で４年連続プレシーズンの合宿をしている。ここでは、バイエルンの合宿が大きな経済効果をもたらす。自治体は招致のために、かなりの額と宿泊に関する費用を支払うが、それに見合うだけの集客と宣伝効果があることは保証できる。今回も、トレンティーノは人で溢れ返っていた。ドイツ人だけではない。ペップと選手たちは、世界各地から物凄い数の人々を引き寄せている。

　私もその中の１人だ。ミュンヘンでの慌ただしいスタートの日々の後、コーヒータイムとこの本の相談のための会談をペップが受け入れてくれたのでキャンプ地に駆けつけた。会談は喧騒のバイエルンではなく、静けさと、ゆったり流れる時間が用意されたトレンティーノでなければならなかった。

　トレーニング場があるアルコ村に着くと、２つの驚きがあった。

　まず１つは、土曜日のセッションは非公開で、ファンもメディアもアクセスできないということ。ペップはバルサでの４年間、トレーニングを非公開にしてきたので、バイエルンでもその可能性は十分ありうると思っていた。会長のウリ・ヘーネスは、ファンが選手たちに会えるように、可能な限り練習は公開してくれとペップに頼んだ。だが、ペップは簡単には首を縦に振らない。試合後のトレーニングはいつも公開にするが、残りのトレーニングのほとんどは非公開にする、というのがお互いの合意点だった。

　非公開の理由は「注意散漫になる中でトレーニングをしたくない」「戦術的な動きの練習を外に広めたくない」という2点。ペップは試合に向けた戦略だけをトレーニングしているわけではない。シーズンを通して継続的に選手たちが習得できる〝タクティクスーテクニック〟のトレーニングもしている。また、特定の場面を強調する各セッションで、選手にさまざまな動きを説明しながらトレーニングを実践している。これを定期的に繰り返すやり方で、ペップのチームは多くの戦術的な動きを獲得し、プレーの理解を深めていくのだ。必要な時に、そのプレーや戦術を試合で実践できるために。

違う表現を使うと、ペップはサッカーの戦術的な動きと解釈（考え方）のカタログを持っている。それは、日々のトレーニングによって選手たちが身につけるためのカタログでもある。ペップの才能と経験と研究の成果がたくさん詰まった、分厚いカタログだ。直前の試合に備えるだけではなく、シーズン中の必要な瞬間にいつでも取り出せて実践できる戦術練習もしている。このような理由から、可能な限り、ひっそりとトレーニングしたいと考えている。ミュンヘンに戻ったら、ゼーベナー・シュトラーセの第1ピッチは、大きなカーテンに覆われることになるだろう。

2つ目の驚きは、言葉では言い表せないほどの衝撃だった。なんとペップは、私にチームへのアクセスを許可したのだ。当初、私の希望は、数日間のトレーニングの見学許可と、ペップとときどきコーヒーを飲むことだった。

よく考えてみると、ペップのこの思いもよらない申し出は、とてつもないことを意味する。自由にチームに出入りできるということは、どういうトレーニングをしているのか、またそこで起こっていること、決定されること、計画されることのすべてを見聞きできる。事前にすべてを知ることでもある。世界的なエリートチームの一員になることと、チームの内部情報を雪崩のごとく受け止めることに等しい。ヨーロッパチャンピオンのチームと世界で最も成功している監督が、私にそのような特権を与えてくれるなんて夢の中でさえ想像しえないことだった。

「君が見たことや感じたことを、すべて本に書いてかまわない。しかしシーズン中は、チーム内で見たことは一切口外しないこと」

私への唯一の要請だった。もちろん、そんなことは完全に受け入れることができる。1年の間、チームのすべてとともに生きられるのだ。喜び、悲しみ、負傷、戦術練習、先発メンバー、病、悪い態度、良い態度、けんか、賛辞、疑問、契約……私は、ただ感動でいっぱいだった。

先述のとおり、2013年7月6日のアルコでのキャンプ初日のトレーニングは非公開となった。ペップは午前の時間を利用し、選手たちにプレッシャーのかけ方の映像を見せた。主に、これまでの7日間のトレーニングから取り出した映像を使い、長い時間プレッシャーをかけ続けないでほしいことを伝えたかった。リベリーやロッベンが80メートルも相手を追いかけて走り回る姿を見たくない。ペップが求めるプレッシャーは「マックス4秒」なのだ。

午後のトレーニングのベースは、映像で確認した対戦相手へのプレッシャーだった。DFとメディオセントロが共同歩調をとりながら、後方からボールを運び、FWや前目の選手たちがボールを奪うための激しくて短いプレッシャーをかける。ノイアーの足元の上手さが際立つ。マンジュキッチは監督の指示を遵守しながら、エトーのような激しさでプレッシャーをかけ続けていた。

「『4秒プレッシャー』。リベリーがサイドを追い駆けまわす姿は見たくない。ピッチ中央まで下がったら十分だ。数秒間だけ、みんなで一緒にプレッシャーをかけ、できる限り高い位置で即座にボールを奪い返さなければならない」

濃密なセッションが終わった時、ベンチに座って新監督の考えを聞いた。

「強度が高く精細で、集中したトレーニングが必要だ。ただのマンツーマンなら、そんなことは必要ない。私は、ここに座って見ているだけで十分だ。しかし特定のやり方でプレーしたいのなら、正確な動きができるようになるために、厳しいトレーニングをしなければならない」

中間はない。もしペップの言うようなプレーをしたいのなら、信じて本質的な練習をするしかない。ペップはベンチからピッチに目を向けながら警告を発した。

「そう、あのロンドのような最高のインテンシティでトレーニングしなければならない。極限までやるか、まったくやらないかだ。やりたくないなら、恒例のトレンティーノの山を走ればいい。でも、そんなことをしても本当にやりたいプレーができるようにはならない」

ＣＫとサイドからのセットプレーをマンツーマンではなくてゾーンで守る。敵へのプレッシャーは4秒間。最も近い選手が、パスを受けようとする敵にプレッシャーをかけるために飛び出す。ピッチの中央ではスペースを作り出すための根気が必要だ。チームは一緒に移動する。ペップは次から次へとプレーの原則を並べる。

「このチームは、わずかなパウサ（小休止）が必要なんだ。他のものはすべて持っている。ピッチ中央でのパウサ。ノイアーから綺麗なボールが出るのと一緒に全体が前進する、この最初のフレームはとてもうまくいっている。少しづつ一歩づつ進む、原則的には決して急がない、チームの中で誰一人取り残されないために一緒に進むんだ。そしてピッチの中央を横断する時、パーン！　バッファローのように進撃するんだ」

クロースは、このパウサの能力を持っている。シュバインシュタイガーもゲッツェも。そしてチアゴも。

ペップが補強について教えてくれた。

「チアゴが来るんだ」

「えっ、チアゴが？　チアゴ・アルカンタラ？　あのバルサのチアゴが？　カンテラ（下部組織）の真珠と言われたあのチアゴが⁉」

「そう、そのチアゴが」

バイエルンが、マリオ・ゴメスのフィオレンティーナへの移籍に成功すれば、その資金をバルサが移籍させたがっているチアゴとの契約に投資できる。マリオ・ゴメスはプロフェッショナルな振る舞いのできる男であり、彼の承諾はすでに得ていた。近々、イタリアのチームに移籍することがほぼ決まっているのに、チームメイトと同じインテンシティでトレーニングに臨んでいる。だからペップも、マリオ・ゴメスがチームにいることを特段気にもしていない。彼を大いに買っているのだ。

しかし、ファルソ９をやろうとしているチームに、マンジュキッチとピサーロの他にもう１人のセンターフォワードを置く意味はない。その上、このポジションにはゲッツェとミュラーとリベリーがいる。ゴメスの移籍は避けられなかった。

チアゴは、バイエルン以外のオファーに耳も貸さない。メディアはマンチェスター・ユナイテッドに行く可能性があるとほのめかすが、アルカンタラ兄弟の一番上の兄（チアゴ）は、ペップとフットボールをすることに夢中なのだ。チアゴは今、カタルーニャのコスタ・ブラバにある、外部とのコミュニケーションがほとんど取れない小さな別荘でバケーションを過ごしている。インターネットは通じないが、携帯電話が使えるための特別なアンテナは備えてある。ルンメニゲがバルサと合意に至るまで、緊張の日々を過ごしていた。

ペップにとっても７月14日、バルサとの取引が正式なものになるまでの８日間は長かった。

ペップとスタッフたちは、バイエルンに満足している。称賛に近いほどだ。ドイツの組織はあまりにも硬直で批判されることもあるが、素晴らしく機能している。ここトレンティーノのプレスセンターは、南アフリカのワールドカップのプレスセンターよりも機能しているほどだ。

バイエルンはペップと、彼とともに来た人々を大切に扱っている。間違いなく、ペップを会長の次に重要な人物と見なしている。すべての従業員がペップの計画を前進させるために協力し合う。移動のオーガナイズの責任者の仕事ぶりやチームマネージャーのキャシュリーン・クルーガーの手際の良さは、ペップやスタッフ、選手たちの折り紙付きだ。クルーガーは最近までバイエルン女子サッカークラブで中盤の選手としてプレーしていた若い女性で、今は男子のロッカールームを自然に細やかに管理している。

トレーニング後、アルコのスタジアム管理者であるステファノが冷たい飲み物をご馳走してくれた。午後から気温が上がり、とても暑くなっていたので、とてもありがたい。ステファノは教養もあり、洗練された男だ。ここトレンティーノはドイツとオーストリアに隣接しているイタリア北部にも拘らず、450種類以上の果実が収穫できる。そのうちいくつかは、暑さがなければ育たないものだと説明してくれた。独特の生態系によって、山の麓に実り豊かな大地が広がっている。またステファノは、フットボールに対しても鋭い嗅覚を持っている。彼が、4年前から知るバイエルンの3人の監督の特徴を語ってくれた。

「ファン・ハールは、目だけでチームを導いていた。視線と沈黙で。ハインケスは、ファン・ハールよりも多少動きがあった。ペップは、エネルギーそのもの。竜巻、いや活火山のような監督だ」

今日、トレンティーノで大きな大きな収穫があった。

小鳥が歌うテラスの風景　2013年7月7日 リド・パレス・リーバ・デル・ガルダにて

リド・パレス・リーバ・デル・ガルダに客はいない。バイエルンが、まるごとリザーブしているからだ。7月最初の土曜日、湖と隣接している建物を囲む鉄柵の前で2人の警備員が守衛をしている。ホテルの建物から湖に続く並木道では、千以上の小鳥たちが旅人を歌で迎える。テレビCMのような風景から、調和のとれた小鳥たちの歌声が止めどなく流れる。今、世界で最も静かな場所はと訊かれたら「ここだ」と答えるだろう。

ペップはホテルのテラスで、昨日のトレーニングの映像をノートパソコンを使って見直している。フットボールと、フットボールの仕事に取り憑かれた男だ。体系的で緻密なフットボールの仕事だけが楽しみなのだ。要求が厳しく、細かすぎることを自分で嘆きながらも、シーズンを通して大きな声で叱責することを繰り返す。細かいことを気にしなくとも、選手の才能と偶然によって勝利がもたらされるということも知っている。叱責が、チームを強くするとは正直思っていない。そんな時は、心なしか声の大きさが半分ぐらいになる。

テラスのガラス戸の後ろには、セカンドコーチのドゥメナックがいる。ペップは外のテラスで、ドゥメナックはガラスの中の室内。パソコンを睨みながら研究している。妙な光景だ。ペップは外のテラスで、ドゥメナックはガラスの中の室内。同じく昨日のトレーニングの映像を2人とも別々に昨日のトレーニングの『4秒プレッシャー』の映像を見直しているのだ。

「自分の価値観を損なわないように、ペップと一緒に見ない方がいい。後で、ペップとの違いを検討するためにも」

これは、冷静で堅実なドゥメナックのやり方だ。ドゥメナックは付け加えた。

「ペップは発電機みたいな人間で、一度発火したら止まらない。だから、今までと真逆なコンセプトを選手たちに与え過ぎないために、ペップにゆっくり、ゆっくり（ピアノ、ピアノ）と言わなければならない時もある。選手たちはとても頭が良くて、多くのパスを使って長い距離を走らないようにする、という戦術のモデルに、きちんと応えてくれる。ペップが伝えていることは、新しい〝イデオマ（言語）〟であるということを、私たちは忘れてはいけない」

〝イデオマ〟は、このシーズン中、頻繁に出てくる言葉だ。トレーニングのやり方とプレー（ゲーム）における特定のフットボールの理解の仕方を指している。ペップはアイデアと〝イデオマ〟と人を、分けて考える。

アイデアは、チームと監督のエッセンス。ペップのフットボールに対する考え方の集大成。ペップの場合、アイデアはヨハン・クライフが使った言葉に集約され、ボールを支配するということ。

〝イデオマ〟は、ピッチ上のアイデアを表現する方法（メソッド）だ。トレーニングを通して前述のアイデアを植えつけるチームの原則、メニュー、システムとも言える。

最後に人についていては、最も良いアイデアや〝イデオマ〟であっても、素因を持っている選手でなければ正しいプレーはできないということだ。アイデアを実践するために適したフットボリスタのことを言っているだけではない。〝イデオマ〟の秘訣を学ぶためにトレーニングする、修正する、実践することを疑わない選手のことを言っている。

アイデア、〝イデオマ〟、そして人。ミュンヘンでの挑戦は、バルセロナでは当たり前だったことを乗り越えなければならない。バルサでは〝イデオマ〟は小さいころから教えられている。何千もの子どもたちの中からメッシが生まれ、カンテラ時代にバルサにおけるすべての〝イデオマ〟の教育を受ける。25年前にクライフによって定義され、偉大な監督たちの手で発展してきた〝イデオマ〟。6年前からは、何百もの子どもたちが新たなカンテラのシステムに統合され、1つのプレーの方法を学ぶ。トップチームに上がる選手は、同じ方向性で合計1万時間以上ものトレーニングと実践を受ける。子どもたちは、必然的に〝イデオマ〟の達人になるわけだ。

この仕組みは、バイエルンにはない。深いアイデンティティもない。〝イデオマ〟を教えるシステムさえもない。この違いはドゥメナックが言ったように、ペップにとって、とても重要なことなのだ。

「今、新しい〝イデオマ〟を教えているので一歩一歩、前に進まなければならない。最初は数字を、次に曜日を、もうちょっとしたら動詞を……。彼らにとって大きな変化なので、私たちもできるだけ柔軟になる必要がある。以前は人をマークしていた。今はゾーンをマークしている。人を追いかけてほしくない。割り当てられたポジションを放棄してもらいたくもない。もし人を追いかけていたら、相手チームの逆サイドへの長いパス1

本で、すべてのオーガナイズを壊されてしまう。でも習得は時間の問題で、みんなとてもよく学習している。昨日のプレッシャーの練習も、まだ2回しかやっていないのにとても良くできていた」

選手たちのペップへの態度にも驚いた。選手と監督の間に古臭いヒエラルキーが感じられないのだ。ことにたくさんの小鳥たちがさえずる今朝は、ペップもその中の1羽に過ぎないようにさえ感じられた。ボアテングとアラバがペップをからかいながらテラスを通り抜けていく。シュバインシュタイガーはペップの仕事を少し中断させ、別れの挨拶に来た。6月の初めに痛めた足首の回復のために、医師とともにミュンヘンへ戻る。それにしても、回復が遅すぎる。シュバインシュタイガーはプレーモデルの重要なパーツだ。ペップは早い回復を願い、励ましの言葉を送った。

「君が必要なんだ、バスティ」

キャンプに合流したばかりのスター選手ロッベンと、若い選手たちのフィジカルトレーニングを終えたブエナベントゥーラが続いてテラスにやって来た。

「ロッベンには、初日にみんなでやった3つのテーマを持ったラインとカバーのトレーニングをしてきた。呑み込みが早くてとてもうまかったよ」

それから、このオランダ人にペップが興味津々であることを知るブエナベントゥーラは、付け加えて、こう言った。

「素晴らしかったよ、ペップ。本当に素晴らしかった。彼はすごく良かったよ……」

ロッベンは、今年のサプライズの1つになるはずだ。しかし、クラブがペップとの契約を公表した2013年1月、「新監督は自分を構想外にするだろう」という爆弾発言をしている。その5カ月後、CLのタイトルを獲るゴールを決めたにも拘らず、自分が構想外になるという妄想を持ち続けていた。そのロッベンが、素晴らしい身構えでトレンティーノに到着した。チームの中に席を勝ち取る可能性が最も高い1人と言っていい。キャンプ初日からロッベンはナンバーワンとして、いやそれ以上に、トレーニングに打ち込んでいる。どうやら、瞬時にペップの気持ちをさらってしまったようだ。ロッベン自身の言葉を借りると、こうなる。

「新しいアイデアのために、心を開いてシーズンを始めるよ」

この新しいフットボールの言語と同化するためには、心を開くことが必要不可欠だ。ペップの選手たちは、それを態度で示している。もし監督がドイツ語を学ぶことに惜しみない努力をしていたら、選手たちも監督が提案するボールの言語を受け入れようと努力するだろう。ボールを感じて、ボールと良い友達になる。今までになかったロンドで始まるトレーニングの奇妙さも、最も幸せそうな1人、トニ・クロースのように歓喜に変わるはずだ。バンブイテンは言う。「ボールがすごく速いということは、速いプレーと速く考えることを課されるということだ」。

この朝のテラスで、ブエナベントゥーラが監督をこのように定義した。

「ペップは仕事に取り憑かれている。同時に革命家だ。99パーセントの監督は、3冠を獲ったバイエルンに手を付けないだろう。しかしペップは、古いものを超えていこうとする。新しいものをフットボールにもたらそうとし、毎年進化しようとしている。この25年間のフットボールは、3つの大きな特徴があった。サッキの時代、オランダの時代、そしてバルサの時代。言い換えればイタリア人、オランダ人、そしてペップだ」

この年のクリスマスには、ファビオ・カペッロが似たようなことを言っていた。

「グアルディオラは、近代サッカーの3つのレジェンドの1つだ。オランダの学校、ミランのサッキ、グアルディオラのフットボールさ」

ペップが提案する新しいプレーの〝イデオマ〟は簡単ではない。ブエナベントゥーラのテラスでの言葉を借りればこうなる。

「20年もバルサにいて、すべてを学んで、1000回以上も実践を積んできたチャビやイニエスタに話すような訳にはいかない。バルサとはまったく別のことを、バイエルンではやらなくてはならない。ペップは、穏やかにA、B、Cを説明しながらうまく始めた。しかし、これは途中で急加速する。選手たちも気づかないうちにZを学んでいる。それからまた、アルファベット全体をおさらいする。この集中講座は速成栽培とはいかないからね」

小鳥がさえずっているとはいえ、風通しの良い広いテラスでは、すべてがまる聞こえだ。ブエナベントゥーラと私の話し声を聞き、ペップが作業の手を止めて近づいてきた。

「そうなんだ。すごくいい始まり方だったよ。でも開幕して2試合続けて負けたら、みんなはロンドのせいだ、プレシーズンに1000メートル走をしなかったからだ、トレンティーノの山に登らなかったからだって言うだろうな」

しかめっ面をしてから、笑ってブエナベントゥーラを肘で突ついたりもしていた。

ブエナベントゥーラは、このペップの大予測を笑い飛ばし、私に目を向けた。

「30人以上の監督たちとともに仕事をした。その中には素晴らしい監督がたくさんいて、それぞれ自分のモノになる何かがあった。でもペップは違う。全部、自分のモノになっている。彼はスポーツの重要なものを持っているんだ。それは、リスクを冒すことだ。例えば、背中から飛ぼうと決めた走り高跳びのディック・フォスベリーみたいな。彼はそれまでのアウトラインをすべて壊した。いったいどれくらいの人が、あのバーを背中から飛ぼうなんてことを考えるだろう？　フットボールの世界で、ペップはすでに確立されたものや伝統的なものを壊そうとする。よく知られた言葉があるよね、『発明できるものは、もうすべて発明されてしまった』。

でも、ペップにそんなことはない。新しい国に行ける能力を持っているし、分析してコントロールしなければならないものと、それをどのようにコントロールするかを知っている」

栄養士として加入したばかりのモナ・ネマーの姿もあった。今朝からデビューし、キャンプ中の食事を作ってくれるホテルのコックたちとテラスで話し合っている。ドイツ代表の下のカテゴリーで経験がある彼女は28歳だ。

もともとバイエルンには、試合後の栄養に関して、素晴らしい環境があった。チームバスにキッチンが備わっており、試合が終わった直後に作りたてのパスタ、サラダ、肉または魚が食べられる。フィジカルの効率的な回復のためにだ。しかし、これがバイエルンの栄養管理のすべてだった。それが今は、ペップの栄養管理に関する申請をクラブが全面的に聞き入れ、モナ・ネマーが微に入り細を穿って完全なものにしている。ブエナベントゥーラも、栄養管理面を基本中の基本だと考えているようだ。

「すべてのビッグクラブのように、バイエルンも3日に1度の割合で公式戦がある。これは、フィジカルコンディションに大いに影響する。イタリアの研究では、回復は試合後の選手の栄養状態に依存するという結果がある。試合後の栄養状態が良かったとしても、試合から3日後の筋肉中のグリコーゲンの回復率は80パーセント。たったの80パーセントだ。想像してくれ。もしその上、栄養補給が良くなかったら……。さらに、良い栄養状態を保ったとしても、3日おきに4試合続けて試合に出た場合の選手のケガの確率は60パーセントに跳ね上がるんだ。

チームが3日おきに連続して試合に臨むためには、選手のローテーションが必要になる。頻繁に試合に出ていたら、回復は絶対に80パーセント以上にはならない。試合数の増加は、ケガを増やしパフォーマンスを低下させる。バルサではメッシ、ブスケツ、チャビ、アウベス、ペドロのような選手は、9試合から10試合くらい、

3日おきに試合に出続けている。12試合なんていうこともあるぐらいだ。ようやく一連の試合が中断される時は、代表に呼ばれるから、また試合に出続ける。ケガは、物凄く怖い。良いパフォーマンスを失うし、選手にとっても最悪だ。このような理由で、ときどき試合に出ず、5日間のトレーニングをして試合というサイクルを持つことが重要なんだ。

今シーズンのバイエルンでは、選手のローテーションが配慮されるだろう。それから、夏のアジアツアーがないのは天の恵みだ。中断されることなく、5日間の完全なサイクルをいくつも組んでトレーニングできる。プレシーズンは大きなアドバンテージになるよ。この5日間のサイクルのトレーニングでは、古典的なフィジカルトレーニングなしに6〜7のセッションを入れられる。そしてきっと、冬の約1カ月のオフ期間も恩恵になる」

いつの間にか、ペップとドゥメナックは、それぞれの作業（別々にやっていた前日の練習の点検）を終え、各自で得た意見を交換していた。小鳥たちは、ガルダ湖のほとりで歌い続けている。新監督は、ミュンヘンへ戻ったシュバインシュタイガーの足首を心配している。

疲れ果てるまで　2013年7月7日 アルコにて

苦しく過酷なトレーニングだった。ペップが選手たちに近づいて叫んだ。

「バルサの1年目はこうやって訓練したんだ！」

両手を上げて大きく動かす仕草は、試合中に何度も見せるジェスチャーだ。

「バルサの1年目はこうやって訓練した、獣のようにだ！」

アルコにある小さなサッカー場で、10×10＋1のゲーム形式のトレーニングを行った。ＦＷには敵のＤＦへのプレッシャーを、ＤＦと中盤にはそのカバーを要求し続ける。凄まじいインテンシティだ。ペップの、走り続けながら要求する叫び声は止まらない。スポーツディレクターのザマーは、ベンチに座って笑いながらコメントした。

「これは、楽しめそうだな」

そして、ザマーは続けざまに口を開いた。

「私たちの目的の1つは、昨シーズンのような最高レベルの安定を目指すことだ」

半年ほど前の2013年1月、ＣＬ優勝がただのユートピアでしかなかった頃には、違う言い方をしていた。

「バイエルンはチームの戦い方に満足していない。幹部たちは近代的なビジョンを持っていて、チームは今とは違うやり方でプレーをしなければならないと考えている。勝つことだけに焦点をあわせるなら今のままでもいいかもしれない。しかしヘーネスや他の幹部たちは、3年間で2つのＣＬと、2年連続で2つのブンデスリーガを失い、カップ戦ではドルトムントに打ちのめされた事を忘れていない。バイエルンは勝つことも大事だが、浮き沈みのない、より安定したプレーのやり方を望んでいる」

この理由で、パウル・ブライトナーが定義したニュー・バイエルン計画の「第3段階」の請負人としてペップが任されたのだ。

ニューヨークにいた頃、ペップはよくバイエルンの未来を想像していた。ペップが選手たちのことを深く知る前だったので、このテーマに関して一度も核心をついた話をしたことがなかったが、多分、こんな先発メンバーを考えていたのではないか。

ＧＫにノイアー、ＤＦにラーム、ハビ、ダンテ、アラバ、ワンピボーテにシュバインシュタイガー、インテリオールにゲッツェ、トニ・クロース、ウイングにミュラー、ロッベン、そして、ファルソ９にリベリー。現実では、ゲッツェがリベリーの代わりにファルソ９をやっている。チームは生き物だということだ。成長し、発達し、障害に苦しみ、乗り越え、新たな可能性を作り出し、ある部分が改善される代わりに他の部分は悪くなることもある。要するに、進化していくものだ。計画したようにならないのが進化の考え方で、想像したようになることは絶対にない。

トレンティーノでのキャンプは、ハビもダンテもいない、足首の回復がとても遅い副キャプテンのシュバインシュタイガーも、ミュンヘンに戻ってしまった。ゲッツェも、大腿二頭筋のケガから２カ月半も経っているのにエアロバイクのトレーニングだけ。ロッベンはまだ一度しかトレーニングをしておらず、チアゴは未だに契約が成立しない。理想の11人を夢見ていた時もあったが、今はあまりに遠すぎる。ドイツ・スーパーカップのドルトムント戦にチアゴが間に合うのか、それとも若いホイビュルクを黄色と黒のサメ集団の餌食にするのか？　ペップにすらわからない。

10日間帯同してきたセカンドチームの７人の若者と入れ替わり、ようやくアラバ、バンブイテン、マンジュキッチ、シャキリ、ピサーロ、ロッベンたちがキャンプに集結した。ペップは早速、一人一人の選手たちとの雑談に努めている。これまでの発見は、修正と改善をしたらより素質を発揮できるボアテング、そのポテンシャルに盲目的な信頼が寄せられるノイアー、芝の上のペップの分身トニ・クロース、そして予想外の驚異的な戦術的インテリジェンスを持つラームである。もちろんホイビュルクもだ。この選手には、敵のディフェンスラインを超えるパスの出し方、チーム全体を押し上げるためのポジションプレーの修士課程を教授している。大いなるプロジェクトのために今から、その才能を護りながら指導しているのだ。

午後のトレーニングの核は、40分間のゲームだ。これには２つの目的がある。１つ目は、ＦＷたちがボールホルダーへ直接かけるプレッシャーのかけ方の改善。2つ目は、ボールホルダーに直接プレッシャーをかける選手以外の連携確認。マンジュキッチとミュラーは、相手DFのボールホルダーをサイドに追い詰めるまで、コースを限定しながらハードにプレッシャーをかけ続ける。一方リベリーやシャキリも、そのサポートに駆けつける。ペップは満足し、選手の動きを説明してくれた。

過酷なまでの重労働でプレッシャーをかけ続けたミュラーに言ったのは、斜めに、フルスピードで逆サイドまで40メートル走ること、そして、また元のポジションに戻ること。必要ならば100回でも繰り返すことを要求した。

もちろん、ここまでの激しいプレッシャーは、習慣的にはしないことも伝えた。

「このプレッシャーはシーズン中、数回しかやらない。バルサや、それに匹敵するチームに対してだけ。その他のチームは3回もプレッシャーをかければ長いボールを蹴って、私たちにボールをプレゼントしてくれるからね。これをやったら次は、背後の危険に対する守備や、敵のセカンドプレーへの対応のトレーニングもしていかなければならない」

ブエナベントゥーラは、ペップの緻密なトレーニングについて、こう付け加えた。

「やるべきことを決してそのままにしておかない。細部にまで注意を払う。シーズン中に多くても2、3試合しか使わないとわかっているが、選手とチームがツールを使えるように準備しておく。いつでも取り出せる1つの道具として。バイエルンと対戦する時、多くの対戦チームは自陣から出てプレーしない。でもバイエルン、バルサ、アーセナル、マドリー、シティなどのビッグチーム同士の対戦の時は違う。前にいるFWが、相手のGKにまでプレッシャーをかける必要がある。だから、それができることを知っていなければ、そのやり方は使えない。ペップは年間を通じて、ときどき思い出すようにこのやり方を説明している」

２つ目の目的、相手チームへのプレッシャーを実行するための選手間の連携は、センターバックが敵のＦＷにプレッシャーをかけに飛び出したら、メディオセントロはセンターバックのポジションをカバーする。サイドバックが自分の場所を飛び出したら、ウイングやセンターバックがそこをカバーし、ウイングやセンターバックが最初にいた場所をメディオセントロがカバーする。相手のボールホルダーをサイドまで追い詰めることができたら、メディオセントロとサイドバックと攻撃的な中盤の３人が協力してボールを奪い返すというものだ。選手たちはこの動きの連続を何度も繰り返した。ペップはときどきプレーを止めて、特にボアテングとホイビュルクがオートマチックに連携が取れるように指示を出した。

「瞬間的にできなきゃダメだ。もし、ジェローム（ボアテング）が飛び出したら、ホイビュルクはカバーに入る。もしラームがジェロームのカバーに入ったら、ホイビュルクはラームのカバーに入るんだ！」

17歳のピエール・エミリ・ホイビュルクは、生まれながらにして、ポジショニングのセンスを持っている。つまりバルサの軸、セルヒオ・ブスケツと同じ才能を持っている。特別な訓練も受けたことがないのに、自然にやっているのだ。その上、彼の学習意欲は飽くことを知らない。

だが、対照的にペップの修正が、見るからに気に入らない選手たちもいる。チームは生きているのだ。何人かの選手たちはペップを信じて上達する。例えば監督に恋しているシャキリなどは、短い期間で目覚ましい成長を見せた。ホイビュルクやボアテングはスポンジのようにすべてを吸収して日々進歩している。しかし、そこから脱する者たちもいることは否めない。チームは動かない写真ではないことを実感する。

もし、移籍案件で飛び回るルンメニゲがここにいたら、こんな現実的、かつ本質的なトレーニングをたいそう気に入ったことだろう。しかし、まだ、彼の仕事は片付いていない。マリオ・ゴメスのフィオレンティーナへの移籍は決まった。同時にチアゴの交渉が始められている。チアゴの快諾はすでにとってあり、他のどんなクラブからの誘いにもチアゴは耳を貸さないはずだ。

バイエルンは、バルサとの交渉にはまったく問題がないと思っている。その証拠に2011年の夏、チアゴの契約に1つの変更が加えられた。それは、契約解除した場合の違約金9000万ユーロ（日本円で約125億円）が、一定の試合出場数を下回った場合は1800万ユーロ（25億円）に引き下げるというものだ。実際、翌年リーグ優勝を果たしたものの、チアゴの出場は一定時間に達することはなかった。その間、チアゴの出場機会をチェックするクラブ関係者は誰もいなかったことが信じられない。つまり、クラブは明らかにチアゴを売りたがっていたのだ。バイエルンのオファーに対して、妨げになる問題は何もないはずである。

グラウンドでは、激しい午後のセッションが終わっていた。ペップは、印象的な言葉を残した。まずは、ロッベンがバイエルンのメインの長所になることを明言しつつ、次のように語った。

「ここにメッシはいない。だからこそバルサとの違いが出る。選手たちの質はとても高く、連携と団結がある。私たちは常に攻撃し、協力して守備をしようとするチームだ。これこそ私たちの強みだ」

さらにペップは、ベンチの私に近づきながら満足げな表情で続けた。

「こうやってバルサの1年目はトレーニングしてきた。獣みたいに、バルサの1年目はトレーニングしたんだ。しかし、常にトップの座に居続けるなんて不可能だ。ボルトだってフェデラーだってそうだった……。私たちは勝つための強い意志を断固として捨てはしない。しかし、トップに居続けることは不可能だ、不可能なんだ……」

ここでカスパロフの謎である〝不可能だ〟が姿を表した。バイエルンはすでにチャンピオンなのに、まだ誰も登ったことのない高みへ到達しようとしている。

「今、ここアルコでは、みんなが意欲を持ってやっている。チームのモチベーションは、新しい監督になったことと、今までやってきた良質のプレーを少しだけ改善するための新しいコンセプトを学んで、そのやり方で勝つということ。私のモチベーションは、バルサの選手たちではなく他の選手たちと一緒に勝つということ。さて達成できるかどうか……」

ペップの最後の方の言葉は、つぶやくようだった。

サイドのプレー　2013年7月8日 アルコにて

ペップは、シーズン開始時の先発11人を考えるのを苦にしない。何人かの選手は、すでに決まっている。GKはノイアー。ラームとアラバのサイドバックはすこぶる良いが、初日のトレーニングから高いパフォーマンスを見せるラフィーニャの可能性も十分にある。ハビ、ボアテングとダンテ、この3人がセンターバックの2つの席を分け合うだろう。ワンピボーテはシュバインシュタイガー。昨シーズンのドブレピボーテは素晴らしかったが、チームの副キャプテンは去年と同レベルを1人のピボーテでこなせる能力を備えている。その左右斜め前のインテリオールは、非凡な能力を備えたクロースとチアゴ。契約さえ済んでもいないチアゴは、ただのプロジェクトに過ぎないが……もし最終的にバイエルンに来ることが叶わなかったら、ゲッツェがインテリオールのポジションにつくだろう。攻撃の選手の多様性は素晴らしい、だが彼らは皆、文句なしにリベリーと組むことになる。

しかし……この時点で名前を挙げた選手は、それから数カ月後、ほとんど誰もいなくなってしまった。サッカーには不測の事態やアクシデントがつきものだという事を改めて感じる。良い状態であり続ける選手も、写真のように固定されて動かないチーム構成もない。想像と現実の間には、大きな隔たりが常に横たわっている。7月の時点から半年を経て、チームはケガという名の伝染病に感染していた。何事もなくクリスマスを迎えることができたのはたった4人。第2GKのトム・シュターケ、センターバックのボアテングとバンブイテン、FWのミュラーだけだ。20人もの選手たちがケガの犠牲となり、ノイアーとマンジュキッチ、アラバは軽度、シュバインシュタイガーとチアゴ、ロッベンは重傷で長期離脱、バトシュトゥバーは離脱期間がすでに2年目に突入していた。

この状況は、ペップの計画を狂わせた。不足のポジションをカバーする選手を新たに発掘せざるを得ない。その上、チームが新しいプレーコンセプトに同化するのを遅らせ、多くの戦術的なリスクを背負うことになった。

しかし、この時はまだ7月のトレーニング。ひとつのセッションが終わって、バイエルンのプレーの可能性をどのように考えるかを語りながら、アルコのベンチにペップは座っている。これから起こるケガ人の山を夢にも思わず……少しづつ、立ち止まらずにやっていけば、最終的にはペップの望むようなプレーをバイエルンはできるようになるだろう。ペップが望むプレー？　それは、いったい何だろうか？

2013年7月8日、「バイエルンはサイドで特徴を出すべきだ」とペップは語った。

私はちょっと驚いた。バルサ時代のペップは選手の時も監督の時も、常にピッチの中央に優位性を求めてきたからだ。世界中にその名をとどろかせたバルサの中盤が、そのいい例だろう。2011年CL決勝、マンチェスター・ユナイテッド戦でのメッシを含む中盤のプレーヤーたち、ブスケツ、チャビ、イニエスタ、ファブレガスがその面々だ。彼らによってセンターのゾーンで優位性を得るのがペップ印であり、アイデンティティだった。バイエルンでは、それを切り捨てるというのか？　いや違う。センターのゾーンでの優位性は追求するが、もう一歩、ステップアップしてサイドを強化するというものだ。

では、なぜバイエルンはサイドなのか？

バルサには〝動物〟〝獣〟と名付けられたメッシがいた。チームメイトが中盤のセンターで数的優位を作ってメッシにボールを渡すと、「そのままゴール前をこじ開けシュートする」のがメッシ。バイエルンでは、メッシのような異次元ドリブラーはいない。しかしゲッツェのように頭も良くアビリティ（巧みな動き）もある優れたゴールゲッターはいる。あるいは、マンジュキッチのような闘士の資質を備えた有能なストライカーもいる。

イタリアの空の下、ペップはアイデアの翼を広げた。ピッチ中央で優位性を生み出し、サイドに展開して均衡を破る。バイエルンとバルサでは、部分的に違ったイメージを抱いた。

「私たちのチームで止められない選手は誰か？　それは間違いなくサイドのリベリーとロッベンだ。だから、サイドから攻めるべきなんだよ。中側で優位性を獲得して、外側に向かってダイアゴナルに開く。それから、２人が低い位置でプレーを始めなくてもいいように、チーム全体が前進しながらだ」

リベリーとロッベンは80メートルもの長い距離を走るべきではない、という監督の執念が、わずか２週間の間に固まっていた。

「彼らが80メートルも走らなければならない低い位置でプレーを始めたら、敵のサイドバックとメディオセントロの妨害を受ける。しかしチーム全体を押し上げ、ベースキャンプをピッチの高いところに張る、つまり味方センターバックをセンターライン付近に配置できたら、敵の守備連携を阻むことができる。敵陣に多くのバイエルンの選手が存在することになって、自ずとサイドは１対１の局面に変わる。１対１なら私たちの方が有利だから、ゴールを増やす可能性も上がる。さらに、エリアの中には素晴らしいストライカーがいて、効果的なセンタリングも上げられる。バルサでは、インサイドでメッシが均衡を破る役だった。バイエルンでは、リベリーとロッベンがアウトサイドでそれをする。だから、チームはいつもコンパクトにして、2人に長い距離を走らせてはいけない」

夢のスタメンとアイデアは、思い描いていたよりもずっと遅かったが、最終的に実行することができた。選手が欠けている間は、想像力をベースにして問題に取り組まねばならなかったが。これ以上「どのようにプレーしたいか」を聞かなくても日々のトレーニングを見れば十分かもしれないが、ブエナベントゥーラが詳細を説明してくれた。

「ペップは、バルサより頻繁にサイドを使ってゴール前に到達しなければならないと言う。なぜか？ 選手が違うからだ。バルサの1試合平均のセンタリングの数は、いくつぐらいだと思う？ 多くても4回。メッシは、常に個人プレーで局面を打開する役割だった。センタリングをする必要がない。アウベスがサイドの深いところに到着したとしても、多くは後ろへのパスで彼のプレーは終わる。その上、私たちにはゴール前でセンタリングを待つストライカーがいなかった。1試合で4回もあれば十分だった。

しかし、バイエルンは1試合に20回以上もセンタリングを上げる。ミュラーとマンジュキッチがいるからだ。この2人の獣たちがゴール前にいるのを見れば、何も考えなくてもエリアの中にボールを入れようとするだろう。バイエルンはこの形のプレーが、他のいかなるチームよりも優れている。ペップの大いなるチャレンジは、サイドからのシュートやセンタリングで攻撃の最後の局面を迎えることに基づいている。でも、敵のカウンターをコントロールするためセンターに人を入れることも忘れてはいない。リバウンドを予測し、セカンドボールを獲得し、分厚い攻撃をするために」

フットボールと水泳の監督でもあるバイエルンのフィジカルコーチは、ペップの戦略決定に対して繊細に気を配り、選手間の連携を見出すため特定のトレーニングメニューを以下の基準で作っている。

・味方のクロスに対するゴール前での数的優位を作る
・相手の守備バランスを崩すためのサイドに広がるプレー
・エリアの中でシュートするために、タイミングを計り素早く入っていく
・同時に、敵のカウンターの根を断ち切るためのポジションを全員でとる

10月のトレンティーノないトレーニングのない日に、ブエナベントゥーラとコーヒーを一緒に飲んだことがあった。その時、彼はトレンティーノのでの会話を思い出し、ペップのトレーニングに関して以下の話を付け加えてくれた。

「何日か前に、バイエルンのスポンサーの銀行の本部でトレーニングをしたんだ。練習メニューの基本的なオーガナイズは、サリーダ・デ・バロンを後方から３人の選手で行うというものだった。センターバック２人とサイドに開いたサイドバック、もしくは中に絞ったサイドバックの３人でだ。前には１人のメディオセントロと２人のインテリオール、３人のアタッカーがいた。その後の攻撃の形は、常にラインを超えるダイアゴナルのパスをサイドに入れ、そこからセンタリングで終わる。サイドバックがサイドでプレーしてセンタリングで終わる時、インテリオールはペナルティエリアの縁に設定した敵のメディオセントロに見立てた人形が置いてある場所の近くにいなくてはならない。サイドバックがセンタリングを上げない場合は、その人形のところにサイドバックがポジションをとる。なぜなら、敵のカウンターを警戒しなければならないからだ。

人形の存在は奇妙な感じだった。２、３日経ってから、ペップはこの奇妙な人形の説明をみんなにした。『人形のある場所を意識して、プレーを終える練習をしたのを覚えているかい？』と。ペップによるドイツサッカーの分析は「どのポジションの選手が、どうやってカウンターに加わるか」というものだった。それを守備の練習に応用したんだ。みんなで一緒に敵陣に到達すると同時に、敵を警戒しながら、自分たちのポジションバランスを取ることは難しい。だからボールを失うこととその後の敵のアクションを想定して準備をしたんだ。

これが、ペップが持っている特別な能力だ。

普通は、攻撃の練習をそこまで想定してしないだろう？　その時の敵のリアクションまで考えてトレーニングに取り入れるのが、ペップなんだ。この場合は、敵のメディオセントロ（人形を置いた場所）からカウンターが始まる傾向がドイツサッカーでは強いから、そこをケアするようトレーニングに取り入れた。

それから、バイエルンはサイドでのプレーが得意なので、そのオーガナイズの練習をよくする。でも、ボールを失った時のセカンドアクションのこともいつも考えているよ。自分たちの攻撃をトレーニングしながら、相手の効力を消す。ペップは日々、自分たちの新しい要素と相手チームのディテールもトレーニングに導入しているんだ」

場面を7月8日のトレンティーノに戻す。朝食後、短くエレガントなスピーチをして、マリオ・ゴメスはチームメイトに別れを告げた。1カ月前にスポーツディレクターのザマーから移籍の旨を通告され、承諾していた。

「バイエルンを愛しています。チームを去っても私の心はバイエルンの一員であり続けるでしょう」

ガルダ湖から遠く離れた場所では、バケーション中のチアゴが荷造りをしたがっている。バルサのトレーニング開始まであとわずかしか残されていない。チアゴはバイエルンに、すでに返事をした。他のクラブとの交渉も完全にシャットアウト。あとは、ルンメニゲがバルサの会長ロセイに電話をかけるだけだ。ナーバスになっても仕方あるまい。ほんの些細なことで、最後の最後になってオペレーションが壊れることも多々あるのだから……。

ドルトムントとのドイツ・スーパーカップまで3週間しかない。このファイナルを失う訳にはいかない。

創造的なメソッドのための脱・構築　２０１３年７月９日　アルコにて

「創造には、自由とプレッシャーとリスクが必要だ」

著名なカタルーニャ人シェフのフェラン・アドリアが、かの有名なレストラン『エル・ブジ』を閉めた時、そのレシピを公開した。ペップは、自分のことを一度も創造的な発明家だと思ったことがない。むしろ「……の泥棒？」と、自分を定義している。選手として経験を積みながらサッカーの研究をしてきた。監督になろうと決心した時も、研究を続け、監督として頂点に立ったにも関わらず「自分の知識は足りなさ過ぎる」と感じた。だから、サッカーの道に精通した人々が実践した良いものを研究し続けているのだ。「私は、世界中のアイデアから最高の可能性を盗んだ」と公言してはばからない。

彼に影響を与えた人間は？　もちろん第一に名前が挙がるのはクライフ。しかし、サッキやメノッティもいる。カペッロのように相反するビジョンを持つ監督の影響も、大いにある。オランダやイタリアのサッカー、アルゼンチン人の激しさ、ハンガリー人のイノベーション、バルサのピッチ中央での優位性の追求、ビエルサの完璧主義、ファンマ・リージョのような無名監督の明晰さ、そしてさまざまな人々のパッションからも影響を受けている。ペップは自分自身を定義することや、自分にレッテルを張ることを嫌がるが、あえて言うなら『アイデアの泥棒』ということになる。

もしペップが『フットボールの革命家』と呼ばれるなら、それは脱・構築に依るところが大きい。常に本質を追及するサッカーの賢人から学んだことや、世界中の豊かなピッチから取り出したエッセンスを自分のモノにして、組み立て直す。この意味においてペップの創造性は天才シェフ、フェラン・アドリアとわずかながら類似している。アドリアがよく使うメソッドは、伝統的な料理のレシピや素材を徹底的に分解し、元の料理とはまったく異なる新しい形に組み立て直すというもの。アドリア自身が『脱・構築』と呼ぶものだ。

ペップの創造性は、例えばメッシで使ったファルソ9である。

クライフが監督を務めるドリームチームで非凡なファルソ9を務めたミカエル・ラウドルップと、ペップはチームメイトだった。センターフォワード不在でプレーするチームはリーガ4連覇と、クラブ初のヨーロピアンカップのタイトルをもたらした。クライフは、ストライカーのゾーンを空けて「決められたゾーンを持たないポジション」としてラウドルップを使った。敵のDFは、ラウドルップに対してどう対処していいかわからず混乱していた。ペナルティエリアから遠く離れた場所にポジションを取り、DFが気付いた時には、ほかの選手が突然シュートエリアに入っている。ラウドルップは仲間がペナルティエリアに侵入する動きを助けていた。そして、ペップはその目撃者であるとともに、時代の主役の1人でもあった。

ファルソ9の歴史の研究は、もっと後になってからである。アドルフォ・ペデルネラ、ヒデクチ・ナーンドル、ディ・ステファノ、ラウドルップ、トッティ……。ペップは彼らを分解してエッセンスを取り出し、メッシのために再構築した。これまでの一般的な形は、ゴール前のセンターにFWを固定してシュートする、というもの。しかしペップは多くの選手がスペースの取り合いをしている攻撃の中枢をわざと空白地帯にした。これは、ファルソ9がポジションや選手ではなく『コンセプト』に変わった瞬間でもあった。

このコンセプトを理解するための戦術的能力をメッシが持っていることを、ペップは知っていた。最も良い選手に、攻撃の中枢という最も良いゾーンを差し出したのだ。シュートを打つ以外はその地を踏まないという条件をつけて、重要なゾーンはメッシのものとなった。動きながらゾーンに到達し、決定的なシュートを放つ。その結果は、すでにわれわれが知っている通りだ。

ペップはファルソ9像を分解して、メッシ仕様に仕立て直した。これと同じやり方でリベリーとロッベンの特性を生かしたプレーのコンセプトを再構築する。速く、ダイレクト、敵のディフェンスラインを超えるパスという基本は保たれたままだ。その上でより精度と集中度を上げるため、短い距離（マックス40メートル）しか走らせないと決めた。より大きなアドバンテージを得てゴールの確率を高めるために。ただし、グループ化された全体の最後尾が、動きながらピッチのセンターサークルまで前進できるチームになっていなければ、このやり方は機能しないだろう。

朝、アスティアルタが言った。

「リベリーにはセンターラインをまたいで、自陣に戻ってほしくない。リベリーはペップの理想に対し、完璧に専念しているよ。他にやりたいこともあるかもしれないが、１００パーセント従っている。ドイツ化したフランス人なのかもしれない。彼のチームへの献身には限界がない。このエネルギーの使い方を大事にしなければもったいない。1試合に20回以上も80メートルを走るなんて、とんでもないよ。より短い距離を走ることで、集中でき、その分、生産性も上がる」

午後にセリエＢ・ブレシアとのトレーニングマッチを控えていたにもかかわらず、午前の練習はハードなものだった。内容は、シーズン中に行うような細かい守備のオーガナイズと修正。監督は、守備のオーガナイズを深めることに夢中になっている。

ペップは、巷で言われているようなロマンチストでも耽美主義者でもない。冷酷なまでに勝ちたいと望んでいる実用主義者だ。人々に語る時、詩人のような瞳になることがあるが、裏側には現実的かつ残忍なまでに勝利を追及する野心が潜んでいる。何よりも勝ちたい、自分のアイデアを使って、自分のやり方で。サッカーの美しさや、エクセレントな手段の追求に時間などかけている暇はない。ペップは情熱的なまでに競い合いたい人間なのだ。ピッチの上で命がけで勝ちたい、勝つために攻撃したい。だから、多くの時間を費やして守備の練習をするのだ。いつか、ゼーベナー・シュトラーセでコメントしてくれたことがあった。

「最も多く練習するのは守備だ。なぜかって？　攻撃をしたいからさ。守りは基本中の基本。私のプレースタイルは基本的に守備なんだ」

アルコのピッチでは、敵のサイドバックのセンタリング、敵のCK、敵の正面からのセンタリングに対する守備と数的不利の守備の練習が、終わったばかりだった。長いシーズン、これらは繰り返されるセッションになるだろう。ペップは対戦チームのアクションのすべてを分解し、一つ一つに解決策を探す。選手たちは、徹底的にそれに従う。アスティアルタは、誇らしげに語る。

「素晴らしい精神を持ったバイエルンの猛者たちは、私たちの要求を学んで、やり遂げる準備ができている。もし、彼らにアルコの山を登るように指示したら、彼らはたとえ10回でも、登ろうとするだろう」

しかし、ペップはいつものように慎重だった。

「簡単にはいかない。最初は苦労すると思う。高いインテンシティでプレーしながら、同時に選手たちは新しいコンセプトも考えなければならない。考えながらプレーするのは簡単じゃない。90分間のトレーニングへの集中、適切な動きやポジションの取り方を考え、その上で良いプレーをするのは難しいことだ」

監督は、見通しの甘さも指摘した。今、世界中は幸福で心地いい予想をバイエルンに期待している。

「簡単なことじゃない。すでに選手たちは、マンツーマンでディフェンスするコンセプトと同化している。それをゾーンに変え、カバーされない場所や穴をまったく作らないやり方を学習している最中なんだ」

ここで、ピッチのセンターでのパウサ（小休止）が、ちょっと足りないことも投げかけてみた。良いタイミングでパスを出すクロースがいる、しかし、まだ足りない。チアゴの到着が待ち遠しい。この時点では、ラームがその役割を担えるとは想像もしていなかった。

「選手たちのフィジカルはすでに整っているし、良い意味でのプレッシャーもある。ここの選手たちはプレッシャーが必要なことを自覚して備えている。良いフィジカルのままプレッシャーを失うことなく、戦術的なタッチを付け加えなければならない。そこで、不足しているのがパウサなんだ。バルサではイニエスタがそれを与えてくれた。彼がボールを持つと一瞬、時間が止まる。その間にチーム全体が整然となる。ここでは、それがまだない」

監督は、すでにチアゴを16人の登録メンバーの中に入れて勘定しているようだ。そして、ストレスなしに管理できるよう、20人ちょっとの少ない人数のチームを望んでいる。試合の度に、選手たちを観覧席に送るのが苦痛なのだ。15、16人の少ないスタメンのグループを扱いたいと考えている。これはペップの性格をよく表しているだけで、長所という意味ではない。4年間のバルサ監督時代、少人数のチームを運営するためにたくさんの穴埋めをしなければならなかった。しかし、それは良い結果となって表れた。2回のＣＬ決勝ファイナルでの即興ディフェンダーが、それだ。彼らは、決して穴埋めではない仕事をした。

数の多さは、偶発的な出来事の保証にはならない。ペップはコーチングスタッフ同様、チームについても少数制を頑なに守っている。もし同ランクの選手を25人持ったとしても、穴埋めは必要になるだろう。いずれにせよ、不足は出るのだから、少人数の特殊部隊のようなチームの方が快適なのだ。とはいえ、ペップの抱えている本当の問題は、そういうことではない。すべての選手をピッチのポジションに当てはめることではなく、いかに競争力のあるチームを作りだすかである。

午前のトレーニングが終わり、スタッフたちがあるシーンに釘付けになった。それは、まるで幼馴染のようにリベリーとロッベンがボールとともにじゃれ合っている光景だった。２０１２年の春、２人がＣＬマドリー戦のハーフタイムで殴り合いのけんかをしたのは、そんなに昔の話ではない。今はトレンティーノの芝の上で、はしゃぎ合っている。サッカーとは、いろんなことを変えてしまうものだと、つくづく思う！

監督とアスティアルタは「バルサの最も良い試合はいつだったか」で口論をしていた。アスティアルタは主張する。

「2010年3月31日のエミレーツ・スタジアムでのアーセナル戦の前半と、2012年のCLセミファイナルのスタンフォード・ブリッジのチェルシー戦の前半だ。あれほど良いプレーをしたことは過去にないよ」。

一方ペップは、「チェルシー戦は素晴らしかったけど、クラブワールドカップの決勝のサントス戦の方が最高だったぜ」と譲らなかった。

午後は、セリエBのブレシアとのトレーニングマッチに、選手たちはセメントのような重たい足で臨んだ。ペップは今日の最高の11人を先発させた。ノイアー、ラーム、バンブイテン、ボアテング、アラバ、ホイビュルク、ミュラー、クロース、シャキリ、マンジュキッチ、リベリー。

試合前の話は短かったが、これから続く戦いに1つの道筋を示すもので、とても意味深いものであった。触れたのは2点だけ。1つは、センターラインに到達するまで、パウサを持ってチーム全員で前進すること。もう1つは、敵陣に到達した瞬間からダイレクトで縦に速い、いつものバイエルンになること。結局、厳しいコンディションの中で、それ相応の相手に、バイエルンは3－0で勝った（ミュラー、クロース、キルヒホフ）。しかしペップは、少しも満足そうではない。目指す場所に行きたいのなら、まだまだやらなければならない仕事が残っている。それを改めて自覚したのである。

試合の後、グラウンドを出ながら、ペップの創造性についてアスティアルタに質問を投げかけた。監督として、どんなやり方で学習しているのか？　どのように自分の知識を進歩させて、日々改善しているのか？

「基本的には、自チームや他チームの試合映像を見て研究している。詳細に何度も見直して、新しい動きの可能性を考えたり、ミスの検分をしている。そこから熟考して、新しいアイデアや戦術トレーニングの方法を作り出しているんだ。対戦相手を分析する時のプロセスと似ている。ペップは洞窟（ペップの書斎を皆がそう呼んでいる）で音楽をかけて、1人になって、いつも謎に対する答えを探している。どこで敵に打撃を与えられるか、相手の弱点は何か、どこのゾーンで優位になれるか、どこで違いを出せるかってね」

その夜、ゲッツェもミュンヘンに戻っていった。今のところエアロバイクとジムしかできない。彼の試合への復帰は、当分、先になりそうだ。

忍耐かそれとも情熱か？　２０１３年７月25日ミュンヘンにて

7月14日、トレンティーノのキャンプからミュンヘンへの帰路、ペップは未だにドイツ・スーパーカップのドルトムント戦にホイビュルクを使うべきか悩んでいた。もし使うのなら、大きなリスクを負うことになる。しかし、他に誰がメディオセントロをやるのか？　シュバインシュタイガーもゲッツェもハビもダンテもケガ。チアゴの移籍が間に合うかどうかもわからなかった。

短い期間ではあるが、ホイビュルクには他のどの選手より多くの時間をかけて指導してきた。ボールを受け取った時、素早く効果的にパスを出すためには身体の向きをどうするか、センターバックがビルドアップの最初のパスを出す時に、彼らを助けるためにどうやってセンターバックの間に入り込むか、など。それから、勇気を持ってドライブしながら敵のラインを横切ること、敵のラインを超えるためのスレスレのロングパスの方法も励ましながら教えた。時間も休息も場所の概念も吹っ飛ばして、根気強く指導に当たった。クライフがバルセロナで「ヌメロクアトロ（4番）」と呼ばれる少年を教えていた頃のことを思い出しながら、メディオセントロのポジションのマニュアルをホイビュルクにすべて叩き込んだ。

いずれにせよ、負けたCL決勝のリターンマッチに意欲を燃えたぎらせている強豪相手に、それもアウェーの地で救命具もつけずにホイビュルクを放り込んでいいのか？　このような試練にさらすことが妥当かどうかを案じ、ずっと考えていた。未来ある17歳の若者にプレーさせる最も良い形とは、決して言えない。彼の将来を危険にさらすことになる。思案の末、それは賢く慎重なやり方ではないという結論に至り、他の機会で試すことにした。

イタリアから戻ったその日、バイエルンはハンザ・ロストックと親善試合を行った。ドイツの歴史あるクラブだが、経済危機に苦しんでいる。3部リーグに参戦するライセンスを獲得するための基金を集めるのが目的だ。ヘーネス会長が、昨シーズンからすでにチャリティー試合の約束をしていた。このオペレーションは大成功し、2万8000人のファンたちがスタジアムに集結し、およそ100万ユーロ（約1億3000万円）ものお金が集まったのである。

ペップは、この試合にクロースをメディオセントロとして先発させた。それは、ドルトムント戦のホイビュルクの代わりを探しているという、1つのメッセージでもある。第1候補がクロースだ。しかし、中盤で一緒にプレーする2人のインテリオールが良い選手でなければ、起用は難しい。そこで今回もクロースを助けたのが、ラームだった。ラームはすでに2回の親善試合をこのポジションでプレーしていた。ペップは、いよいよラームのピッチ中央での扱い方に関心を持ち始めたのである。

バイエルンは、この試合に4－0で勝利し、その後の5日間はペップがバイエルンに到着して以来、やっと定まった11人の先発メンバーを中心にトレーニングすることができた。

ハンザ・ロストックとの試合後、アリアンツ・アレーナから出る時に携帯メールが入っていることに気付いた。それには、こう記されてあった。「チアゴとの契約が完了した」。

数日前、トレンティーノに「さよなら」を告げる最後の記者会見で、ペップはハッキリと断言した。「チアゴが来るか、誰も来ないかのどちらかだ」。この時ルンメニゲは、すでにバルサに公式なオファーを出していた。バルサにとってバイエルンからのオファーは完璧なものだったはずだ。希望していた金額、さらに「マシアの宝、カンテラの真珠を手放してしまうのか」というソシオからの批判を、ペップを泥棒呼ばわりすることでかわすことができる。格好の条件であった。バルサは正式発表の前から、ペップがチアゴを欲しがっている情報を保身のためにリークしていた。会見で、ドイツ人記者が、チアゴに興味を持っているかどうかをペップに質問してきた。監督は、迷いなく答えた。

「もちろん、望んでいる」

ホテルに付属しているプレスルームが一瞬、静寂に覆われた瞬間だ。誰もこのようなペップの本音を予想していなかった。よくある回答のごとく、お茶を濁すのではないかと考えていた。だが、バルサの事前の情報漏出によって、ペップは即答した。順調に進行している交渉を早めるためでもあった。メディアに公表することで、成立へのとどめを刺した。さらに「チアゴが来るか、誰も来ないかのどちらかだ」と、これ以上、選手の契約はないことも告知した。

この日、ペップの口からチアゴへの興味が発せられた後に、今度はバルサの会長ロセイとの過去について語られた。状況はこうだ。ペップはバルサの監督を辞任するまで、ロセイとの対立に取り組んできた。ロセイはクライフを中傷し、クラブの名誉会長から追いやり、ペップをバルサの監督に任命した元会長のラポルタを起訴した。２０１１年の春に起こったドーピング疑惑という深刻な問題では、クラブの甘い対応の尻拭いで、ペップはチームを必死で守らなければならなかった。ラポルタが去ってからのペップは、監督という重責だけではなく、クラブの公式なスポークスマンとしての活動も負わされた（カタルーニャのメディアはペップのことを事実上の会長と見なしていたほど）。このような状況で、ロセイの態度や命令はだんだんと2人の距離を引き離していった。特に最後のシーズンにはそれが顕著だった。

ペップは、いつか1度だけは、はっきりと言おう決めていたのだ。そして、トレンティーノでの会見の場を借りて口を開いたのである。

「ニューヨークにいる時、私はロセイに言った。6000キロも離れているのだから、どうか私をそっとしておいてくれ。静かな生活を送らせてくれ、ただそれだけを頼んだ。でも、その頼みを聞いてはくれなかったし、約束も守ってくれなかった。私は自分の時代の仕事を終え、バルサを去った。これは彼らの責任ではない、私が自ら決めたことだ。クラブを去って、わざわざ6000キロも離れたところに行った。

彼らには、彼らの仕事をしてほしい、クラブにいる選手たちに満足してほしい、すべきことをしてほしい、私はいつもクラブの成功を願っている……。それにしてもこの1年間、ロセイは私に対して行き過ぎることが多かった。あまりにも多すぎたんだ」

責任を回避することに長けているロセイのような人間を面と向かって非難することは、あまり賢い戦略とは言えない。ペップもそれを十分承知している。しかし、抑制したくなかった。ニューヨーク在住の友人サラ・イ・マルティンはペップの状況をこう説明した。

「あの日ペップはきっと、解き放たれる必要があったんだと思う。長い間パンチされ続けてきて、抵抗することなく、すべてを黙認してきたから。爆発は避けられなかったんだよ」

繰り返しになるが、多分このやり方は不適切だった。ペップのカタルーニャ語をドイツ人記者たちが理解できなかったからではなく、状況を理解させるにはあまりにも複雑だったからだ。バルセロナのメディアや経済上の利益も絡みながら、最後の年はねつ造やさまざまな無礼にペップは苦しんだ。これは、あまりにも複雑すぎる問題だった。ドイツメディアは、「ペップはバルサの監督を辞めた時の扱い方に対して、ロセイに怒っている」という単純な理解で終わってしまった。

それから何日かして、チアゴがミュンヘンに到着した。トレーニングの初参加は7月17日。わずか1カ月前、U－21ヨーロッパ選手権の決勝でチアゴは3得点を挙げ、4－2でイタリアを下しスペインを優勝に導いた。チアゴには、新シーズンの準備期間がほんのわずかしかなかった。バルサを解雇されてセルタに移籍した弟のラフィーニャに付き合ってもらい、山道を自転車で登るトレーニングでフィジカルを保つだけしかできていない。それでもチアゴはすぐにでもミュンヘンに飛んで行きたかったのだ。

「ペップのような最高レベルの人が俺を信頼してくれるなんて、すごいことだ！　世界一の監督から電話があったら、考える必要なんてないだろ」

ペップは、チアゴのユース時代からの監督である。16歳の時にセカンドチームへ、18歳でトップチームに引き上げたのはペップだった。今のホイビュルクのように盲目的にチアゴの才能を信じて、多くの時間をかけてこのダイヤの原石を磨いてきた。特にディフェンスの考え方の指導には力を入れたという。

チアゴがミュンヘンに来たばかりの頃、コーヒーを飲みながら思い出話を聞く機会があった。

「ペップは、俺のプレーからたくさんのモノを取り上げた。喜び方まで取り上げたんだ。俺はブラジル人だ！と叫んで、何千回もペップには頭にきたよ。なのにいつも『落ち着け、落ち着け』と平静さを求めてきた。勝った時も、いつも俺たちの気持ちを下げようとした。だからいつの間にか勝利に酔うことがなくなったんだ。俺のプレーから多くのモノを取り上げた。でも多分、それは表面的なモノだ。その取り上げられたモノが、もっと重要なモノに入れ替わった。選手としてのバランスが良くなったよ」

それからチアゴは、すべての準備が整っていると言った。

「ペップが付け加えてくれたモノと自分のプレーのエッセンスのすべてを差し出す時がきた。自分の良さを解放してみせるよ」

この後すぐに、チアゴはテレコムカップのハンブルク対バイエルンにワンピボーテとして先発出場し、この発言を証明してみせた。自身の能力を十分に示したのだ。クロースはインテリオールでプレーした。ペップはこの時点で、チアゴがもし、試合に耐えられるフィジカルコンディションだったらドルトムント戦のスターティングメンバーに入れる、という意思を示したのである。

7月21日、テレコムカップのファイナルでも、同じようにチアゴを使った。さらに、ここで1つピースを付け加えた。チアゴのメディオセントロの前に、クロースだけでなくラームのインテリオールをプラスしたのだ。ラームは守備の嗅覚を、クロースはクリエイティビティを差し出した。トリオは素晴らしく機能して、ボルシア・メンヘングラッドバッハを5－1で撃破。チアゴのコンディションがもてば、来週のドイツ・スーパーカップのドルトムント戦に先発出場させられると確信した。

しかしその前に、アリアンツ・アレーナにバルサを迎えなければならなかった。

ペップはこの試合に乗り気ではない。根っからのバルサ人間、それがペップだ。バルサのスポークスマンであり監督、キャプテン、選手、ボールボーイ、マシアのカンテラだった。ほぼ人生のすべてがバルサだった人間が、そのバルサと闘うことは望まない。ペップは今もバルサ人間であり続けたいと願っている。

もう1つの理由は、バルサとの親善試合がドイツ・スーパーカップのたった4日前であるということだ。「酋長」「バイエルンの法王」という愛称で親しまれている会長ヘーネスは、可能な限り愛想よく約束を果たす人間。延期も中止も考えられない。

バルサにとっても、あまり魅力的な試合ではなかった。スペイン代表の選手たちはバケーションで不在。昨シーズンのリーガ優勝監督のティトは、5日前に病気の再発で辞任せざるを得なかった。試合前日にヘラルド・マルティンが新しい監督に指名されたばかり。親善試合に間に合うはずもなかった。その上、バルサはバイエルンへの苦い思い出を忘れていない。ほんの3カ月前、CLのセミファイナルでハインケスのバイエルンにアウェーで0－4、カンプノウでも0－3で敗れたばかりだった。つまり、誰にとっても魅力的な親善試合ではないのは明白。それでも、約束は果たさなければならなかった。

チアゴがメディオセントロで先発。ラームとクロースも、ともに中盤にいた。親善試合の結果は、予想通りの内容でバイエルンが2－0で勝った。バルサは自分たちらしいサッカーも、良いプレーもできなかった。バイエルンはドルトムント戦に向けて、悪くない状況だと思われた。ところが、日が変わって翌朝、ペップは最悪なニュースを受け取ったのである。ノイアーとリベリーのケガが発覚したのだ。GKは外転筋に小さな違和感。もう一方は、打ち身。ドルトムント戦にはもう出場できない、というものであった。

ペップの表情は暗い。バルサとの親善試合を恨んだ。ファイナルの4日前に練習試合をするなんておかしい。疑問の余地のないスタメンGKと、均衡を破れるアタッカー。チームにとって極めて重要な2人の選手をケガさせてしまったのだ。ペップは悔しかった。

こうして、最悪の状態で初めての公式戦を迎えることとなった。

試合前夜、クロップのドルトムントを研究した。習慣である。2日半かけて行った敵の詳細な分析を基にして、弱点を探り、どこで攻撃するかを追求する。ペップの分析のやり方は、パソコンを一切使わない。チェス盤上の状況をベースにして分析する、世界チャンピオンのマグナス・カールセンを彷彿させる。また、ペップは自分のアイデアから出発する。スカウティング責任者のプランチャルトやチームの分析スタッフの結論を聞く前に、まず自分自身で敵を分析することをペップは好む。敵チームをレントゲンのように丸裸にし、スタッフが準備した意見と比べてみる。いつだったか、カールセンの分析プロセスと類似していると指摘すると、ペップは心地良さそうに驚きながらつぶやいていた。

「ますますチェスに興味が湧いてきたよ」

ペップは常に疑問を抱き続ける。すべてを〝1000回〟戻って思案する。敵の攻撃の仕方、スターティングメンバー、選手個人への指示、全体への指示……。ノイアーもリベリーもいない、ハビもダンテもゲッツェもルイス・グスタボも。シュバインシュタイガーは片足を引きずっている。ペップは何度も何度も思案を繰り返す。

ルンメニゲは「私たちには忍耐が必要だ」と言い、ザマーは「私たちには情熱が必要だ」と言った。2つの言葉の間で揺れた。忍耐と情熱は、2つともペップの大きな武器である。さて、どのようにペップ・バイエルンをファンたちの前に初披露させるのか？　忍耐と情熱の間で葛藤して、ペップは情熱を選んだ。自分の信条である「攻めて、攻めて、攻めまくる」ことを決断した。記者会見での言葉通りに、守備の嗅覚を持つラームを中盤から外して、攻撃的な右サイドバックとして戻す。ドルトムント戦では可能な限りのアタッカーたちでプレーすると誓う。大きなリスクを背負うことになるだろうが……。

ドルトムント戦の敗北　2013年7月27日 ドルトムントにて

ペップは、両腕で娘のバランティーナを抱きかかえている。彼女は、まるで苦しい瞬間であることを理解しているかのように正面からパパに抱き付いている。バイエルンの選手たちは、すでにバスに乗り込んで、白いシャツが汗でずぶ濡れになった監督を待っていた。ペップは摂氏38度の猛暑の中で、バイエルンでの最初の公式戦と初のファイナルに負けた。ドイツ・スーパーカップは、弁解の余地なく4－2でドルトムントのモノとなった。10メートル先には、いつものように勝利の幸福感を爆発的に表現するクロップがいる。

ドイツ・スーパーカップは一発勝負だ。ドルトムントのジグナル・イドゥナ・パルク・スタジアムのチケットは、ブンデスリーガのほとんどすべての試合と同じように完売。195カ国ものテレビ局が放送した。入念に準備を整えてきた両監督によって、長きに渡り切磋琢磨し合う、シーズン開幕目前の幕が切って落とされる。

挑戦なくして栄光はない。ペップはバイエルン監督就任後、初の公式戦で最も厳しいドイツのライバルと対戦する。クロップとペップ、ボルシア・ドルトムントとバイエルン・ミュンヘン。まだ7月だというのに、1つのタイトルをかけてビッグネームが闘う。なんと美しいスタートなのだろう。この新たなカップルは、レアル・マドリーのモウリーニョとFCバルセロナのペップを彷彿とさせる。彼らが導いた素晴らしい戦術の対決。クロップはドイツのモウになるのか……?

ペップは、イノベーションのために必要なプレッシャーを自分自身で作りだせる男だ。クロップも然り。今、フットボールの謎に挑み続ける2人の名手の繊細な決闘が始まろうとしている。

ドルトムントはボルシアの黄色と黒、そしてプライドを引っさげて、ペップを厳しい歓迎で待ち受けるだろう。ヨーロッパのサブチャンピオンは、シーズン開幕前だというのにすでにロケットの発射準備態勢に入っていた。これが正真正銘のブンデスリーガだ。63日前に黄色と黒のユニフォームでCLファイナルを戦ったチームは、選手が1人代わっているだけ。ケガをした中盤のピシュチェクに代わってヌリ・シャヒン。フォーメーションはドルトムント伝統の4－2－3－1。（ヴァイデンフェラー、グロスクロイツ、フメルス、スボティッチ、シュメルツァー、シャヒン、ベンダー→ブワシュチコフスキ、ギュンドアン、ロイス→レバンドフスキ）。

一方バイエルンは、CLファイナルに出場したノイアーもダンテもシュバインシュタイガーもハビもリベリーもいない。11人中半分がケガ。フォーメーションは4－3－3だ。

GKシュターケ、センターバックにバンブイテンとボアテング、サイドバックは右にラームと左にアラバ、チアゴのワンピボーテ、インテリオールにクロースとミュラー、ロッベンとマンジュキッチがウイングでトップにシャキリを配置した。

ペップは忍耐と情熱の間で葛藤した末、バイエルンの始動を大胆な攻撃によってスタートさせることを選んだのである。

ラームをサイドバックに配置して、ミュラーとクロースをピッチ中央でチアゴに同伴させる。この配置が意味するのは、ほとんどの時間を4－2－4の形でプレーする、ということ。なぜなら、ミュラーは元来FWの選手であり、攻撃参加の傾向が強い。持って生まれた特性がピッチ中央のポジションをとることを自然と邪魔してしまうのだ。

ペップは自らの野心の餌食となった。バイエルンはドルトムントのディフェンスゾーンに何度か侵入してはいたが、カウンター攻撃に対して訓練中のチームにとって、ゲームを支配することは不可能だった。ドルトムントに対抗する手段として、ラームを中盤で使ったら活きたかもしれないが、あえてサイドバックとしてプレーさせた。それはまるで、救命具も装着しないで大海原に飛び込むのと同じである。

その代償は高くついた。「初戦は難しい試合になる」と語ったペップの言葉通りになったのだ。バイエルンはジグナル・イドゥナ・パルクで2009年12月のファン・ファール以来勝っていない。ドルトムントが、いかに難攻不落のホームで強いかというデータは、これだけで十分だろう。

クロップが試合を自分好みの型にはめるのも、ケガのノイアーの代わりに出場したGKシュターケの開始5

分のミスによる失点で十分だったはずだ。そのクロップ好みのやり方とは、
・自陣に下がって4－4－2のフォーメーションで相手にボールを持たせる
・相手がボールを失うのを期待して、連携しながらサイドに追い込む
・自分たちのカウンターアタックに必要なスペースを相手に作らせる

それに対して、ペップも試合の流れを修正することができなかった。ドルトムントの輝かしさゆえの敗北だった。非凡なやり方でスペースを操り、スペースを閉じる時の形は、まるで亀の甲羅を思わせるローマの部隊のようだ。その上、カウンターの時の爆発力は物凄かった。

ドルトムントの暑さは、バルセロナのような湿気を帯びていた。多分、ペップは故郷を思い出したことだろう。この試合には2回の給水タイムが設けられていた。前半に各監督の自由裁量で1回ずつ。クロップは、1点リードの24分に1回目をとった。選手たちが水分補給をしている間、ドルトムントの監督は、DFを集めて指示を出す。少し離れたところで、ペップはFWと話をしていた。DFに指示を出すクロップと、FWに指示するペップ。このシーンは2つのチームを見事なまでに象徴していた。

ドルトムントは、ボールがなくても不快に感じない。敵の攻撃を迎え撃つことと、ボールを取るために仕掛けるのが好きなチームだ。それにボールを持ったとしても長続きはしない。なぜなら、思い切り走り回ることができるスペースを支配する方が好きだから。敵が操るボールによって動かされても、まったく気にしないのだ。

さらに、相手のGKに圧力をかけるよりも自陣で守る方がいい。ピッチ中央のセンターサークルに、イルカイ・ギュンドアンとロベルト・レバンドフスキを置いて、他の8人は連携をとってうまく配置している。バイエルンは敵陣でプレーして、どこから侵入するか隙間を探した。しかし、大人数の厚い守りに阻まれ侵入でき

ない。クロップはハーフタイムのロッカールームで、ペップよりもずっと〝はまったな〟という顔をしていたに違いない。

前半が過ぎて、バイエルンの監督は攻撃のピースを動かした。ロッベンを左、マンジュキッチを真ん中、そしてシャキリを右に置いた。ただそれだけ。わずかな変化こそ全体を変えるのだ。そして、チアゴとラームが1つの成功へのステップを作った。チアゴのフィルターパスをラームがセンタリング、それをロッベンがヘディングで押し込み同点に追いついた。

一時、その1点でバイエルンは息を吹き返したかに見えたが、すぐに幻想に終わる。わずか180秒の間に、まさに逆上したかのように攻守が切り替わる展開の中でゴールゲッターたちが次々と追加点を加えたのだ。スコアは1－1から1－3に変わった。バイエルンの半分の選手たちが感情的になり、打ちひしがれていた。クロースの動きは緩慢で、バンブイテンは自身のオウンゴールの後、下を向いたままだった。驚異的な中盤のギュンドアンが息つく暇も与えず3点目を押し込んだ時、バイエルンの優勝の可能性が、どこまでも不可能に近づいた。

その後は、いずれにしても、3つのことが起こっている。

・ロッベンが押し込んで2－3にしたこと
・ミュラーのシュートがクロスバーに当たったこと
・バイエルンがリスクを省みず猛攻を仕掛けた時に敵の4点目が入ったということ

チアゴは2つの印象を残した。1つは、攻撃時のエクセレントなパス。もう1つは、ディフェンスゾーンでボールを失うこと。攻撃時のボールの配球はゴールかクロスバーに変わるほどチャンスを作りだすが、4点目の失点はボールを失ったチアゴのミスによるものだった。チアゴの良い面と悪い面は、まるでボールを支配する者とスペースを支配する者の間で行われる永遠のディベートを象徴しているようだった。

ボールを支配することへの挑戦とスペースを支配することへの挑戦は、現代サッカーを特徴づけている。このバランスを達成できた者が勝者になるということは、どうやら自明の理だ。相対する2つのコンセプトは、あらゆるサッカーの試合の、あらゆる局面で見られる。ドイツでは、バイエルンとドルトムントという代表的な例がある。

ペップは、自分のチームの選手たちには、パウサ（小休止）をとりながら静かに敵陣に到達して、敵陣に入ったらスピードとダイレクトで攻撃することを望んでいる。良いリズムで、このコンビネーションを見つけるためには予測がカギとなる。しかし、今のバイエルンは正しい予測ができない。敵陣で穴を見つけるチアゴのエクセレントさは、将来的にはボールの支配という挑戦のシンボルになる。しかし同時に、守備の脆さにつながることにもなるのだ。

ペップにとってバイエルンの負けよりも痛かったのは、ハインケスの成功のおかげで今シーズン挑める6個のタイトルのうちの1つを失ったことだった。この継承に対する感謝の気持ちを、ことあるごとにファンにも伝えてきた。

1年前の2012年夏、ハインケスのバイエルンは、ドイツ・スーパーカップでドルトムントをホームに迎えた。あの時のバイエルンは2回のCLファイナルと、2年連続のブンデスリーガと、そしてドルトムント戦を5試合連続で失っていた。最も近い試合では2－5と血まみれにされている。しかし、ドイツ・スーパーカップで、バイエルンが6試合ぶりに勝って趨勢を得た。歴史的な3冠への始まりだった。今、クロップはシーズンを凌駕するかもしれない巨大なライバルに勝ち、同じような効果がドルトムントに起こることを望んでいるかもしれない。

最初の1カ月、ペップはバイエルンの監督として、とてもよく働いた、しかし、欧州を獲るためには、まだやらなければならないことが山ほどあることを確認せざるを得なかった。

ドイツでは試合の後に、両監督が一緒にインタビューを受けるということもペップは初めて知った。そこには、喜びに輝いているドイツ人と、茫然としたカタルーニャ人がいた。

インタビューが始まると、あまりにも早くしゃべる記者の質問の意味がわからず、試合の中身を整理して語ることがペップには難しかった。いくつかのタイミングで支離滅裂なことも言っていた。試合の始まる午後8時半に戻って、もう一度ゲームをしたいと思いながら、未だに頭はスタジアムのベンチに置いてきたかのようだ。ペップらしく、特別に繊細な90分間でもなかった。ピッチの真ん中にラームがいなかったのはサプライズであった。

事前の試合で試して成功していた〝フォーミュラ〟ラームをなぜ使わなかったのか？　記者会見の間、ペップは試合の詳細について、ずっと考えているかのようだった。反応がとても遅く、まるで反射神経が錆びついていたニューヨークでの休みの日々のようだった。

ペップは、監督としてファイナルで2回しか負けたことがない。2011年のマドリーとのカップ戦と、この試合だ。ドルトムントの湿気のように重くて緩慢な様相のペップは、質問されてもいないことに答えることもあった。しかし、クロップの勝利をはっきりと讃え、クロップに対する負けをスポーツマンシップにのっとって受け入れていた。

「ボルシアの闘いは、勝利に値するものだった」

ペップは頭の中で、「クロップのチームは私にとっての栄光の道に続く、新しいヌマンシアなのか？」という自問をしていたに違いない。そうなのだろうか？　ドルトムントはヌマンシアなのだろうか？　両チームの大きな違いを飛び越えて、自分にとっての意味だけを考えていたかもしれない。ヌマンシアとは、２００８年のリーグ開幕戦で、ペップがバルサ監督デビュー戦で負けた弱小チームだった。

バイエルンにとってみれば、取るに足らないことなのだ。ドイツで最も価値のないトーナメントがこのドイツ・スーパーカップなのだから。しかし、ペップにとってこの敗北は横っ面をひっぱたかれたような大きな衝撃だった。１つたりとも負けることが好きではない監督にとっては、深い傷となったのだ。

昼過ぎに家族がドルトムントに到着していた。２、３日は新天地のミュンヘンを案内することになるだろう。３人の子どもは赤と白の縦縞のユニフォームを着ている。ペップは末っ子のバランティーナを抱きかかえながら、真ん中のマリウスに、試合のいくつかの戦術を説明した。赤いバスがスタジアムを出た時、ペップは友人のアスティアルタと並んで、一番前の席に座っていた。まさに5年前、ヌマンシアに負けて苦しんだ帰りのバスの時と同じだった。赤と白のユニフォームを着た子どもたちが手を振る前で、バスのライトが点灯し、暗闇の中に進むべき道が照らし出されていた。困難で険しい道が再び始まった。

第２章　最初の戴冠

「とりわけロジックで知られているチェスというゲームは運と、
運と、運によって構成されている」
サベリ・タルタコワ（チェスのグランドマスター）

回復した選手たち　2013年7月29日 ミュンヘンにて

ノイアーとリベリーは、他の選手たちに混じって普段通りトレーニングをしている。なんという驚きだろうか。

ドイツ・スーパーカップからたったの40時間しか経っていないのに、彼らはもう回復している。これほどまでの早い回復は、本当に可能なのか。土曜日の夜は、プレーできるコンディションではなかった。どうやったら月曜日に、こんなにまで良いコンディションになれるのか？　ドルトムント戦で使わなかった慎重さは、過ちだったのかもしれない。

ノイアーは外転筋に小さな違和感があった、リベリーは大腿の打撲。帯同することさえ妥当ではない、というのが医師の決定だった。しかし、今ここに2人はいる。40時間後には、いたってフレッシュな様子で大雨の中でトレーニングしている。これは、バイエルンに対して初めて湧いたペップの疑問だった。バルサでは、ノイアーやリベリーのようなケガをした選手はチームに帯同し、試合直前まで検査を受ける。ペップは最後の瞬間まで選手選考を悩みたかった。

どうやら、ミュンヘンでは違う習慣があるらしい。それは適切なのかどうか、新監督は首を傾げた。ノイアーとリベリーがドルトムントまで移動していたら、試合直前の検査を受けることができ、検査で良い結果が出たならファイナルは違うものになっていたのではないかと……。

「呪われたバルサ戦だったよ。ファイナル3日前の親善試合なんて絶対にありえない……」

ペップは、前所属クラブとの試合と、ドルトムントとの苦い敗戦が頭から離れなかった。コーチングスタッフたちは徹底的にファイナルを検証し、失点は個人のミスの連続だ、という結論に至った。その報告には、コレクティブな観点からは決して悪くなく、チアゴをラームのフォローで守らなかった監督の選手起用の判断が大きく影響していた、ということもあった。「多分それは、ミスだった」と、コーチングスタッフの1人が認めた。

今日は公開トレーニング。多くのファンが、傘を差しながら練習場に集結している。土砂降りの雨の中、監督の声を聞くために、まるで教会のような静寂さだった。

この大雨の日、完治したゲッツェがピッチに戻って来た。しかし、調子良く動いていたものの、あまりにも強い雨で練習をすぐにやめざるを得なかったのは残念だ。その時間を利用し、ゲッツェがドルトムント時代について一言、語ってくれた。

「ドルトムントの南ゴール裏は世界一だよ。あんな壁はどこにもない。山のようにそびえ立っている。あのスタジアムでアウェーチームがプレーするのは本当にしんどいことなんだ」

数カ月後には、その巨大なゴール裏とゲッツェも対決しなければならない。

少ない時間だったが、ゲッツェは久しぶりとなるボールの感触を楽しみ、激しく機敏な動きを見せた。90日前のケガは完全に回復したようだ。暗いトンネルの終わりは、もう近い。ペップはゲッツェに、「次の金曜日には、登録メンバーに入れる」と知らせた。

一方、チアゴは次の試合のメンバーには入らない。ドルトムント戦で足首を蹴られた上、疲れもたまっていた。連続する重要な試合に200パーセントで臨んだスポーツ選手によくあるケースだ。チアゴはスーパーなモチベーションを持ってミュンヘンにやって来て、バルサ戦とドルトムント戦では最高のパフォーマンスで臨んだ。雲まで登る勢いでプレーし、ヒューズがふっ飛んだ。今は回復のために2、3日の休みが必要であった。

レバンドフスキの名前がメディアにあがっていたが、夏の移籍はない。このドルトムントのストライカーは非凡な選手で、バイエルンは今すぐにでも契約したがっている。しかし、1年待つことにした。もし、ゲッツェの契約がこんなにも大騒動になっていなかったら、レバンドフスキもここで一緒に練習していた可能性は高い。バイエルンのコーチングスタッフは、レバンドフスキのプレーの仕方、ボールの置き方、動き方、チームメイトとの連携をとても気に入っている。しかし、来るのは1年後である。

一方、2人の選手が去る。エムレ・ジャンは8月2日にバイヤー・レバークーゼンへ、ルイス・グスタボは8月16日にヴォルフスブルクへ。理由は基本的には金銭の問題だ。ホイビュルクはトップチームでトレーニングするが、試合に出るのはセカンドチーム。キルヒホフは冬の移籍で放出される見通し。ペップはすでに、ミュラーを中盤でプレーさせることは適切ではないと納得していた。

父の動きを注意深く見ているペップの息子マリウスと一緒に雨の当たらないところにいたら、アスティアルタがやってきて、ペップの1年目の真の目標を暴露した。

「ブンデスリーガを獲ること。すべての力を、リーガのタイトル1点にフォーカスしている。2つ目の目標は、チームがペップの望むプレーを学びながら、進歩を繰り返し、シーズン終わりごろには今よりもずっと良いプレーができていること。ペップはすでにバルサBでそれを達成した。バルサBはシーズン当初、決して良いやり方でプレーをしていたとは言えなかった。しかし、見事に変身し、最後の1カ月半は素晴らしいプレーを見せ3部リーグで優勝した。ここでも同じようなことを望んでいる。バルサBでは、ペップが望むプレーを正確にするためのベースを1年目に作ったのだ」

目標は決まった。リーグタイトルだ。

ディフェンスの上級コース　2013年7月29日　ミュンヘンにて

1日半におよぶ、ディフェンスの上級コースが始まった。長いシーズン中に監督が与える知識のバリエーションの1つ目だ。ペップは、黄色いビブスをハビ・マルティネスに与えディフェンスチームに入れた。ハビが今朝の新聞を読んでいないなら、彼はセンターバックのポジションが自分に課されることを、今まさに、このピッチで知ったことになる。

雨は止まない。DFとして任命されたラフィーニャ、ハビ、ダンテ、アラバの4人が黄色いビブスをつけた。一つ一つの戦術的な動きを、ペップは細やかに指示する。ラーム、ボアテング、バンブイテン、キルヒホフらの攻撃陣が相手だ。同時にそれは、キャプテンのラームがサイドバックのポジションでないことも意味する。ラームを中盤だけで使うことを考え始めているのかもしれない。

40分の間、ペップはひたすらカバーの動きの説明に徹した。

「ウイングが攻撃してくる時、サイドバックはどうする？」

「そのサイドバックの横のセンターバックはどこをカバーする？」

「もう1人のセンターバックはどこにポジションをとる？」

「逆サイドのサイドバックはどこを警戒する？」

「センターバックがプレッシャーをかけに飛び出さなければならない時、メディオセントロはそのセンターバックをどのように、どこまでカバーする？」

これらの戦術的な動きは、DFとDFの間の通路を常に閉じ、敵の攻撃の侵入を防ぐことを目的として決められている。

ハビは苦しみ、ダンテは生き生きとプレーしている。ハビにとって、この雨の午後に行われたセンターバックへのコンバート第1幕は、とても一言では語れないものだった。アスレティック・ビルバオで、マルセロ・ビエルサの下で学んだマンツーマンディフェンスのセオリーを、すべて消さなければならない。バイエルンは、常にゾーンで守る。ハビにとってはゼロから始めるのに等しく、混乱以外の何物でもなかった。

ほとんどすべてのアクションで、行ってはいけない場所に行き、飛び出してはいけない時に飛び出し、ダンテに近づかなければならない時に離れる。良いところがない午後だったと言える。もし人間の忍耐に限界と言うものがなかったら、チームは永遠に修正を繰り返し続けただろう。

キルヒホフがサイドに開き、ラームが深く攻撃する。それに対し、アラバがアグレッシブにプレッシャーをかけ、ダンテがアラバの背後をカバー、ハビが見当はずれのことをし、プレーが止まる。ペップが介入し、ハビの動きに修正が加えられ、最初からやり直し。遠くで雷鳴轟く豪雨の中、過酷な約45分が過ぎた。容赦のないトレーニングが続く。

ハビは苦しんだ。しかし、プレーコンセプトを変えることだけに苦しんだのではない。バケーションから戻ってきたばかりで、ギリギリのコンディションだったのだ。日曜日のトレーニング後には、疲れのためにおう吐した。今日は、さらに極端の集中力を要求されている。

DF一人一人がどのように動くかを理解するため、ペップはゾーンの中に動きの指針となるマーカーを設置して、指示を出す。外から見ると、集団行動のように見えた。敵のFWにプレッシャーをかけに行くチームメイトのポジションをカバーし、バランスをとる。その後、すぐに元のポジションに戻り、選手間の距離を正しく保つ。

こうして、ディフェンスの上級コース初日が終了した。

練習後、疲れきっていたにもかかわらず、選手たちは「少し走ってもいいか」とペップに頼んできた。ペップは、陸上競技の選手だった私に冗談とも本音ともつかない言葉をかけた。

「君ならよくわかるだろう。身体を痛めつけること以外に、走ることで何かの役に立つことがあるのかい？今から彼らは15分間走って『フィジカルトレーニングをした』と安心する。プラシーボ効果だ。コンセルバシオネスとポジションプレーの練習は、フィジカルトレーニングにはならないと彼らは思っているんだよ」

プレーの原則をベースにしながら、タクティクスーテクニックの向上と改善を目的にした実践タイプのトレーニングでできるフィジカル強化に限界はない。よって、スプリントの連続や持久力、筋トレだけのセッションはしない。ただ、ケガで出遅れた選手のコンディション調整の補助として使うことはある。苦笑いを浮かべるペップの横で、ブエナベントゥーラが説明を加えた。

「バイエルンはCLなども入れると週2回の試合があるから、短くて質の高いトレーニングに慣れていたはず。なのに、初めのうち連続して1000メートル以上を走らなかったからすごく驚かれたよ。

ボリュームと強度ということに関しては、今のバイエルンも他のチームと変わらないと思う。ピッチの上での練習時間は、私たちの方が10～15分少ないくらいだ。最も大きな違いは、量よりも質を追求すること。長時間のフィジカルトレーニングの代わりに、質を追求した練習をする。ボールのない練習はしない。ボールを使わないトレーニングは、ケガからの回復やコンディショニングに使うだけだ」

選手たちは、ほど良いリズムで15分走った後に、満足気な表情を浮かべて戻って来た。ペップは、芯までずぶ濡れの選手たちの背中を叩いて、若い選手たちの頭を軽く小突く。ロッカールームの前でもまだ、冗談を言っている。そして私の方を振り向き、ウインクして「プラシーボ効果」とつぶやいたのである。

ディフェンスの上級コースは、始まったばかりだ。

上級者コースの続き　2013年7月30日ミュンヘンにて

翌日は、目もくらむような太陽が顔を出している。昨日のディフェンスのカバーの動きをゲームに適応するのが今日のトレーニングの目的だ。狭いピッチで6人ずつ3つのチームに分かれる。ユースチームのキーパーで両足のボール使いが卓越しているレオ・ツィンゲレールがフリーマン。チームの攻撃時にも、いつも一役買っている選手だ。ハビとダンテは当然のごとく一緒の赤チーム。ルールは、ゴールされたチームが、即座に待機しているチームと交代するというもの。プレーを止めずに交代するので、待機チームも注意を怠れない。時間は45分。

ハビにとっては地獄の責め苦だった。25分経過した時点で、ヘトヘトになっている。4分間ゴールがなかった場合はセカンドコーチのヘルマンが笛を吹き、小休止をとってから交代するが、それ以外は決して止まらない。非常に強度が高く、速い。しかも高い集中力を要求され、疲労から簡単に誤ったプレーをしてしまいがちだ。このトレーニングは、グリッドの作り方から「ダブルボックス」と名付けられている。

ペップは、まさに鞭を持って臨んだ。午前中のゼーベナー・シュトラーセでは、すでにペップのドイツ語の指示が定番になっているが、今日は違う。頻繁にスペイン語が聞こえてくる。

「ハビ、出ろ！」

「ダンテを見ろ、見るんだ！」

「今はFWに行っちゃダメだ！」

「開け、開くんだ、もっとだ」……。

ハビに休息はない。ダンテも、ハビを助けるために叫んで励ました。一方、リベリーとロッベンは、我が道をいく。ピン、パン、ポンと1点、また1点とゴールを続けた。しかし、ゴールやスコアに注目する者は誰もいない。今回ばかりは、ハビが受けているディフェンスの上級者コースの方が注目の的だった。

ペップは、以下のことをハビに課している。

・ディフェンスラインを敷くチームメイトを常に見ること
・その選手を見ながらポジションをとること
・自分の影響するゾーンに敵のボールホルダーがいる時だけ、激しくプレッシャーをかけに飛び出すこと

アスレティックでやっていた、ピッチ中でFWを追い回すやり方をリセットし、FWにプレッシャーをかけに飛び出したら、その後は素早く元のポジションに戻りラインを保つことをペップは注文している。ペップがとりわけ強く要求するのは、同じディフェンスラインを敷くチームメイトを絶対に見失わないことだ。また、GKからの配球を受ける時に素早くサイドに開いてポジションをとり、中盤での優位性を得るため怖がらず前進することもしつこく要求した。間違いなく、ペップのイデオロギーであるポジションプレーのセンターバックの基本的な役割を担わせようとしている。

チアゴは、ジムでのケガのためのトレーニングが終わってから、ペップとともに6対6のダブルボックスを注意深く見ている。ペップはチアゴに言った。

「ハビは、すぐにコツをつかむよ。私たちはもう、素晴らしいセンターバックを持っているようなものだ」

しかし、レッスンはまだ終わらない。午後7時少し前、この日2回目のディフェンスのセッションが始まった。それは、7人の攻撃に対して5人で守るというもの。5人のDFはラフィーニャ、ハビ、ダンテ、アラバ、そしてもう1人のメディオセントロ。このセッションではキルヒホフだった。7人の攻撃を5人が必死で守る。ペナルティエリア内での対応では、バイエルンは非常にうまく守る。しかし、監督はその1つ前のフェー

ズを改善することを考えている。あらかじめDF間の通路を閉め、ペナルティエリア内に相手を入れないことを練習するのだ。

「ハビ、FWに出ていけ！」

「今じゃない、ハビ、今じゃないんだ」

「ハビ、ダンテを見ろ、ダンテを見るんだ、ライン、ライン」……。

マンツーマンからゾーンへ、絶対的な頭のリセットのために行われた3回のトレーニング。ハビは、バイエルンのセンターバックとしての洗礼を受けるために、マンツーマンディフェンスのいかなるサインも消さねばならなかった。その謙虚さと強いハートのすべてをかけて、ハビは新しい役割を学んでいる。

2回目のセッションが終わった後も、ペップとハビは芝の上でディスカッションを続けていた。監督は、ディフェンスラインの間に生まれる、攻撃のすべての通路を守らなければならないこと、どうやってそのスペースを閉じるかを一つ一つ説明した。

それから、ハビはアスレティックとバルサの古い試合についての質問もした。カップ戦のファイナルでバルサがアスレティックを完璧に負かした時の秘策。ハビは、前々からこのことに興味を抱いていたのだ。ペップはアドバンテージを生み出す動きについて、詳細に語った。

あの試合でマスチェラーノがピッチ中央での優位性を得るためにドライブをどうやったか。メッシがセンターバックをゾーンから遠いところに、どうやって引っ張ったか。

センターに大きなスペースを作る方法。

アスレティックを驚かせて優位性を生み出すために群れで前進するやり方。

その優位性と空いたスペースをどうやって活用するか……。

ハビ・マルティネスは、あの日の敗戦を思い出して、頭を掻いていた。そして、完敗の理由を的確に理解したのだった。

７月の終わりのこの２日間のトレーニングにペップがあまりにも夢中になっているので、なぜ、そこまでディフェンスの練習をするのか、訊いてみた。

「基本だからだ。私にとって、守備のやり方はすべての中で一番の基本なんだ」

３人の子どもが練習場を飛びまわっている。ロッベンの子どもたちのルカ、リン、カイだ。ちょくちょく練習場に遊びに来ている。３人ともほとんど白に近い金髪。子どもたちは即興キーパーの父を打ち破らんとシュートを繰り返している。

そこから20メートルほど離れたところでは、もうすぐ父になるトニ・クロースが、シュターケに向けて豪打に次ぐ豪打を蹴りこむ。サイドからクロースに向けボールを配給している選手は、ちょっとばかり変わり種。ピンポイントで中央にボールを集めるだけではなく、ＦＷかそれ以上の巧みさで蹴っている。キッカーは、他ならぬノイアーだった。

クロースの素晴らしいシュートは毎日の自主練によるところが大きいが、最終的にはペップに止められる。「もう十分だ」とクロースの大腿四頭筋がサインを出している。チームはこれ以上リスクを負うことはできない。

ミュラーは腓腹筋を痛めて足を引きづっている。チアゴは、ドイツ・スーパーカップから足首に痛みがある。ゲッツェは、スプリントを始めて間もない。シュバインシュタイガーは、ブエナベントゥーラの指示で70メートルを12回、20秒のインターバルで走れるようになっただけだ。足首の手術の後、とても長い時間がかかっている副キャプテンを万全の準備で仕上げなければならない。負担を避けるためにすべてのトレーニングは直線だ。今はまだ、ターンもさせていない。

トレーニング後の20分間は、芝の手入れをしているホルツァプフェル・ファミリーの出番だ。父親と双子の娘たち。もう何年も前からこの仕事に携わっている。その向こうではノイアーとクロースがボールをしまっている。ロッベンは、まだ子どもたちにお付き合いしている。

ペップはロッカールームのドアの前に置いた折りたたみ椅子に座り、一息ついている。私は、その横でペップのプレーの基本である、ラインディフェンス、事前の15本パス、そして、デスコルガード（前線に残っているアタッカー）の対処の仕方、について静かに耳を傾けている。

観察と熟考　2013年7月30日 ミュンヘンにて

3冠を達成した12－13シーズン、ユップ・ハインケスはディフェンスラインをGKノイアーが守っている位置から36・1メートルのところに敷いた。ラーム、ボアテング、ダンテ、アラバが作ったラインまでの平均値だ。ペップ・バイエルンはというと、今シーズンが始まって最初の1カ月、同じ面子で昨年よりも7メートルも前の43・5メートルにディフェンスラインを設定している。

この数字はブンデスリーガのオフィシャルホームページによるもので、バイエルンがブンデスリーガの中で最も高い。ちなみに、ヴォルフスブルクは41・2メートル、ドルトムントが39・4メートルである。

データは偶然ではない。ペップが休む間もなく働き、提案してきた成果の1つだ。センターライン近くにディフェンスラインを敷き、可能な限り敵陣に相手チームを押し込む。これはチーム全体のグループ化と、ウイングを除いたボールに近いチームメイトたちの小規模なグループ化を可能にし、敵のカウンターアタックの根を断つことにもつながる。

しかし、今はまだ7月30日。リーグの開幕までまだ10日ある。この戦略の適応が困難で時間がかかるかどうかは、この時点ではまだわからない。リーグ開幕時、リスクを冒さず、ミスもしないでこのアイデアを実践するのは容易なことではない。私たちは午後の練習が終わり、ロッカールームの前の椅子に腰かけている。やがてバイエルンの監督は、プレーの基本的な3つのコンセプト、「ラインディフェンス」「事前の15本のパス」「デスコルガード」について語ってくれた。

I　ラインディフェンス

ラインはボールの位置によってセットされる。敵のボールホルダーに最も近い選手がラインの位置を決める。それがサイドバックだろうとセンターバックであろうと同じ。もし、サイドバックだったら、そのサイドバックに最も近い隣のセンターバックが、サイドバックの背後を警戒し、順次、他のセンターバックと逆のサイドバックも背後を警戒しながらラインを整える。ペップはこう説明する。

「4人は、いつもブロックでスライドすること。広く大きなディフェンス間の通路を作ってはならない。簡単に侵入されるのを避けなければならない。センターバックはFWがパスを受けるやいなや、そのFWにプレッシャーをかけるために飛び出さなければならない。その瞬間、もう1人のセンターバックは飛び出した最初のセンターバックのポジションを埋める。一方でメディオセントロは下がって、2人目のセンターバックのポジションをカバーする。斜めに蛇腹をたたむように、チームメイトのカバーをしなければならない。それも、瞬時に行わなければならない」

Ⅱ　事前の15本のパス

ボールポゼッションはただの手段や道具でしかない。目標でも目的でもない。監督はこのように説明する。

「もし事前の連続した15本のパスがなかったら、攻撃から守備への良い移行を実行するのは不可能だ。最も大事なことはボールを持つことや、多くのパスをすることではない。意図をもってやることだ。パスの本数やポゼッションの数字は重要ではない。大事なことは、ボールを持つ意図、ボールとともに何をするかを追求すること、チームがボールを持っている時に何を目指すか。それが重要なんだ！

整然とした配置につくために、中盤で15本の連続したパスをしながら敵を混乱させることができたなら、ボールを持つことには意味がある。混乱させるには、スピードがあり具体的な意図を持ったパスを使わなければならない。また、ほぼ全員のチームメイト（この中の何人かは、離れて敵を広げるためのポジションにいる）が行う15本のパスの結果として、敵を混乱させることができる。つまり15本パスを回すことによって、チームは整然とした配置につく。同時に、敵はボールを奪おうとしてピッチ中を追いまわすことになり、気づかぬうちにすっかり混乱しているんだ。

もしボールを失ったとしても、その時点ではおそらくボールを奪った敵の選手は孤立している。周りを私たちの仲間が囲んでいるので、容易にボールを取り戻すことができるし、少なくとも敵が守備のオーガナイズを整えるのを妨害できる。だから、この15本パスは敵の守備から攻撃への移行を不可能にすることができるんだ」

Ⅲ　デスコルガードの対処

フットボールには基本的に2つの提案がある。1つはボールを支配することに基づいて自分たちのチームをオーガナイズする。もう1つはスペースを支配することに基づいて自分たちのチームをオーガナイズする。

ペップは言う。

「もし、自分たちがボールを支配することを基本にして試合に勝ちたいなら、自分の背後を守ること、バスケットボールで言うところのパロメーロ、サッカーでは前線に残っているFWをコントロールしなければならない。パロメーロとは、バスケットボールで敵陣のネットの近くで容易にシュートできるように待っている選手のこと」

一般にスペースを支配するチームは、ボールを譲って敵陣に少ない人数の選手を置いておく。だいたいは2人で、それはトップ下とFWだ。トップ下はピッチのサイドにいて、チームメイトがボールを奪って行動するのを待っている。2人目のFWは、ピッチ中央の前方にポジションをとり、サイドにいるトップ下とは逆側に位置している。この態勢で味方がボールを奪ったら、サイドにいるパスが巧みなトップ下にボールを預けて、そのトップ下は一番前にいるFWにボールを渡してアシストを狙う。このボール奪取、パス、アシストという3つの動きがうまく機能すれば、ボールを支配したいチームのディフェンスラインの背後を簡単に勝ち取ることができるのだ。

ボールを支配したいバイエルンは、このような効果的なやり方に対してどうやって守るのか？　基本的には4つの対策が挙げられる。

・相手がカウンターを始めやすい、ピッチの内側のゾーンでボールを失わない
・15本パスを通してチームメイトたちとの近い距離を獲得し、即座にボールを奪い返す
・敵の最初のパスを受ける、つまりサイドで待ち構えている選手に素早くプレッシャーをかけに行く
・デスコルガードの最後の選手の動きを予測して警戒する。これはそれを監視するセンターバックの基本的な

役割だ

そして、ペップはくぎを刺すように次の言葉を発した。

「ボールとともに主導権を握ろうとするチームにとって、デスコルガードの対処は守備の基本なんだ！」

バイエルンの練習場は完全に日が暮れていた。ロッベンの子どもたちは、夕食のためにすでに家路についた。残りの選手たちも帰り支度を始めている。ペップは、自身の守備のオーガナイズにおける原則に設置する3本の柱について、説明が止まらない。

本当は、まだまだ話は尽きなかっただろうが、アスティアルタがやって来て、話の止まらないペップ自身に助け船を出したのである。そしてこのタイミングで、「ペップは守備的な監督なのか？」という疑問をアスティアルタにぶつけてみた。

「私は守備的だとは思わない。両方の要素を全部持っている。守備戦術のトレーニングをとてもたくさんする、しかし、攻撃だって練習する。多分カギは、ピッチ中盤にあるんじゃないかな？　中盤で優位性を獲得するために、多くのタレントをそこに集結させる。すべてはそこに行きつくんじゃないかと思う」

辺りは、暗くなっていた。私も、聞いたことを頭の中で整理しながら帰り支度を始める。その時である。ペップがロッカールームからおもむろに戻ってきた。「どこでどうやって、ディフェンスのコンセプトを学んだのか？」という宙に浮いていた質問を思い出したからだ。

「イタリアでの選手時代に学んだのかい？」

「とんでもない、絶対に違う。学んだのはイタリアでじゃない。観察して、よく考えて、学んだんだ。私はいつもディフェンスに興味を持っていた。選手たちに実践を要求しなきゃならなかったし、練習の中身をより良くするために必要だった。攻撃は、持って生まれた才能をベースにする。しかし、ディフェンスは練習すればしただけのことはある。だから、守備のオーガナイズと守備戦術の動きの練習を頻繁にするよ。長いシーズン中ずっと1、2週間ごとに守備のコンセプトを復習するんだ。それをしないとチームは道に迷うからね。守備の領域での創造性をどうやって生みだすのかと尋ねられたら、秘訣はとてもシンプルさ。『観察と熟考』と答えるよ」

ドクターとケガ　2013年7月31日ミュンヘンにて

バイエルンのスポーツセンターは、早い時間から選手や関係者で溢れかえっている。ペップ・グアルディオラは朝8時、マヌエル・ペジェグリーニは朝9時に到着した。今日は、夏のミュンヘン恒例、アウディカップの初日なのだ。

マンチェスター・シティとバイエルンは、午後のセミファイナルに向けてトレーニングと調整を行う。イングランドのチームはACミランと、ミュンヘンのチームはブラジルのサンパウロとの対戦を控えていた。

第3ピッチでは、ペジェグリーニがCKとサイドからのFKを熱心に修正。第1ピッチでは、ペップがシティの練習を気にも留めずにボアテングとの会話に夢中になっている。

この若いドイツ人ディフェンダーは、守備の仕方を誰からも教わったことがなく、「ディフェンスラインがコントロールできるものとは知らなかった」と今まさに秘密を打ち明けられたところだった。守備は、一人一人の選手の生まれ持ったやり方ですると思い込んでいた。まったくの独学。ペップはこのボアテングの『未開発』という点を大いに気に入った。そして、高いポテンシャルと学習意欲を備えた原石を、献身的に指導していったなら、センターバックとして飛躍すると確信した。シーズン終了まで毎日数分間、ディフェンスの基本練習にペップは付き合うだろう。途中、パフォーマンスの浮き沈みはあるにせよ、10カ月後にはコンスタントに安定した守備ができるようになっているはずだ。

このような選手といる時、ペップは粘り強い。毎日の自分の仕事次第で、選手の質を飛躍的に成長させることができると考えているからだ。ペップは、30歳にしてタクティクスｰテクニックが大きく成長したエリック・アビダルをよく引き合いに出す。フィジカルの能力に頼るだけだったアビダルは、バルサで優れた戦術的なビジョンと素晴らしいテクニックを備えた選手へと変貌を遂げた。これは誰もが認める事実である。

ブエナベントゥーラが、選手の成長に関する事例を話してくれた。

「加齢による影響はあるが、改善できる面も大いにある。テクニックは、特に伸ばすことができる側面だ。パコ・セイルーロ（元バルサのフィジカルコーチ）とも、この件で何度も話したよ。新たにバルサに来た選手たちは、特殊なメソッドに適応するのに苦労するんだ。ダビド・ビジャの最初の数回のトレーニングを思い出す。ビジャはスペイン代表でも8～9人のバルサの選手たちと一緒にプレーしていたし、速くてよく動くのが特徴なのに、バルサ独特の動き方をつかむのには苦労した。それが、トレーニングを積むうちにバルサの戦術的な動きを習得していった。30歳を超えても、テクニックと戦術のセンスが改善されるのは、疑いようのない事実なんだよ。

そして、改善の余地がないと考えがちなフィジカルの領域でもビジャは強くなっていった。身体と言うのは1つのスポンジのようなもので、ここバイエルンでも、ビジャと同じようにフィジカルの改善が起こっている。とても長い距離を走るイングランドやドイツのサッカーをやってきた選手が、私たちのようにボールを持つサッカーを始めると、コレクティブな動きにおける良いフィジカルを身につけることができるんだ。それをフィジカルの進歩だと私たちは考えている」

ポテンシャルのある選手が努力を惜しまないのなら、ペップは時間をかける覚悟がある。「もういい、たくさんだ！」と選手が言う時、自分から改善するのを止める時、あるいは前進するための能力に蓋をする時、監督も導くことを終わりにする。最終的に、選手は大人なのだから大人として扱うだけのことだ。結局、選手のキャリアは選手のもの。進歩したいのか、したくないのかは自らの決定に依るのだ。

トーマス・ミュラーに起こっていることは前述のケースとはまったく違う。

クロースやチアゴのようなアビリティはないが、ポジションを勝ち取るためのスピード、アグレッシブさ、粘り強いプレッシング、捉えにくい動きという素晴らしい長所を持っている。ゆえに、このＦＷに中盤の選手としての大きな能力があると直感したペップだったが、実際にプレーするたびに、期待外れに終わるのだ。意志や努力の不足という問題ではない。ミュラーはすべての素質もあり、それに専念できる選手だ。スペインのテレビ局デジタル・プルスのテクニック分析官ガビ・ルイスも次のように語っている。

「ミュラーはまさにバイエルンの典型だ。几帳面で真面目、根気強く、犠牲精神に溢れている。命令はきっちり守り、自分に期待されたことを命がけで達成しようとする選手だ」

保たなければならない時に、自分のポジションを手放してしまう。または、動いて応えなければならない時に止まったまま。彼の場合は、命令に従わないとかそういう問題ではない。中盤の選手の特徴でもある、『瞬時にチームにとって最も適切なアクションは何かを理解する』ことが難しいのだ。ペップは未だに要求する時もあるが、最終的には彼を中盤にコンバートするのは無理だと諦めるだろう。

シティの選手たちがグランドを引き上げ、シャワーのあるドレッシングルームへと向かった時、バイエルンの選手たちはロンドを始めた。

ロンドはヨハン・クライフがバルサに設置した最も基本的なアイデンティティであり、この質の高さは世界中どこを探してもバルサ以上のチームはない。円周上にいる選手たちは、通常ワンタッチで中の選手にボールを取られないよう最高のスピードでパスを回す。内側の選手がボールに触ることができたら、ボールを触れた選手と交代する。よって内側の選手たちは、外側の選手たちが回すボールを追いかけなければならないので、より多く走らなければならず、より苦しむことになる。

バイエルンの選手たちは、6月26日の最初のトレーニングでロンドを始めた。この5週間あまりで、うまくなったのがはっきりと見て取れる。ブエナベントゥーラが目を細めながら語る。

「選手たちはロンドだけでなく、すべての領域で大きく進歩した。コレクティブで戦術的な動きの練習は常にプレッシャーの厳しい狭いスペースでやらなければならず、幾つかのノルマも課せられる。その上、素早く全員でやらなければならないのだから、とても骨の折れる仕事なんだ。でも、ロンドやポジションプレー同様、その動きもとてもうまくなっている」

とはいえ、まだまだペップがときどき参加するロンドが1番スムーズだ。ペップはロンドのツボをよく心得ているのだ。しかし、時間とともにこの監督と選手たちとの差は消えて、彼らのロンドの質は上がっていくだろう。２０１４年の春には、バイエルンの象徴が本当にロンドになっているかもしれない。

午前の全体練習はロンドだけだった。

チアゴはフィジカルコンディションの回復のために、残って練習をしている。シュバインシュタイガーは昨日と同じ70メートル走を、20秒のインターバルを入れながら行っている。今日は最後に40メートルのスプリントが7回加わった。午後の試合でプレーしたいと訴えるシュバインシュタイガーだが、その走りではまだ無理そうだ。チアゴは、観客席から試合を見る予定。ペップは、いつもの癖で頭を掻きながら思案していたが、すぐに気づく。

「セントロカンピスタ（中盤の選手）がいない。クロースだけが健康。シュバインシュタイガーはまだターンができない、ミュラーは中盤には置けない、チアゴは足を引きずっている……そうだ！　なんて幸運なんだ。ラームをインテリオールで使えばいいんだ」

ペップは「バイエルンのセントロカンピスタ問題」で悩み続けていた。中盤でプレーできる選手がいない期間だけ、ラームを使うというアイデアを採用することに決めたのだ。しかし、チームは引き続きケガで苦しみ、数週間後にはもっとひどい状況になっていく。多くの選手たちがケガに倒れ、または古傷に苦しむことになる。結局、２０１４年2月5日まで、チームはいつも誰かが欠けていた。

バイエルンのメディカルスタッフはとても優秀である。しかし、ペップは未だに仕事のやり方に慣れていない。例えば、ゼーベナー・シュトラーセでのトレーニング中に1人も医師がいないことが腑に落ちないのだ。選手が練習中にケガをしたら、トレーナーが対処する。ケガが重傷だったら、市内にあるドクター・ハンス＝ヴィルヘルム・ミュラー＝ヴォルファールトのクリニックに運ぶ。ドクター・ハンスは世界的にも有名なドクターで、バイエルンのチームドクターを30年以上もやっているとはいえ、トレーニングに医師を置くことが当たり前だったペップにとっては心もとない。この件は、シーズン通しての懸案になるだろう。

昨日の記者会見で、一連のスプリントを難なくこなせた後に医師の完治を保証されたゲッツェを2日後の試合メンバーに登録することを発表していた。しかし翌日になって、「もう1週間、待った方がいい」とドクターが伝えてきたのだ。40時間後には完全に回復していたノイアーとリベリーを使えなかったドイツ・スーパーカップを思い出し、監督は、この意見の変化に困惑している。

ケガは、長いシーズン、ずっと付き合っていかなければならない仲間になるだろう。

試金石としてのペジェグリーニ・シティ　2013年8月1日ミュンヘンにて

昨日行われたアウディカップの第1試合のセミファイナルは、シティがミランを下し、その強力な攻撃と守備の脆さを露わにした。このアンバランスは、シーズン中、続くことになる。シティは最初の35分で5点をゲット。ゴールとシュートを量産するマシーンのようだった。しかしその直後、6分間で3点をミランに献上する。ペジェグリーニ・シティの守備の弱さもまた驚異的だった。5－3でハーフタイムを迎えるも、後半のスコアは動かず、試合は決した。

同じ日のもう1つのセミファイナルで、バイエルンは今一番良い選手たちで試合に臨んだ。ノイアーとリベリーには、もうケガの兆候はみじんもない。ピサーロはFWとして先発出場を果たした。ペップはマンジュキッチのパフォーマンスにあまり満足していないことと、ハビがディフェンスの上級者コースに合格したことが、この先発メンバーからは見て取れた。

サンパウロを苦しめる多くのチャンスを作りだして2－0で勝つことは勝ったが、バイエルンにとって輝かしいものとは言えなかった。バイエルンは12回もの決定的なシュートを放つも、サンパウロのベテランGK、ロジェリオ・セニに阻まれ、キーパーの活躍が目立つ試合になってしまった。さらに、この先数カ月に及んでバイエルンで問題視される、シュート効率が悪すぎるという課題を突き付けられる内容でもあった。

一方、センターバックのハビとダンテは、ディフェンスラインを保つために、常にコミュニケーションをとって、ポジションを修正しながら試合を進めた。ハビはまだ自信がなかったようだが、試合後、ダンテは彼を大いに評価している。

「ハビは非凡な選手で、頭がいい。もし将来2人でペアを組んだら、一緒にやるのはとても快適だと思うよ」

8月1日木曜日、トーナメントファイナル。ペップとペジェグリーニの9回目の対戦となる。過去の戦歴は、ペップの7勝1引き分け。ペジェグリーニの唯一の勝ち点は、ビジャレアルの監督時代にバルサのホーム・カンプノウで3－3の引き分けを演じた時だけだ。しかし、ペップはペジェグリーニを高く評価し、尊敬もしている。

「ペジェグリーニのことはよく知っている。偉大な監督だ。選手たちもファンタスティックな選手ばかりだ」

実はこのマスコミ向けの定型コメントの裏に、もう1つの本音を隠し持っていたのだ。ペップは、シティをCLの手ごわいライバルの1つになると見なしている。だが、将来のプランを練るには早すぎる。今は目の前にあるブンデスリーガと欧州スーパーカップに集中せねばならない。それでも、もしこの時に「CLの大きなライバルは」と尋ねられたら、疑いなくバルサ、レアル・マドリー、ドルトムントとともにシティを並べただろう。

セミファイナル終了後の会見で、マンジュキッチの態度について記者たちから質問があった。ピサーロに代わって後半から出場したクロアチア人FWは、得点を決めた後ベンチに向かって挑発的なジェスチャーをしたのだ。ペップは次のように回答している。

「マンジュキッチはエリアの中で仕事ができる偉大なゴールゲッターだ。ゴール後のアクションに私は気づかなかった」

実は、2週間前からペップとマンジュキッチの関係は緊張状態にあった。試合中ずっと集中を切らすことなく敵にプレッシャーをかけ続けるマンジュキッチの姿勢は、チームメイトから高い評価を得ている。しかし、この凄まじいほどのアグレッシブさは、ネガティブな面も持ち合わせているのだ。

トレーニング中、マンジュキッチを介して多くの衝突や緊張が生まれていた。ペップとコーチングスタッフは、このクロアチア人に懐疑的になっていた。だが、それはプレーに関してではなかった。バイエルンの新しいプレーの形に理解を示さないこと、世間に対していつも怒りをぶつけているような態度を心配しているのだ。ピッチ上でのマンジュキッチの役割は素晴らしいが、摩擦の原因はどうやらその態度にあるようだ。

また来シーズンより、ドルトムントのFWのロベルト・レバンドフスキとバイエルンの契約が確実なものとなり、マンジュキッチの周辺では「暫定的なFW」といった感じが漂い始めていた。

バイエルンはバルサのようなプレーをするために、3つのファクターを備え着けた。チアゴの契約と4－3－3のフォーメーション、そしてファルソ9だ。だが、ペップは選手が違うのだから、バルサに似せようなどいう意図はまったく持っていない。フォーメーションの話をする時は、いつも笑い飛ばして、こう言う。

「フォーメーションなんて電話番号と同じで、重要でもなんでもない。何の意味もない。私はボールを使いながら、ピッチ中央を自分たちのモノにするのが好きなんだ。ここの選手たちの戦術のレベルと、わずかな時間で習得する能力の高さに驚いているよ」

ファイナル当日、試合前の午前のセッションでは、ロッベンが私たちに、前もってこんなことを漏らしていた。「足がめちゃめちゃ重いんだ、こんな身体ではとてもプレーできない……」。

ペップとペジェグリーニの9回目の対戦が始まった。

試合開始から35分間、バイエルンは驚くほどの出来栄えだった。しかし、そのあとは、一気に沈んだ。シティは前日の試合から、なんと9人の選手を変えて臨んできた。ミュンヘンの変更は2人だけである。ラフィーニャに代わってチアゴ、ピサーロに代わってミュラー。ハビは、再びセンターバックに入った。チアゴとクロースがインテリオールで、マンジュキッチはベンチスタート。もしゲッツェを使うことができたら……彼はペップが最も先発を望んでいる選手の1人なのだ。

ペップが夢見ていた通りの35分間。

それは、後方から整然とビルドアップしながら敵を引きつけて、敵のディフェンスラインを超えていく。そして、内側の優位性を保ったまま、敵陣のエリアにみんなで一緒に到着するのだ。ロッベンとリベリーが、その内側の優位性を利用してサイドで敵をパニックに陥れる。まさに、この最初の35分は、華麗なプレーとシュートのフェスティバルのようだった。が、しかし……、その9回ものシュートを含むフェスティバルに1つもゴールが含まれていなかったことを見逃してはいけない。この時はまだ、ゴールが決まらないことをそれほど重要視せず些細なことのように捉えていたが、その後、いつしか慢性的な問題へと変わっていったのだった。ペップは、ハビに満足した。指示も少なかった。ハビは、後方から最も激しくボールを奪いに行き、センターサークルまでボールを運んだ。ペップの注文通り、怖がらずに敵のラインを横断していたのだ。

ペップはゲーム中、選手たちに物凄く干渉する監督だ。ファンからメディアまで、みんなが慣れ親しんでいるペップのテクニカエリアでの激しいジェスチャーは、奇異に映ることもある。

この奇異さも、情熱ゆえのフットボール病の症状だ。サッカーの話をし始めると、時間の感覚を失うという症状も呈する。この症状は、いかなる瞬間でも起こり得るのだ。

ほんの些細な平板な案件でも、ペップはすぐに熱くなってしまう。たとえば、ボールを持ったサイドバックに敵のウイングが近づくという状況について、ペップに時間と聞く相手がいて邪魔が入りさえしなかったら、多くの時間を費やして詳細に説明を始める。すくっと立ち上がり、選手たちのポジションやカバーしなければならない新たなポジションを両手の人差し指を立てて説明する。結局ウイングが近づいて来た時のサイドバックの動きを40も例に挙げる始末だ。

そして、毎日のトレーニングでその症状が見られるのだ。動きまわり、盛んに身振り手振りを加えて、腕を振って、あらゆる体の部位を使って自チームや相手チームの動きを描写する。バイエルンの選手たちは、このジェスチャーとサインの意味に慣れてきている。選手に抱きつき、肩をつかみ、選手の周りをほとんど踊るようにしながら、ダイナミックで溢れんばかりのジェスチャーのレパートリー。褒める時はだいたい、背中を叩くか、お尻を蹴りあげるかだ。それはロッベンで証明されている。

試合中、選手たちにベンチの声が届かないのは、経験上よく知っている。この理由で、ペップの言語はジェスチャーになった。チームの隙間をカバーしなければならない時や、守るべきディフェンスラインの裏の指示をするために背中を指す。試合の70パーセントの時間、いつもの方法で、ペップは盛んに身ぶり手ぶりを行っている。

しかし、このシティ戦の35分間に関しては、動かなかった。何も修正するところがないので上機嫌だったのだ。もちろんシュートが決まらないことを除いてではあるが……。

35分が過ぎ、ロッベンの予言通り、バイエルンの選手たちの足が限界に達していた。一方、シティは、ここですべてを変えてきた。ペジェグリーニの選手たちはハビとダンテに激しくプレッシャーをかけ始めて、60分のネグレドのゴールまで連続してチャンスを作りだした。

そして、ペップはこのシティの先取点で、前代未聞の驚くべきトリオの中盤をピッチに配置した。キルヒホフ、ラーム、シャキリの3人だ。バイエルンのセントロカンピスタ問題は、未だ解決していない。

結局、バイエルンは前代未聞の采配後、サイドから長いボールをエリアにガンガン蹴りこんでヘディング、という前半とはまったく逆の特徴で逆転（2－1）に成功し、ファイナルをものにした。

ペップは、この戦い方をまったく気にしていない様子だった。間違いなく、最初の35分間のやり方の方が好きだが、この真逆のやり方にも快適さを感じ始めていたのだ。試合後、メディアに感想を述べている。「私は私の選手たちに満足している。みんなとても良い仕事をした。シュバインシュタイガーやダンテ、ハビは1週間しか準備期間がなかったのに、素晴らしいパフォーマンスだった。シーズンはとても長い。時間をかけて、私たちはより良いチームになっていくだろう。こんなにも良いプレーができるとは思っていなかったので私はとても驚いている。ドイツサッカーと、バルセロナでやっていたサッカーは違う。もっと選手同士の連携を見つけ出し、良いものに仕上げていこうと思う」

この試合で途中出場して勝ち越しゴールを決めたマンジュキッチに関する質問も、昨日に引き続き記者から飛び出してきた。

「高くて強い前線のFWはとても重要であり、マンジュキッチのプレーは素晴らしい。チームには必要だ。この勝利には最も重要な選手だった」

シーズン途中、マンジュキッチが次のシーズンをここでプレーしないことがはっきりした頃、ペップが話してくれたことを思い出す。

「私は、戦争に行くならマンジュキッチと一緒に行くよ。だって、プレーする時にこれほど助けてくれる選手はいないからね。死ぬまでプレッシャーをかけ続けるくらいだ。でも、プレーしていない時はね……」

続けて、ボアテングを押しのけてダンテと組ませようと考えているハビのパフォーマンスについての質問もあがった。

「ハビには満足している。昨日のプレーはとても良かった。今日は、相手がシティという強豪だったのでちょっと難しかったが、ハビはまだ5回しかトレーニングをしていない。コンディションが良くないのだから致し方ない。ダンテとの連携は、時間とともに良くなっていくだろう」

最後にペップは、勝利の先にあるものは何か、という1つのメッセージを残しアリアンツ・アレーナを後にした。

「監督を作るのは、最終的に選手たちなんだ。もし選手たちが、このやり方でプレーすることに納得してくれて、私が彼らの成長を手伝って、もっと良いプレーができる選手になれたら、それは何事にも勝る喜びだ。それこそ、私が最も満たされることだ。良いプレーができるように挑戦する。タイトルを勝ち取るだけが目的では決してない」

ペジェグリーニがアリアンツ・アレーナの広いロッカールームでインタビューに答えてくれた。

「ペップは、バイエルンに自分のスタイルを植え付けることができると思う。ペップのスタイルをみんなが好きになるはずだ。最初の30分間、バイエルンのパスの仕方と中盤の使い方を見て、バルサを思い出したよ。ゴールにはならなかったけど、その間、多くのチャンスを生み出していた。ボールがバイエルンのモノだったのは、疑う余地のないことだ。私たちはリアクションするだけで、あまり良いプレーはできなかった。それから、たとえボールを持っても、バイエルンに簡単に奪われてしまった。みんなが知っている素早く簡単にボールを奪取するチーム・ペップの特徴が試合に現れていたね」

2カ月後、ペップの特徴でもなく、その反対のやり方でもない新たな方法で、再びペジェグリーニ・シティと対戦することになるとは、もちろんこの時は誰も知らない。舞台は他ならぬＣＬである。

ブンデスリーガを獲るという目標　２０１３年８月９日

「ブンデスリーガを獲る。リーグタイトルを獲得することがシーズンの目標だ」

ブンデスのシーズンが始まる前にアスティアルタが言ったのを思い出した。

ペップは今日、アリアンツ・アレーナの仕事部屋デビューを果たした。ロッカールームは、ペップの仕事部屋から12メートルほど離れた場所にあり、床の色はグレー、ユニフォームやスパイクを置くロッカーは強烈な赤で、各選手の写真が名札代わりに飾られている。ロッカーの前には簡素な木製の長椅子が置いてある。過度の装飾は一切ない。

リベリーとロッベン、シャキリとシュバインシュタイガー、ノイアーとシュタークケ、ハビとダンテのロッカーは隣同士だ。部屋の一番奥にある半透明の間仕切りの裏に、数カ月前までハインケスが座っていた。それから、白いタイルの簡単なシャワー室とトレーナーが使うベッドが設置された部屋が隣接している。

ペップは、ロッカールームとは隔てられた小さな部屋をクラブに頼んであった。まさに今日、それが整ったというわけだ。簡素な四角い部屋には赤い絨毯が敷いてある。黒い机、グレーの小さなソファ、壁に装飾品はない。唯一、小さなテレビと白板が、その部屋を執務室らしく見せていた。机の上にも、備え付けのパソコンはなし。ペップはすべてを自分のノートパソコンに保存しているのだ。この部屋の小ささと簡素さは、バルサの仕事部屋を思い出させる。

これから毎回、試合前になると氷の入ったワインクーラーを目にするだろう。その中にはペットボトルの水が冷やしてある。そして、試合が終わると、その中は白ワインのボトルに変わるのだ。

ペップには、「ロッカールームは選手たちのためにある」という考えがある。ハーフタイムを除いては、絶対に入りたがらない。そのハーフタイムさえも、前半の分析と後半に向けた提案を簡潔に伝えるとすぐに去ってしまう。試合の前も後も、ロッカールームにいるところを見たことがない。ペップが選手だった頃、監督がロッカールームに出入りするのが好きではなかった。それもあって、監督になってからは、自分が決めたロッカールームの掟を大事にしている。

特に試合の前には、ロッカールームの喧騒から離れて静かにしているのが好きらしい。トレーナーたちが足首にテーピングを巻いている間や、ブエナベントゥーラが短く強度の高いアップをしている間、そこから離れた場所でコンセントレーション（精神集中）をしている。因みに、ブエナベントゥーラのアップはトレーニングの原則にのっとった内容で、20分以上はしない。

試合が始まる直前になって、やっとペップは仕事部屋から出てきた。現在の選手たちの写真が飾られた短く白い廊下を通って姿を現す（アラバとチアゴの写真が廊下の1番手前にかけてある）。そこから22段の階段を下って、再びピッチまで15段の階段を登る。これがペップにとって、初めてのブンデスリーガが始まる瞬間だった。

ドイツ・ブンデスリーガは、例年、前シーズンのチャンピオンのホームからスタートする。よって、今年の開幕戦はバイエルンの本拠地となり、相手はボルシア・メンヘングラッドバッハに決まった。ドイツリーグの関係者たちは、これほど開幕にふさわしい相手はないと考えていた。メンヘングラッドバッハはハインケスが選手としてのレジェンドを築いたチームで、バイエルンはハインケスが監督として采配を振るった最後のチームである。そのハイケンスに代わってバイエルンの監督に就任したペップのデビュー戦として、この両チームの対戦は1つの象徴的な対戦になると考えたわけだ。

ペップはこのデビュー戦で、洗練されたグレーのスーツに身を包んでいた。妻のクリスティーナのセンスである。いつもエレガントなことで有名なペップだが、実はマンレサで代々続くブティック、セラ・クラレット・ダ・マンレッザの後継者である奥さんの見立てによるものだ。それにしても、一足遅れでミュンヘンに引っ越してきたクリスティーナが来る前のペップの服装といったらなかった。決してハイセンスとは言えない地味な格子柄のシャツをひっかけていたのだ。スタッフたちは、クリスティーナがいる時といない時のギャップをネタに、しばらくペップをからかって大笑いしていた。

開幕戦のメンバー表を提出するのに、２つのファクターを考慮しなければならなかった。まず、左そけい部に小さな違和感があるハビは、ドクターから「ＤＦとして使わない方がいい」とアドバイスを受けていた。もう1つはチアゴのフィジカルの状態である。Ｕ－21の大会出場と移籍のために通常とは違ったプレシーズンを過ごし、何の準備もできないままバイエルンにやって来たチアゴ。力の限りドイツ・スーパーカップを戦ったことも手伝い、今、フィジカルの状態は芳しくない。ブエナベントゥーラは、「８月中に３週間みっちり使ってチアゴのコンディションを作ってはどうか」という提案もしていた。したがって、今日はメンバーには入れられない。再びペップの頭に中盤の選手としてのミュラーの顔が浮かんだ。抵抗はある、しかし、他に手段がないのであれば仕方あるまい。こうして、開幕戦のメンバーは決まった。

ノイアー、ラーム、ボアテング、ダンテ、アラバ、シュバインシュタイガー、ミュラー、クロース、ロッベン、マンジュキッチ、リベリーだ。ラームを高く配置することで、ミュラーの攻撃への偏りを補った。チームはラーム、シュバインシュタイガー、クロースを中盤に置く３－３－３－１に近い形で戦いに臨むこととなった。

素晴らしいスタートだった。立ち上がり15分間で２得点。シーズン初ゴールは開始わずか11分。リベリーからの絶妙なパスをロッベンがバスケットボールのアリウープ（パスを空中でキャッチし、そのままシュートを打つ事）のような形でシュートを決めた。これが素晴らしきロベリー(Robbery)の連携物語の始まりとなった。

２点目は、８人で守るグラッドバッハに対して３人だけで攻撃したバイエルンがファウルを獲得。そのＦＫをマンジュキッチがゴール。ペップのアイデアの１つである、エリアの中で待つのではなく、エリアに到着する攻撃が見事に機能した瞬間であった。

このように、開始からパフォーマンスのエンジンを全開にして臨むバイエルンではあるが、ペップは対戦チームから驚きと怖さを感じていた。それは「効果的なカウンターアタックができないチームはブンデスリーガには存在しない」ということだ。

試合開始から30分後に、その恐怖が浮かび上がってきた。ノイアーはクルーゼの物凄いシュートからチームを救わねばならなかった。数分後には、アランゴのクロスをダンテがあわせてしまい、ノイアーのブンデスリーガ初失点をオウンゴールで喫したのだった。

バイエルンの守備が、監督には不満だった。特にサイドバックのアラバは敵が攻撃するたびにすぐに後退してしまう。プレッシャーもかけずボールを奪おうともせず無抵抗のまま戻り、自陣に敵を侵入させてしまう。つまり、7週間前からずっと練習してきた、攻撃の根を断ち切りノイアーのエリアには侵入させない、ということとまったく逆のことをしていた。素晴らしい若きディフェンダーの1人であるアラバは、学んだことをすべて忘れていた。この欠点を直すのには、時間がかかりそうだ。

アラバがPKによって3点目のゴールを決めてから、試合は〝走りっこ〟へと変貌した。両チームはアップダウンを繰り返し、ペップは頭を掻き続けた。センターサークルまでは、コントロールしながらパウサ（小休止）を入れて前進する、そのあとは速く目まぐるしく攻撃を仕掛けるという彼の提案してきたサッカーとは正反対だった。バイエルンは、ボールも試合もコントロールできないチームに変わり果て、あわてて走ることしかできなかった。グラッドバッハに勝つためだけなら、それもまた1つのやり方かもしれない。だが、監督には苦々しさしか残らなかった。チームに求めたものが、そこにはなかったのだ。

最終的にバイエルンは3－1で勝利した。その3ゴールの内の1点は2度獲得したPKのうちの1つだった。最初のPKをオフィシャルのキッカーであるトーマス・ミュラーが蹴るも、キーパーのテア・シュテーゲンにコースを読まれ弾かれた。ところが、GKがはじいたボールをスペイン人DFのアラバロ・ドミンゲスが今度は左手に当てて、もう一度ＰＫ。ドミンゲスは、最初のＰＫも右手のハンドで与えた選手である。２回目のＰＫは、アラバに任せられた。

ブンデスリーガ第2節も、フランクフルト相手に大きな改善は見られなかった。バイエルンはほぼ試合を支配し続けたものの、39試合連続ゴールの数字に１つ得点を加えて勝っただけである（１－０、マンジュキッチの真骨頂とも言えるボレーシュート）。27試合負けなしの記録（85－86シーズン）を超えたとはいえ、開幕戦に続き、バイエルンは敵チームに攻撃への移行の機会を与え続けてカウンターの根を断ち切ることができなかった。

予期せぬことや偶然は、フットボールにはつきもの。ペップは最大限、その偶然を制限しようとする。リスクを最小限に抑えるため、予め決められた絶対安全ないくつかのコースを通ってチームは後方から前進してビルドアップする。そして相手のカウンターが始まる根元にかけるプレッシャー。これらをしつこく要求するのは、偶然を排除するためだ。後方からのビルドアップはパスのためではなく、チームが一緒に前進するために必要な手段である。

今のバイエルンは、ただパスをしているだけに過ぎない。ＤＦからＤＦへ、ほぼ水平に、サイドから逆サイドへ、ラームからボアテングへ、ボアテングからダンテへ、ダンテからアラバへＵの字を描くように、ただ、それだけだ。ときどき、シュバインシュタイガーが、この４人の中に入るが、その時も５人でボールを回すだけである。チームは前進せず、敵を押し込んでもいない。後方から出発するということは、アグレッシブさと勇気を意味するのだ。ボールを持って、後ろに誰もいないけれど怖がらずに敵のラインを横切る。みんなで一緒にそれをやってのけなければならない。ペップにとって、これは絶対に必要な条件である。

ペップはヨハン・クライフに教わった。

「ビルドアップの始まり方が良ければ、良いプレーに行きつくことができるが、始まり方が悪ければ、ゴール前で何の選択肢も持つことはできない」

クライフはプレーのバランスはボールの支配にあると信じ、ボールがあまり奪われていない時はチームは良いバランスを保っている、と見なしていた。ペップにとって、それは1つの戒律のようなもの。だから、チームはボールを失わずに、アグレッシブに大胆にプレーしながら前進してほしい。怖がらず敵のディフェンスラインを横断してほしい。これが実際にペップが望んでいることのすべてだ。

フランクフルト戦もうまくはいかなかった。チームはまだまだ建設途中だと感じる。選手たちは、監督が望んでいることを理解しているというサインを示し始めてはいるが、まだ継続して正確に実践することはできない。後方からパスをつないで前進できたとしても、相手のカウンターを避けるためのプレッシャーを高い位置でかけられない。ボールを失わないことに集中できたとしても、アグレッシブさを失ってしまう。ペップも大きな不安を示し、頭を掻き続けている。

戦いを終え、ゼーベナー・シュトラーセに戻って来た時、10日前にみんなで話した言葉をコーチングスタッフの1人が口にした。

「ブンデスリーガを獲る。シーズンの目標はブンデスリーガを獲る事だ!」

地平線の先には、さまざまな挑戦が待ち受けている。

しかし、目的はただ1つということを忘れてはいない。

ないのだ。

始まりの夕食会　２０１３年8月24日 ミュンヘンにて

ペップは、スープボウルに入ったジャガイモのピュレをうれしそうに一気に飲み込んだ。まるで昨日から何も食べていないかのようだ。尋ねてみると、うなずくだけの仕草で肯定した。試合のある日は一口も食べられないのだ。

土曜日の夜、外は雨が降りそそぐ。

ペップが監督に就任してから、初めて友達がニューヨークとバルセロナからやって来て、一緒に夕食をとっている。みんなバイエルンダービーのニュルンベルク戦をアリアンツ・アレーナで観戦してきたばかりだ。

２つのまったく異なった様相を見せた試合だった。ゲッツェが復帰してバイエルンでのデビューを果たし、チアゴはこの試合で重傷を負った。そのチアゴから「少し夕食を待ってくれ」という電話がかかって来たのは、ほんの10分ほど前のこと。今また電話があり「表に出られないほどの足の痛みで、夕食会に行くことができない」とのことだった。数時間後には手術が必要だということが判明した。バルセロナからの客人は、チアゴの知り合いでもあった。

バイエルンの前半は、言いようのないほどひどいゲームだった。食卓を囲む友人の１人も「選手たちはペップに気に入られたくてパスばかりしていた」と発言した。その瞬間、監督はスイッチが入ったかのように、力説を始めたのである。

「ティキタカは嫌いだ。何の役にも立たない。何の価値もなく、くだらないものだ。パスのためのパスではなく、ゴールのために意図を持ったパスをしなければダメなんだ」

ペップがミュンヘンに越してから、家族以外の初めての訪問客だったのだ。ちょっと驚いてしまった。あれほどバルセロナで溺愛された監督に、まだ誰も会いに来ていないとは……。友達や知り合いたちが殺到しているとばかり思っていた。2カ月が過ぎ、今日が最初の客人だった。カタルーニャやスペインのメディアもまた、ミュンヘンまで足を運んで監督の経験をじかに学ぼうとは考えていないらしい。この現象はシーズン中ずっと同じままだった。

夕食会が進むにつれて、ペップの力説に注目が集まっていく。目も当てられないような前半と、爆発的に素晴らしかった後半のバイエルン。テーブルを囲むすべての人々が、この劇的な変化をもたらしたハーフタイムの言葉を聞きたがった。ペップは躊躇うことなく明かした。

「些細なことだよ。何のためにプレーしているんだ？　と尋ねたんだ」

ペップのその言葉は、選手たちを解き放ち自由にしたのである。

この2カ月あまり、バルサのようにプレーしろ、などと言ったことも、仄めかしたことも1度もなかった。喜んでもらうべきは、毎回スタジアムに足を運んでくれる7万1000人の観客だ。ペップを喜ばせるためにサッカーをするのではない。ペップが選手たちに望んだのは「臆病にならず自分自身であれ」ということ。ペップの説明は続く。

「選手たちに言ったんだ。みんなで一緒に前進してくれ。もしチームが分断された状態でボールを失ったら、どのドイツのチームであろうと、息もつけないほどの速さでカウンターを仕掛けてくる。ダンテが斜めに長いパスをロッベンに出すのは、自陣からではなくピッチのセンターに着いてからにしてくれ。もしロッベンがボールを失ったとしても、近くにチームメイトがいたら、問題なくボールを取り返せる。しかし、ダンテがあまりに早く自陣からパスを出したら、ロッベンがボールを失った時、確実にカウンターを仕掛けられてしまう」

ペップは、試合の時と同じジェスチャーをまじえて話をしている。今にも椅子から立ち上がって、私たちをレストランの空想上のピッチに配置させる勢いだ。アメリカ人の友達の腕をとって言う。

「バスティ（シュバインシュタイガー）は、バイエルンの純粋なＤＮＡの持ち主だ。上に向かって走れ、次は下だ！　というバイエルンのＤＮＡからの指示を、バスティは感じ取って実行できるんだ。私はそれが好きだなぁ」

今度は、バルセロナの友達がペップの話を遮って質問する。

「しかし、パウサ（小休止）も必要なんだろ？　この場合どうやって、そのパウサとドイツの、いや、バイエルンのＤＮＡを両立させるんだい……？」

「ピッチのセンターラインまで、みんなで一緒に前進したあと、そこから先は自分たちのＤＮＡを解き放ち、自由に走るんだ。走ることに関して、彼らはモンスターの集まりだ。走るのが大好きで、私は彼らが自由に走り回るのを見るのが好きなんだ。走って、サイドを打ち破ってクロスを上げる。でもそれは、シュートのためだけじゃない。なぜなら、最初の1本目でシュートを決めるのは難しい。だから、リバウンドやセカンドプレーを利用するためにクロスを上げるんだ。もしチームの選手が、みんなでそこに居ることができたらリバウンドは自分たちのモノになる。それこそが本当の脅威で打撃になるんだ。相手のＤＦの不意を突けるからね」

これは、堅固な意思表示でもあり、ペップのプレーモデルの原則のように思われた。今まさに、ペップ自身もはっきりと意識できるようになったバイエルンのプレーモデル、そして、バイエルンの将来のプレーのアイデアが徐々に明らかになっていく。私たちは、その夕食会に立ち会っているのだ。

監督は、バルサのプレーモデルのレプリカを作るのは、まったく現実性がないと考えている。バルセロナではヨハン・クライフが歴史を変える重要な役割を果たし、下部組織のさまざまな監督たちは、育成に励んだ。そして勇気あるトップチームの何人もの監督たちは若い才能を引き上げるという大きな仕事をした。ペップは、いつだって彼らを誇りに感じている。

「私はいつもバルサの人間だ。これからもずっとだよ」

これはバルセロナで再び監督をするという意味ではない。あくまで想像だが、バイエルンの後、ペップはイングランドで監督をやるかもしれない、そして8年~10年経った後、代表監督をやっているかもしれない。家族は、長い旅路ではないが、短く強度の高い緊張の歳月になることを覚悟している。しかし、この先、10年の間に再びバルサの監督をする、という選択肢がまったくないとは限らない。人生と言うのは何が起こるか、絶対に……そう絶対にわからないものだ。しかし、現時点では、バルサへの復帰は不可能な気がする。以前、誰かが「スポーツディレクターや会長という他のポストについてやる気はないのか」と質問したことがあったが、ペップはまったく関心を示さなかった。彼のメンタリティは、常に監督なのだ。

ニュルンベルク戦の後半は、ペップがバイエルンに望む良い例となった。風のように、ほぼ毎分、敵陣に到着する。しかし、それはシュートのためではない。あくまでペップが望むのは、エリアに到達するまでのことだ。センターサークルに最終ラインのセンターバック2人を配置して、そこでペップは手綱を放す。すると、チームはまるでサラブレッドの美しいギャロップのようなプレーを始める。私たちはペップが描くバイエルン物語を聞きながら、潮が満ちていくような感じを味わっていた。ニュルンベルクのゴール前に、45分間で10回、20回、25回、最終的には32回も到達したのだ。雪崩のように襲いかかるミュンヘン人……これこそ、今明らかになりつつあるバイエルンの〝イデオマ（言語）〟なのだ。

ペップの頭の中で、アイデアが解き放たれた。ペップはバルサの〝イデオマ〟からバイエルンの〝イデオマ〟へ完全に移行している。ペップという、1つの根っこから新たな〝イデオマ〟が建設され始めているのだ。

バルサのようにプレーをすることはできない。あるいは、そうすべきではない。これは、ペップが日ごろ語っていることだが、今日はもっとシンプルに言い放った。

「そうしたくない」

ペップに期待されているのは、バイエルンのプレーにおける構造の礎を固めることだ。昨シーズン3冠を獲ったチャンピオンとはいえ、それらの勝利が偶然と好機に恵まれていたことは否めない。そこでペップは、今の選手やこれから新たにやって来る選手たちとともに、矛盾や不安や疑念のないプロセスを経て、バイエルンを定義することを期待されている。つまり、バイエルン共通の〝イデオマ〟の道を切り開くのだ。

現在は、母なる家であるバルセロナから離れ、慣れ親しんだ絵筆とも言える選手たちを使わずに、違う輪郭を描き始めている。バイエルンのスタジアムは、いわば大きな白いキャンパスなのだ。

バイエルンには連続した栄光の時代もあった。その誇りと栄光がペップを呼び寄せた。軽いおしゃべりをするために呼んだわけではない。ペップは、それとわかるようなフットボールのアイデンティティと、バイエルン印と、〝イデオマ〟の獲得を託された。

ヘーネスとルンメニゲとザマーは、この改革の第3段階に何が必要かをよくわかっていた。装飾品を1つ増やすためではない。バルサのペップではなく、バイエルンのペップに絵を描くことを求めている。私たちは同時進行中の2つのプロセスを見ている。1つは、バイエルン改革の第3段階を構築しているペップ。もう1つはバルサという鎧の外で自分自身を再構築しているペップである。

ペップは言う。「私の願いは、ただ選手たちがプレーのリスクを最小限に抑えることと、自分の長所をマックスにするためのプレーの原則を選手たちに備えてもらうことだけなんだ」と。

ペップは、トリュフのリングイーネに手をつけた。

丸一日、何も食べていないので、彼の試合後の食事は大量だ。親善試合でさえもナーバスになり、食べることができない。水しか喉を通らないのだ。だから、夕食でその埋め合わせをする。ジャガイモのピュレを丸呑みするように食べつくし、トマトとモッツァレラのサラダ、ソーセージのザワークラフト添え、ニュルンベルクソーセージ、トリュフのリングイーネとジューシーなサーロインを軽く攻撃した。これらの料理は絶え間ないおしゃべりの邪魔にはならなかった。

バイエルンの〝イデオマ〟を理解するのは簡単だ。例えばノイアーから始まり、みんなで一緒に前進する。静かに慌てず、しかし、大事なのは一緒になってピッチのセンターラインを超えることだ。そして、超えるや否や戦闘開始、好きなだけ火を吹けばいい。エリア前に到達したら、バルサの習慣のように一旦サイドにボールを送る。しかし、再び内側に戻してそこからの侵入でゴールを図るのではない。ここバイエルンではサイドからクロスを上げて、すべてのセカンドボールをマイボールにする可能性を追求する。ダイレクトのシュートはそれほど追求しない。そのためにチームはエリア正面で、みんなでグループ化して配置についていなければならない。いかなるカウンターアタックの根も断ち切るためには、セカンドボールを決定的なシュートに変えなければならないのだ。

これらすべては、7月のイタリア合宿のトレンティーノからずっと言ってきたことだったが、その時はまだ鉛筆での下書きだった。今日はキャンパスを覆う白いカバーを取り去って、私たちに色つきの絵を見せてくれた。

「これが、道筋であり、私のバイエルンのための〝イデオマ〟なんだ」

バイエルンには大いなる成功はあったが、〝イデオマ〟はなかった。

ベッケンバウアー、ゲルト・ミュラーなどの成功。「フットボールは11人対11人で試合をして、いつもドイツ人が勝つ」というゲーリー・リネカーの名言もあり、バイエルンは生きた歴史で、世界のフットボールの礎でもあるのだ。しかし、勝つことへの飽くなき欲求は素晴らしい長所だけれども、それはプレーのアイデンティティの印ではなく、ドイツ人やミュンヘン人の特徴でしかない。

バイエルンの歴史上、重要な選手であるヘーネスとルンメニゲはアイデンティティの印、バイエルンの〝イデオマ〟を建設するためにミュンヘンという礼拝堂に絵を描くことを決めた。そのために、ペップ・グアルディオラを呼んだのだ。彼らはバルサのようにプレーしろ、勝ち続けろ、もっともっと頻繁に勝て、とは言わない。しかし「これがバイエルンだ」と、人々が語って認識できるような象徴とも言える印を願った。

今日、ペップはそれをはっきりと示すことができた。詳細はまだだが、大まかなアイデアは決まった。半分眠りに落ちている小さなバランティーナを両手に抱えて夕食のテーブルから立ち上がり、ペップはまだそわそわしながらチームのことを話している。

「明日、朝一番でミュラーと話をしなきゃいけない。どうしていつも、今日みたいに試合の出鼻は良いプレーができないんだ？と聞かないと。それからリベリーとも話をする。彼はいつも私に言うんだ、『ゴールよりもアシストのほうが楽しい』と。しかし、今日はニュルンベルクに物凄いゴールを決めて楽しんでいたよ。ゴールがプライオリティだということをわかってもらわなきゃならないんだ」

店を出た後も、まだ話を続けた。

「ゲッツェとチアゴを、このやり方にはめ込まなければならない。それが一番難しい。まだどうやっていいかわからないけど、これは、やらなければならない。ゲッツェとチアゴが、このプレーモデルのカギなんだ」

雨は止んでいた。眠っている娘を抱きかかえたまま、パパはまだ、ダイアゴナル、クロス、走るために選手たちを解放する、という話をしながらマクシミリアン通りを歩いている。

選手たちのレストラン　２０１３年８月25日 ミュンヘンにて

朝８時、早く目が覚めたがベッドから出るのは遅かった。バイエルンの栄養士モナ・ネマーの報告書を読んで、ペップは怒っている。

昨日のニュルンベルク戦に出場した14人中、４人しかアリアンツ・アレーナに設置してある選手用のレストランで食事をしなかったのだ。ペップにとって、試合後の栄養補給は最優先事項の１つだ。フィジカルの回復に、試合直後の栄養摂取は欠かすことはできない。メタボリックウィンドウと呼ばれる科学的根拠に基づき、炭水化物と一定の量のプロテインが、良い回復と延々と続く３日起きの試合には必要不可欠なのだ。

これまで選手たちには、ブエナベントゥーラもペップも、もちろんモナ・ネマーも幾度となく言ってきたはずだ。しかしニュルンベルク戦の後、４人しかスタジアムで食事をしていない。他の選手たちは栄養摂取の義務を果たしていないことになる。

ペップは激怒していた。長いシーズン、こういうことに注意を払えるかが、後々、違いとして現れてくる。それを怠るのは、プロフェッショナルとはとても言えない。前にも触れたが、試合後すぐに良い栄養を摂っても、３日おきの試合では受傷率が60パーセントに跳ね上がる。ましてや栄養が悪かったら……。

特別な招待客だけが入ることを許されたプレーヤーラウンジは、２００人ほどの収容が可能なレストランであり、アリアンツ・アレーナの２階にある。そこに行くには、貴賓席裏の広いスポンサーラウンジを横切らなければならない。それぞれのスポンサーが、準備されたテーブルを招待客のためにリザーブしていて、クラブが用意した豪華なケータリングの食事をクライアントに振る舞う。スポンサーラウンジは、試合が終わると巨大な社交場へと変貌するのだ。

そのスポンサーラウンジの隅に、半分隠れるようにしてプレーヤーラウンジへの扉が設けてある。厳重な警備によって、事前に招かれた者しか入室はできない。ちなみに、アリアンツ・アレーナのチケットはシーズンを通して完売状態、選手やスタッフには1試合につき2人までの試合招待の権利が与えられている。勿論、この招待客はプレーヤーラウンジの入室も許可されている。

プレーヤーラウンジにある選手用のレストランは、メディアやスポンサーからの喧騒を逃れてきた選手たちにとって、平穏な避難所とも言える。小さな子どもたちがルールを破って、ときどき、写真やサインをねだることはあるが、一息つくことができる憩いの場所だ。

選手たちは試合が終わると、まずシャワーを浴びてロッカールームを後にする。そこで最初に通過する場所は、記者たちが待ち受けるミックスゾーン。そこを抜けると、廊下の先のエレベーターに乗る。次にスポンサーラウンジをクリアして、家族や友達が待つプレーヤーラウンジへと向かう。そして、そこには地味だが試合後の栄養を考慮した、大事なビュッフェが用意されている。２種類のスープ、２種類のパスタ、パルメザンチーズ、米料理、サラダ、トマト、肉料理、魚料理、フルーツ、さらにミュンヘンの一般的なデザートのドイツ風アップルパイだ。

昨日の試合直後、疲労や緊張によって食べられなかった選手もいたかもしれない。ミュンヘンの他のレストランで、カップルで食事をしたかった選手もいたかもしれない。どんな理由にせよ、昨日はたった4人しかスタジアムで食べなかった。残りの選手たちは、試合後に数時間も経過してから食べたことになる。この事実は、ペップを不愉快にさせた。世界トップクラスのスポーツ選手は、どんな些細なことにも注意を怠ってはならないと考えているからだ。

ペップ自身に栄養摂取の義務はないが、昨夜のように友達との約束がない時や、バルサ対マドリーのクラシコの日以外は、いつもプレーヤーラウンジで夕食をとることを大事にしている。クラシコがある日は、さすがに選手たちに急いで別れを告げて、直ちに家に帰ってテレビ観戦。しかし、監督と監督の家族たちは、通常、試合後の2時間近くを選手や選手の招待客とともに過ごすことにしている。

ここでは、ペップの最も自然な姿を見ることができる。試合に向けてトレーニングに集中している真剣そのものの態度でもなく、深い内省や熟考の様子も見られない。また、試合前の張りつめた緊張とも無縁で、試合の結果に関わらずペップは自然な態度で軽口を叩いている。

ペップの試合後のプロトコルを一通り説明しよう。まずテレビ局の対応をしてから、対戦相手の監督とともに記者会見に臨む。バルセロナでは、試合後にアウェーチームの監督を自分の仕事部屋に招いてワインを一杯振る舞うのが常だった。だが、ここミュンヘンではプレスルームへ向かう途中の廊下でのお喋りが、それに代わる。ドイツのリーグは、当日にアウェーチームが地元に戻れるように試合時間を設定している。ワインを振る舞って、帰りの飛行機に乗り遅れさせる訳にはいかない。

この両監督の共同記者会見の後、ペップは、ウリとルンメニゲとヤン・クリスティアン・ドレッセン（バイエルンの戦術好きな最高財務責任者）との話に花を咲かせる。そのお喋りは、時として1時間に及ぶこともある。それを終わらせて、クリスティーナや子どもたちが待つプレーヤーラウンジへと急ぐのである。ラウンジに入ると、今度は選手や友達のテーブルで引き止められるので、チーズやフライドポテトを摘み食いしながら自分のテーブルへと辿り着く。ペップの振る舞いは、いたって親しみやすいものだ。しかしチームの良い点やミスを述べる時、分析的なペップが少しだけ姿を現す。例えば、身振り手振りつきでこうだ。

「ラームの存在はスキャンダルそのものだ！　頭がいいなんてもんじゃない。プレーの理解が驚異的で、中でも外でもプレーできる。なんてやつだ！」

ニュルンベルク戦までのこの1週間が、いつもと違うサイクルなのには2つの理由があった。ミッドウィークに試合がないことと、2部練習が終わったことだ。7月からクリスマスまでの間でミッドウィークに試合がない週は2回しかない。その1回目が今週だった。全部で22週あるシーズン前半でたった2回だけである。ちなみに週2回の試合が組まれている週のことを、ドイツではイングリッシュウィークと呼んでいる。だから説明の必要もないが、22週のうち20週がイングリッシュウィークということになる。

さらには、トレーニング時間の減少も著しい変化だった。これまでコーチたちは2部練習のために、毎朝8時から夜9時までゼーベナー・シュトラーセに詰めっきり。2部練習が終わったことで、コーチ陣もホテルを離れて家族とともに家に落ち着けるようになった。

その週の月曜日、ペップ家族はミュヘンから近いところにあるダッハウ強制収容所を訪れた。夫妻は、残酷な場所に子どもたちを連れていくのをためらってもいたが、人間の残虐性の一面を知るために、子どもたちとアスティアルタと一緒に行くことにした。恐ろしさのあまり子どもたちは、その夜はよく眠れず怖い夢を見たというが、ペップ夫妻は意味のある経験だったと考えている。

クリスマスまでなかなか自由な時間を持つことができないペップは、この週を利用して、他にもいろいろなことをした。美術館に行き、ゴルフをして、バイエルン地方の伝統衣装を身にまとって、スポンサーのビールの広告にも出た。広告出演について質問したところ、ペップは照れ臭そうに語った。

「私が、あまりにもレーダーホーゼン（半ズボンの民族衣装）が似合っているもんだから『この地方での政治的なアピールになったわね』とクリスティーナがからかうんだ。広告は何の問題もないけどね。クラブにとって重要なことは、私にとっても重要だ。バルサではこういうことはあまりなかったけど、クラブを比較するためにここにいるんじゃない。クラブにはそれぞれの形や文化がある。過ぎたことはどっちでもいい。大事なのは今だ。私にはバイエルンを受け入れる義務があり、バイエルンにはピッチとオフィスで私を受け入れる義務がある。クラブにとって大事なものは何かを、もっと考えて、私はチームに必要なものを与えるために働くだけだよ」

そして、ミュンヘンの街の散策についても、こんな感想を述べている。

「市街やレストランで、誰にも指をさされずに自由に散歩できたんだ。ちょっとした驚きだったよ。ここの人々は敬意を持って接してくれて、放っておいてくれるんだ。すごいことだよ」

ペップは、バルセロナと大きく違うミュンヘンのやり方にも慣れてきた。開幕後のバイエルンのオフィシャル雑誌は、こんな見出しを付けた。

「大変良い始まりだが……」

この自己批判的な見解は、ここでは一般的なことで、元来ミュンヘン人の性格の中にある傾向として理解しなければならない。ニュルンベルクとのバイエルンダービーは、2つの対照的な印象を残した。ひどい前半と、1分ごとにエリアに到達する圧倒的な後半。ペップは、後にこんなコメントを残している。

「試合の翌週は、とても良いトレーニングをできた。攻撃する時はディフェンスが大事で、ディフェンスする時は、どうやって攻撃するかを理解しながらプレーすることが大事だ。フットボールは攻撃と守備で成り立っている。たくさん攻撃をし過ぎて、相手にチャンスを与え過ぎないようにする。それまでは、試合終盤で相手にチャンスを与えてしまったが、私たちは、前よりもずっと良くなってきた。1週間、選手たちとたくさん話をして、彼らもそれに気づいたんだ」

またバイエルンダービーは、いくつかのデータとレコードも残した。あたかも競い合っているかのようなロッベンとリベリーのゴールで勝利した試合（2－0）は、リーグ連続28試合負けなしという記録を作り、81

パーセントのバイエルンのポゼッション率はブンデスリーガの記録となった。いつものごとくペップはポゼッションのデータには関心を持たないが。また、相手GKのシェーファーがアラバのPKを止めて、この後に続くPK物語の端緒となった。

試合翌日、冒頭の日曜日の朝に場面を戻す。外は雨だ。ペップは今日のトレーニング前に選手たちに話すことをモナ・ネマーの報告書の片隅にメモしている。いつものことだが、試合後の夜は眠れなかった。選手たちに促した注意点を何回も何回も検討し直す。改善されてはいるが、まだ選手たちは敵のカウンターの起点を防ぐことができない。ペップが今、執着している改善点が3つある。

攻撃の出発の仕方が甘いので何も仕掛けられず、何の意味もないティキタカに陥ってしまう。センターサークルにみんなで一緒に到達した後、自分たちを解放するどころか、自分たちの得意のプレーを壊して終わってしまう。この2つはすぐにでも、選手たちに話をしなければならない。そしてもう1つは、チアゴとゲッツェがこのプレーモデルで機能するためにはどうすべきかをよく見て考えることだ。とはいえ、チアゴは長い期間プレーができないのだが……。

ペップは、まだベッドの上で頭を掻いている。

永遠に嫌いなティキタカ　2013年8月25日 ミュンヘンにて

雨の中、傘を広げたサポーターたちの沈黙がゼーベナー・シュトラーセの周りを取り囲んでいる。

ペップは、ロッカールームの選手たちを最上階にあるサロンに集めていた。映画館として使えそうなくらい広い映像室で、いつも試合前のミーティングで使っている。今日のミーティングのテーマは、栄養とプレーについてだ。ペップが話を始めた。

「すでに2回、君たちには、遅くとも試合後1時間以内に食事をすることの重要性について説明している。もちろんモナも話しているだろう。しかし、確認したところ、昨日はほとんどの選手が1時間以内に食事をしていないことがわかった。摂ったのは、たったの4人だけだ。スタジアムから早々立ち去って、それぞれのパートナーとお気に入りのレストランに行きたいという気持ちは理解できる。しかし3日に1度の試合が続く中で、フィジカルの回復ができる唯一の方法は、これしかない。アウェーの試合は、なんの問題もない。シャワーを浴びて、チームのバスに乗ってパスタを食べる。それでいい。しかし、アリアンツ・アレーナでの試合では、ここで食事をするのは君たちの義務なんだ。もう2度と言わない。これが最後だ。試合後1時間以内に食事をしなければならないことを肝に銘じてくれ。最高レベルのプロフェッショナルの選手として、今この瞬間から、君たちがそれを実行すると私は信じる」

だいたい4分ほどのペップの力のこもった説得だった。次の2つ目のテーマも5分程度の短いものだった。

「自分たちを解き放ってくれ。解き放つんだ。自分たち自身でそうすることが大切なんだ。私は、最初の段階で一緒に前進することを望んでいるにすぎない。一旦、センターサークルの先にボールが到達したら、クロスを入れるためにダイアゴナルのパスをサイドに出す。そして、みんなでリバウンドに備えてポジションを取る。そこから先は、自分たち自身でやるんだ。それをやったら、君たちにかなう者は誰もいない。あとは君たちのDNAを取り出して、好きなだけ走ればいい。しかし、あくまでもセンターラインを越えてからだ……。それから、もう1つ言いたいことがある！」

ここで、選手たちの何人かが、わずかだが身を乗り出したように見えた。

「私はティキタカが嫌いだ。大嫌いなんだ。ティキタカはパスをするためのパスで、何の意図もない。何の役にも立たない。人々が言っていることを信じてはダメだ。バルサはティキタカとは何の関係もなかった。巷で言われていることは作り話で、無視してくれ！　すべてのチームスポーツの秘訣は、敵を片方のサイドに偏らせるために、同サイドに自分たちも集結することだ。つまり、同サイドに人を集めて、敵を引きつけ、反対側で決着をつけるんだ。そのためにはパスが必要で、そのパスは意図と意味のあるパスでなければならない。チームメイトを集結させるためのパス。敵を引きつけるためのパス。逆サイドで決着するためのパス。私たちのプレーは、そうあるべきだ。決して意図のない、ティキタカなんかするな！」

今日のこのミーティングは、言うなれば今シーズンのチームの本質に触れるものだった。新チーム創設の第一歩のミーティングと言っていいかもしれない。ペップの黒いノートに赤ペンでアンダーラインが引かれた事柄が語られた瞬間でもあった。

降り止まない雨の中、ミーティング後は、試合に出なかった選手たちによるインテンシティの物凄く高いトレーニングとなった。ウイングからの開始をベースにして、クロスを入れて、他の選手たちは波のように次々とエリアの中に到着する。1回目はシュートのために、2回目はリバウンドを求めて。ペップは、この形を繰り返しながら叫んだ。

「これが私たちのプレーだ！」

ミュンヘンのバルサになる必要はないと再確認するためのトレーニングとなった。

練習後のピッチで誰かが「ミュンヘンでは、雨が続くと夏の終わりを意味する」と言った。この言葉を受けてGKコーチのトニ・タパロビッチは、冗談を言ってペップをからかった。

「これから寒くなって冬になると、氷点下10度の中、50センチも積もった雪の上でトレーニングするんだ。ブーツも脱がないまま、ピッチから直接サウナに飛び込まなくちゃならないほどの寒さだぜ。どうする？　ペップ……」

何度目の訪問なのかは定かではないが、ミュンヘンに来ているハビ・マルティネスの両親も、これまでの経験をペップに話した。

「ミュンヘンでもビルバオのように霧雨が降るけど、冬はその霧雨のような雪が降るんだ。降ってるかどうかわからないような細かい雪が、いつまでも降り続き、気が付くと、そこら中に50センチもの雪が積もっているんだ」

トレーニングの合間、ペップは昨日の試合に出たミュラーと芝の上で話し合っている。監督はダイレクトに聞いてみた。

「なぜ、いつも昨日のような高いインテンシティと激しいプレッシングができないんだ?」

細かい静かな雨の中で、私たちは、その会話に耳を傾けている。

「守備の責任を果たさなければならないから、自由に動けないよ。だから、対戦相手によって守備をしなくてもいい時は良いプレーができるんだ」

これに対して監督はジェスチャーを伴いながら強く反論。

「もし選手全員が、自由にプレーしたらひどいことになるぞ」

ミュラーはうなずき、すぐに納得していたようだった。

バルセロナでのエトーやイブラヒモビッチのような強い性格の選手たちとの関係から得た経験が、ペップに選手たちと直接対話することの重要性を気づかせた。選手は一人一人違っているのだから、違う扱い方が必要だと知り、ミュンヘンでは躊躇せずそれを実践している。

そのさまざまな選手の中に、ペップと同じフットボール病の患者がいた。バスティアン・シュバインシュタイガーである。２人は、永遠に何時間でもフットボールの戦術の話ができる。実際、そうしている。

　こんな光景を見たことがあった。トレーニングが終わってから30分ほど、芝生の上でシュバインシュタイガーがペップとサッカーの話をしていた。そして、ロッカールームに向かいながらも同じテーマで話を続けている。シャワーを浴びて廊下に出てきてからも、また同じテーマで話し続けている。さらに翌日の試合のために、今、まさにＣＬ決勝の瞬間でもあるかのように集中して、移動するバスの中でも同じ戦術のテーマで話し続けたのである。

　フィリップ・ラームは、ペップが望むすべての指示を一度に与えることができ、瞬きもせずに吸収する。逆にフランク・リベリーは、少しずつ要求を示さねばならない。ストリートサッカーのプレーヤーで自分の直感でプレーするリベリーに、戦術的な2つのコンセプトを同時に与えることはできない。もし、そんなことをしようものなら、芝の上で身動きが取れなくなってしまうのだ。

　今でもブローニュ・シュル・メールのストリートで、子どもの頃やっていたような、ボールを受け取ったら即攻撃のサッカーを続けている。彼にあまり多くの指示を出して、こんがらがってしまわないためにも、ゆっくりシンプルなやり方で説明しなくてはならない。

　そして、常に最高の注意を払う必要があるのがマリオ・マンジュキッチである。わずか2カ月だが、この間すべてを受け入れて協力的な態度になったと思ったら、挑発的でネガティブな態度へ変わり、またすぐすべてに対して良い態度になる。

　ここ何日間かは１００パーセントの力でやり、チームの中で最も激しくプレッシャーをかけ、仲間にも良い態度で接している。しかし、もしゲッツェがマンジュキッチのポジションを奪い取ったら何が起こるかわからない。よく注意して見ていなければならない。マンジュキッチがときどき、ベンチの交代選手になることを引き受けることができたら、その時すべてがうまくいき、チームにとって大きなアドバンテージを得ることができる。今のところ、この雨と寒さの日々では、悪コンディションに強いマンジュキッチの先発に議論の余地はないのだが……。しかし来シーズン、もう1人FWが加わったら状況は大きく変わるだろう。2013年8月には、すでに、関係者の総意でドルトムントからレバンドフスキが来ることが決まっている。

ペップの学習成果をまとめてみる。選手は一人一人みんな違うので、扱い方を変えなければならない。バルセロナでは良い経験も悪い経験もした。今、ミュンヘンの選手たちは、新しいコンセプトのプレーと合体して、コンスタントにそのプレーができることを学んでいる。ペップは各選手との関係の持ち方や、プレーの修正の仕方をさらに学習している。厳しい方がいい選手もいれば、優しく諭すように導いた方がいい選手もいる。ユースの選手たちには説明の幅を広げながらわかりやすく戦術を説き、逆にレギュラー陣には選手たちがスーパーなレベルに到達するために、ペップは各選手にあった正確な手段を見つけようとしている。

しかし、日曜日の朝に、悪いニュースが2つも飛び込んでくるとは誰が想像できるだろうか？　まずは、チアゴの足首のケガが重傷だということ。明日、シュツットガルトで手術をする予定で、回復に2カ月半かかるということだった。シーズンの半分とお別れだ。大きなパンチだった。「チアゴか、誰も来ないか……」と言った言葉を思い出す。

もう1つのニュースは、ハビがそけい部の激しい痛みで苦しんでいる。一種の恥骨周辺痛で、左足でボールを蹴ることができない。その上、医師たちは、この問題に対して明らかな解決策を持っていないのだ。

チアゴは無理、ハビは蹴れない、シュバインシュタイガーはガス欠。今週、バイエルンは2年前のCL決勝でのリベンジを果たすべく、モウリーニョ率いるチェルシーと欧州スーパーカップで対戦する。その前にも、まだ他の対戦がある。2日後の火曜日、ブンデスリーガで最も南に位置するフライブルクで試合だ。このフランス国境に接する町での試合で、ペップは多くのメンバーチェンジを決めている。欧州スーパーカップに備え、レギュラーの5人か6人の選手をベンチに入れるのだ。

トレーニングを終えてから、ペップはゼーベナー・シュトラーセの中にある食堂で、ミュンヘンに来ている友人たちと再び夕食をとった。そこで、バイエルンの中に漂う家族のような雰囲気の説明をした。

「以前にも言ったけど、本当にここは1つの大きな家族なんだ。憧れのヘーネスとは、非常に結ばれている感じがする。ルンメニゲは、現役引退後もフットボールの世界では珍しくプロフェッショナルの精神を持っている。四六時中サポートしてくれるザマーには、本当に感謝している。ここミュンヘンで、とても大事にされていると感じているよ」

それから、ちょっと早過ぎるモウリーニョとの再会になる欧州スーパーカップに話が及ぶと、「ジョゼのことは知りすぎているぐらいよく知っている……」と一言漏らして、すぐさま、頭はフライブルクへ飛んでいた。本当に火曜日の試合を、半分控えで戦うのか？　誰をレギュラーから外すのか？　これから48時間、いつものように1000回もこの決断を見直すのだろう。

フライブルクの鐘　2013年8月26日 フライブルクにて

ホイビュルクは、泣きながらペップの仕事部屋から出てきた。2時間前、若いデンマーク人は監督と話し合いたいと願い出ていたが、試合前日の記者会見があり、すぐには叶わなかった。暫くして監督の部屋を訪ねたホイビュルクの声は震えていた。真実をまっすぐに打ち明けたのだった。

父がすい臓がんと診断され、家族は落ち込んでいる。父親本人は自暴自棄になり、兄は船に乗っているので

2週間後でないと戻って来られない。ホイビュルクは今、家族のこの危機を支える強い男にならなければならない。

監督も涙をこらえることができず、ただ泣きながら抱擁している。何分経ったのだろうか？　ペップの口からは慰めの言葉も出ずに、ただ泣きじゃくるのみだった。選手はまだ17歳なのに、ミュンヘンでたった独りぼっちで、奈落の底に突き落とされている。監督はホイビュルクの痛みを感じながら、あることを思い出していた。

それは、かつて同じ病気で苦しんだエリック・アビダルと、ティト・ビラノバのことだ。

この厳しいニュースを聞く前、ペップは、とても重要な記者会見の主役だった。内容はチームの戦術を明かすもので、多分シーズンで最も長い記者会見だったろう。

「他の選手とは明らかに異なった特徴を持つ選手を、われわれはケガで欠いている」

外科手術をうけるチアゴのことだ。

「ポゼッションの数字は、カウンターアタックを避けるために、チームが塊になって一緒にいる結果だ。それだけのことに過ぎない」

ブンデスリーガ記録となった81パーセントのポゼッション率をもてはやす風潮を、ペップはこの言明で除外した。さらにメディアとの対抗戦で、監督はブンデスリーガについて熱く語る。

「素晴らしい驚きだよ。ドイツのスタジアムはどこもすごい。何の問題もなく審判に質問することができ、普通に話だってできる。敵として挑むアウェーでの雰囲気も最高だね」

マンジュキッチについての質問にも答えた。

「誠実で、戦士のハートと強い意志を持っている、とても重要な選手だ」

ダビド・アラバに関しては、こう讃えた。

「若いのにすでにアビダルのレベルに達している。今よりもっと成長し、素晴らしい選手になるはずだ」

懸案のカウンター対策にも触れた。

「カウンターを避けられるようになってきた。選手たちは、やり方をパーフェクトに理解している。土曜日のチェルシーとの試合では、カウンターを1回しか与えないだろう」

続けて、ペップはチームに望むプレーを5分ほどかけて記者に説明した。土曜日の夕食会で友人に語ったこと、日曜日の朝、ミーティングで選手たちに語ったコンセプトを短くまとめたものだった。ペップは、バイエルンの従業員食堂のある建物に付属している小さなプレスセンターで開かれた会見を通し、ファンに向けて自分の意思を宣言しているようでもあった。どのようにプレーを始め、どのように塊になって前進するのか。そして攻撃のゾーンでどのように自分たちを解き放って自由を得るのか、どのようにパウサ（小休止）と目まぐるしいほどの速さを組み合わせるのか、を明らかにした。

午後4時、まだ監督もホイビュルクも来ない。選手たちは、セッションが始まるのをボールを蹴りながら待っている。20分が過ぎ、しびれを切らせたブエナベントゥーラがアップを始めた頃、2人はやっと現れた。

ペップはトレーニング中、ずっと深刻な表情だった。バルサの友人であるエリック・アビダルと、コーチだったティト・ビラノバのことを思い出さずにはいられなかった。アビダルは7月の終わりに、もう少しでバイエルンと契約が交わされるところまで話が進んでいた。バルサがアビダルを放出する時、ペップがバイエルンに頼んだのだ。センターバックやサイドバックとして素晴らしい補強になると考えた。また、困難を克服した者しか体現できない、ロッカールームでの良い見本となると期待した。しかしヘーネスとルンメニゲは、バルサが契約延長しないことに疑問を抱き、最終的に契約の成立に至らなかった。モナコの監督クラウディオ・ラニエリが電話をかけて助言を求めてきた時、ペップは間髪入れずにこう言った。

「契約した方がいい。後悔はさせないよ」

ペップの言葉通り、再び感謝の電話がラニエリからかかってきたのは10月のことである。アビダルはレギュラーとしてモナコでプレーしている。

試合前日のトレーニングで、ペップはDFからのビルドアップの始め方を執拗に繰り返した。「フライブルクは、かなり高いところからプレッシャーをかけてくるだろう。これまで何度も練習してきたこの動き方を思い出して、復習するんだ」と説明してくれた。

この復習はシーズン中に繰り返し行われる。GKと4人のDF、そして1人のメディオセントロをピッチに配置して、ゆっくりと自分たちの動きと、敵の守備を想定した動きを繰り返す。バルサでもこの練習を2週間空けることはなかった。約15日おきに、まるで試験するかのように。

別のピッチでは、7人の選手たちがPKの練習をしている。いつものPKキッカーであるアラバは、その中に入っていない。ビルドアップの始め方の練習をしているからだ。一昨日のニュルンベルク戦でアラバはPKを外した。それは0－0での場面。記者会見では、そのPK失敗についての質問も出ていた。

「アラバのキックの精度は高い。ミュラー、クロースやシュバインシュタイガーも然りだ。アラバはこれからも蹴っていくよ。彼は素晴らしいキッカーだからね」

だが、本当のところペップはPKキッカーの心配をしたことはない。選手たちに任せている案件だからだ。よって、選手たちは欧州スーパーカップで起こるかもしれないPK戦の練習を、自分たちの仕切りでやっているのだった。

バイエルンの選手たちは2012年に起こったことを忘れてはいない。11－12シーズンCL決勝。ロベルト・ディ・マッテオのチェルシーが、アリアンツ・アレーナでPK戦の末（4－3）優勝した。あの夜は、ミュンヘンが先行だった。最初の３人であるラーム、マリオ・ゴメス、ノイアーが連続で決めた。しかし、その次のイヴィツァ・オリッチとシュバインシュタイガーが失敗。バイエルンの選手たちは、今度こそと練習に励んでいる。

GK役はシュターケだ。ノイアーはアラバと同様、DFたちとオーガナイズの練習中。1本、また1本とPKスポットから思い思いのボールを蹴り込む。ミュラー、クロース、ロッベン、シャキリ、ピサーロ、シュバインシュタイガー、ゲッツェ……PKもFKも蹴ったことがないリベリーとマンジュキッチはいない。２人ともキックの精度に間違いはないのだが……。

予行練習を行った選手たちは、６回ずつ蹴って計42回、すべてゴールを決めていた。実に見事であった。２年前のCL決勝でPKを外したシュバインシュタイガーが、笑いながら言った。

「いいね！　完璧だ。でもこれにはプレッシャーがない。みんなは本当のプレッシャーを知らないだろう……その時どうなるのか見てみようぜ」

前日練習のピッチにハビの姿はなかった。恥骨部の問題でフライブルクには行けない。ハビはドクターと合意し、外科的な処置を施すことになった。チアゴも、手術を受けたばかりだ。ペップのプランがさらに難しくなったのは明らかだった。

フライブルク・イム・ブライスガウは、車輪付きのスーツケースを引きずる旅行者泣かせの古い石畳の路地がある、美しい町だ。路地は大げさに言えば横向きで通らなければならないほど狭く、脇にはベッヒレと呼ばれる水路があり、水が循環している。

町の大聖堂の鐘は、高さが116メートルもあって19もの鐘がついている。15分毎に鳴り、休むことを知らない。とくに朝6時から7時の鐘は華々しい古《いにしえ》の栄光の大騒動となる。昔々、フランスの町だった頃の名残で、徐々に大きくなる鐘の音に驚き、否が応でも目覚めてしまった。やっとナイトテーブルの上の小袋に入った耳栓の意味に気付いたが、もう手遅れだった。

ドイツの黒い森を思わせる密生した木々。これで半分ほどが覆われたドライザム川の近くにマゲ・ゾラール・シュタディオン（現シュヴァルツヴァルト・シュタディオン）はある。こじんまりしているが、熱狂的なスタジアムだ。煮え立った鍋のように、2万4000人のファンでスタンドは膨れ上がり、バイエルンをまだかまだかと待ち受けている。

ペップは事前の言葉通りラーム、アラバ、ボアテング、リベリー、ロッベン、そしてマンジュキッチの6人をベンチに置いた。そして、ペップが予想したとおり、フライブルクは高いところからプレッシャーをかけ、バイエルンのビルドアップの始まりのミスを誘おうとしたのである。

それでもバイエルンはゲームを支配し、シャキリのゴールで先制点を挙げた。その後もボールを循環し、相手を支配して17回ものシュートを放つ。ペップの戦略は正しかったように思われた。ところが、相手GKオリヴァー・バウマンにことごとくシュートを阻まれ、追加点を挙げられない。すべてが壊れ始めたのは80分ごろからだった。シュバインシュタイガーが足首を捻挫したすぐ後に、カウンターで同点に追いつかれたのだ。またもやカウンターの餌食になり、3日後の欧州スーパーカップにチームの重要な選手が出られなくなった。その上、勢いのあるドルトムントに勝ち点で2点少ない状況に立たされてしまった。

ペップは悲しげだった。チームのプレーには満足していたとはいえ、勝ち点2を失った現実は無視できない。

「私たちは決して消極的ではなかったし、良いディフェンスで試合をうまくコントロールしていた。選手たちをとがめるところはない。フットボールは、時としてこういうことが起こる。忍耐を持つしかない……」

ローカルチームの監督クリスティアン・シュトライヒは、ロッカールームから出てきて歩きながらインタビューに答えた。

「バイエルンはまるで映画のようにプレーした。映画だよ。それをまず言わなければならない。もう1つ言いたいことは、彼らがブンデスリーガの優勝候補なのは明らかだ。疑う余地がない。今日、勝ち点2ポイント失ったとはいえ、とても良いフットボールをしていた。後方からボールをつなぎ、彼らの好きなようにあしらわれた。もし、このバイエルンと10回対戦したら、1回は引き分けられるだろうが、残り9試合は敗れるだろう。ベンチで待機している選手たちを見れば一目瞭然だ。彼らはフットボールマシーン。私の選手たちは壊され、沈まされ、疲れ果てた。バイエルンのプレーは、驚くばかりだ。グアルディオラは普通じゃない。これで、まだ42歳だっていうんだから……」

　しかしシュトライヒの称賛も、ペップを鎮める役には立たなかった。バスに乗ると、欧州スーパーカップ出場を絶望視しているシュバインシュタイガーの沈んだ顔がある。ペップは、また1人中盤の選手を失った。

「最高の戦いをするためにプラハに行く。3日間の休息、それで十分だ。チェルシー戦のプランは1つしかない。良いプレーをする、敵のカウンターをコントロールする、そして攻撃・攻撃・攻撃だ！」。バイエルンの監督はバスの中で、この言葉を立ったまま語ったのであった。

　その夜9時過ぎ、ペップはザマーと話し合いドクターに緊急の電話をかける。

「ハビの手術を延期してください。プラハで彼が必要なんです」

私はＰＫの蹴り方を知らない！　2013年8月30日 プラハにて

「私はＰＫの蹴り方を知らない！　人生で一度もＰＫを蹴ったことはない。しかし、ここに世界一のＰＫの名手がいる」

疲労困憊でストレスフルで、極めて激しいファイナルだった。

バイエルンは延長終了までの120分を51秒経過した時点で、やっと同点に追いつく。スウェーデン人の主審ヨーナス・エリクソンは、中断による追加タイムを1分とった。ペップのチームは2試合連続のファイナルでの敗戦まで残り9秒で、3日前まで手術室のドアを開けようとしていた選手によって、最後のチャンスはゴールに変えられた。それも、ジョゼ・モウリーニョのチーム相手に。2年前のアリアンツ・アレーナのCL決勝のように、PK戦へ突入してからの結末を迎えることになった。これほど大きな、リベンジの機会はない。しかし、現実には逆らえないが、もし選ぶことができるならペップはPK戦を避けたかった。ここ4週間で、バイエルンの選手たちは試合中に5つのPKを蹴り、3つしか決めていない。

3日前のフライブルクからの帰路、ペップはシュバインシュタイガーが欧州スーパーカップには出られないという事実を受け入れた。足首が恐ろしいほど腫れていたのだ。致し方なく、恥骨周辺に痛みのあるハビの手術を延期したが、先発出場は無理。チアゴはその前日に手術、ゲッツェもケガのためにほとんど練習ができず、ミュラーを中盤で使うしか手はなかった。

ミュラーには「二度と中盤ではやらせない」と約束をしていた。しかし「ミュラー以外、誰が中盤でプレーできるのか?」。このポジションにミュラーを使うのは、完全な継ぎ当てでしかないことはわかっていた。しかし、他に方法は見当たらなかった。こうしてペップは、プラハの夜、モウリーニョに立ち向かうメンバーたちを最終決定した。GKノイアー、DFにラフィーニャ、ボアテング、ダンテ、アラバ。MFにクロース、ラーム、ミュラー。そしてFWにロッベン、マンジュキッチ、リベリーだ。これ以上の解決策はなかった。

ファイナルは、ペップとモウリーニョの16回目の対決になった。過去の戦績は7勝5分け3敗でペップに分がある。２人は完璧なまでにお互いを知り尽くしている。ペップが選手としてバルサのキャプテンだった頃、モウリーニョはセカンドコーチだった。ロッカールームやトレーニングをともにし、内部の情報や知識を共有していた。２人が記憶に残る戦術対決をするようになったのは、それから何年も経ってから。モウリーニョは、ペップがボールを持って攻撃してくることを知っている。ペップも、モウリーニョが一度選手を後退させてからヒョウのごとき速さでカウンターを仕掛けることを、そのために相手がボールを失うよう挑発してくることを知っている。

新たな一戦の序盤は、モウリーニョのチームが試合を支配した。この戦いは、ボールを支配したいチームとスペースを支配したいチームの激突という見方もできる。背後の守備が苦手なクロースが自分のポジションを失い、戸惑うには、フェルナンド・トーレスの抑止力だけで十分だった。そして、ラフィーニャのゾーンから逃れたエデン・アザールを捕えることができないバイエルンの守備、ボアテング、ダンテ、アラバたちもただ空気をつかむようだった。なんとかカウンターの根っこを断ち切ろうとするロッベンさえも、恐れをなす。相手をただ見ていることしかできないミュンヘンの消極的なディフェンスにペップは苛立ち、対してチェルシーは激しく攻撃を仕掛けプラン通りに先取点を奪った。

こうして30分を過ぎた頃、バイエルンの今シーズンを占うような象徴的なことが起こる。クロースは案の定、チェルシーが長いボールを背後に蹴りこむたびに苦しみ続けていた。彼の長所は振り向いて守備をすることとは、口が裂けても言えない。その時、セカンドコーチのドゥメナックが、ペップに言った。

「ラームをピボーテ（メディオセントロ）にしたらどうかな？」

ペップは、ゆっくりとペットボトルの水をすすってから、バネのように立ち上がって、ピッチの中に足を踏み入れんばかりの勢いでクロースに向かって叫んだ。

「トニ！！！　お前が８番（インテリオール）だ。お前が８番でフィリップを６番（メディオセントロ）にしろ！！！」

この瞬間から、フィリップ・ラームのメディオセントロの時代が始まった。11歳からバイエルンでプレーするラームは、下部組織からヘルマン・ゲルラント（ハインケス時代と現在のトップチームのセカンドコーチ）の指示で右サイドバック、ウイング、ＭＦなどのさまざまなポジションでプレーする習慣を身に着けてきた。19歳でオットマー・ヒッツフェルト監督の下、バイエルンのトップチームでデビュー。だが、サイドバックにはウィリー・サニョルやビセンテ・リザラズがいたため、ヘルマン・ゲルラントはシュツットガルトのフェリックス・マガト監督に個人的に相談し、ラームのレンタル移籍を申し出た。そこで初めて左サイドバックとしての際立った才能を花開かせたのである。それから10年後、ペップは、今まさにこの瞬間、欧州スーパーカップのファイナルという大舞台で、ラームにチームの軸と言うべきメディオセントロをやるように指示を下したのであった。

３カ月後となる11月の終わり、ペップは、この時のことを思い出して語っている。

「ドゥメ（ドゥメナック）の言葉がカギだった。このシーズンで何かタイトルを獲得できたら、あの瞬間にかかっていたことになると思う。ラームのおかげで勝てた、と言ったのを覚えているかい？　ラームをメディオセントロに置くことで、すべてのピースが揃ったんだ」

その後、今度は変化を加えたバイエルンが、ゆっくりと試合を支配し始める。ラームをインテリオールからメディオセントロに代えただけではなく、攻撃の時は右サイドバックのラフィーニャを１つ前に出して３－３－１－３の形にした。ラフィーニャが左斜め前に絞ることで、中盤の守備を軽減されたクロースに攻撃の自由が増え、なおかつラフィーニャはラームを助け、ミュラーもトップ下の位置でフリーになりやすくなった。

ハーフタイム後、クロースのエクセレントな攻撃的アクションから、リベリーが物凄いミドルシュートを決めて同点に追いついた。熱狂の中、リベリーは同点ゴールを祝うために直接監督のところへ走った。ペップはリベリーの首に手を回し、リベリーは左手でガッツポーズをとりながらペップのおでこに自分のおでこを突きつけた。リベリーは、６日間で２ゴールをペップに捧げた。アシストではなくゴールゲッターとしての能力を伸ばすことを説得された矢先、このフランス人は素晴らしい形でそれに応えたのだ。

追いついた後は、バイエルンが完全に試合を支配した。決定的なゴールチャンスも生まれ始めていた。ここでペップは２つのピースを動かせば、この試合に勝てると踏んだ。

ペップとハビは昨日、話し合い痛み止めの注射を打つことを決めた。開始から55分、ペップはより深い縦パスを入れて攻撃するため、ラフィーニャに代えてハビを投入。ハビは、前線に飛び出していくことも戻ることもできる。最初こそ、この交代策はあまりいい感触ではなかった。自然とラームがメディオセントロのポジションをハビに明け渡し、インテリオールに戻ってしまったからだ。その上、ラームは交代したラフィーニャに代わり右サイドバックとしての仕事もしなければならなくなった。ペップは、もう１つのピースを発動させる。ゲッツェをミュラーと交代させ、トップ下のポジションに置いたのだ。

それでも、チェルシーは長い縦パスから３回もバイエルンのゴールを脅かす。ノイアーの奇跡的なセーブで間一髪の危機を逃れるが、３回の内１回はバーに救われた。この他、ハビとゲッツェ投入後の目立った動きといえば、クロースとリベリーのゴールチャンス、延長突入５分前にチェルシーのラミレスがゲッツェへ危険なタックルを仕掛けたことである。２枚目のイエローが出てラミレスは退場となったが、足首に重傷を負ったゲッツェはしばらくギプスをはめなければならなかった。

延長戦に入る前に、ペップが求めたのはアグッレシブさだった。チェルシーにゴールチャンスを与えないようアグレッシブに守り、止まらず攻撃し続けるよう指示を出した。

しかし、実際は正反対のことが起こる。延長開始から1分半、いきなりチェルシーに追加点が生まれた。ダビド・ルイスが左のウイングにいるアザールにパス。アザールはそこからドリブルを開始し、ラームの妨害を受けることなく、何もしないボアテング目がけバイエルンのエリアに侵入した。そしてGKノイアーが待つゴールに向けて、余裕を持ってシュートを放ったのだ。ボールは、ノイアーの決定的なミスも重なりネットを揺らした。時計の針は、10人しかいないモウリーニョのチーム有利で進んでいた。

スタンドのバイエルンファンは、痛恨の失点に対し選手たちよりも早く反応した。熱狂的なサポーターたちの歌声が、スタジアムで膨れ上がる。負けている。もう時間がない。だが彼らはヨーロッパチャンピオンだ。このまま終わるわけにはいかない。

さらに、ファンは自分たちの旗を掲げて「困難を克服する英雄たれ」と力の限りコールした。すると、目を覚ましたかのように、ペップの選手たちが相手GKツェフに向かって雪崩のように攻め込み始めたのである。クロースはメディオセントロに戻り、ラームは右サイドをすべてケア、ハビはトップ下、チャンスとあらばFWとしてもプレーしていた。

バイエルンが次々とゴール前に到達し、チャンスを生み出していく。しかし、ツェフの牙城は高く険しい。1回また1回と好セーブが続く。シャキリもマンジュキッチもなかなかゴールできない。シャキリは決定的なチャンスを2回失敗。ゲッツェ、リベリー、マンジュキッチもゴールをこじ開けられない。すでに延長後半12分が過ぎようとしていた。バイエルンがツェフに放ったシュートの数は38回、CKは19回。そしてファイナルの敗北まで、あと60秒……。

しかし、ミュンヘンのチームは「シャワーを浴びるまで負けたとは考えない」、というドイツ特有の個性を持っていた。残り9秒、アラバがセンタリングし、マンジュキッチが落とす。そのボールにダンテが反応し、その先にハビの左足があった。こうして、ケガ人のシュートがネットを揺らした。オーストリア人、クロアチア人、ブラジル人、そしてスペイン人のコンビネーションが、ドイツ人のファンのエクスタシーを爆発させ、プラハの夜に歓喜の叫びをこだまさせた。これで2－2、まだ闘いは終わらない。

モウリーニョは、踵を返してバイエルンのベンチに歩み寄り、両手で輪を作りながらペップに言った。「君は、世界中の幸運をすべて持っている」と。

確かにそうだ。フットボールの4つの主役であるボールとスペースと時間と幸運。チェルシーはスペースの持ち主ではあるが、ボールと時間と幸運の持ち主ではなかった。まだPK戦が残っているが、それは、ペップチームのものだった。

張りつめていたものが解放されチームが幸福感でいっぱいになった時、ペップの中の恐ろしいほど冷静な部分が現れて、全員を集めて円陣を組んだ。ドクター、トレーナー、アシスタント、セカンドコーチ、戦っている選手たち、交代した選手たち、シュバインシュタイガーのようなケガ人も一緒に。そして、次にペップの中の最高の部分が姿を現して、どんなものにも勝る強い印象を、そこにいる者たちに与えた。

力強く鼓舞する言葉を期待していたその場の者たちに、ペップは淡々と語り始める。リラックスした様子で、笑顔さえ見せた。まるで緊張の糸が張り詰めたファイナルでも、何万もの熱狂的なファンに囲まれてもいない振る舞い方で。

「私はＰＫの蹴り方を知らない。だから人生で一度もＰＫを蹴ったことはない。しかし、ここに世界一のＰＫの名手がいる」

円陣の最後の輪に、ほとんど隠れるようにして立つ、１人の男を指さしていた。

「マネル・アスティアルタだ。マネルは水球で世界一の選手だ。ＰＫ戦をやらせても右に出るものはいない。考えてみてくれ、５回投げて４回入る水球のＰＫの難しさは、フットボールと似ている。でもマネルは全部入れるんだ！　世界中でＰＫを一番知っている男なんだ」

ペップは注意を引くためだけでなく、みんなの表情を変えるために言ったのだ。モチベーションを上げるような雄叫びで、アドレナリンを受け取り、戦いの指示を期待していた者たちが、沸騰するスタジアムの真ん中でペップの物語を聞いて思わず笑いだした。

ジャージ姿のバンブイテンとシュタークは、ペップの後ろのドクター・ハンスの隣で肩を組んでいた。クロース、ラーム、リベリーは円陣の最初の列でペップの話を聞いている。そのリベリーの後ろにジャージに着替えたロッベンがいる。アラバは、やはりジャージ姿のミュラーの肩に腕をかけていた。２列目には、ハビ、シャキリ、ダンテ、ボアテング、そしてマンジュキッチとセカンドコーチのドゥメナックとヘルマンがいた。控えだったキルヒホフとトレーナーのジャンニ・ビアンキ、フィジカルコーチのブエナベントゥーラとアンドレス・コルンマイヤー、ゲッツェ、クラウディオ・ピサーロ、ラフィーニャ、コンテントは３列目。そこから少しだけ離れたところにザマーとシュバインシュタイガーいた。

輪の中にノイアーの姿はない。ＧＫコーチのトニ・タパロビッチに、チェルシーの選手たちのキックの特徴を教わっていた。静かな雰囲気だ。リラックスしている。そして、なにより選手たちは笑っている。ペップの話が気に入ったようだ。

「私はマネルからＰＫに関する２つのことを習った。１つ目は、蹴る場所を決めたら、どんなことがあっても絶対に変えないこと。もう一度言う。蹴る方向を決めたら、絶対に変えてはいけない。２つ目は、何回も何回もゴールするのを頭の中で繰り返す。今から繰り返せ、そしてシュートするまでやめるな。怖がらなくていい、決意を絶対に変えるな。それから、私はＰＫを蹴る選手のリストを持っていない。蹴りたい者が蹴ってくれ。大丈夫だ。全員ゴールを決めることができる。お前たち自身で決めろ。誰が蹴りたいんだ？」

先日、リーグでＰＫを失敗したばかりのアラバが最初に手を上げた。そのすぐ後に、クロースが左手を上げ、ラームがそれに続いた。ペップはラームの頬をいつものように軽くはたいた。そして、リベリーがリストに名乗りを上げる。リベリーの胸を軽くパンチする。シャキリも進み出た。「ブラボー、シャキ！」と言って讃えた。ＰＫメンバーは自分たちで選んだ。「信じがたいペップの話だった」と、後になってマティアス・ザマーが語った。

「順番は？」という質問にもペップは、こう答える。

「自分たちで決めろ。やりたいようにやればいい。大丈夫だ、どんな順番であってもみんなゴールする。お前たちは、もうどこに蹴るか決めている。シュートするまで、ゴールすることを頭の中で繰り返しイメージするんだ。一歩一歩、足を踏み出すたびに言うんだ。ゴール、ゴール、ゴールと……」

誰が提案したのか定かではないが、順番は手を挙げた順で蹴ることに決まった。月曜日の練習で42本中42ゴールした7人のうち、ＰＫを蹴るのはクロースとシャキリだけ。ミュラーもロッベンも、すでに交代していた。ピサーロは控えのまま試合に出ていない。シュバインシュタイガーはケガ。手を上げた残りの３人は、アラバとラームとリベリーだった。

こうしてＰＫ戦が始まり、バイエルンはペップの言うとおり、５人すべてがゴールを決めた。チェルシーは５人目のルカクが失敗。ノイアーが止めた瞬間、長い長い闘いが終わり、唯一持っていなかったタイトルがバイエルンの手に渡った。ペップにとってはバイエルンでの初タイトルとなり、自身３つ目となる欧州スーパーカップのタイトルとなった。

リベリーはファイナルの最優秀選手賞をペップに捧げた。
「ペップにとって重要だったのはよくわかっていた。最初のタイトルだし、モウリーニョとの古くからのライバル関係のことは知っていたからね」

そのポルトガル人監督はというと、素晴らしい雰囲気に包まれたペップに祝福の挨拶もせず、ピッチから足早に立ち去っていった。1時間後、プラハのエデン・スタジアムのプレスルームで、ペップとアスティアルタはカタルーニャ人のジャーナリスト、アラ新聞社のイザック・リュックとエル・パイス新聞社のラモン・ベザに挨拶をしていた。ペップのその瞳は幸せな日々を表しているようだった。しかし、何よりも、その表情が物語っていたものは、深い安堵感だったのかもしれない。
「この勝利が必要だった。今日、勝てなかったら前に進めたかどうか……」

ＰＫ戦での勝利は、ペップの大きな大きな肩の荷を下ろしてくれた。

第３章　奇跡的な年

「怖さを知っている男こそ、危険だ」
（ルートヴィヒ・ベルネ）

恐怖と慧眼　2013年9月5日ミュンヘンにて

〝怖がり〟は、いくつかあるペップの欠点の1つだ。この男は、優柔不断であることを最も恐れている。フットボールの経験を積めば積むほど、怖がりという特徴も強まっていった。選手時代のペップは、スポーツマンとして武器となる強いフィジカルもなく、体重も紙のように軽かった。か細い体格で、ピッチの広大なゾーンをたった1人で背負い込まねばならなかった。元来の怖がりの上に、多くの危険の中で、独りぼっちでプレーするうちに爪の先まで恐怖がしみ込んでしまったのだ。

ペップは、たやすく標的にされるいいカモだった。ピボーテと呼ばれる重要なポジションを任されたペップを潰すことができれば、バルサのすべては崩壊する。こうして、いつも恐怖をもちながら成長したペップは、解毒剤として大胆さが培われた。

ペップはとても勇敢だ、なぜなら、とても怖がりだから。

バルサの監督だった頃、「自陣のゴール前にブロックを作って堅く守るタイプのチームと対戦する方が好きだ」と100回も繰り返し語っていた。こういうタイプのチームに、いつも苦しめられていたにもかかわらず。「この展開では、ボールが常に私たちのGKからずっと遠く離れたところにあるから危険が少ないんだ」、と言う。つまり、攻撃している時は、攻撃される恐怖の心配がないという理由だった。恐怖を大胆な攻撃で補おうとしたのだ。監督として必要な危険に対する抗体を作るために、時として異常なほど大胆な決断も下した。執拗なまでに攻撃することで自分の欠点を修正したかった。ドイツと欧州の2つのスーパーカップで、すでに私たちは無謀なほどの大胆さを確認している。中盤に使ったミュラーがそのいい例だろう。

ペップのいくつかある長所の内の1つに慧眼がある。おそらく、天賦の才能。あるいは、洞察力に優れた天オヨハン・クライフに心を奪われて開眼した能力かもしれない。いずれにせよ、この慧眼は持って生まれた怖がりという特性が、ペップの環境と関係しあった結果であろう。大胆さが、恐怖への解毒剤の役割を果たし、優柔不断にならないために攻撃、攻撃、攻撃をするのだ。そして大胆な攻撃を成立させるために、事前に起こるであろうことを予測しなければならない。慧眼＝見抜く力が強化される。まさに、長所が短所を補う媒体となった結果だった。

２０１１年5月28日、舞台はＣＬ決勝のウェンブリー・スタジアム。ペップ・バルサがマンチェスター・ユナイテッドを結果（３－１）でも内容でも圧倒して勝った時のこと。ファーガソンとペップの間接的なやりとりを、ここに引用させてもらう。

バルサのとてつもない勝利によってバルセロナを取り巻く雰囲気は完全な陶酔状態だった。そんな中、巷では、あと1年しかペップは契約更新をしない（実際その通りになったが）といううわささささやかれていた。このうわさに対して、サー・アレックス・ファーガソンは記者たちに、こう答えている。

「バルサで続けた方がいい。今よりも良い結果が出せるチームなど、どこにもないのだから」

これは忠告だった。ペップはそれに対して、こう応えた。

「他のクラブに行って、どんなことが起こるかはわからない。どんな選手がいるのかを見て知らなければならないし、バルサのように素晴らしい選手たちと出会うのは難しいだろう。しかし、それは私にとっての挑戦になる。自分自身への挑戦を追求していかなければならない。他の選手たちと良いプレーをするために、他のクラブに行く。いつか、適したタイミングがあるかもしれない。監督というのは選手と、その選手たちのプレーに依存している。大きな挑戦になると思う」

2年後、彼の言っていたことが現実となった。なぜバルサを出ていったのか？　喜びや希望の数を、問題の数が超えたからだ。急進的で冷淡なロセイの負担と、ペップや選手たちの消耗の方が、勝ち続けたいと願う気力より大きくなっていた。なぜバイエルンと契約したのか？　ヘーネスとルンメニゲがペップを魅了し、信頼に足りたから。しかし、根っこにあったのは「違うタイプの選手たちと、最高のプレーを再びしたい」という欲求からだった。

２０１３年8月30日のプラハでの欧州スーパーカップの後、ペップは「世界ナンバーワンの監督だと感じているか？」という記者の質問に言葉を紡いでいる。

「バルサとともにクラブワールドカップで世界一になった、あの具体的な瞬間だったら、多分、世界一の監督と言えるかもしれない。しかし、今はそうは思わないしそうではない。もう一度、それを示さねばならない、今の私の選手たちとともに」

そのためには、選手たちを納得させる必要がある。これは、挑戦への第一歩だ。今のところ、選手たちはペップを信頼しついて行っているように見える。プラハでのゴール後のリベリーとの関係、またはＰＫ戦の前の円陣、このコレクティブな印象で十分だ。

キャプテンのラームが話す時、いつも「学ぶ」という言葉を多用する。このことからもペップの提案する新しい〝イデオマ（言語）〟が受け入れられていることがうかがえる。あのリベリーも、こう発言した。

「ペップはハインケスとはまったく違うが、私たちはとても満足しているんだ」

「最も大切なのは選手たちだ」、ペップはいつも何度も繰り返す。後ろから肩を叩いたり、お尻を蹴ったり、頬を軽く平手打ちをしたり、とても社交的で選手との距離を大事にする。それは彼の昔からの習慣。初めはみんな驚いたが、今は理解している。

心配な時は頭を掻くペップ。あるアイデアを説明したい時は、狂った様にジェスチャーをする。そんな監督と選手たちは、今まさに、新しいバイエルンの言語を作っている。

9月初め、ペップはホテルからミュンヘン市街の中心部に引っ越しをした。この街を気に入り、とても優しい街だと感じている。

「私はとても満足している。ミュンヘンは美しい所だし、クラブはすべてにおいてサポートしてくれるからね」

この美しいミュンヘンで、ペップは毎日12時間も仕事をしている。いったいどのように費やしているのか？少しペップの謎について触れてみる。

その半分は対戦相手の分析で、週5日のうちの2日半をそれに当てるのが習慣だ。他の多くの時間はブエナベントゥーラ、ドゥメナック、ヘラルドと次のトレーニングの準備をする。それから毎日1、2時間は、選手との個別対話に費やす。時には映像などの助けを借りて、コーヒーを飲みながら、あるいは昼食をしながら案件を話す。これらが、チーム作りのカギになっている。極めて重要なことだ。ペップはかつての失敗から、選手が必要としていることに対して時間をかけることの重要性を学んでいる。

要約するとペップは、ゼーベナー・シュトラーセで研究し、分析し、思考し、他のチームのプレーや昔のフットボールの動きを再構築し、再発明している……。観察して熟考して話し合って、選手たちを説得しているのだ。

ドラマチックなPK戦で欧州スーパーカップを獲った直後から、インターナショナルマッチウィークに入った。各国の代表選手たちの招集があり、自ずとほとんどのバイエルンの選手たちはゼーベナー・シュトラーセを離れることになる。優勝を祝う時間もなかった。さっそくペップは、朝から晩まで練習場の『洞窟』（仕事部屋）にほぼ一人きりでこもっていた。

ハビは手術を受け、ゲッツェはギブスをはめている。チアゴとシュバインシュタイガーもケガ。堅実で誠実、潜在能力があり創造力に長けたこのポーカー（4人）を素晴らしい中盤に仕上げるのは、秋の初めまで待たなければならない。今は夜の夢でしか、その素晴らしい中盤を見ることができない。

ペップは、カンテラの若い選手たちを指導することに興味を持っている。彼らにプレーの基本を教え、最高のものを引き出す、成長を見守る……これが楽しい。多分まだまだ先の話になるが、いつかトップチームのエリートを離れた後は、ユース年代の指導をするだろう。3年間のミュンヘンでの生活を延長しなければ、その後はイングランドで何年間かを過ごす可能性が高い。

2010年のある日、ペップはカンプノウのピッチの上でジェラール・デウロフェウとチアゴの弟のラファ・アルカンタラという若者に細かく指示を出していた。2人にとっては、初めてのトップチームでの練習だった。終わってからペップに感想を聞くと、弾んだ声が戻ってきた。

「彼らとともにやるのは、すごく楽しい。大人たちを教えるよりも心地いい。ずっとね。大人を教えるのは言動に気を付けなければならない。どんな言い方で指示をするのか、勝利の後なのか、敗北の後なのか、さまざまな要素がからみ、顔色を見ながら言葉を選ばなければならない。それに比べてこの少年たちは、オレンジを絞るみたいに才能を絞りだせる。とても楽しかったよ」

9月の初め、代表戦によってたった4人の選手（シュターケ、ラフィーニャ、コンテント、キルヒホフ）だけがセカンドチームと一緒にトレーニングをしている。いつもよりは気が楽だ。ザマーが契約したセカンドチームのオランダ人監督エリック・テン・ハグも今シーズンがデビューだ。トップチームのプレーの基準に則ってセカンドチームがトレーニングする初日でもある。後に、このやり方は結果に表れた。チームは最多得点、最少失点で地域リーグのタイトルを勝ち獲ったのだ。しかし、決定戦の終了間際の失点で、最終的に3部への昇格は果たせなかった。

ペップは、バイエルンのカンテラに目を付けている。今のところ並外れたタレントの発掘には至っていないが、ミュラーやラーム、シュバインシュタイガーやアラバのような現在のビッグネームもここから輩出された。セカンドコーチでティガーの愛称を持つヘルマン・ゲルラントこそ、下部組織で彼らの才能を見出したその人だ。１９９０年からユース年代の責任者で、才能ある若者を探知する嗅覚の持ち主。ヘルマンについてペップはこう語っている。

「とてもよくサポートしてくれる。ブンデスリーガのことや各クラブの各選手のことを詳細に説明してくれるんだ。誠実で、この人と一緒に仕事をさせてくれることに感謝している。彼を信頼している。ヘルマンの選手を尊重する態度と、選手たちが彼を尊重する態度が好きなんだ」

ここ2、3年はビッグネームの輩出は難しいかもしれないが、バイエルンの若手にもホイビュルクやグリーンのような特別な選手がいることを見逃してはいけない。

ペップは若者たちとの時間、また、ヘルマンやバイエルンII（セカンドチーム）のコーチのゲルト・ミュラーのような世界的なレジェンド、テン・ハグやメーメット・ショルと一緒にトレーニングする時間を心から愉しんだ。ちなみに、メーメット・ショルの息子ルーカスはバイエルンのU－19でプレーしている。

しかし楽しい時間は短く、ペップに気晴らしは許されない。

今、最も懸案なのはメディカルの問題だ。まずは、重傷のゲッツェとシュバインシュタイガーの回復の遅れ。それから、ドルトムント戦から40時間後には完全に回復して何事もなかったかのようにトレーニングしていたノイアーとリベリーの件。このことが起こってから、ペップは理学療法士にプロトコルの変更を願い出ていた。軽い違和感の場合はアウェーの試合に選手を帯同させ、最後にもう一度検査をしてから試合への出場の可否を決める、というものだ。

さらに、異論の余地のないほど卓越したドクター・ハンスとクラブの関係についてもよく考えなければならなかった。彼のミュンヘン市内にあるクリニックは世界中の優れたスポーツ選手がやって来る。ドクター・ハンスは物凄い技術を持っていて、触診だけでほとんどのケガの見立てをしてしまう。また、痛みのある場所へ、ホメオパシーの小さな注射を使うスペシャリストでもある。ウサイン・ボルトやマラソンのポーラ・ラドクリフ、スペイン人ゴルファーのホセ・マリア・オラサバルなども信頼を寄せ、「ヒーリングハンド」と呼んでいる。他にも、マイケル・ジョーダンやC・ロナウド、アンディ・マレー、ボリス・ベッカー、パバロッティやU2のリードボーカル・ボノなど多くの有名人がクライアントだ。

ペップは、ゼーベナー・シュトラーセの練習中に医師を置いてほしいと願っている。今は、理学療法士だけが対処している。ドクター・ハンスや助手の誰かが一日中トレーニングにつき合うのは、彼らにとって時間の無駄であり、ケガをした選手をクリニックまで連れていくことの方が妥当だと考えられている。すぐに診てくれるとはいえ、緊急時に選手を診てくれるのはクリニックであって、未だ練習場ではない。この件は、各自が完全な満足を得ないままシーズンを終えた。

リーグを獲るためのレシピ　2013年9月13日 ミュンヘンにて

「料理のレシピみたいだな」とペップは言った。

経験からこの結論に達したのだ。リーグのタイトルを失わないために、シーズン最初の2カ月の間に負ける。ライバルたちが勝ち点を稼ぐかもしれないが、そう大差にはならないはずだ。残り試合数が多いので、精神的なダメージも想定内。リーグ最初の8週間で首位との差が2、3ポイント、あるいは多くても4ポイントなら問題ない。直接対決でも十分に逆転できる範囲だ。

タイトルをかけて戦うという条件が、シーズンのラスト8試合で揃っていれば、チームの本当の実力を見せることができる。失敗は許されないという終盤のスピリッツは、タイトルを勝ち取るための最高のパフォーマンスをもたらす。これはセオリーでもある。

「今のところ、私たちはシーズン序盤にいる。ブンデスリーガは4試合しか終わっていないし、バイエルンは強敵ドルトムントに2ポイント差の2位だ。この2点差にプレッシャーは感じていない」と強気に語る。

「バイエルンと契約した時点で、ミュンヘンでの時間は大きなプレッシャーの連続になると覚悟していた。まだ4試合しか戦っていない。最も重要な時は今ではなく、5月にどうなっているかだ。冬のインターバルでも良いコンディションを作れると確信している。いい感触はある。4月か5月にはタイトルをかけて戦っているだろう」

メディアの前で冷静さを装っていたとはいえ、本当のところペップは勝ち点2差を心配していた。この2点のポイント差の中に、いくつもの問題がぼんやり見えてきたのだ。フライブルク戦での躓きや、フォルガス……。

フォルガス（Vollgas）は会長のウリ・ヘーネスが、バイエルンに期待するリズムを表現するためによく使う言葉だ。意味は全開。図らずも、ペップはフォルガスの不足に気づいていて、その挑戦を受け入れていた。「会長のウリはフォルガスで行かなければいけないと言っている。それは正しい。リーグ、CL、カップ戦を同時に戦うという1年で最も大事な時期に突入する。挑戦する準備はできている」

ペップは、ヘーネスをとても気に入っている。ヘーネスとの食事中、ロストブラート・ヴルスト（焼きソーセージ）を誰が一番たくさん食べるかを当てる競争をしながら、無邪気にはしゃいだりする。フットボール病のペップにとって、バイエルンの偉大なレジェンドたちが行き来するゼーベナー・シュトラーセほど、幸せを感じられる環境はない。ルンメニゲとコーヒーを飲み、ピッチではブライトナーとおしゃべりをして、紙面に載るベッケンバウアーのバイエルンへの意見の変遷をチェックする。爆撃機と呼ばれたゲルト・ミュラーと同じピッチを踏み、マティアス・ザマーと苦楽をともにする。これは、フットボールの誇大妄想癖のあるペップのような男には、この上なく贅沢なことなのだ。

そのペップが尊敬するウリ・ヘーネスとカール・ハインツ・ルンメニゲは、おのおの問題を抱えていた。ヘーネスは、後に刑務所行きとなる脱税問題。ルンメニゲはカタールで受け取った、幾つもの極めて高価な腕時計を然るべき時期に申告するのを怠っていた。後に、高額な罰金刑を科せられることとなった。しかし、いかなる理由でもこの2人に対して批判的になるペップを想像することはできない。ペップを認め、ペップと契約を交わした2人だから。それでも勿論、ペップの言葉は、闇雲に擁護することもなく政治的に正しい領域からははみ出さなかった。

「ウリはクラブのハートであり、魂だ。私にとって大事な拠り所でもある。バイエルンについて語る時の彼を見ていると、彼にとって最も重要なのがバイエルンだと気づく。ウリにとって、バイエルンはすべてなんだ」

この点について、ヨーロッパ全体でも顕著な成功をおさめているバイエルンの経営モデルという観点から、私の考えを述べさせてもらいたい。

クラブに負債はない。さまざまな手段で収入を得る道を持っている。その上、素晴らしい後援者たちによってサポートされている。いつも満杯のスタジアム。23万人のソシオ。年間収入は4億3000万ユーロ（約570億円）。20年前から黒字続きで、2013年のユニフォームの販売数は100万枚以上となった。好調な経営は勿論、スポーツの戦いの成績もとてつもなく良い結果を残している。このようにクラブ経営は議論の余地のないほど素晴らしい。この成功は、元フットボリスタのヘーネスとルンメニゲが、長期に渡って経営に携わってきたことに起因している。いや、この表現は正しくない。元フットボリスタのヘーネスとルンメニゲではなく、良い経営者のヘーネスとルンメニゲだからこそ成しえたことだった。

１９７９年、ヘーネスが膝の故障でプレーヤーを引退した時、バイエルンは彼を広報の責任者に任命した。27歳だった。その日から35年に渡ってクラブ経営の経験を積み、クラブのすべての分野に精通してきた。確固たる持続可能なクラブ、スポーツマンシップにのっとり活気あるクラブ建設のための道を、35年間かけて探ってきたのだ。しかし、家族のようなスピリッツは失わないように努めた。そして、ルンメニゲはヘーネスの隣で近代的かつグローバルなビジョンを付け加えた。中でも、集団で大きな意思決定をすることと、個人の責任を明確にすることを連携させた功績は大きい。

ＦＷの得点効率に満足していなかった監督は、バイエルンのシーズン最初の５週間における攻撃の分析を指示した。そして、上がってきたデータは明白な事実を示していた。代表戦の中断期間前の７試合でチームは１６２回シュートを打っている。平均すると１試合に23回。その内、ゴールしたのは16点だけだった。確率は10パーセントしかない、しかもその確率は少しずつ下降している。バイエルンは敵のカウンターに対する守りは改善されているものの、シュートの効率は悪化している。直近の２試合で、５パーセントにまで落ちていた。

９月13日、トレーニングが始まる30分前、ペップは代表チームから戻ってきたばかりの選手たちにこのデータを見せた。しかしそれは決して、シュートの正確さや失敗しないことを要求するためではない。失敗したい選手など１人もいない。そんな要求は厚かましすぎる。ただ敵のカウンターにつながる、いかなる根も断ち切ることを執拗に注文したのだった。

ヘーネスがよく使うフォルガス、そのフォルガスでプレーできないチームに向かって、ザマーの爆弾がさく裂したのは、翌日のアリアンツ・アレーナで行われたハノーファー96との試合後であった。

ザマーの爆発　2013年9月15日 ミュンヘンにて

プラハでの欧州スーパーカップの後、バイエルンの最高責任者であるヘーネスのリアクションにペップは驚いていた。わざわざメディアの前に現れ、粋な切り返しで、ペップを擁護したのだ。

「モウリーニョの言っていることは、見当違いだ。多分、他の試合でも見ていたんじゃないかな？」

チェルシーの監督は試合後、次のように述べていた。

「ペップとの試合では、いつも私の選手が1人足りなくなる。ペップは、UEFAとの間で何か約束ごとをしているに違いない」

ゲッツェへのタックルで2枚目のイエローをもらったラミレスが退場になったことを、モウリーニョは嘆いている。ゲッツェは足首に重傷を負った。本当なら一発レッドカードでもいいような危険なタックルだった。上司が擁護してくれることに、ペップは慣れていない。バルサでは不測の事態に対して、すべて1人で立ち向かわねばならなかった。トップチームのためだけではなく、クラブ全体への深刻な攻撃に対してもだ。ゆえに、驚きを隠せなかったのである。

あれは2011年4月、バルサとレアル・マドリーのクラシコ4連戦（国内リーグ、国王杯決勝、CL2戦）の真っただ中のこと。過度の緊張状態の中で、ペップはあらゆることを1人で取り仕切らなければならない状況にあった。バルサの多くの選手たちも、マドリーの何人かの選手たちのスポーツマンシップの欠如に我慢していた。敵は興奮のあまり、バルサの選手にケガを負わせるほどアグレッシブだったのだ。

C・ロナウドのゴールのおかげでマドリーが国王杯を手にした後、バルサの監督はライバルに祝福のコメントを残した。しかしバルサが、もう一歩のところで勝利を逃したということも付け加えた。ペドロのゴールが、審判の適切なオフサイドのジャッジで取り消されたことに関してもグアルディオラは発言している。

「副審はとてもいい視力を持っている。2センチの違いで、私たちのペドロのゴールを取り消したんだからね」

CLのセミファイナルファーストレグ前日、ペップと選手たちはユーロスター・マドリード・タワーホテルの貸切レストランで朝食をとっていた。ちょうどその時、ペップの背後にあるテレビに翌日行われる戦いについてのモウリーニョによる記者会見の模様が映し出されたのである。レストランの話し声が消え、アシスタントコーチの1人は、ペップにテレビを見るよう注意を促した。

「私たち監督の中には、審判について何も言わないちっぽけなグループと、私が所属する審判の誤ったジャッジを批判する大きなグループの2つがあった。しかし、先日のペップの発言で新しいグループができあがった。それは、正しい審判のジャッジを批判するグループだ。しかし残念なことに、そのグループには、まだペップしか入っていないんだ。前代未聞のグループだよ」

選手たちは、モウリーニョに憤慨した。特にモウリーニョのあざ笑うかのような喋りのトーンに対して怒っていた。当人のペップはというと、振り向きもせずモウリーニョの言葉を聴き終えると、ただ「その日がきた」と一言つぶやくだけだった。

数カ月前のことだが、ペップは近しい人々に、こんなことを告げていた。

「モウリーニョのことはよく知っている。私を挑発しているんだ。しかし私は応じない。応えないし、彼の挑発に飛びつくつもりはない。ただし一度だけ、言おうと決めている。その日がいつかは自分で選ぶ」

モウリーニョは電動ドリルのように、いつも挑発してきた。シーズン中ずっとペップは沈黙を守ってきたのだ。しかし、ついにその時がきたようだ。

その日の夜、バルサの選手たちは、試合前の最終トレーニングを終えてベルナベウ・スタジアムを後にした。その後の記者会見で、ペップは激しい抗議をするだろうと、選手たちは予想していた。クラブの幹部もペップと一緒にモウリーニョに対して強い声明を出すといううわさも広まっていたのである。

帰り際ロッカールームから出てきた時、選手の1人がペップに近づいてきて、記者会見での幸運を祈ると、ウインクをしてきた。ところが同じようにペップに近づいてきたスポーツディレクターのアンドニ・スビサレッタの口からは驚くべき言葉が飛び出したのだ。

「挑発に応じるな、ペップ。いいかい、絶対に応じるんじゃない。低姿勢でいけ、低姿勢でだぞ」

ペップはこの時、クラブは今回も1人きりで重要な瞬間に立ち向かわせるのだ、と悟ったのであった。そして、クラブからのアドバイスを完全に捨てて、前に進むことに決めた。

「ミスター・モウリーニョは、私に対してとても親しげな言葉を使い、とても親しげな呼び方で私を呼ぶ。だから私も今回は、あなたのことを君と呼ばせてもらう。

明日の夜8時45分にピッチで私たちは対戦する。君はピッチの外では、いつも私に勝っている。この1年間ずっと、ピッチの外で君は勝ち続けてきた。これからもずっと、そうだろう。今回のCLも、ピッチ外の勝利は君にプレゼントする。だから家に持ち帰って、その勝利を喜ぶがいい。君はこのサンチャゴ・ベルナベウで最も有能な指導者で、世界のことを誰よりもよく知っている。そんな君と一瞬たりともピッチの外で競い合いたいとは思わない。ただ1つの願いは、私たちは4年間一緒に過ごしたことを思い出してほしい、ということだ。君は私をよく知っているし、私も君のことをよく知っている。それでも君は、4年間をともにした私よりもフロレンティーノ・ペレス（マドリー会長）の取り巻き連中の言いなりになるのなら、そうするがいい。

私は、レアル・マドリーのカップ戦のタイトルを祝福するよ。あのわずか数センチのオフサイドも適切なジャッジだった。あの副審は、本当に注意深くて優秀だ。

それから、もう1つ言わせてもらうと、ジョゼのチームとプレーする時やジョゼの試合をテレビで見る時、私は多くのことを学ぼうとする。しかし、ピッチの外で君から学ぶものは何もない！」

会見後、ホテルに到着した監督を選手たちはスタンディングオベーションで迎えた。ペップの言葉は、セミファイナル前の雰囲気に火をつけたのだ。ドーピング疑惑、審判の買収、いかさま、ファウルを受けた時に大げさなジェスチャーで痛がること、などなど云われなき非難や告発に対しても低姿勢のままで、チームを守ろうとしないクラブの幹部たちを横目に、グアルディオラは最適のタイミングと場所で初めてはっきり抗議したのだった。

一方、ここミュンヘンでは、はっきりものを言うのが習慣のようだ。

ベッケンバウアーやヘーネスのような人物は、監督や自分たちの選手を批判する時に感情を抑制しない。スペインだったら大ごとになるが、バイエルンの人にとっては1つの表現手段に過ぎず、誰も驚かないのだ。例えばハーフタイム、バイエルンの公式スタジアムアナウンサーのシュテファン・レーマンが、ブライトナーにバイエルンが得たＰＫのジャッジについて質問した時のこと。ブライトナーはこう答えた。

「あれはＰＫじゃなかったね。私たちにプレゼントしてくれたんだよ」

実に、さらっとしたものだった。２９１３年8月24日の、対ニュルンベルクのバイエルンダービーでのことだった。それでもミュンヘンでは、この無礼だと思う者は誰もいない。グアルディオラは、この新たな文化に徐々に慣れていく最中だ。

ザマーのハリケーンが爆発したのは、9月15日、対ハノーファー96との試合終了後のことである。バイエルンの前半は、遅くて、無意味で、単調という3週間前のニュルンベルク戦と似たような内容だった。ペップは今回もハーフタイムに、選手たちの目を覚ますために檄を飛ばさねばならなかった。すると、後半に入るとスピーディーで動きのある内容に変わった。結局、スコアも前回と同様の2－0。バイエルンがしっかり勝ち点3をゲットしていた。

しかし、監督は選手たちのプレーに不快だった。いつも代表戦の直後の試合は、ペップの頭を悩ませる。約2週間の間に選手たちは他のタイプのトレーニングと他のプレーのやり方に慣れてしまって、戻ってくるといつも混乱している。それでもペップは、試合後の記者会見では冷静かつ慎重だった。「代表として過ごした後、選手たちのリズムは他のものになっているが、コンディションはCLデビューに向けて良好だ」。

選手たちの気力のなさには、一切触れなかった。

多分、バイエルンに来てから初めてのことだ。ペップがこんなにも打ちひしがれて、イライラしたのは……。

中盤でのミュラーのプレーが原因ではない。止むを得ないとはいえ、FWのミュラーを中盤で使えば彼の弱点が露わになることは目に見えていた。しかし、そのことを選手たちが理解してくれないことと、チーム全体を機能させる形が見つけられないことに打ちひしがれていたのだ。

そんな中、マティアス・ザマーの爆弾が破裂してメディアに以下のことを語った。

「このチームは、昨シーズン勝ち取ったタイトルのことを忘れてしまったようだ。居眠りしながら感動もなくサッカーしている。暇つぶしにプレーしているようなものだ。コンフォートゾーン（ぬるま湯）から抜け出そうとしない。なぜ私が、わざわざこんなことを言わなければならないのか？　それは毎試合、毎試合、私たちの目を覚ますために監督が檄を飛ばすなんて、とんでもないことだからだ。私たちは、ただ監督の後ろに隠れているに過ぎない！」

ザマーの怒りは､雷鳴のように鳴り響いた。しかし､言うことは的を射ている｡前シーズン､すべてを勝ち取ったチームには避けられない問題なのかもしれない。無意識のうちに、過大な自負心と無敵であるかのような印象が自分たちの中に積み上げられてしまった。また選手たちはペップに満足し、チェルシーに奇跡的に勝った15日前のプラハの時のように、どんな障害も乗り越えられる能力が自分たちにはあると感じていた。この得意げな満足感が、試合の時、選手たちをコンフォートゾーンの檻に入れてしまう。トレーニングよりも、ずっと少ないエネルギーと情熱で、選手たちは試合に臨んでいたのだ。

ペップとザマーの共存は難しいという予想もあったが、この時期2人の関係はエクセレントだった。素晴らしい連携を築きながら、互いを理解し合っていた。ザマーは選手時代から、中心となってチームを操ってきた洞察力の持ち主で、試合中のゆるみのサインを感じ取ることができる。よってペップにスイッチオンの許可をとることなく爆弾を破裂させたのだった。ペップはスポーツディレクターの強引な行動に驚いていた。しかし、また感謝もしている。このザマーの発言がクラブ内外で問題になった時、ペップはきっぱりとザマーの側についたのだった。

予想通り、ミュンヘンの習慣にならってザマーの発言への反駁《はんばく》の声があがった。ヘーネスがビルド紙で平然と意見を述べる。

「2－0で勝ったのに、どうして、まるで4、5試合負けたかのような謝罪をしなければならないのか？　本来はライバルのドルトムントと一緒に笑わなきゃならない」

キッカー紙の記者は、こうである。

「ザマーが傷口を手当てしたかったのは理解できる。しかし、傷なんてどこにもない」

ルンメニゲもインタビューに応じた。

「メディアにはいいネタかもしれないが、チームにも監督にも必要なことではない」

もちろん、ベッケンバウアーやローター・マテウス、選手たちの意見も飛び交っていた。クロースとノイアーは公式に批判を受け入れ、ハノーファー戦は確かに良くなかったと自覚し、「ザマーの言葉は良い注意喚起になった」と語った。キャプテンのラームは反対に、「批判はロッカールームの中だけにして、外には出してほしくない」と注文した。

2日後、CL開幕の前にペップはこの爆発について再び私に語ってくれた。

「これは文化によるもので、ザマーの意見には驚いていない。彼は私のように、とても感情が豊かなんだ。ドイツはバルセロナとは違って、このタイプのリアクションは普通で、私はそれを受け入れるだけ。もしこんなことがスペインで起きたら大問題になるけどね。しかし、ここでは一般的なことなんだ」

確かに、ヘーネスとルンメニゲがこのことを特別視することはない。ペップは力強くザマーへの気持ちを語った。

「ザマーは私たちの仲間なんだ！」

9月15日、ハノーファー戦から18時間後。ペップは昨日に引き続き悩んでいた。元気もなかった。しかし午前の練習ではそれを隠して、できる限りのことをした。さらに、いつものように独特のジェスチャーで、選手たちに話をしている。

「マンジュキッチを例に挙げて話をしたい。私と彼は、良い出会い方をしなかった。初めて会った日には、友だちにはなれそうもないと感じたし、私たちの間にいい雰囲気はなかった。しかし、君たちに言うよ。彼ほど良い選手はいないし、彼はど努力する選手もいない。試合中、ピッチのあらゆるところに姿を現して、試合後にあれほど疲れ果てる選手はいない。マリオは最高の選手なんだ。最もチームの犠牲になっている。私の監督のキャリアの中で、彼ほどのセンターフォワードを持ったことはない。だから、このチームはマリオと10人でプレーする」

この時はまだ、ペップの深い悩みから素晴らしいアイデアが生まれるとは考えてもいなかった。

クリック　2013年9月15日 ミュンヘンにて

ミュンヘンの中心部にある、ペップが住むマンション。その廊下の突き当たりが、知る人ぞ知るあの『洞窟』の1つだ。ペップの2人の子どもは、遊ぶのを止めて父が働いている小部屋まで走って来た。洞窟と呼ばれるペップの仕事部屋。ここにあるのは第2の洞窟で、主たる仕事部屋の第1の洞窟はゼーベナー・シュトラーセにある。机、椅子、そしてノートパソコンがあるだけのシンプルなスペースだ。

9月15日。ペップは打ちひしがれていた。勝ち点は得たが、昨日の試合にひどくがっかりしていたのだ。8月終わりの欧州スーパーカップも勝ち、リーグでもドルトムントに2ポイント差で2位につけている。これまで1カ月半前のドイツ・スーパーカップでしか敗北を喫していない。至って順調な滑り出しと言えるだろう。しかし、これらの結果は何の満足にもつながらなかった。

他のいかなる監督たちと同様、ペップもまた結果を得ることを生業にしている。しかし、心から楽しむことができるのは選手たちのプレーなのだ。記者会見では「結果とパフォーマンスに満足している」と発言したが、内心は失望している。試合後のプレーヤーラウンジでの夕食会でも、楽しそうに振る舞ってはいたが、心の中では「選手に私のメッセージが届いていない」「選手の才能を目いっぱい引き出してプレーさせることができていない」と悩んでいた。

午前の練習の後には、日課になっているピッチ上でのアシスタントコーチたちとの会話もせず、さっさと家に帰ってしまった。そして昼食もそこそこに、『洞窟』へ引きこもった。ただ、妻に一言断わることだけは辛うじて忘れなかった。

「クリスティーナごめん。作業があるんだ」

クリスティーナは、もう何年もペップと一緒に生活している。いちいち詳しい説明など必要ない。こんな風に無口で物思いにふけっているのは、他の誰のせいでもないペップ自身のせいということを妻は知っている。

選手たちの低いパフォーマンスが原因ではない。具体的には、ペップ自身が選手たちの潜在能力を引き出せないことにある。それは、ペップの言葉や練習が適切でないことにあり、選手たちを適切な配置に置けないことにある。また、選手たちの資質を徹底的に引き出すための基本方針を作れないことにあるのだった。

ペップはカタルーニャ語で言うパレータの息子だ。父バランティーはカタルーニャ自治州のほぼ中心にあるマンレサにほど近いサンパドーという小さな町の左官職人（パレータ）である。父の教えは、いつも「男は他人のせいにしてはいけない、自分の行動に責任を持て」だった。

ペップは世界で最も尊敬される監督の1人で、最も大きなクラブの1つで指揮をとっている。同時に、自分のすべての行動に責任を持つ左官職人の息子であり続けている。他人のせいにすることはない。もしバイエルンが機能していないのなら、それは自分の責任だ。

6時間もの間、ずっとハノーファー戦の試合の映像を見直してメモをとる。ノートに図を書いたり消したりを繰り返して、紙の上でアイデアを構築し続ける。まるで、地道な職人のように。そんな時間を過ごしている時だった。洞窟の奥からペップの声が聞こえてきた。

「マリア、マリウス、こっちに来い。早く早く！　見つけたぞ！」

解決策を見つけた瞬間だった。

ペップの「見つけた！」はアルキメデスが叫んだ「Eureka!（ユーリカ！）」とは違う。教室で生徒が先生に手を挙げる時のような調子といったところだ。ただし、まだ先生への説明が残っている。マリアとマリウスがペップの先生役だ。日ごろ子どもたちには、試合の詳細を懇切丁寧に語って聞かせている。そして彼らは、その話に夢中になる。2人とも戦術の熱烈な愛好家であり、これに関しては、父に対して微塵の同情も持ちあわせていない。もしアイデアを2人に説明して納得してもらえなければ、そのアイデアは素っ気なく直ちに不合格となる。さあ、今回のペップの「見つけたぞ！」はいかに。この日の夜、子どもたちは父の必死な仕事を承認した。無事、試験に合格したのだ。

翌日の朝8時、監督はすでにゼーベナー・シュトラーセの仕事部屋（第1洞窟）にアスティアルタとともに出勤していた。机の上は紙でいっぱい、ノートパソコンにはハノーファーとの試合が映し出され、2つのホワイトボードにはいくつもの戦術図が描かれている。アスティアルタはこの朝のことを、後に目を細めながらこう語った。

「ペップとともに過ごし、感動したトップ10の瞬間の1つだったんだ。忘れられないよ」

グアルディオラは、誰もが一目でわかるほど高揚していた。土曜日、チームの問題の解決策が見えず、何もできないことへの落胆が、月曜日の朝には歓喜に変わった。子どもたちからのお墨付きをもらい、アスティアルタに説明したアイデアは、だいたい、次のようなものだった。

「ラームをメディオセントロで固定する。この決定は、動かさない。ラームが敵を分断してアグッレシブに攻撃に出られるために、その両隣にボアテングとダンテを置く。バスティー（シュバインシュタイガー）とクロースを攻撃的なインテリオールとしてラームの前に配置。ここからが新しい戦術的な変化だ。ラフィーニャとアラバを、サイドバックだけれども中盤に置く。この2人は、サイドではロッベンとリベリーの代わりとして動くが、重要なのは中での動きだ。もしアラバとラフィーニャがボールを持ったら、そこから縦に速い攻撃を仕掛ける。たとえボールを失っても、全員がセンター近くの高い位置に居るので、ボールの奪還は容易だ」

攻撃時の並びは3－4－2－1。3人のラインはセンターバック2人とラーム。ビルドアップの始まりを組み立てるために、ラームを2人のセンターバックの間にはめ込む。キャプテンのラームは、今の時点ではバイエルンで最も良いメディオセントロだ。後ろからボールをつなぐことも、敵を分断することも、各瞬間での必要な動き方も知っている。さらに勇敢にボールを奪うのも、右に出る者はいない。4人のラインは、絡みながら動く2人の攻撃的なインテリオールと2人のサイドバックだ。そして、この4人のラインは、ボールを失った時のブレーキとしても機能する。

この形でアラバが役割を演じるのは難しくない。カギとなるのは、ラフィーニャだ。もしこのブラジル人が役割をこなし、このゾーンを征服できたら、ペップのアイデアは機能する。続いて2人のラインは、中でも外でも自由に動けるリベリーとロッベン。彼らが中でプレーする時は、アラバとラフィーニャは外でプレーしなければならない。そして最前列は1人のＦＷ。基本はマンジュキッチ、しかし、中盤でのプレーを課すことを諦めたミュラーもいる。

9月16日、ＣＬ初戦の2日前。ペップはミーティングをするため、選手たちをゼーベナー・シュトラーセの映画館のような広さの映像室に集めた。まずペップがしたことは、全選手を立ち上がらせてテラスに出るように指示。第1ピッチの中央部分に描かれたペナルティエリアと、ゴールラインの縦のラインを伸ばした4本の長いラインによってできたスペースを見せた。このスペースに関しては後の章で詳しく語ってゆくが、ペップは、ピッチを見下ろしながら、こんなことを言った。

「この4本のラインの内側が、私たちのプレーで最も重要な場所だ。他は重要ではない」

まさにペップの宣言ともいうようなものだった。

テラスから室内に戻って、Uの字パスの映像を見せた。それは、これまでのバイエルンの試合から抽出された不毛なパス交換が繰り返されているシーンである。ボールをサイドからサイドにUの字の形に循環させる、毒にも薬にもならないやり方だ。リベリーからアラバ、そしてダンテへ。さらにダンテからボアテング、そしてラフィーニャへ、最後にロッベンと大文字のUの字を描くようにボールが動く。ときどき、これにノイアーとラームが加わるが、ボールはサイドからサイドへ、足から足へ、本質から外れて循環する。ひたすら地球の周りを動き続ける人工衛星のようであり、塩っ気のまったくないシチューのようだ。バイエルンの選手たちは、いかなる瞬間も敵のラインを破ろうとしないから、敵は何の努力もしないで守ることができる。ペップは、映像に見入る選手たちに向かって言った。

「セニョーレス、君たちが今見ているものこそクソッタレのティキタカだ。このタイプのポゼッションは、私たちに何の利益ももたらさない。100パーセント、くずだ。パスのためのパスだ。私たちに必要なのは、高い位置まで前進するためにメディオセントロとDFたちがアグレッシブに飛び出して、敵のラインを壊すことなんだ。このUの字は終わりにしようぜ」

こうしてフレキシブルな3－4－2－1を設置、特筆すべきはサイドバックを攻撃的なMFと同じ高さに置いたこと。ペップは、ファルソラテラル（偽りのサイドバック）のチームを確立した。これは疑いなくバイエルンでの最初のシーズンにおける基本的な戦術になるだろう。また、意味のないパス回しのティキタカに対して全面戦争を宣言したのだった。

翌日、モスクワでの対戦相手CSKAモスクワが、最初の犠牲となった。ペップは、511日ぶりのCLアンセムを聞いて幸福感を味わい、試合にも満足した。3－0で勝てたからだけではなく、チームのプレーがアグレッシブであり、攻撃の意図を持って流れるようだったからだ。不毛なUの字は、どこにも存在しない。ラームは再びメディオセントロのポジションでプレーし、ラフィーニャとアラバは新しい役割を見事にこなし、ミュラーはマンジュキッチの後ろのセカンドフォワードを愉しんだ。おまけにチームは、クロースと交代したシュバインシュタイガーのケガの様子をテストすることもできた。2点目には、前日のトレーニングで練習した作戦が当たった。サイドでのFKで、まずリベリーとロッベンがどちらが蹴るかで小競り合いをしているると見せかける。そして突然、2人とも後ろに下がったかと思いきやロッベンがエリアにクロスを上げて、オフサイドの位置にいたマンジュキッチが難なくヘディングで押し込んだ。なぜならキックと同時にCSKAのディフェンスラインの1人がうっかり後退してしまったのだ。CSKAのDFは慌てるだけで、何もできなかった。作戦の成功で、ドゥメナックとヘルマンはペップと溢れんばかりの抱擁をした。コーチングスタッフにとって準備したことがゴールになるのは大変喜ばしい。

この試合、ペップにとってはイメージ通りのプレーができ始めたと言っていい。ハーフタイムでダイナミズムを変化させるために檄を飛ばす必要もなく、2人のサイドバックは完璧に監督の望むところを理解していた。そして、1つ付け加えることは、この6年間CLの優勝チームは、翌年のCL初戦で1勝もできなかったという記録が、塗り替えられたことだ（ACミランが2007年にベンフィカを2－1で破って以来）。ロナルド・レングの著書、若くして亡くなったGKロベルト・エンケについての回顧録『あまりにも短すぎる人生』の中にも、この試合の回想が綴られている。

「彼らは最高のプレーをした。とても速いスピードで流れるように……。まるでCSKAが3部リーグのチームのようだった。２００９年のバルサを思い出した。しかし、バイエルンの伝統的なカウンターは健在。ボールを失った後のスペースを閉じるプレッシャーも素晴らしかった。その試合以降、ドイツのチームでは見たこともないような試合が始まったのだ」

チームのアイデアが、より鮮明に表れたのは国内リーグのゲルゼンキルヒェンでの戦いだった。シャルケ04のスタジアムがアウェーチームのプレーに沸騰した。バイエルンがボールを持つと3－4－2－1の並びになり、ボールを持っていない時は4－3－3になる。3－4－2－1になるや否やサイドバックは中盤のインテリオールのようにプレーした。これによって、チームはより流動性を備え、リベリーとロッベンの攻撃陣はより自由を与えられ、外でも中でもシャルケを切り裂く鋭いナイフに変化する。主に右サイドでロッベンがプレーし、ラフィーニャは中にとどまって攻撃に参加する。左サイドではリベリーとアラバがポジションを瞬時に交換する。

つい1週間前には、打ちひしがれ落胆していたペップ。素晴らしい素材は揃っているのに調理の仕方がわからなかったのが、その6日後には強弱法のクレッシェンドのようにだんだんと点差が広がる試合運びで3連勝を飾っていた（ハノーファー、2－0。CSKA、3－0。シャルケ、4－0）。最も重要なことは、チームが求めていたコレクティブなハーモニーのプレーが獲得できたこと。サイドバックを中盤に据えるアイデアが、実を結び始めた。

2時間前、遠く離れたニュルンベルクではドルトムントが引き分けていた。リーグ開幕6試合目で2つのチームが勝ち点16ポイントでトップに並んだ。この時ふと、ペップの言葉が頭に浮かんだ。「リーグは最初の8試合で負ける」とはよく言ったものだ。

宝の地図　2013年9月18日 ミュンヘンにて

グアルディオラの頭の中には、宝の地図がしまってある。次々と湧き起こる未知なる問題を解決していけばいくほど、点と点が結びついて道が伸びていく。そんな神秘と謎に満ちた秘密の地図なのだ。

この地図には、あらゆる問いとそれに対するほとんどの答えが詰まっている。多くはピッチの上で発せられるが、記者会見などで公表される答えもある。またフリーズした答えもあり、それらは使われる瞬間を待っている。ペップは、機を捉える能力に長けている。これは、監督の学校では教えてはもらえない。時期を探し当てるための、ある種の才能を持っているのだ。地図の中には未だに解けないでいる問いもあるが、決して急がない。その時がきたら、答えは生まれると信じているからだ。

特定のサイクル（3カ月またはワンシーズン）に沿って、ペップは自分のプレー哲学に基づいた戦術的な一連の動きを決定する。バルサでの1年目の戦術は、3年目の戦術とほとんど違う。バイエルンでも1年目と3年目の戦術はまったく違うものになるだろう。

サイクルごとに戦術の「ビジネスプラン」を描き、パソコンや紙面には残さず、頭の中にイメージとして描く。貴重な財産としてハインケスが残した優れたハードウェアの本体には触れずに、自分にできることは、ただ新しいソフトを導入することだと自覚している。しかし、その新しいアイデアが、一気に一定量を超えてしまったら、何人かの選手やチームを麻痺させてしまうリスクがある。なので特定の時期がくるまでは、アイデアを1つの具体的な道標として示しておく。その道標は言葉で簡単に説明できるものではなく、他のチームや監督に当てはめられるものでもない。ペップのフットボールのやり方はペップの中だけにあり、ペップの一部なのだ。

実際に、選手たちに全部を理解してほしいとは、願っていない。ごくわずかな理解力しか持っていない選手もいれば、複雑な説明を吸収する選手もいる。短くて部分的なメッセージの方が伝わるのは誰か、全体像をすぐに理解する能力を持っているのは誰か、はっきりと見分ける必要がある。指導する選手によって異なった言い回しを使わなければならないということだ。

「監督の戦術を選手に届けるためのメッセージとは？」

この問いは、昔から議論されてきた。そして、今もなお議論され続けているモノの１つだ。ある時は、深く洗練されたメッセージ、ある時は素朴なメッセージ。各メッセージを伝える方法、内容、量、時期をそれぞれの選手に的確に命中させるのは、監督の仕事に不可欠である。また、選手たちに〝タクティクス－テクニック〟を実行させるためには、メッセージの適切さが必要なのだ。

グアルディオラは、この側面に関してアイデア過剰という問題を抱えている。宝の地図を、頭の中で描くのはとてもうまい。彼のビジネスプラン、特定の期間に沿ってコレクティブな戦術と個人戦術の側面を適応させて決定することにも長けている。また3カ月間、あるいはワンシーズンでどこまでいけるのか、という成熟度を計ったり、次のサイクルに後回しすべきモノが何かわかる特別な慧眼を持っている。ペップのバルサでの4年間を見直してみると、チームが毎年進化していたのは疑いない。もし5年目以降があっても、やはり進化し続けていただろう。今のバイエルンのチーム作りに関して、バルサの時と違うのは、記者が質問するとより慎重な返答をすることだ。つまり戦術的な動きに関して、短期的なことしか説明しない。今シーズンはこれとこれをやる、とペップは答える。しかし、翌シーズンのことに関して説明を求めると、黙ってしまう。自分の中ではすでにアイデアがあるというのにだ。

それは、明快なアイデアであるにもかかわらず、まだ選手に伝えるのが困難だからである。ドイツ語の問題ではない。フットボールの〝イデオマ〟の問題でもない。それは、ソフトウェアのアイデアの過剰が問題なのだ。ときどき、グアルディオラは誰もついてこられないような非常に緻密で深いことを特定の選手に言いたくなる。こういう時は、選手が問題に気づくまで時間をかける。とても簡単な短い言葉にして、うるさく、しつこく繰り返すのだ。

例えば、もしフランク・リベリーに対するメッセージを精緻《せいち》なものにしたら、彼の選手としての進化は困難になる。グアルディオラは、リベリーとの会話の的確な方法を探すのに何カ月も時間をかけている。最初のトレーニングの時、ゾーン中央のファルソ9の話をした。もしリベリーが慣れているサイドではなく、センターでプレーすることができたら、敵にとって倍以上の危険な存在になると確信しているのだ。

当たり前のことだが、サイドラインのないセンターでは、広大なプレーエリアとシュートするためのより広いスペースを持てる。フランス人はセンターで、より才能を際立たせることができると信じている。しかし、リベリーに戦術的な動きを理解させて熟成させるまでには時間が必要だ。時が来るまでペップは、このアイデアを封印すると決めている。

反対の例がフィリップ・ラームだ。監督が自分の好きようにメッセージを伝えられる。とても複雑なフットボールの話ができるのだ。トレーニングがある日、ペップとラームは必ず終わってから15分ほど、戦術的な話や細かいアクションについて議論する。

そのような話をする時のペップは、自制できず、お決まりの儀式のように止まらない。瞬間瞬間に各選手がとるべきポジション、誰がどこをカバーするのか、メディオセントロはどこへ向かって行くべきか、センターバックはどのようにプレッシャーをかけに飛び出すのか、人数の少ないサイドの状況をどう解釈してアクションするのか……ｅｔｃ。止まらない話の筋道を失わないように、聞く者は高い集中力が要求される。私は、このような話に参加する度に途中で迷子になってしまい、最後までついて行くことができない。しかし、ラームはそれをいとも簡単にやってのけるのだ。

これまで述べてきたペップのいくつものアイデアと、そのアイデアを実行する行程、伝達、コンセプトの理解を整理すると、これらすべてが監督の提案するプレーの方向だと定義することができる。グアルディオラは、各選手のプレーの到達点とコレクティブなプレーの到達点の明瞭な道筋を持っていて、そこに到達したいと考えている。

まず選手に何を要求し、その要求に対する選手の応えに何を期待できるか？　いつ、どのタイミングでそれらのアイデアを展開して、どのように実践に移すのか？　戦術や戦略という視点では、シーズン中のピッチ上のすべてを頭の中に描くことができる。しかし、この複雑で広大なプランを伝達するためのメッセージを各選手に適切な量で差し出すことができない時、ペップは困難に出くわす。だが、たとえ正しい説明を見つけるための時間が多くかかろうとも、正確に修正しようとするのがペップである。

彼の長所は宝の地図のプランの豊かさにある。短所は、各選手が吸収できるソフトウェアの量を最適化するのが苦手なところだ。

最も重要なラフィーニャ　２０１３年９月25日ミュンヘンにて

理想的なサイドバックは、２人のインテリオールと同じ高さに配置し、４人で１つのラインを形成する。これはバリエーションは異なるが、バルサですでにやっていたことだ。バイエルンに到着した直後のイタリア・

トレンティーノの合宿でも、サイドバックの配置に関しては、頻繁に言及していた。記者会見でも、その機能について短い言葉で語っている。

「疑いなく、アラバはセントロカンピスタ（中盤の選手）としてプレーできる」

この発言の意味は、セントロカンピスタとしてのアラバを考えていたのではなく、中盤でもプレーするサイドバックのアラバを考えていたのだ。どのようにこのアイデアは生まれたのか？　それは、かなり前からすでにペップのプレーカタログの中にあった。適切な瞬間がくるまで眠らせていたのである。

グアルディオラのチームの進化のプロセスは、まず問題点を分析するところから始まる。この頃のバイエルンは、リベリーからサイドバックへ、そしてセンターバックを通ってロッベンまでの、チームに何の利益ももたらさないUの字のパスを循環させていた。ボールを持っていたが、そのボールを使ってなかなか仕掛けず、敵のラインを壊そうともしていなかった。深いところを突くパスもなかった。その問題解決のために試行錯誤していた時、バルサでの4シーズン目を思い出したのだった。

「バルサは毎年、新たに設置した戦術的な動きを身につけながら進化し続けていた。しかし、2011年のクラブワールドカップ決勝（ネイマールがいたサントスに4－0で勝った）の後から、同じ選手たちで進歩し続ける道を探るのは困難だと思ったんだ。なぜなら、これ以上ないというくらい良いプレーをしたのちに、次のステップへ行ける気がしなかったから」

この時、チームを進化させるために浮かんだ1つのアイデアが、左のサイドバックに関する戦術の変更だった（右サイドバックには触れなかった。なぜなら、戦術の理解力に乏しいアウベスがそのポジションにいたため、新たな戦術の変更を加えるのは不可能だったからだ）。ペップはこの変化について、7月のトレンティーノで私たちにこう説明している。

「あの時、バルサでイメージした戦術変更の目的は、ワンピボーテとともに、左サイドバックをドブレピボーテとして敵の攻撃の通路を閉じるために使うところにあった。攻撃を組み立てながら、私たちのチームはワンピボーテの高さまで左サイドバックを上げることができた。しかし、そこから先はボールがワンピボーテよりも前にパスされるまで、左サイドバックはワンピボーテを追い越さないようにする。そして、必要とあらば左サイドから絞って、ピボーテの高さを超えずドブレピボーテの１人となるんだ。左サイドバックをワンピボーテとともにドブレピボーテとして中に入れるアイデアは、私の中でリザーブしてあったんだ」

そして、９月15日、Ｕの字パスに悩み打ちひしがれていたペップが、解決策を見出すために復活させたのが、このアイデアの発展形だった。紙に何度も何度も書いてイメージを膨らませながら、適切だと思われるフォーメーションに辿りついた。メディオセントロとともにラインを形成するのではなく、もっと前に出てインテリオールとともに４人でラインを敷くというものだ。こうして新たな形が生まれ、実行のクリックが押された。

ブンデスリーガでの対戦から10日後、再びカップ戦でハノーファー96と当たった。ペップは一発勝負の戦いを喜んだ。試合前に、このトーナメントについて語っている。

「このドイツのシステムが、スペインよりも好きだ。なぜなら、各試合がすべてファイナルみたいなものだから。すごくリスキーだけど、この方が魅力的だ。選手にとってもプラスになる。試合の数が少なくなる分、量より質で挑まねばならないからね」

一方、ハノーファーの監督ミルコ・スロムカ（クリスマスにタイフン・コルクト監督と交代）は、カウンターについてコメントしている。

「ドイツのいかなるチームも11秒以内で完璧なカウンターを組み立てることができる」という内容。だが、これはペップとは、少々、認識が違うようだ。

「私は、ミルコ・スロムカが言う11秒より、もっと速いと思う。このリーグはカウンターアタックが桁外れに優れている。『カウンターリーグ』と言っていいだろう。スペインにもカウンターの優れたチームはあったが、ドイツとは比べ物にならない。こんなに速くて効果的なカウンターをするチームの多いリーグは、他に見当たらないよ」

結局、バイエルンはハノーファーに4－1で勝利した。しかし、相変わらず不安定な内容だった。早い時間に得点を決めて、敵のいかなるカウンターのオプションに対しても、アグレッシブに対応したまでは良かったが、2－0になるとリラックスしてしまい、アウェーチームにまさかの失点を許してしまったのだ。

また、バイエルンは眠りに落ち、ハーフタイムにペップの雷が落ちることになる……すると後半は、いつものようなリアクションで、2点を追加してベスト8にコマを進めたのだった。いずれにしても、何とも言い難い戦いだったことは否めない。試合を振り返り、ペップはこう説明している。

「前半、私たちは初歩的なミスに陥った。攻撃時にすべてのパスが中へ中へと向かったため、ボールをとられた時『パーン！』とカウンターを仕掛けられてしまった。後半では、それを修正した」

バイエルンの監督就任100日目を達成した時、ペップはそれまでを総括して語っている。

「満足しているよ。私のドイツ語はうまくないけれど、選手たちが助けてくれる。未だに選手たちにわかりやすい良い説明はできないが、トレーニングの彼らの振る舞いは素晴らしい。選手たちのディテールを見ると、チームは良いプレーができると思わせてくれる。そんな時、私は本当に幸せを感じるよ」

アリアンツ・アレーナのロッカールーム前の廊下で、チームの絶対的なピースとなったラームとピッチ中央でのプレーもこなすサイドバックのラフィーニャと話をした。ラフィーニャは冗談交じりに、自分のことをカンテラーノと名付けて呼ぶ。

「グアルディオラは、頑固なまでのカンテラ（下部組織）支持者だってことは、みんなが知っているからね。ペップはドイツ語の説明が非常にうまい。でも難しい時は、ピサーロと俺が通訳としてここに居る。だから問題ないよ」と笑いながら冗談を飛ばした。ラフィーニャの存在は、チームにとって最重要なラームをメディオセントロとして使い続けることを可能にした。そして、ラフィーニャは今の状況を心から喜んでいる。

「これこそ、人生における幸せなんだ。昨シーズンは11人の選手たちが50試合に出場していた。いつも決まったスタメンで。残りの選手たちは、せいぜい15試合か20試合ぐらいしか試合に出られなかったと思うよ。でも、今は違う。みんなが試合に出ているのだから、みんな満足しているのは当たり前のことだ。変化は必要。ハインケスは素晴らしかったし、私たちに良いプレーをさせてくれた。しかしライバルたちは、もう私たちのことを研究し尽くしている。それで今、私たちは去年とは違うプレーをしている。これは非常に良いことだと思う。サイドバックの新たな役割はとても重要だよ。私たちは、コンスタントに攻撃するためにサイドと中、すべてのゾーンで動くことが許されているからね」

コーチングスタッフの1人が言った。

「ラフィーニャは、今チームで最も重要な選手だ。もしケガでもしたら、私たちの発明のすべてが崩れてしまう」

グアルディオラは常々、メディオセントロとしてのフィリップ・ラームのパフォーマンスを称賛している。

「彼はこのポジションで、信じられないくらい良いプレーをする。すべての選手がケガから復活したらフィリップはサイドバックに戻ることができるが、最終的にはメディオセントロで落ち着くだろう。ラームは規格外のインテリジェンスを持っている。瞬時にすべて理解する。頭の回転が速く、常に先を見ている。イニエスタと同じレベルのフットボリスタで、間違いなくこのポジションのスーパープレーヤーだよ」

翌日、シャットアウトのトレーニングでは、ラームの優れた能力を見越してさらにいくつかのディテールを付け加えて要求した。ラームの他にも、ペップがコンスタントに話をする選手がいる。バスティアン・シュバインシュタイガーだ。彼がペップについて語ってくれた。

「ペップはとても頭が良くて、彼とトレーニングするのは非常に興味深い。学ぶことが多いので豊かになれるんだ。言葉の問題？　ドイツ語は外国人にとって、とても難しい言語だ。だから、ペップが前もって勉強していたことは評価に値するね。1対1で顔を突き合わせて話す時はパーフェクト。しかしグループに対して話す時は、正確だけど少し大変そうだね」

ペップは、このミュンヘンに住み始めてからの3カ月間でとても変わった。バイエルンの公式マガジンのインタビューにも答え、テレビにも出演した。オクトーバーフェストにも喜んで駆けつけ、クラブのパートナーのビール会社の宣伝の主役を演じ、バイエルン地方の伝統的な衣装を着て公衆の前に現れた。バルセロナ時代のペップとは明らかに違う。1つにはクラブの雰囲気がそうさせているのと、もう1つはペップ自身が進化したということなのかもしれない。

今の目標は、オクトーバーフェストを問題なく通り抜けることだ。それは、国内リーグのドルトムント戦に向けて細心の注意を払いながら、リーグとCLの一試合一試合を確実に勝っていくこと。中盤のハビとゲッツェとチアゴがケガを患っているとはいえ、カップ戦も順調に勝ち進んでいる。セカンドコーチのドゥメナックが、声高らかに言い放った。

「ゲッツェは最高に良い選手だ。ペップは彼の復帰を熱望しているよ。技術的な表現力とアビリティがあるんだ。そして私たちが特に必要としているパウサ（小休止）を持っている選手だ。チアゴとゲッツェが一緒になったら、どんなに素晴らしいことか…！」

これほど期待しているドゥメナックさえも、実際、この2人がどれほどのものか、後に復活するまで想像すらできなかった。

94本パス　２０１３年10月2日 マンチェスターにて

エティハド・スタジアムでマンチェスター・シティを征服したバイエルンは、3分27秒間に及ぶ94本の連続したパスを披露した。ペップの表情はほころび、満足気だった。チームはモハメッド・アリのボクシングスタイルではないが、蝶のように華麗に舞い、スズメバチのようにとどめを刺した。２０１０年、モウリーニョ率いるマドリーをカンプノウで5－0と叩きのめした試合を誰もが想起したことだろう。

この94本パスは、ヨーロッパサッカーで特別な出来事として重きをなした。エクセレントな監督ペジェグリーニを擁して強化してきたチームは、ホーム連続負けなしでここまできていた。そんな不落の要塞にバイエルンは乗り込み、残り10分を除き、80分間素晴らし過ぎるほどの出来を見せた。ほぼ完璧な夜だったと言っても過言ではない。ペップがバルサの選手たちではない選手で、バルサのようなプレーができることを示した試合となった。しかし、ペップを含めバイエルンの仲間たちは、試合が終わると「バルサのニューバージョンではない」と直ちにコメントした。ロッベンは、ロッカールームを覆った選手たちの心理状態をこう語る。

「80分間はとても良いプレーをした。しかし、俺たちは新バルサじゃない。比較したがるのはわかるが、チャビやメッシもいないし、俺たちは彼らとは違う。自分たちがボールを持つことで試合を支配したいだけなんだ」

メディアの会見に出る前に、ペップはロッカールームから友人に電話する時間があり、人目も気にせず叫んでいた。

「この試合を見ただろ？　落ち着け、落ち着くんだ。すごい試合だったろ！」

一番落ち着いていなかったのはペップである。彼にとって、この素晴らしい瞬間は２００８年からホームで負けたことのないシティに３－１で勝ったからではない。監督が望むすべてのカギを使ったチームのプレーが、スペシャルだったからだ。すべてのカギ、すなわち『インテンシティの高い攻撃』『敵のエリアを常に求め続けること』『アグレッシブなボール保持にこだわる姿勢』『常に動き続け、流れ続けること』だ。ペップにとって、この試合は消すことのできない記憶となった。それは夢で見ていたバイエルンそのものだったからである。

しかし、メディアの前では、控えめな姿を装っている。

「改善すべき点がたくさんある」

確かにその通りだ。最後の10分間は完全にシティに支配されていたのだ。ネグレドのゴールによってバイエルンは小心者のフットボールへと変わり、ＧＫノイアーに向けて多くのシュートを許してしまった。その１つは運よくゴールバーに当たったが、ボアテングは退場に追いやられた。

試合前、バイエルンは不安を抱えたままマンチェスターに乗り込んできた。直近の国内リーグ、ホームでのヴォルフスブルク戦が非常に難しい試合だったからだ。１－０でなんとか勝ったものの、３カ月間で最も微妙な試合となった。後半の数分間を除いて、バイエルンは自分たちの流れの時間を攻撃の波へと変化させ、濃密なプレーをした。だが、ヴォルフスブルクに素晴らしい守備で抵抗されたのだ。ペップは、この障壁を乗り越える方策を見つけられず、バイエルンが放ったシュートはたった11回。ホームで苦々しい印象を残したのだった。

これを受けて、シティ戦ではミュラーをマンジュキッチの代わりにセンターフォワードとして使い、リベリーとロッベンの同伴者に選んだ。ラームは、すでにバイエルンのメディオセントロとして定着し、チームのピボーテ（軸）であり全員のアミーゴ（友達）だ。

シュバインシュタイガーはメディオセントロよりも、攻撃的なインテリオールとしての方がプレーしやすいようだ。理由は、未だにケガが完全ではないから、足首の違和感がプレーの動きを遅くして、不安定感を作りだしてしまう。インテリオールは、後ろの味方に守られていると感じながらプレーすることができ、ボールを失う恐怖が少ないのだ。こうして、ペップにとってカギとなるピースが、また1つはめ込まれた。

この試合、バイエルンのすべてのゴールは、３人のＦＷの得点だった。リベリーはチェルシー戦の同点ゴールのようなマークを外してからのシュート。敵を混乱させる40秒間の連続したパスの後で、ＤＦガエル・クリシーの意表をついてマークを外したミュラーの2点目。センターサークルでボールを奪ったクロースからパスを受けたロッベンが、マティア・ナスタシッチが目を回してしまうようなドリブルから、最後は右足でロッベンが決めた。

プレミアリーグでマンチェスター・ユナイテッドを４－１で打ち破ったばかりのシティに対して、バイエルンはダンスを踊るかのように動き回った。相手には能力の高いヤヤ・トゥーレとフェルナンジーニョがいる。それでもバイエルンの中盤の選手たちは、繰り返しそこを占領した。シュバインシュタイガーとクロースは、まるでボールコントロールのリサイタルでもしているかのようにペジェグリーニの選手たちを当惑させた。テレビシオン・エスパニョーラの中継で、ドイツサッカーのスペシャリストであるガビ・ルイスもこんなコメントを残している。

「私たちが今見ている試合では、シティの選手たちが少し赤面しているようにさえ見える。これは、シティは白旗を振るしかないようだ」

そして、特別な出来事となったロンドの巨大版が始まったのは65分の時であった。フットボール界を驚かせた速くて正確なパスの連続。約3分半続き、94本のパスがピッチの10人の選手たちをつないだ。同時に、この200秒以上のパス回しはエティハド・スタジアムを沈黙させ、シティは降伏の白旗を振って、最後はファウルで止めるしかなかった。

このパスの連続の中で、イングランドのチームがボールに触れたのはほんの数回である。その内の1つが、クリシーが跳ね返したボールをヘスス・ナバスが拾い、ドリブルで前進する場面。しかしバイエルンは、わずか7秒後にフィリップ・ラームの素晴らしいタックルによって奪い返すことに成功。その後も、何事もなかったようにボール支配は続いた。

その夜、このスペクタクルなアクションが、多くのユーザーによってユーチューブにアップされた。いくつかは早送りで1分30秒に短縮され、軽快な音楽が付けられていた。バイエルンの巨大ロンド。まさにグアルディオラがチームに望んでいたプレーが詰まった、輝きの時間だった。

各選手のパスの数は、ピッチ中央の選手たちが、より多く参加していたことを示している。最も多く絡んでいたのはトニ・クロースの18本、次にロッベンの14本、シュバインシュタイガー13本、リベリー12本、ラフィーニャ11本、そしてラームが10本だ。

つまり中盤の選手たちが躍動した試合として、記念すべき内容だったのだ（試合全体のクロースのパス成功率は97%、シュバインシュタイガーは95%）。また、トーマス・ミュラーの誇示するようなプレーは、大いにペップを驚かせた。ファルソ9というより、ピッチ中を動き回りペップが予想しないところまで現れるFWだった。ミュラーは、すべてのバリエーションができる成功の鏡のような存在だった。そのバリエーションとは、長いパスと短いパスのミックス、スピーディーなボールポゼッション、高い位置からのプレッシャー、前にボールを奪いに行く守備、タックルで勝つ、ほぼすべてのパスを通すというものである。そして、すべてのプレーはシティにダメージを与えるためであり、決してティキタカではなかった。2つのスタイルが混ざり合ったプレー。そう、ペップが望むピッチ中央でのプレーとハインケスのバイエルンがやっていた攻撃だった。

当然のことながら、この試合には多くの称賛の声が寄せられている。マイケル・オーウェンは「この試合には驚かされた」と言い、フランコ・バレージは「とても高いレベルで、全員が意図を持って参加するフットボールをしていた。その上、彼らはみんなで楽しんでいるようだった」と語った。リオ・ファーディナンドは、こうだ。「3冠のバイエルンの時よりも良いチームになるなんて、想像もできなかった。ペップは見事にそれをやってのけた」。さらに、当時のバイエルン会長のウリ・ヘーネスは褒めちぎった。

「80分間、私たちは完璧なフットボールをしていた。私の人生において最も良いフットボールだったよ」

バイエルンは試合後に、勝っても負けても選手とスタッフと後援者と記者たちが集う席を設ける。ルンメニゲはこの席において少ない言葉で試合を語った。

「目の保養になったよ」

監督は、この1カ月間同じスピーチを繰り返してきた。

「オクトーバーフェストを躓かないで、乗り越えなければならない」

はたから見ると、バイエルンにはたやすいことで、とても謙虚な言葉に聞こえるが、ペップにとっては9月をハビ、ゲッツェ、チアゴ不在の上、半ケガ人のシュバインシュタイガーで耐えなければならないのは、非常に困難だった。

「なんとか、このDFとFWたちで試合に勝つことはできるかもしれない。だが、セントロカンピスタ（中盤の選手）たちがいなければ良いプレーができない。彼らのケガが治るまで、私は毎週、生き残りをかけてやっていくしかない」

ペップのフットボールを理解するために、その原則とも言える中盤について質問してみた。

「私はセントロカンピスタ（中盤の選手）にとても魅かれるので、チームに１０００人でも置きたいぐらいなんだ。ラッキーにも、ここにはラームがいてくれた。彼は、世界でも屈指のサイドバックでＦＷもできる選手。そして、セントロカンピスタをさせたら天才なんだよ」

このシティ戦まで、チームは流れるようなプレーを示してこられなかった。だが、今日は監督が望むようなプレーをした。そして、ペップは試合をこう振り返った。「選手たちは獣のように走って、子どものようにボールとともにプレーした」。

その選手たちも大喜びだった。「些細なことだけど、とても重要なことなんだ。ペップへの信頼が増したよ」。これはリベリーの言葉。シュバインシュタイガーは「ペップは信じられないようなアイデアの持ち主だ」と評価した。近くにいたロッベンはというと、「ペップのバイエルンへの着任はフレッシュだったし、大きな刺激だった。もう29歳の私が、未だにペップから戦術の詳細を学んでいるんだからね」。この試合がシーズンの分岐点になるかどうかはまだわからないが、２０１３年10月２日がペップにとって偉大な日になったことは否めない。

ミュンヘンに到着したその日だった。ペップは新聞の一面に踊っていたローター・マテウスの言葉を目にした。

「ティキタカがバイエルンにやって来る！」

その新聞は、すぐさまごみ箱へと投げ捨てられた。

カーテンの日　2013年10月18日ミュンヘンにて

ミーティングでのペップの話が長引き、トレーニングは30分遅れで始まった。

通常、次の試合までに3回のミーティングを行う。1回目は試合前日、対戦チームがどのように攻撃してくるか。2回目は試合当日の午前、その対戦相手の攻撃に対して自分たちの守備戦略の詳細を話す。そして3回目、午後、バイエルンがどう攻撃すべきかの戦術についての説明となる。

今日は金曜日だ。その1回目は、12日間、代表の招集で離れ離れになっていた選手たちがチームとして結束するため、緩んだ頭を切り替えさせるためのミーティングでもあった。選手たちは長い期間、クラブとは異なったトレーニングをしてきた。ある者たちは代表戦で勝つことができて元気、また負けてショックな選手もいる。しかし、選手たちは久しぶりの再会を喜び、冗談を言い合っている。リラックスした雰囲気がゼーベナー・シュトラーセのロッカールームに蔓延していた。ペップは、一刻も早く中断期間前のマンチェスター・シティ戦やレバークーゼン戦の時の感覚を回復させるために、集中と緊張感を選手たちに要求したのだ。

13日前、8月のフライブルク戦と同様、アウェーでのレバークーゼン戦は1－1の引き分けに持ち込まれた。しかし、この試合はシティとの戦いのように、素晴らしいプレーを披露したのである。1ポイントしか勝ち点を挙げられなかったものの、ドルトムントがアウェーでメンヘングラッドバッハに負けたため、ブンデスリーガで初めて1位の座を与えられた。ちょうど、ペップのレシピの8試合が終わったところだった。

エティハド・スタジアムでの印象的なプレーを全ヨーロッパに知らしめたミュンヘンの選手たちは、その3日後にリーグ3位のレバークーゼン相手に再びヒーローとなったのだ。80パーセントのボール保持率、パス成功率は90パーセント、27回ものシュートを放った（その内、18回を相手ＧＫのベルント・レノが驚きのビッグセーブで止めた)。気になるのは、ペップのチームはゴール確率が極度に低い3・7パーセント。これに対して、レバークーゼンは1点獲るために、わずか3回のチャンスで十分だった。

そんなシティ戦とレバークーゼン戦から約2週間が過ぎている。代表の招集による中断期間の空気を即刻切り替えるために、ペップはいつもの2倍の時間を費やして話を続けた。明日の対戦相手マインツ05がどのようにプレーするかの説明から始めて、結束することの必要性まで35分間の話をした。

「私たちはチームメイトをリスペクトしなければならない。全員が試合に出てプレーしたいのは、よくわかっている。しかし、それは不可能だ。私はその試合に最も適していると思われる選手を選ばなければならない。何人かはベンチに座る。みんな同じくらい良い選手たちだが、全員は試合に出られない。もし、メディアや自分の代理人に、自分こそ試合に出るのに値していると訴えるのなら、リスペクトに欠けた行為だ。私にではない、試合に出るチームメイトに対してだ。私が先発メンバーを選ばないで何の問題も起きないのなら君たちで決めてくれ。会議をして、誰が試合に出て誰が出ないかを決めるんだ」

選手たちにとって思いがけないような話の内容であり、ショッキングだった。もちろんペップはチームのセルフマネージメントを頼んだ訳ではなく、バイエルンから離れていた2週間で育ったエゴを鎮めるためと、一緒に力をあわせることの大切さを改めて刺激するために語ったのだ。

「私たちは、1つのチームだ。結束なしに成功は得られない」

チームがコンフォートゾーンに留まるのを避けるためだった。

今日からカーテンの中のトレーニングがスタートした。6月の就任初日、第1ピッチを外部のメディアや対戦チームのスカウティングから遮断するように頼んでいた。ゼーベナー・シュトラーセは扉をすべて閉じたとしても、後ろの丘からピッチを見ることができる。監督は外からの視線なしに、静かに秘密トレーニングをするのが好きなのだ。

４カ月もかかったのには理由があった。最初に使った素材が機能しなかったのである。結局、今日になって、ようやく灰色の厚いカーテンがピッチを完全に覆ったというわけだ。だが、問題はすべて解決されていなかった。ミーティングが終わりトレーニングが始まる時、ミュンヘンには強い太陽の光が降り注いでいた。その光でカーテンの内側がわずかに透けて見えていたのだ。ペップは、再び頭を掻くことになった。

もう1つの問題は、近くの山から覗けてしまうこと。抜け目ない観察者なら、すべてを見ることができるだろう。「山ってドイツ語でなんていうんだろうか」とペップが戸惑っていると、親切でよく気が付くゼーベナー・シュトラーセの警備責任者ハインツ・ユンガーが、ドイツ語でベルク（berg）ということをペップに思い出させてくれた。

さらに、もう1つの問題を見つけたのはシュバインシュタイガーだった。ミーティング後、彼が最初にピッチに足を踏み入れた選手。カーテンに驚くと、開放感からなのか大喜びで両手を上げてジャーナリストのことを理解不能な言葉で叫んだ。

「ｓｄｆｇｈｊｋｌ!?」

それからシュバインシュタイガーは遠くを指さして、「あそこの隙間から覗けるよ」と指摘した。その後、写真を撮ろうとした者が現れて、有能な広報ディレクターのマルクス・ホルウィックが慌てて駆けつけ、隙間を塞いだのだ。シュバインシュタイガーのリスクマネージメントの目は鋭かった。

ペップは、カーテンのこともあったが、マインツ戦のことが頭を駆け巡り無口だった。試合前のトレーニングは監督にとって特別。前日の午後から仕事部屋の扉を閉ざし、勝つために必要なものは何か、敵の強みと弱みを検討している。それにしても、代表の招集によるモチベーションの中断は、どうしても好きになれない。

選手たちが呆けて戻って来るからだ。ペップはマンチェスター・シティ戦やレバークーゼン戦が、あたかも昨日だったかのように、チームのメンタリティが更新されるための努力をした。

試合の数日前に、シュートに関する具体的な統計を依頼していたが、その報告は引き続き失望するものだった。ゴールゲッターの能力はトレーニングでは改善できず、生まれ持った筋のようなものだと、よく知られている。しかし、集中力の基礎を改善することでシュートを決める確率は上がるかもしれない。今日の午後のミーティングでは、レバークーゼンをわずか3回しかゴール前に到達させなかったディフェンスの出来を褒め、18回ものシュートで1点しか決められなかったことにも触れた。

「みんな、集中だ。集中なんだ。もし、私たちがもっと集中していれば、的中率は上がるはずだ！」

足首のケガから復帰してジムでトレーニングを始めたチアゴと、筋断裂で6週間の離脱のシャキリを除いて、他のすべての選手たちは選考リストに入っている。リハビリコーチのトーマス・ヴィルヘルミと一緒に山のふもとでトレーニングしているハビさえも、その中に入った。そけい輪の手術後、かなり落ちていたハビのフィジカルコンディションも、この80分間のトレーニングで上がるだろう。

他の選手たちは、第1ピッチに設置された灰色のカーテンの影の中で、ブエナベントゥーラの指示の下、非常に強度の高いセッションをやっている。太陽が光り輝く午後、いつもよりも長いコンセルバシオネスのセッションではボールが勢いよく動く。それからピッチ全体を使った、マックスのインテンシティでの11対10の試合。最後は今日のメインとも言える狭いグリッドでの試合形式のセッションだった。もちろん、ラームがメディオセントロだ。

サイドバックとしての名声を確立した30歳の選手の話とは思えないが、ラームはこの秋、ヨーロッパの舞台でバイエルンのメディオセントロとしてグランデビューを果たしたばかり。ここ何試合かの彼の進化は予想外だった。今のところ、「ケガ人が治ったらラームをサイドバックに戻す」とクラブのオフィシャル雑誌に説明せざるを得ないが、このコンバートには大満足している。ペップは、あのプラガの夜の欧州スーパーカップを思い出し繰り返し語った。

「もし、このシーズンを良いシーズンにできたら、それはこの決定のお陰だ」

ラームの代理人のロマン・グリルにも、ラームがメディオセントロでプレーした、あの日の試合について聞いてみた。

「本音を言うと『ペップは、ラーム本来の場所を発見したんだな』と思った。なぜならドイツは、今までフィジカルに頼ったサッカーで、戦術やテクニックを重視するサッカーをしてはこなかった。だから、多くの監督たちは、ラームの可能性を見逃していたんだ。ずっと前から私は、メディオセントロはラームにとって最も理想的なポジションだと考えていたよ」

ロマン・グリルは元バイエルンⅡの選手で、メディオセントロのポジションだった。その後、ユースチームのコーチとなりフィリップ・ラームを指導している。

「実はフィリップの長所を知っていたので、ユースチームの監督時代、メディオセントロとしてプレーさせていたんだ。私が考えるフィリップの最も際立った特徴は、プレーの知性と試合を読む戦術眼だと思う。彼のような選手は、センターにいるべきだ。フィリップはディフェンスのオーガナイズやプレーの流れにも貢献できる。サイドバックとしてもチームメイトをよく見てアドバンテージを与えるパスを出す天賦の才能を持っているので、コレクティブなプレーをやり易くすることができる。でも、メディオセントロのポジションの方がサイドバックよりもフィリップの能力を際立たせることができると思うよ」

そう言えば、インターナショナルマッチウィークが始まる前、ペップは考え込んでいた。代表の試合のために世界中に散らばる選手たちの分散の影響を心配していたのだ。もちろん期間中、良いニュースもあった。まだケガの状態が完全ではない回復期のゲッツェをドイツ代表監督のヨアヒム・レーヴは45分しか使わなかった。ミュンヘンのチームにとって大事な選手である。そして、特にペップが気に入ったのは、レーヴがスウェーデン戦の残り15分で、ラームをメディオセントロに使ったことだ。監督たちの多くは、それを避ける。しかし、レーヴは自分のエゴよりも、選手の練習量と経験を優先させる稀有な監督の1人なのだ。「グアルディオラの真似をしている」と言われてもまったく気にしない。彼の優先事項はチームを良くすること。その日、ペップはレーヴに対して良い印象を持った。

今朝はバルセロナから素敵な言葉が届いていた。ジェラール・ピケがペップについて『So Foot』誌に公言したのだ。

「私が今まで出会った監督の中で、グアルディオラほど良い監督はいなかった。1日24時間働いていたよ」

ペップもすべての人間と同じように、こんな素晴らしい称賛の言葉に気持ちが和らぐ。思わずいつもの口癖がついて出た。

「これが私たちの仕事に唯一意味を与えてくれるんだ」

午後になって、マインツ戦のことしか考えていないペップ。彼自身が口を開くまで、この無口は誰にも止められない。11対10のセッションまではとても静かだったが、最後の狭いグリッドでのセッションで、100パーセントの声で思い切り叫びだした。ポジションを修正しながら、インテンシティを要求して叫ぶ。グアルディオラは自制しないで、蒸気機関車に薪をどんどん放り込む勢いだ。過去の栄光などまったく関係ない、まだデビューしたての初心者のプレーヤーたちを相手にするかのように、選手の能力を最後の一滴まで絞り出すように要求を繰り返す。集団フロー（心理学）とでもいうのだろうか。ロッベンはまるで悪霊に取り憑かれたように動き回る。リベリーは止まらずに走り続ける。ゲッツェは生き生きとプレーしている。ラームとクロースは互いを見ずして、見事な連携をとり合う……。

こうしてバイエルンは、10月の暑い日の午後、リベリーがキルヒホフの故意ではないキックの犠牲になるまで、巨大な力に取り憑かれたように練習を行ったのである。リベリーは、明日の試合で離脱するのは免れられなくなってしまった。

グアルディオラが午後になって初めて笑った。それは、シャワーに行く途中、誰かが「今では３本以上パスが続くとティキタカと呼ばれる」という冗談を言った時だった。そして、ペップが叫ぶように言い放つ。「永遠の嫌悪の的、ティキタカ！　どうかティキタカから逃れさせてくれ。ティキタカは意図もアグッレシブも何にもないクソッタレだ。こんなウソっぱちに私の大事な選手たちが騙されるのを絶対に許さないぞ……」

４本のライン　２０１３年10月20日 ミュンヘンにて

１０５×68の芝の上に描かれたペップの白い４本のライン。第1ピッチを５つに分ける同じ長さの４本のラインだ。外側の2本のラインは、ペナルティエリアの枠の縦の線を反対側のペナルティエリアまで真っ直ぐ延長したもの。内側の2本のラインは、ゴールエリアの枠の縦の線を反対側のゴールエリアまで真っ直ぐ伸ばしたものだ。このようにしてペップのラインはピッチを縦に5分割している。

日曜日のトレーニングは1時間と少しで終わった。すでに10月の終わりとはいえ、地中海性気候のような太陽の輝きである。昨日のマインツ戦のスタメンたちは、いくつかのロンドと回復のための短いトレーニングを行った。だが、ロッベンだけは違う。20分間だけ参加して、即座にジムへと移った。

このオランダ人は毎日トレーニングの前後に、ジムで30分間ずつ身体を整える。エアロバイクでのウォーミングアップから始まって、ストレッチ、ケガ予防の運動、それから腹筋を少々と具体的な部位の筋肉の強化、最後に数分間のプロプリオセプションで終わる。ロッベンは、1日も休むことなくこの日課をこなす。長所である爆発的な筋力ゆえのケガの多さ。その予防のために欠かせないのだ。

ちなみに爆発力といえば、食事をするのも桁外れに速い。瞬時に皿の上のステーキを切って、素早く噛み砕く。まさにロッベン得意の切れ味鋭いフェイントのようである。

スタメンたちは、いつも通り試合後のトレーニングを終えると、そのまま火曜日まで休みが与えられた。チームは相当疲労している。3日に1度試合があるイングランドウィークに加えて代表戦。特に多くの要求をされ続けるラームのような選手は、フィジカルよりも頭の方が消耗していた。しかし、連続して数日の休みを与える余裕はない。なぜならすぐ、水曜日（10月23日）のCLヴィクトリア・プルゼニ戦、土曜日（10月26日）にはブンデスリーガのヘルタ・ベルリン戦がアウェーであるからだ。2試合とも、現在のギリギリの均衡を保持しながら戦わなければ勝つことはできない。ペップは、重い口を開いた。

「彼らには休みが必要だ。しかし、今与えることはできない。わかるだろ……ヘルタ戦の後、まるまる1週間空く。その後2、3日の休みを与えようとは思っている。ラームには多分、4日間の休みを与えるよ。スイッチをオフにするためにね」

ゼーベナー・シュトラーセの別の芝の上では、マインツ戦に出場しなかった選手と、出場時間が短かった選手たちがダブルボックスの練習をしている。ゲッツェ、キルヒホフ、アラバ、ピサーロ、シュターケ、バンブイテンとセカンドチームの何人かにハビがフリーマンとして加わった。ハビはすでにチームに戻っていた。ナバーロ出身の選手は言う。「いい感じなんだ、もう恥骨周辺は痛まないよ」。試合形式の練習は観客の敬意を伴った静寂さの中で、いつものトレーニングの基準に従って進んでいった。それは、高いインテンシティ、マックス、アグレッシブ……。

日曜日のセッションがオープンで行われるのは、今では決まり事の１つになっている。それにしても、未だに慣れないのは１０００人にも及ぶファンたちの静寂さだ。この中には多くの子どもたちもいる。騒がしくて、すぐ大喜びするラテン系の私からすると、衝撃的な風景だ。グアルディオラの指示と、１つのセッションが終わるたびに鳴り響くヘルマンの笛の音と選手たちのゴールの雄叫びしか聞こえないピッチをじっと見つめながら、ドイツ人のファンたちは1時間半もの間、沈黙を保っている。

ファンたちが話し始めるのは、ティガー・ヘルマンがトレーニングの終わりを告げる笛を鳴らす時だ。その後は、自分のアイドルにサインを頼むための大きな声がこだまする。日曜日のもう1つの決まり事は、選手たちがファンの要求に応じることだ。疲弊しきった選手たちが、子どもたちを喜ばせるため一所懸命になる。多くのファンの願いを聞き入れるために30分以上の時間をかけるのは、珍しいことではない。今日はアラバとハビが、たくさんの子どもたちを喜ばせている。２人はホペイロが水やスポーツドリンクを運ぶために使う移動車をピッチのはじからはじまで運転して、子どもたちを楽しませた。

正午過ぎに、ダンテが医務室から片足を地面につけないように松葉づえを使って出てきた。チアゴは新たな回復トレーニングのセッションを終えたところだ。手術した足首の動きを良くするためにエリプティカルバイクのトレーニングをすでに始めていて、さらに無重力の機械（Alter-G）を使って走ってもいる。回復は良好そのものに見えた。久しぶりにチアゴが嬉々として話してくれた。

「この機械（Alter-G）は本当に贅沢なんだ。足首に負担をかけずにソフトにスタートして、走る速さの調整ができるんだ」

彼は失ってしまった数カ月、進歩できなかった期間、ずっとサッカーをしたくてたまらなかった。チームは今、大型クルーザーのように安定した速さで前進している。チアゴは未だにその船に乗っている気がしないのだろう。「早く、少しでも早く戻らなきゃ！」。まだ1カ月はかかると知りながら繰り返していた。

トンネルの終わりに差しかかって光が見え始めたハビは、次の10月の終わりの土曜日に、数分間だが今季初めてのブンデスリーガ出場の時間を持つ予定だ。ハビのことを語るペップの表情が輝いた。

「シーズン当初はとても厳しかった。中盤の選手がみんな壊れていて、前に進めない状況だった」

ゲッツェやシュバインシュタイガーの復帰の時もそうだったように、チアゴの時もペップの表情は輝くだろう。

シーズンが始まる時の純粋なMFと言えば、トニ・クロースだけだった。ペップがポジションとその具体的なプレーまで考えていたハビ、チアゴ、シュバインシュタイガー、ゲッツェがケガをしていて、チームにはこの3カ月間、重心と呼べるものがなく中盤には継ぎ当てが必要だった。

しかし、ちょうどケガや出場停止の問題がDF陣に移行した頃、この暗くて長い期間は終わった。ダンテがケガ、ボアテングは出場停止、次のCLの試合（プルゼニ戦）のセンターバックにベテランのバンブイテンとサイドバックのディエゴ・コンテントをプレーさせることにした。他に誰もいない。ハビは間に合わない。キルヒホフは何回も試合に出たが、強力なインパクトがなかった。

トレーニング後、緊張の日々を過ごしてきたペップに素敵なことがあった。束縛やルーティーンから解放されて、心が晴れ渡ったのだ。解放してくれた犯人はマティアス・ザマー。ニヤニヤしながらペップをからかいにやって来た。

「ペップ、1つ頼みがあるんだ。ユーチューブから〝グアルディオラのゴール〟と検索してみてくれよ。何が出てくると思う。俺は驚いたよ、『404 not found!（未検出）』と出てくるから！」。ペップとザマーは、現役時代のペップのゴールの話題で笑いあった。スポーツディレクターは10分ほどの間だったが、監督に痩せ細って貧弱な〝歴史的ゴールゲッター〟だったころのことを思い出させたのだ。

「ゼロだぜ、ゼロ。真っ白だ。ユーチューブを探したら、すべてエラーが出てくるんだぜ」（実際はバルサでの出場試合が約400試合で、13ゴール挙げている）。負けじとペップも言い返した。選手時代に頭から突進したザマーに「トルペード（魚雷）ザマー」とあだ名をつけてからかったのだ。これはデア・ボンバー（爆撃機）と呼ばれたゲルト・ミュラーをもじって言ったものだった。この2人のやりとりがコーチングスタッフの間で大爆笑を誘い、とても良い雰囲気が監督を包んでいた。

この時のリラックスした空気を利用して、1つの質問を試みた。昨日の試合でマインツ05に0－1でリードされていたハーフタイム、ペップが叱責したかどうかをセカンドコーチのドゥメナックに聞いてみた。試合は結局、ロッベンとミュラー（2点）とマンジュキッチがゴールを決めて4－1で逆転勝ちし、リーグ首位を勝ち点1差で守ることができた。

「負けてる時や悪い時には、絶対に怒鳴り散らしたりしてはいけない。それは良い時にとっておく。悪い時にすることは、ポジションとディテールの修正だ。負けている時は勝利の信ぴょう性を高めるために修正する。叱責している暇などない」

ペップは、昨日の勝利に満足している。選手たちを叱責する代わりに戦術的な解決策を提供した。それはフォーメーションを4－2－1－3に変更して、マンジュキッチの下にマリオ・ゲッツェを置くことだった。このシンプルな変化は、有能なドイツ人監督の1人であるトーマス・トゥヘルのエクセレントなオーガナイズの分解へとつながった。だが、ペップはこうも言っている。

「でも、私たちが本当に苦しんだのはヴォルフスブルク戦だった。彼らは素晴らしいやり方で守ってきた。その日は、さすがに勝つのが危ういと思ったよ」

引き続き、チームのポジティブな面とネガティブな面の分析へと話は移っていった。

「すでに私たちは、カウンターにブレーキをかけることができるようになった。ドイツのチームは、3秒でカウンターを組み立てることができる。シーズン当初は、アラバが前方のウイングにプレッシャーをかけるべきところを尻込みしてしまい、前方のスペースを敵にプレゼントしていた。カウンターに対する対処がまずかったんだ。それが、とても速く修正できた」

一方、サリーダ・デ・バロン（ビルドアップの始まり）や無意味なUの字パスは未だに修正されていない。

「私たちに不足しているのは、後方からボールを運ぶ時のアグレッシブさ。もし敵が待ち伏せしていたら、その敵に向かってボールを持ったまま前進しなければならない。逃げてはダメだ。敵の守備組織を分裂させるためには、向かっていかなければならない」

このフェーズを改善するためにペップが行ったのはメディオセントロのラームを後退させてセンターバックの間にサリーダ・ラ・ボルピアーナをした。

「3人の選手で後方から攻撃を始める方法は、とても効果的だ。敵のプレッシャーを限定できる。敵が2人でプレッシャーをかけてきたとしたら、こちらは3人いる。敵は数的不利を考えて、ラインを飛び出して積極的にアプローチしてこられないから、4－4－2のラインを平行にさせたままでいられる。そこで、そのラインを超えられる」

常にピッチの各ポイントで優位性を得ようとするペップの執念を忘れてはならない。同時にこの話の最中、驚くべきことを語った。グアルディオラにとって戦術は、チームの必要性によって常に提供されるべきもので、1つの道具でしかないということ。絶対にその反対は有り得ない。

「最も大事なのは選手たちなのだから、選手たちが戦術を受け入れるのではなく、戦術が選手たちを受け入れるべきなんだ。例えば、バルサの最後の年にセスクを入れるためにすべてのシステムを変更して3－4－3にした。ゴールの臭いを嗅ぎつけるや否や、即座にエリアに到達する2人。そう、セスクとメッシという素晴らしい2シャドー（2人のトップ下）の時代だったんだ」

ペップがこの戦術の話を終えると、マティアス・ザマーは、その場を去らなければならない時間になっていた。そこで彼は私に「さよなら」を言う前にハグをしてそっとつぶやいたのである。

「天才である必要も勝者である必要もないが、ペップは天才で勝者だ。そんなことよりも、ペップは心の広い奴なんだ。まったく良い人間だよ」

ザマーがいなくなり、日曜日の昼のゼーベナー・シュトラーセから、カタルーニャ語だけが聞こえてきた。ペップとドゥメナック、アスティアルタ、プランチャルト、ミケル・ソレール、そして、パーフェクトにカタルーニャ語が理解できるカディス人のブエナベントゥーラも一緒にピッチに居た。ナヌ（ミケル・ソレール）はスペイン1部リーグで7つものクラブでのプレー経験がある選手だった。エスパニョール、バルセロナ、アトレティコ・マドリー、セビージャ、レアル・マドリー、サラゴサ、そしてマジョルカ。ペップと、そのナヌがこんな話を始めた。

「ペップ、覚えているかい？　あのサイドからのクロスのこと」

「もちろん。それをトレーニングしているんだ。サイドからのクロスを、エリアに到着したFWがゴールするんじゃなく、DFに当たってゴールになる、あのことだろ。だから、DFはいつもニアポストの手前でクリアしなきゃならないんだ。今日はコンテントとそれをしたんだ。サイドからのクロスをゴール前にポジションをとって守るのではなく、ゴールより手前で守らなければならないことを教えたんだ」

サイドからのクロスの話の後は、ペップの永遠の不安、カウンターアタックについて話が及んだ。

「ドイツのチームは本当にカウンターが巧い。高い位置にデスコルガード（前線に残っているアタッカー）を置いて、とても巧くやる。今度、スベティスラフ・ペシッチ（バイエルンのバスケットボールチームの監督）と話をしなきゃならないと思っているんだ。なぜバスケでは4対5のディフェンスが不可能で、高い所にデスコルガードを置くことができないのか。詳しく説明してもらおうと思う。今、とても興味を持っていることだよ」

次にグアルディオラは、芝の上にスパイクを脱ぎ捨てると、まるでトレーニングの延長でもするかのように動き始めて言った。

「私は戦術のコンセプトを、選手たちに過剰に与えすぎていることを心配しているんだ。ある日、ふっと考えたよ。あまりに多くのコンセプトなので、選手たちは麻痺しているんじゃないかなって。短くして、より慎重にしていかなければいけない」

その後、4本のラインが引いてある第1ピッチまで私たちを案内してプレーのコンセプトを語り始めた。それも、ここで正確に再現するのは不可能なほど、とてつもない集中力で一人芝居を交えながら、約20分間にわたり説明してくれた。

選手たちが白い4本のラインを超えて、5分割したピッチを移動しながら補い合うのがよく解る、見事な授業だった。しかし、ペップのジェスチャー付きの説明は竜巻のようで、詳細までを理解するのが難しい箇所もあった。

「ピッチを5分割した5つのレーン状のエリアを認識させて、トレーニングしている。基本的に同じサイドのウイングとサイドバックは絶対に同じレーンに居てはいけない。同サイドのサイドバックとウイングは、センターバックのポジションによって外側か内側のレーンにいる。理想的なのはセンターバックが広がった時は、サイドバックは内、ウイングは外だ。

最終ラインから直接パスを受けるためにウイングは開く。もし、このウイングへのパスがうまくいったら、敵陣の中盤を飛び越えることができる。たとえボールを失ったとしても、内側のレーンにいるサイドバックがすぐにスペースを閉じて対応することができる。

この理想的な配置は、敵のプレッシャーを限定させる狙いもある。サイドバックが内に入れば、敵のウイングを引きつけることができる。その敵のウイングがサイドバックについて来なかったら、私たちはピッチ中央にフリーマンを持つことになる。もし、敵のメディオセントロがカバーに入りサイドバックの対応をしたら、今度は私たちのインテリオールがフリーマンだ。試合中、このようにずっと物事が関連して動くんだ……」

試合中に各選手がやるべきことを１つずつ、次から次へと話してくれた。選手は自分の動きだけでなくチームメイトがすることに従って動かなければならない。すべてがつながっているのだ。

「攻撃の時、ウイングはサイドを突く。センターフォワードもまた、サイドに流れる。そこで敵のセンターバックを引きつけることができる。この動きで中央に作られるスペースをインテリオールとサイドバックが占有し、そこを活用する。もし私たちのサイドバックがサイドを突いたら、ＦＷはそれについて行って、今度はウイングが中の空いたスペースを占有してフリーになるんだ」

第１ピッチの５本のレーンは、最終的に動きの連携を獲得するための道具だった。しかし、目的は常に、敵を混乱させることにある。

「私たちは敵のオーガナイズを限定しなければならない。それが目的だ」

ペップは中盤のゾーンでの優位性を追求する。

「私は多くの選手を内側に置きたい。反対に多くの監督たちは、サイドに多くの選手を置きたがる。私のやり方は良いことではないかもしれないが、それが私の考え方なんだ」

これでペップの話は終わりとなった。このインテンシティの高い授業のせいで、ペップはお腹を空かせてしまったようだ。

「たくさん話をしたから、家族をテラスまで迎えに行って、食事をしに行くよ」

今日は日曜日でペップの家族もゼーベナー・シュトラーセに来ていたのである。

家族はミュンヘンでの生活をすでに受け入れていた。3人の子どもたちは満足している。ニューヨークでは英語に苦しんだが、今は、クラスメイトよりも英語を流暢に話せるので、それぞれのクラスで王様のように振る舞っている。ペップと別れスポーツセンターを出た後、最寄りのヴェッターシュタインプラッツ駅までの道すがらミケル・ソレールは私にこんなことを言った。

「こんなリズムで3年間ももつのかな？　信じられないよ。この男は1000倍も濃い時間の中で生きているみたいだ。すごい消耗だよ。バルサと同じように3、4年したら疲れ切ってしまうんじゃないか。だから、また休みを取って、その後はイングランドにでも行って同じサイクルを繰り返すのかな。こんなリズムで生き続けるなんて、不可能だよ……」

ロンドと『タクタク』　2013年10月24日ミュンヘンにて

「良くない時にこそ、良いプレーをしようと努力する」。ブエナベントゥーラが私たちに言った。

バイエルンはこの10月末、良くない状態にある。選手のケガと、コンセプトの学習という２つの理由によるところが大きい。しかし、試合には勝ち続けている。ペップは、その難しさに対して、こうつぶやいたことがあった。

「アリアンツ・アレーナでの後半は良いが、前半はとても難しい」

プレーのコンセプトはかなり浸透していて、チームは監督が望むものを理解している。しかし、コンスタントに表現できないのだ。ケガ人が、実行を遅らせている。リベリーがケガから戻ったら、ダンテが負傷。シャキリが戻ったらクロースかロッベン。１週間ごとに、ケガ人が入れ替わる。３冠を獲った昨シーズンの過酷なスケジュールの疲れも原因として考えられるが、それだけでは説明できない。ケガのせいでチームは安定せず、毎回スタメンが変わってしまう。

ゲッツェやハビのように最重要な選手が回復したと思ったら、シュバインシュタイガーのような、これまた重要なピースを失う。シュバインシュタイガーのケガは、もうこれ以上、我慢ができないぐらい長引いている。繰り返し再発する足首のケガは、再手術を必要とすることになった。

グアルディオラは、想像力に富んだやり方で問題を解決する。ＣＬのプルゼニ戦では４人のサイドバックを先発起用するという前代未聞のスタメンを採用した。ラフィーニャ、コンテント、アラバ、ラームだ。監督は愚痴を一切言わず、不慮の出来事や困難と共存し、受け入れなければならないと承知している。

「私の目的は、このような状況の中でも選手たちから最高のパフォーマンスを引き出すことだ。後半のように前半をプレーできないのが、唯一の悩み。46分からではなく試合の最初から、ファンに満足してもらいたい。私たちはもっともっと、良いプレーをしなければならない」

順位表はペップよりも楽観的である。バイエルンはドルトムントに１ポイント差を付けて首位、称賛の嵐を浴びた去年のハインケスのチームより、この時点で1ポイント少ないだけだ。しかし、アスティアルタはハインケス時代との類似性を見出そうとすることに対し、厳しい態度をとる。

「比較は何の足しにもならないどころかマイナスだ。比較すべきじゃない。ひたすらトレーニングに打ち込むのみだ」

もし、1人でも誰かの気持ちが緩んでいたら、「まだ私たちは何も成し得ていない。成功は日々のトレーニングから始まって、その先にしかない」ということを思い出させるため、即座にアスティアルタが登場する。彼はいつも、みんなと意見が異なる異色の存在。例えば、苦しい時に頑張れとは一切言わない。勝利の後の幸福感を味わっている時には、まだ最後の勝負に勝っていないこと、その勝利は練習によってのみ実現できることを思い出させてくれる。

今日のバイエルンのトレーニングに、かつてACミランのMFとして大活躍したジェンナーロ・ガットゥーゾが驚いた。無尽蔵な心臓を持つと謳われたガットゥーゾが、ゼーベナー・シュトラーセでの練習を見て叫んだのである。

「いつもこんな練習をしているの？　みんなモーターカーみたいにぶっ飛んでる！」

チームはトレーニング中、一息もつかなかった。CLでプルゼニを5－0で打ち負かした翌朝、グアルディオラは物凄い勢いのジェスチャーで指示と命令の叫び声のリサイタルを演じていた。チームのレベルを上げるためと、獲得した高いリズムを保つためだ。だが、これだけのことでガットゥーゾほどのアグレッシブな人間が驚く必要はない。この高いインテンシティのトレーニングは、彼らの間では日常的なもので、監督と選手が交わした一種の条約のようなものだ。

選手たちはすでに、試合翌日のトレーニングのガイドラインをよく解っている。スタメンはロンドをやって

（ノイアーとミュラーはパスに苦労をしているが、まったく斟酌《しんしゃく》されることなく同等にやっている）、動き方と回復のトレーニング。控えの選手と出場時間が少ない選手たちは、全体のトレーニング後にあたかも本番の試合さながらにエリアへの侵入、クロス、シュートなどのアタッキングサードでの攻撃のトレーニングを徹底的に行った。

ペップは名前やヒエラルキーで、選手を選んだりしない。日々、芝の上で自分のポジションを勝ちとらねばならない。監督は連勝に安心し、ジムにいることもできるだろう。しかし、どんな時でもピッチの真ん中に立って、叫びながら、常にもう１つ上を要求し続けるのだ。

10月の終わりまでに、チームは１０７にも及ぶトレーニングのセッションをこなしてきた。アイデアとコンセプトの獲得において、重要な変化を見せ始めている。選手たちは、まだマンチェスター・シティ戦のようなエクセレントなレベルを安定して保ち続けることはできない。だが、ペップのプレーの〝イデオマ〟は理解され始めているようだ。フィジカルコーチのロレンソ・ブエナベントゥーラが、これまでのプロセスについて語る。

「ペップは、ウォーミングアップや単純なパスの練習の時にも必ずコンセプトを織り込んでいる。プレーのコンセプトのディテールを与え、翌日には別のディテールを与える。例えば、まず身体の向きをどうするかを説明し、翌日はパスを受ける時の動きをどうするか、その翌日には利き足でない足でパスをするにはどうするか、などを説明する。選手たちは１つのプレーを少しずつつかみ取って、すべてを吸収していく。これで、ペップのプレーの〝イデオマ〟を素速く体現できるようになるんだ」

シティ戦の後、なかなか安定しないことに苦しんでいるグアルディオラは、このブエナベントゥーラの発言に同意したが、振り返ってチームを総括することを拒んだ。

「今はまだ10月の終わりだ。前を向いて、まだまだ進歩できるはずだ」

ペップの言う進歩とは、試合中の必要性を満たすことができるアイデアとコンセプトを与えること、そして、選手たちに試合で使える道具をもっと持たせることを指している。再びブエナベントゥーラが説明を始めた。

「私たちは、ウォーミングアップを1度として同じようにしたことがない。どういう意味かと言うと、後にやる練習内容に従ってウォーミングアップの形を決めるんだ。通常は、動き方と移動の仕方とケガ予防のパートをピッチで始める。それをその後の練習テーマ次第で6~10分間かける。また、動き方とゲームからウォーミングアップを始める日もある。他にも、予防に特化した日もある。例えば通常、試合の後はジムでのケガ予防のトレーニングが増える。みんなでやるのとは別に、個人個人でもやっている。その後、特定の身体の部分や動きにくい部分を、その機能に注意しながら強化するんだ」

ウォーミングアップに続き、ペップにとって絶対に外せないのがロンドである。1年に1度たりとも、ロンドをしない日はない。

「フィジカルに焦点を当てたウォーミングアップが終わったら、必ずロンドをやるんだ。1週間に1度（試合の前日か試合の日）は自由な雰囲気でするが、いつもは意図を持ってやる。例えば誰が真ん中に入るかとか、ボール奪取、サポート、第3の動きなどを追求する。7対2や8対2で遊びの要素でやる日もあるが、普段はもっと小さなロンドで、最もよくやるのが5対2や6対2だ。4対1というものもある」

ロンドは、ペップにとってバイブルだ。ペップのプレーモデルのすべてをロンドから理解できる。楽しむためではなく、テクニックをパーフェクトにするためでもない。ペップのコンセプトの礎石なのだ。毎日20分ほどは、ロンドに時間を費やしている。

続けて行われるのがサーキット形式のトレーニング。今日は、フィジカル－持久力の練習だが、とても高いインテンシティで行われた。ブエナベントゥーラが、テクニックの必要性を満たしたフィジカルに特化した攻撃の練習をデザインしたのである。

「今日、ペップはサイドのアクションを望んだ。その内のいくつかはシュートで終わる。さらに、敵の守備を分断する動きとスペースでの動き方も入る。ペップから与えられた指針に沿って、それらの必要性を満たす動きをオーガナイズする。今日は、フィジカルの成分を入れた強度の高い攻撃のアクションだ。ボールを使った2、3のアクションと、フィジカルを組み合わせたサーキットだが、この繰り返しがとても重要なものに変わる。やるのは、フィジカル↓フィジカル↓フィジカル↓予測、またはフィジカル↓フィジカル↓フィジカル↓パス、またはフィジカル↓フィジカル↓フィジカル↓壁パス－シュート。そして、出発点に戻る。最高のインテンシティで、回復時間はあまり取らない。それぞれが30～40秒かかる。3回続けたら、私たちが求めるフィジカルを獲得できるんだ。選手は、このサーキットの中でそれぞれ18回のシュートを放つ。私たちが求めるチェックポイントは、フィジカルとタクティクス－テクニックの両方なんだ」

トレーニングはさらに続く。次のセッションはポジションプレー、もう1つはペップにとって重要なセッションだ。20×12の長方形の中で7対7＋4人のフリーマン（5人の時もある）。フリーマンは常にボールを持っているチームをサポートする。具体的なやり方は、ボールを持ったチームは敵に中断されないようにパスを続けながら狭いピッチいっぱいに広がって攻撃する。ボールを持っていないチームは、マックスでプレッシャーをかけに行く。この練習メニューは良い身体の向きと、良いパス、良い動きでワンタッチでボールを速く循環させないと成立しない。

絶対的な集中、エクセレントなテクニック、洞察力と動きの巧みさが要求される。ときどきペップはチアゴ、クロース、シュバインシュタイガー、ラームなどにツータッチを義務づけ、他の選手にはワンタッチを義務づける。このタッチ数の変化は、練習をより複雑なものにする。今日は1回5分を2分のインターバルを入れて3回続けた。

このセッション中、一貫したコンセプトの下でペップは息つく暇もないほど修正を続けた。やればやるほど学習できる練習を、私は目の当たりにしたのである。狭いスペースでの美しいまでの集団移動。ここには笑いも緩みもない。ただ個人として、集団としての適切な動きと正しいポジションを追求する執念だけがある。現実とは思えないような瞬間の連続だった。

ペップはこれを『タクタク』と定義した。ラームとチアゴ、あるいはクロースとチアゴの間で絶え間なく聞こえる音。タクタクは雷のような速さでパスが回る時の美しいボールの音。今では、それがゼーベナー・シュトラーセの音となっている。

トレーニングが最後のセッションとなった。FWたちはフリーになってノイアーやシュターケを目がけて爆撃する。これは、ほぼ毎日行われる。この20分間ほどのシュート練習に通常、現れるのはミュラー、マンジュキッチ、クロース、ときどきピサーロだ。今日は、いつもはほとんどいないロッベンもいた。

DFには、敵のカウンターのコントロールのための練習が用意されていた。ラフィーニャ、バンブイテン、コンテントとアラバがいる。ハビとホイビュルクと4人のセカンドチームの若い選手たちは、センターバックとサイドバックの間を狙うフィルターパスを使って攻撃する役目だ。サイドはウイングからのクロスを要求する。その際、センターバックにはニアポストをカバーさせる。病み上がりのハビも含めて、選手たちのアグレッシブさは最高潮だ。約30分間、DF陣がきっちりと習得するまで、さまざまな動きをしつこく繰り返した。そして、コンテントに対する称賛の声が鳴り響いた。

「ブラボー！　ディエゴ！　アイ・ラヴ・ユー」

ペップはこのDFの練習に付き合った後、自主的にCKの練習をしているFWのところへ向かった。クロース、リベリー、ロッベンらにいくつかのディテールをアドバイスした。この練習は20分ほどだった。

「もしCKキッカーが、蹴る前に細かい動きをやったら、敵のDFをあざむくことができる。その動きを見る敵は、自分がマークする選手を一瞬見失うんだ。この一瞬は、私たちにとって非常に有効なんだ……」

小さい選手がドルトムントを支配する　2013年11月23日 ドルトムントにて

グアルディオラは、世界で最も熱いとされるジグナル・イドゥナ・パルクに立ちはだかる壁の中にゲッツェを放り込むと決めた。裏切り者ゲッツェへの復讐に燃えるゴール裏の2万5000人のファンたちが、90分間止むことなく歌って飛び跳ねる。攻撃に転じる時がきたバイエルンには、後半ゲッツェの力が必要だった。ゲッツェとチアゴは、ジグナル・イドゥナ・パルクの中にある廊下でアップを始めた。スコアは0－0のまま。ブンデスリーガの首位攻防戦の後半が始まろうとしていた。

ドルトムントは前節ヴォルフスブルクに負け、首位バイエルンとの勝ち点差4でこの試合を迎えた。そのうえ伝染病のようなケガで、多くの選手たちが離脱。ヴァイデンフェラー、グロスクロイツ、フリードリヒ、ソクラティス、ドゥルム、ベンダー、シャヒン、ブワシュチェコフスキ、ムヒタリアン、ロイス、レバンドフスキの11人が先発となった。

バイエルンも多くのケガ人で頭を悩ませていた。中でも最も痛手だったのはリベリー。新たに大きなリスクと不安を伴う離脱であった。また、前日午後のトレーニングでマンジュキッチが足首をひねり、痛み止めを打たなければならなくなった。ドクターによると50分間もつかどうかといったところだ。ペップは前半、以下の11人で敵を消耗させることを狙った。ノイアー、ラフィーニャ、ボアテング、ダンテ、アラバ、ラーム、クロース、ハビ、ミュラー、マンジュキッチ、ロッベン。

試合前半に見られた両チームの戦い方の特徴は次の2点である。ラフィーニャとアラバから、つまり中を固めてサイドからしかバイエルンにプレーを始めさせないドルトムント。一方、グアルディオラが新しく導入した戦法は、ボルシアのカウンターのキーマンとなるヌリ・シャヒンを潰すためにハビ・マルティネスを高い位置のインテリオールとして配置。「もし、シャヒンを自由に走らせたらおしまいだ」。前日のペップの言葉どおりの形でプレーが展開された。

そんな中、前半はレバンドフスキの2回の危険な場面と、マンジュキッチの2回のチャンスといった、いたって均衡のとれた闘いという印象を残した。バイエルンは敵がピッチセンターに張った蜘蛛の巣のような網に苦しみサイドに追いやられた。ドルトムントは、いつもの威力のあるカウンターを淀みなく組み立てることができずにいた。試合は膠着状態、どちらも傷つかない状況が続いていた。

グアルディオラには、自分のデビュー戦でもあったドイツ・スーパーカップでドルトムントに敗れたという傷があった。心の奥深いところにトゲのように刺さっていた。しかし、このトゲがペップにある夢を与えたのである。側近の者たちにも語ったことがない夢。友人のサラ・イ・マルティンが暴き出してくれた。

「ペップは、バイエルンでバルサの選手なしでバルサに負けないようなプレーができることを示したかったんだと思う。なぜなら、プレーの話をする時、具体的なプレーのやり方ではなく、試合を支配することとプレーの全面的な主導権を握ることについてだけ話すんだ。多分、試合を支配するチームをバルサの他にも作れることを示したいんだと思う」

圧倒的な支配……それをビッグゲームで起こす。マンチェスター・シティ戦がいい例だ。ペップはドルトムント戦でそれを起こすつもりなのだろうか。勝ち点差4ポイントのリードをしているバイエルンにとって、前半が終わって0－0のスコアは間違いなく有利な数字。けれどペップは、それ以上のものを求めて挑戦に打って出た。ハーフタイム、ゲッツェとチアゴにアップを命じた。スタジアム内の天井の低い長い廊下で、ブエナベントゥーラはこの2人の選手と、ちょっと背を屈めねばならない長身バンブイテンに指示を出す。まだコンディションが十分とは言えない、この小さな選手たちを必要としている。試合を支配して勝つために。

チアゴは、8月の終わりからケガで1分たりとも試合に出ていないが、プレーに必要なパウサ（小休止）に貢献できる。パウサはドルトムントのカウンターの起爆装置を止め、バイエルンの背中を押すものだとペップは知っていた。

56分、いよいよマンジュキッチに代えてゲッツェ投入。ジグナル・イドゥナ・パルクは凄まじい罵倒で元所属選手を迎えた。ペップはトップ下やウイングやインテリオールではなく、ゲッツェを初めてファルソ9として起用した。2009年のレアル・マドリー戦のメッシと同じように、最高の瞬間に偽りのFWとしてゲッツェをデビューさせたのだ。あたかもビッグゲーム用にリザーブしていたかのように……。

そして、バイエルンの中盤が鮮やかに変化を始めた。この日までのペップの戦い方は、中盤に選手をたくさん集めてプレーさせる、というもの。しかしこの試合の前半は特に慎重に入っていた。攻撃時、サイドバックのラフィーニャとアラバは、ピッチ中央のラームを助けようとはせず守備意識を高めてサイドのポジションを保っていた。またハビはシャヒンを追い駆け回す役割だったので、ラームには攻撃を組み立てるためのオプションが2つしかなかった。1つはサイドを使う、もう1つはクロースにボールをゆだねることだ。中盤に選手を集め、ラームに多くのオプションを与えてきた今までを考えると、稀有な前半だった。

グアルディオラは考えに考えた末、ハーフタイムでやり方を変えた。守りに回ることは自分のチームにとって妥当でないと気付き、多くの変更を決断したのだ。まずはゲッツェとチアゴのアップ、それからハビをメディオセントロにして、ラームをインテリオールに動かした。2人のサイドバックにはサイドを放棄してもいいという許可が与えられ、中盤の選手たちと合体した。後になってドゥメナックはウインクをしながら、この時のハーフタイムのことを語っている。

「0-0の引き分けに持っていくこともできたが、ハーフタイムでペップは勝ちにいく指示を出した。ミサイルをぶっ放したんだ！」

バイエルンは、極端に6人もの選手を中盤に配置した。サイドバックのラフィーニャとアラバ、メディオセントロのハビ、インテリオールはラームとクロース、ファルソ9のゲッツェ。これで試合の様相が一変した。血の気を取り戻したかのように。バイエルンは自由になり、ウイングのミュラーとロッベンが中盤の選手たちと連携を取れるようになった。ゲッツェのポジション取りもドルトムントのセンターバック、マヌエル・フリードリヒとソクラティス・パパスタソプーロスに重くのしかかる。ゲッツェについて行くべきか、ディフェンスのゾーンに残るべきかという迷いを与えた。5年前、メッシが初めてファルソ9をした時のカンナバーロとメッツェルダーが抱いた恐るべき迷いと同じだった。

この状況の中、オオカミのごとく血の臭いを嗅ぎ付けたグアルディオラは、さらに大きな賭けに出た。チームのエンジンに、より多くの薪をくべるべくチアゴを呼んだのだ。ペップは興奮し、その上、度重なる試合の準備によるストレスで神経が張りつめていた。チアゴにリスクを冒さないよう、早口で激しく指示を与え続ける。

「チアゴ、チアゴ、おお神様！　ボールを失うな、失うんじゃない！　コントロールだ。コントロールするんだ、うまくコントロールしろ。リスキーなことをするな。絶対にリスクのあるパスをするな。いいか1本もしちゃいけない。とにかくコントロール、コントロールだ！　仲間を探して簡単にパスを出せ。たくさんボールを触らなくてもいい。ただ、プレーを続けることだけを追求しろ。プレーを続けろ、しかし、とにかくボールを失うんじゃない！　神に誓ってリスクを冒すんじゃないぞ、チアゴ！」

そんなペップとは、打って変わって悠々とした態度のチアゴは、ピッチに飛び出す瞬間を今か今かと待っている。スタジアムの咆哮も気に留めず、ペップを見ながら微笑んで一言発する。

「落ち着いてミスター、落ち着いてくれよ。僕がいるんだから全然大丈夫だよ。やらなきゃいけないことは、よくわかっている。だから落ち着いてくれ」

ポカンと口を開けている監督をベンチに残して、ピッチの中に駆けて行くチアゴ。ちょうど3カ月前のニュルンベルク戦（8月24日）以来の試合になる。しかし、そんなブランクなど関係ないように、直ぐに試合を自分のモノにしてしまった。チアゴがインテリオールに投入されたので、ハビがセンターバックに移り、ラームは再びメディオセントロに戻った。

こうしてバイエルンのプレーは、先月のマンチェスター・シティ戦のように流れ始めた。中盤の選手たちが、自由自在にボールを支配するサッカー。チアゴ投入のわずか2分後、そのボール支配からゲッツェのゴールが生まれたのである。

こうなると今度は、クロップが引き分けの勝ち点1を獲るために戦術を修正してきた。攻撃の意識を強めてきたのだ。その直後マルコ・ロイスが決定的なシュートを放ち、ノイアーの素晴らしいビッグセーブが生まれる。この瞬間、ペップはベンチから鋭い指示を飛ばし、選手たちのポジションを再び変更した。この試合で4回目の変更だった。センターバックのバンブイテンをラフィーニャと交代して投入、ハビはメディオセントロに戻り、ラームはラフィーニャのいた右のサイドバックに入った。どうやらバイエルンは、敵の十八番であるカウンターアタックを使って攻撃しようとしている。

チアゴがフリーのロッベンまで、黄色のユニフォームの選手たちを飛び越えてダイアゴナルのパスを成立させると、オランダ人はきっちり2－0と敵を引き離すゴールを決めた。3点目はその2分後。ハビが入れたクロスをロッベンが拾ってドリブルし、サイドから駆け上がったラームにパス、最後に決めたのはミュラーだった。

偉大な勝利だ。バイエルンは、克服不可能であろう7点もの勝ち点差を持ってドルトムントを去った。そして、この試合が残してくれたものは、結果よりもチームの可能性に対する大きな大きな信頼だった。選手たちは、マンチェスター・シティ戦で示したものは偶然ではなく、日々のトレーニングによって獲得したチームの組織力が実った結果だと感じることができた。監督は、中盤に選手たちを集めるアイデアは、勝者の提案だということを再確認できたはずだ。

試合の経過とともに、バイエルンは表情を次々と変えていった。ラームとハビがその象徴となるだろう。ミュータントのバイエルン。キャプテンはメディオセントロとしてプレーを始め、インテリオールに変わり、最後は右サイドバックだった。スペイン人選手のハビはインテリオールから始めて、メディオセントロ、センターバック、再びメディオセントロをやって終わった。90分間で4回もポジションが変わったのだ。バイエルンはカメレオンのように肌の色をさまざまに変色できる。それは、試合の瞬間に起こる必要性を解釈するペップの才能と、色を変える度にチームを改善して完璧に仕上げる監督としての手腕によるものだ。また同時に、選手たちの功績でもある。ハインケスと一緒にやってきた選手たちは、新しいアイデアを学習する能力が非常に高く、多彩な能力を示しながら、監督の提案を柔軟に受け入れたのだ。

試合の翌日、ミュンヘンに戻ったペップは、ドルトムントのカウンターについて話した。

「それはもう、すごい威力だ。止められないよ。マドリーのように素晴らしいカウンターをするチームはあるが、ドルトムントは世界で唯一無二だ。私のこれまでの人生の中で遭遇したことがない。スプリンターを放ってゴールを仕留めるために、90分間集中してこちらのパスミスを待っているんだ。もし彼らを止める方法があるなら、もっと勉強しなきゃならない。彼らはとてつもなくすごいんだ……」

ペップのベンチからの修正（選手交代や、ポジションチェンジなど）に対して、多くの称賛の声が寄せられていた。

「称賛はどちらでもいい。最も大事なのは、すべての選手がより改善して前進するための準備ができていること。それが何よりも大事なんだ。それから、中盤に良い選手たちを集める。このアイデアは、世界が終わるまで貫き通さなきゃならない。内側に良い選手を集め、ボールを持って、ボールとともにアグレッシブに前進する。疑うべきじゃないね。これはずっと続けていく1つの道標だ」

サラ・イ・マルティンが暴いたペップの夢は、ドルトムントの新しいエピソードの中に生きていた。シティ戦やレバークーゼン戦のように、ドルトムント戦でも相手をコントロールして支配する試合を見せたのだ。

バルサの時とは違うタイプの選手たちとともに、偶然や運を超越して相手を支配するチームを建設したい、というペップの心の奥深くにある野望。バイエルンには、バルサのようなプレーはしてほしくないとペップは言う。それは間違いなく本音だ。ペップが真に望むのは、バイエルンらしく試合を支配するということだ。

「チアゴとゲッツェなんだ。前半のような試合じゃなくて。ボールを高く蹴ってゴールできたとしても、それじゃあ相手も試合も支配することはできない。2人の開いたウイングと中盤のチアゴ、クロース、ラーム、ゲッツェ、アラバ……。中に良い選手を集めた時にしか試合は支配できない。それができれば、たとえ負けたとしても満足して家に帰れる。自分が信じたプレーをしたんだから」
信じるプレーをする。グアルディオラを語るには、この一言で十分なのかもしれない。

リベリーは君と話がしたいそうだ　２０１３年12月2日 ミュンヘンにて

11月27日、マイナス5度のモスクワでの試合、フィリップ・ラームは彼のキャリアで初めての筋肉系のケガに苦しんだ。雪に覆われ滑りやすいピッチで、おまけにバイエルンは前日12時間遅れでホテルに到着していた。荒天でフライトが遅れた上に物凄い交通渋滞で、ＣＬのＣＳＫＡ戦は前日練習さえもできなかった。ブエナベントゥーラは、ホテルの絨毯《じゅうたん》の上で、ストレッチと軽い動きのセッションを選手たちにやらせるのが精一杯だった。

とんだ災難とも言える状況の中、チームは迅速な対処をし、いとも簡単に試合を制してＣＬ５つ目の勝利をものにした（３－１）。これはＣＬ10試合連続勝利という新記録となった。うち5試合は、２０１３年４月と5月に前監督のハインケスが勝ち取ったもの。新シーズンになってからは、ペップがそれを引き継いで10試合に増やした。

しかし、その一方でラームのケガという要らないオマケがついてきた。30歳にしてキャリア初の筋肉の損傷……信じられないような話だが、チームにとって大きな痛手となった（初めてという信憑性を確かめるためにラームに尋ねてみたが、間違いなかった。しかし、その少し後になって、２００８年にふくらはぎの打撲で数日間休んだことを思い出してくれた）。

ケガは軽傷だったので、2週間でドクターの復帰許可は下りたものの違和感が続き、12月に入ってトレーニングをするようになってもラーム自身はなかなか回復したとは感じられなかった。グアルディオラにとっても頭の痛い事態だ。未だに中盤が不足しているのに、引きつけたり引きはがしたりしながら敵をコントロールできる、チームの礎石ともいえるラームを失ってしまった。もしペップがバルサとバイエルンのすべての選手たちから11人を選ぶとしたら、フィリップ・ラームは間違いなくその中に入る。9月に言っていたことを思い出す。

「このシーズンで何かタイトルを獲得できたら、ラームのお陰だ。メディオセントロにラームがはまったことで、ピースを揃えることができたのだから」

翌日はオフになるとはいえ、明け方にモスクワから戻ったばかりの選手たちは、疲れ切った表情だった。当然だろう。ペップは、その日のトレーニングをいつもの半分ほどの強度で行うことにしたが、チアゴはモスクワ遠征のしんどさをこう表現している。

「100回以上の遠征をしてきけど、その中で最も厳しい遠征だった。俺の人生の中で最悪な旅だったよ」

にも拘らず、選手たちの何人かは練習後60メートルを何本か走りペップの失笑を買った。

「見てみろよ、あいつらを……。疲れ果てていたからマイルドなトレーニングにしたっていうのに、まったく平気で走っている。その上、チアゴまでたぶらかされている。へーイ、チアゴ！」

アスティアルタは、監督と一緒になって笑っていたが、ペップの愚痴を聞いて意見を言った。

「やらせておけよ、気持ちの問題なんだよ。必要だと信じていて、気持ち的に納得できるんだったらいいじゃないか。メンタルに良いすべてのものは、足にも良いんだよペップ」

チアゴは、自らのノルマを走り終えると走る理由を説明しにやって来た。

「俺はドイツ人になるために、身体や精神を鍛えるために、ここに来たんだ。苦難に耐えて克服できる選手になるためにね」

監督は、この発言に対しては手のひらを返したように満足していた……。

「チアゴはとてつもなく広い心を持っている。まだコンディションも良くないのに、すべてを吸収しようとしている。ハビもそうだ。フィジカルコンディションが完全ではないのに、すべてのボールに追いついている」

11月30日、2－0で勝ったアイントラハト・ブラウンシュバイク戦でも選手たちの疲れは感じられた。まだ身体が相当重そうだった。だからこそ、試合後の家族との久しぶりの再会に、安堵の表情を浮かべたに違いない。アリアンツ・アレーナの選手用のレストランは、まるで幼稚園さながら。一刻も早い父親との再会を待ち望んでいた子どもたちが、大勢詰めかけていた。その中にはスペインから来ていたグアルディオラの両親の姿もあった。監督は久しぶりの再会を喜んではいるものの、やはり両親を前にしても、いつものようにフットボールの話やチームの失点の話を続けてしまう。

「うちのチームは14試合戦って、7失点しかしていないんだ。すごいことだよ。たった7失点。2試合に1失点の割合だ。私たちが積み上げてきた中で最も気に入っていることの1つだよ」

重度のフットボール病である。

翌日、日曜日（12月1日）の午前10時には、ペップはすでに水曜日のカップ戦（対アウクスブルク）のプランを立てていた。

「カップ戦に勝って、土曜日のリーグのブレーメン戦に勝ったら、3つの大会で生き残ることができる（ブンデスリーガ、カップ戦、CL）。夢にまで見た状況でクリスマスを過ごせるんだ。私は、今の7ポイント差のアドバンテージを持って冬の休止に入りたい。でも、土曜日にドルトムントとレバークーゼンの試合があるから、できることならレバークーゼンが勝ってほしいな。ヘーネスは、引き分けでもいいと言うが、そうなるとドルトムントがまだ危険な存在であり続けることになるからね……」

この10年間でバイエルンがリーグ連覇を果たしたのは、2005年と2006年だけだ。ペップは、安定した成功を望んでいる。この時、私は初めてペップの意思を、直接、彼の口から聞いたのだった。

「今年の目標はブンデスリーガのタイトルだ」

この瞬間まで、周りの人々から伝え聞いていたに過ぎなかった。ペップは続けた。

「みんなが思っているよりもずっと厳しいリーグだよ。ほら、昨日だってブラウンシュバイクは0－2で負けているのに、ずっと守っていただろ……？　相手FWは、うちのメディオセントロを執拗にマークしていた。そんなチームとやるのは難しい。ときどき、弱小チームのようにプレーしようとするビッグチームの方が勝ちやすいことがある。ビッグチームは、誇りが邪魔して自分のポテンシャルを示そうとしてしまうんだ。ボールを失った時も、後退するのが中途半端になる。小さなクラブと同じようにはできないんだ。ビッグチームのFWはプレッシャーをかけてこないし、小さなチームの選手たちほど自分をすり減らすことができないんだ」

この発言は、レアル・マドリーを彷彿させた。

「マドリーは、物凄い3人のFWがいて素晴らしいプレーをしている。そして、それをシャビ・アロンソがサポートしている。しかし、みんな知っているようにC・ロナウドはディフェンスをしに戻らない。そんなチームを相手にしたら、1つしか選択肢がない。深いところを突いて、敵の背後での優位性を獲得するんだ」

マドリーの話から必然的にCLの話に流れるとペップは慌てた。

「あー、忘れてくれ、忘れてくれ、ブンデスリーガを考えなければ。誰も、2回連続してCLを獲ったことがないんだ……」

すると直後、ウィンドブレーカーのファスナーを高く上げて、話の終わりを告げた。

「ピッチに行くよ、明日の練習をイメージしたいから」

今日はオフで、ケガ人だけの回復トレーニング。ブエナベントゥーラとドゥメナックが第1ピッチで、翌日のトレーニングのルハーサルのためにコーンとマーカーを配置している。練習は微塵の疑いも許されない。すべてを準備し、把握して、何回も何回も試してみる。しかし、グアルディオラは、虫の知らせのようなものも大事にする。

「夕べ、試合の映像を見ながら1つのアイデアが浮かんだ。今日、誰もいないピッチで練習をイメージしてみて、まず確実なものが得られるかどうかを確かめる。火曜日に良いトレーニングができるかどうかにかかっている。もしうまくいったら、アウグスブルク戦では、サイドバックの1人を高く上げて3人のDFでビルドアップをしていこうと思う。だから今、確実にうまく実行できるかどうかを掴まなきゃならない」

ペップは休日に多くの時間をかけて、何度も何度も芝の上に書かれた4本のラインを見ながら、その練習が本当に効果があるかどうかを想像してみた。また、ドゥメナックとブエナベントゥーラと討論しながら、直感と努力というペップが持つ相反する特徴を連携させるのだ。

想像上のアイデアを、コンスタントに繰り返せる練習にしなければ効果は得られない。もし、あなたが天才でさまざまな素晴らしい戦術を夢想できたとしても、それをピッチに移行できなければ意味がない。適切な練習をデザインして、使えることを確認して準備作業をしてから、初めて高いインテンシティを持って実践することができる。ペップは今5つのフェーズのうち2つ目にいる。まず前日、アイデアを考えた（1つ目）。そして今、それを教えるための手段をデザインして確認する（2つ目）。翌日、選手とともに実践（3つ目）、水曜日の午前に、使うかどうかを自分で決め（4つ目）、最終的にトレーニングでいい感触をつかみ、選手やスタッフに受け入れられたら、アウグスブルクのスタジアムでペップの提案を実際に見られるだろう（5つ目）。

これはペップの新しいアイデアを導入する時のプロセス。熟考、直感、ピッチで目にみえるようにデザインする、練習、繰り返し、練習の評価、そして決断して実際の試合で使う。このプロセスは偉大な料理クリエーターのレシピを彷彿させる。しかしここでは、ただ単に3人のDFによるサリーダ・デ・バロンという平凡な話に過ぎないのだが……。

フランク・リベリーは、生死がかかっているかのようにトレーニングをしていた。リハビリコーチのトーマス・ヴィルヘルミと、瞬発力を戻すためのフィジカルセッションを繰り返している。彼の表情は消耗による疲労を示しているが、満足そうにも見える。リベリーはマネル・アスティアルタに近づいて言った。「ペップと話がしたい」。

リベリーは、息を切らせて途切れ途切れに話している。今しがたトレーニングを終えたばかりだ。

「いい調子だ、いい調子なんだマネル。プレーできるよ。ペップと話をしなきゃならない。ペップも俺と話したがっているって、みんなが言っているんだ」

「心配しなくて大丈夫だ、フランク。言っておくよ。ペップはピッチに戻ってきたら、君と話をするよ」

バイエルンはリベリーなしでドルトムント戦を3－0で勝った。シーズン当初にはそんなことは考えられなかっただろう。その後もモスクワでの勝利。ロッベンとゲッツェの活躍……。リベリーはもうこれ以上、試合に欠場したくなかった。理学療法士のフレディ・ビンダーもアスティアルタを見つけると言った。

「マネル、リベリーがペップと話をしたがっている。リベリーはすごくいい、何の違和感もない。唯一の痛みの箇所は、2日前に打った痛み止めの注射の跡だけなんだ。ヴィルヘルミが、ろっ骨にパンチをしても大丈夫だったからパーフェクトだよ。リベリーがペップと話をしたがっていると、くれぐれも伝えておいてくれよ」

ペップがトレーニングのデザインの点検にやって来た時アスティアルタはリベリーのことを告げた。

「知ってるよ、マネル。それは知っている。バイエルン中の人間が皆知っているよ。フランクは私と話をしたがっているし、私も彼と話がしたい。アウグスブルク戦では、彼とともに戦うつもりだ。でも、どうかな……。唯一都合が悪いことは、リベリーはベンチから途中出場する選手じゃないってことなんだ。試合の開始直後から出場して力を発揮する選手なんだ。彼を見てから決めるよ。アウグスブルクはファイナルだ。マネル、ファイナルなんだよ」

「アウグスブルクはファイナルだ」とペップは繰り返す。12月2日の正午、凍てつく寒さにもかかわらず太陽が光り輝くミュンヘンのピッチで、ペップは緊張感を漂わせていた。「アウグスブルクはファイナルだ」と再び繰り返し、「もし勝ったらベスト4になって、残り2試合でタイトルに手が届く。ファイナルの臭いを嗅ぐところまで行けるんだ」と言った。

ペップは、アウグスブルクに勝つために考えた練習を携えて、ピッチに出てきたのだった。

エクセレントはあぶく　2013年12月5日 ミュンヘンにて

アウグスブルクで、ペップはリベリーを取り戻したが、ロッベンを失った。

卓越したオランダ人は、試合開始わずか3分でシーズン13点目を決めた。つまり、12－13シーズンと同じ13得点。まだ4カ月しか経っていないのに、昨シーズンと同じ数字を叩き出している。ロッベンのパフォーマンスの良さを示すには、これだけでも十分だろう。

これまでバイエルンでのロッベンは、チェルシーやレアル・マドリーの時と同様、ケガで継続して試合に出ることができなかった。最も良いのはバイエルンに来た09－10シーズンの37試合出場23得点8アシスト。今シーズンはまだ12月に入ったばかりだというのに、すでに20試合に出場し13得点10アシストの数字を叩き出していた。ケガもなく良いシーズンになるはずだった。ちょうど30歳になる節目の年でもあった。

２０１３年のロッベンを終わらせてしまったのは、試合開始15分、相手ＧＫマルビン・ヒッツのタックルだった。これでひざに重いケガを負ったロッベンは、２０１４年1月24日まで戻ってくることができなくなった。ペップは嘆いている。

「それはもう、大きなものを失ったよ。とてつもなく良いプレーをしていたからね」

何年間もの苦い経験から学んだロッベンは、日々、全体練習の前後に30分間ほどロッベン専用のメニューで、トレーニングに励んでいた。その甲斐もあり筋肉系のケガからは遠ざかっていただけに、本人にとってもチームにとってもショッキングな出来事となった。

カップ戦のアウグスブルクは、グアルディオラが予想した通りとても激しい試合となったが、結局、３人のＤＦによるサリーダ・デ・バロンは使われなかった。前日の練習で、説得力がなかったからだ。相手チームのアグレシブなプレッシャーに対して、よりスムーズで効果的に前進して、敵の第1ディフェンスラインを越えるためにチアゴをメディオセントロのポジションに置くことにした。わずか5カ月しか経っていないのに、監督は６人ものメディオセントロを使っている。ラーム、シュバインシュタイガー、クロース、ハビ、チアゴ、キルヒホフ。ケガが原因で右往左往しながら、考え出された結果だった。

ホテルでのミーティングでは、ＤＦと中盤にアウグスブルクの第1ラインを激しく攻撃するように要請した。自陣での意味のないＵの字のパスを避け、縦に速いパスで敵のラインを超えるようにと。しかし試合中、多くの時間帯で何の優位性も得られることができなかった。早すぎるロッベンのゴールが、敵チームのプレッシャーをきつくした。

とは言え、リベリーは無事30分間プレーでき、ミュラーはペップが期待した通り、彼にしかできないような身体の使い方で、背中のあたりで押し込んで2点目をゲットした。美しさにはほど遠いかもしれないが、ミュラーらしい大事な追加点となった。

しかし、グアルディオラは決して満足はしていない。

「全然良いプレーができていない。全然ダメだ。良いトレーニングをしているし、良い結果も得ている。選手たちにも満足はしている、しかし、私たちがしなければならない、本来のプレーができていない。すべての選手が揃って、改善していかなければならないことが山ほどあるんだ。私はチームが持っているすべてのポテンシャルを引き出すために必要なものを考えている。まだ良い試合ができていないのだからね……」

グアルディオラは、自分に対するこの要求をディ・ヴェルト紙のジャーナリスト・ユルゲン・ウォルフに語っている。新聞にはペップの言葉を分析し、以下のような記事にまとめられていた。

「ペップが夏にミュンヘンに到着した時、バイエルンをバルサのようにプレーさせたがっていると思っていたが、実際には、ハインケスのバイエルンとバルサのミックスだった。この時、すでにバルセロナは世界一のチームではなくなっていた。以前はそうだったが、今は違う。そしてペップのバイエルンも、まだ何かが足りない。監督は、まだ自分のチームになっていないと認識している。しかし2、3カ月後には、ペップが望むバイエルンを見られるかもしれない。とはいえ、すべてのケガ人が回復したらの話だが」

12月の時点でパウル・ブライトナーはもっと楽観的な意見を持っていた。

「選手たちがグアルディオラのアイデアを理解するのにもっと時間をかけてほしいところだが、すでに彼らはそれを認識しているよ。まあ今のところ、数週間前のマンチェスターやレバークーゼンでのようなエクセレントなプレーはできていないが。しかし勝利というのは、多くの激しい練習の賜物として得るべきなんだ。このチームはどっちもできる。輝くようなプレーで勝つことも、練習の成果として勝つことも。練習の賜物が最も貴重で、輝くようなプレーをすることより有益なんだ。輝くこともでき、ただひたすら練習に励む芸術家たちのチームがあったら、それが特出した違いを生み出すんだよ。これこそが目指すべきチームの特徴なんだ。そしてバイエルンには、偉大な特徴を持った監督がいる。私はこの3~5年の内に大きな結果を出すことができると確信している」

試合後のグアルディオラには、いつも不穏な空気が漂う。1つには、試合からアイデアが波のように押し寄せてくるからだ。もう1つは、次の対戦相手に勝つための守備と攻撃のやり方がペップの頭の中をグルグルと回り始めるからである。そして試合の翌日には、試合で生まれたアイデアと次の対戦相手の対策を連携させる作業に入るのだ。

「私たちのメディオセントロは、対戦チームが中盤に敷く5人の守備陣を超えるのに苦労するだろう。だから、チアゴにそのポジションで30分間プレーさせる。いつものチアゴのポジションではないけどね。チアゴはとても勇気があって、ボールを失うリスクがあっても横切ろうとする。また中盤の5人のラインを内側からどうやって崩すか、逆サイドにパスを出してラインをスライドさせるか、などをハビらとともに練習していくつもりだ。もしそれができたら、敵はターンして後ろに走らなければならない。それが狙いだ。もう1つ言うと、Uの字の代わりにセンターバックがダイアゴナルのパスを出してほしい。もしボールを失ってもサイドでボールを奪い返すのが容易だからね」

グアルディオラは、いかなる選手であろうとも自分のチームのメディオセントロに物凄く高い要求をしてしまうことを自覚している。

「知ってるよ。わかってるんだ。内側のパスで敵のラインを壊すことができる能力を持った選手は、世界でもわずかしかいない。ブスケツ、シャビ・アロンソ、ラーム……例えば、ドルトムント戦の最初のゴールは、ラームが素晴らしかった。敵をあざむいてサイドにボールを送ってからラインを突破した。ホイビュルクはこのポジションでとても良い選手だが、まだ若すぎる。ああ、そうだ。君に1つ言っておくよ。このポジションで私はとても良い選手だった。バルサで何年もプレーできたのはフィジカルやスピードや、ドリブルがうまかったからではもちろんない」と大笑いしながら言った。

最近、バルサのピケがコメントしたコラムをペップは読んでいた。「選手たちが開いた配置で、ボールを支配しようとするチームが年々増えている」という一文に目が止まり気になったようである。

「ピケの言うことが正解であることを願いたい。それこそ私が望んでいることだ！　敵も後ろからプレーしながら攻撃を組み立ててきてくれたら、こんなにやり易いことはない。だって確実に、狙ってボールを奪うチャンスが増えるだろう。しかし、現実はそうはいかない。後ろのスペースを閉じて、4人のとても速いプレーヤーを前方に置いておくんだ。そしてチアゴやクロースの背後に長いパスを出されたら、私たちはおしまいさ。相手が、そういうサッカーをするから、私たちは長く走ったり、ボールを高く蹴り上げてプレーすることができないんだ。それに、チアゴとクロースはサイドを行ったり来たりするタイプの選手じゃない。私たちはみんなで、少しずつ少しずつボールとともに進むしかない。もしボールを失っても、その時はパーン！　直ぐに取り戻せる。私たちは一緒に居るのだから」

次のブレーメン戦までの2日間、必要な時間には足りないが、きっちりと試合に向けたトレーニングをした。いつも、分析には2日半かける。対戦チームの試合を何試合も見て、どうやって攻撃するか考え、ミーティングの準備をする。しかし、ほぼ毎週1週間に2回の試合があるので、恒常的に時間が足りない。スタッフが前節の試合の報告書を作ってくれて、睡眠時間を削ってそれを点検する。

午前の練習が終わってから、ブレーメン戦の準備に入る前にやることが2つあった。ハビとU字パスの問題をよく検討すること、ずいぶん前からペンディングになっているリベリーと話をすることだ。

今日は、リベリーと一緒に座りながらファルソ９の映像を見た。少しずつこのゾーンでプレーすることを納得させたい。試合中ずっとではなく、ある時間帯だけでいい。サイドと同じプレーをすればいいことと、センターにはまたぐことができないラインがないというアドバンテージがあることを理解してもらいたかった。考え方次第で、センターでは好きなように動けて完全な自由を得られる。ペップはリベリーにしつこく説明した。

「サイドからセンターにコンバートしてほしいなんて思っていない。君には変わってもらいたくない。今のままがいい、ただセンターでもプレーできる能力を１つ付け足すだけなんだ。それもほんの短い間だけ」

多分このフランス人プレーヤーのカタログが増えれば、チームのためにも質的な飛躍につながるはずだ。私はペップに質問を投げかけてみた。これは、継続的な改善とエクセレントの追求を提案するためのステップなのか？　と。ペップは一笑に付して、こう言った。

「エクセレント！　エクセレントって何だい？　エクセレントなんてあぶくみたいなものだよ。好きなだけ追求してみろよ。でも、めったに現れるものじゃない。そんなものは現れてみなければわからない」

今シーズン、最初の何カ月間かで、ペップは選手たちへ自分の知識を受け渡し、選手の知識を増やしてきた。だが、ペップの中にはまだまだ保存されているアイデアがいっぱいある。彼らの頭を麻痺させるのを避けるために、適度な量を節度を持って教えている。選手たちが新しいアイデアを獲得する準備ができる時のために、ペップのカタログ箱には小さなアイデアが、まだいっぱい詰まっているのだ。個人のためのアイデアと集団のためのアイデア。今日は、リベリーの番だった。

油断　2013年12月7日ミュンヘンにて

風速140キロメートルの風が北ドイツに被害をもたらした。原因はクサーヴァー（Xaver）と名付けられた台風で、ブレーメン対バイエルン戦は、すんでの所で試合中止となりそうだった。そのヴェーザー・シュタディオンで、リベリーは2日前にペップから与えられた指示を達成した。真ん中のポジションでプレーしたのだ。結果的に、敵を押しつぶすほど圧倒して勝利に至った。バイエルンはホームでブレーメンに歴史的大敗を負わせた（7－0）。このフランス人選手のプレーは傑出していたのだ。

ピッチの中盤は常に5人の選手（チアゴ、クロース、ゲッツェ、ラフィーニャ、アラバ）が占領していて、3人のFWが三者三様の動きをする。ミュラーは開いた位置にポジションをとりながら、ときどきダイアゴナルに中に侵入する、反対にマンジュキッチは、中から外に向かって突き刺すように動く。そして、リベリーは中盤の選手たちとともにポジションをとって、ファルソ9を実行。選手たちがとるポジションの連携とその動きは、対戦チームのオーガナイズを壊滅的なまでに解体する。監督は、次の言葉で評価した。

「今日の試合が、私たちが達成した堂々たるポジションプレーの第1回目だ」

また、選手たちの耳にも心地いい言葉が届いた。「選手たちのプレーに感謝している。彼らの監督であることに誇りを持っている」。当時まだ会長だったウリ・ヘーネスは、早口で言った。「選手たちはこんなに良いプレーをしているのに、ペップは常に、修正しようとしたがるんだ。すごいだろ！」。

この試合の中で見られた多くのスペクタクルなシーンの中から、ペップは2つを取り上げた。1点目のニアのポストを狙ったリベリーのクロスからの得点。アラバとマンジュキッチがゴールに飢えた狼のようにエリアに到達したが、ホームチームのアサニ・ルキムヤが自分のゴールへ入れてしまったのだ。ペップは、この時、友人のミケル・ソレールの言葉を思い出した。「ニアポストを通過してしまったクロスは、確実にゴールになる」。

２つ目のペップの記憶に残ったシーンは、リベリーの6点目だ。フランス人選手は自分でＣＫを蹴って、自分でゴールしたのだ。こう言うと不可能なことのように聞こえるが、実はバイエルンがトレーニングで何回も練習してきたことが成功したのだった。それは、リベリーがゴールエリアの角に居るピサーロに向かってコーナーからショートパスを出す。ピサーロは2秒ほどの間ボールを右足で保持する。その間、エリアの外に居たアラバが外側からピサーロに向かって走ってきて追い越す、その時ピサーロはスパイクの底をボールを押しつけるようにしてアラバにボールを渡す。同時にリベリーは、ダッシュでペナルティエリアの中にすでに侵入している。アラバがフランス人にパスを出して、そのままシュート。ＣＫを蹴った選手が7秒後に果たした素晴らしいゴールだった。チーム全体が歓喜に沸いた。とりわけコーチングスタッフは戦略の努力が結実したのを喜んだ。多くの時間をかけて対戦チームの映像を分析しながら、練習してきたことが実ったのだ。

この試合はグアルディオラ監督のバルサとバイエルンでの公式戦２７４試合中、２００勝目にあたった。また、ブンデスリーガでは、就任15試合負けなしの記録となった（この記録は後にペップが更新し続けることになる）。その日はペップにもう1つの、まさに求めていたプレゼントがあった。レバークーゼンがドルトムントに１－０で勝ったのだ。これで、クロップのチームに勝ち点10差をつけることとなり、バイエルンは雲の上に浮いているような満足感を味わうことができた。

しかし、その雲の上から一気に奈落の底に突き落としてきたのはマヌエル・ペジェグリーニだった。

グアルディオラは、選手たちのファウルに対しては怒ることもできるが、たいていは許す。プライベートでは公衆の前での態度ほど優しくはないが、ファウルはサッカーのアクシデントの1つとして受け入れる。元選手のペップは、自分でも不本意なファウルを犯してきたことを忘れてはいない。本当に彼を怒らせていたのは、どんな試合にも簡単に勝てる、もうやりつくしたと思ってしまう油断だ。ペップはこの油断に対して、イライラしていた。彼の考える努力と対岸にあるのが、油断なのだ。スポーツにおいて、努力なくして人から与えられるものは何一つない。保証されるものは何もなく、日々の努力の積み重ねしかない。一時も油断することなく、一段一段ステップを上がっていくしか道はないのだ。バルサのマスチェラーノやイニエスタ、バイエルンのラームやノイアーのようなフットボリスタに真のパッションを感じるのは、不思議なことではない。彼らは、試合中に絶対に油断しない、集中を切らさないのだ。

ある夜のこと、アリアンツ・アレーナで夕食をしている時、ペップと一緒にスタジアムのメインスタンドから撮られた映像を見たことがあった。その映像は、バイエルンが怒とうの攻撃を繰り返している時のノイアーだけを映し出していた。試合は完全にバイエルンが支配していたので、ときどきダンテやボアテングが画面に現れるだけだった。なんとノイアーはその間、60メートルも先にボールがあるのにも拘らず、仲間の選手たちと一緒にボールの動きを追っているではないか。一瞬たりともプレーの方向を見失うことなく、チームメイトとシンクロして動いているのだ。自分が参加しなければならない守備の綻びを予測しながら。

ペジェグリーニのマンチェスター・シティ戦に話を戻す。件の大型台風によって押し出されているかのように、バイエルンはホームのシティ戦でギャロップを舞っていた。リベリーがファルソ9の瞬間は、マンジュキッチが左サイドに動き、ミュラーは右サイドに開く。後ろではラームがサイドバックの位置で敵を分断してくれるのでチアゴ、クロース、ゲッツェはそれに助けられ好きなようにボールを動かす。試合開始11分で、すでにミュラーとゲッツェが2点を叩き出した。水曜日の夜のように再び圧倒する試合となりそうだった。ペジェグリーニ・シティが2度目の餌食となるような……。バイエルンは、この試合に勝ってCLのグループリーグ

6試合連続勝利の街道をまっしぐらに突き進んでいた。CLになる前のヨーロッパカップの時代（92－93シーズンまで）にさかのぼっても、現チャンピオンが達成したことのない記録だった。前シーズンのチャンピオンの翌シーズン5試合連続勝利というのは、1995年のアヤックス、1966年のユーベ、1997年のドルトムント、2011年のバルサだけだった。ペップ・バイエルンはすでにこの記録に並び、防衛のための最高のチャンピオンに変わる条件が整いつつあった……。

そんな状況の中でコトは起こった。ペップチームは、栄光の上にあぐらをかいて居眠りを始めたのだ。バイエルンは試合を支配して多くのチャンスを生み、まるで大差のあるような試合がここまでは展開されていた。数々の勝利によって多くの記録を打ち立てていたペップの選手たちに、最もペップが憎むべきことが起こった。それは、油断。そしてミスの連発。「油断した時にミスが出るんだ。緊張を忘れた時、すべてやりつくしたと思ってしまった時……」とペップは後になって私に言った。

ボアテングはエリアのセンターでボールが通過していくのを、何もしないで見ていた。その後オフサイドポジションだったジェームズ・ミルナーをエリアの中でダンテが押し倒した。ミスの連続による動揺でボアテングはエリアの真ん中で簡単なボールをクリアすることさえできず、3失点を喫した。連続5試合無失点の記録更新中だったノイアーがバイエルンに来てから1試合で3失点もすることは、これまで1度もなかった。

ペップは、ベンチで一口長めに水を飲んでから、ドゥメナックとヘルマンの話に耳を傾けた。このまま、もう1点奪われたらシティがグループ首位となる。それは、次のことを意味する。決勝トーナメント1回戦のセカンドレグをホームで戦えるアドバンテージを失うこと、グループリーグを首位で通過したヨーロッパのビッグチームと戦わなければならないこと。グアルディオラはミュラーを呼び、具体的な指令を出した。「守れ。守りを固めるんだ、こんな状態を終わりにしなければ」

シティが3点とってから、バイエルンはグロッキーになり普通に試合を組み立てることさえできなくなった。バイルンが1点返して同点に追いつくよりも、シティが1点取る方が簡単な様相だ。ペップはグループリーグ首位を繋ぎ止めておくことを決断した。

しかし、驚いたのはバイエルンがゆっくりプレーし始めたことではなく、シティがアクセルを踏みださないことだった。このイングランドのチームは誰一人として、監督も、コーチングスタッフも、選手たちも、クラブの幹部も、スポーツディレクターも、本当に誰一人として「この瞬間1点追加して4点とれば、グループ首位になれる」ということを知らなかったのだ。試合が終わってから、初めてそのことを知ったのだった。

カタルーニャ人監督はあのような負け方に対して腹を立てていた。選手たちの油断。何カ月か前に、コンフォートゾーンから出ようとしない選手たちへの激しい叱責でクラブを震え上がらせたザマーも怒っていた。しかし、2人ともその怒りをメディアの前で言うことはなかった。勝利のために爆発はとってあると、読者の皆さんはすでにご承知だろう。敗戦の時は冷静だ。ペップは、メディアに次のようなコメントを残した。

「素晴らしく勝利したシティを称賛するよ。時には負けることもあるが、グループリーグ首位という結果に終わったことに対して選手たちを讃えたい。そして、ヨーロッパで戦うことの難しさをもっと理解してほしい。もちろん、選手たちはピッチの上で良くない日を持つ権利もある。私たちはもっとトレーニングしなければならない」

ペップは選手たちに、敗戦についての話をしなかった。敗戦の原因について熟考する選手たちを放っておいた。ペップは監督としての新しい戦略も身に着けていたので、こういう時には少ない言葉の方が良いことを知っていた。むしろ何も言わないで、選手たちが敗北から何を学んだか観察する方がもっと良い。選手たちは決してバカではない。いや、とても賢いのだ。シティ戦の2－3の結論を、自分たち自身で出すだろう。

４日後の12月14日、アリアンツ・アレーナでの２０１３年が終わった。ハンブルグ戦はチアゴとゲッツェの連携が際立った試合で３－１で勝った。２人の相互理解は日増しに深まっていく。ドルトムントはホッフェンハイムに引き分けた。レバークーゼンは、ホームでフランクフルトに負けた。バイエルンは、レバークーゼンに勝ち点で7差、ドルトムントには12差でマラケシュに飛び立つことができた。わずか2カ月前、この状況をペップは想像だにしていなかった。

バイエルンは２０１３年、５つ目のタイトルとなる、モロッコのマラケシュで行われるクラブワールドカップを獲るために旅立った。飛行機の中でペップは、今年のバイエルンの驚くべきデータを読んでいる。この12カ月間のリーグ戦33試合中、30勝３分けでブンデスリーガ新記録となる93ポイントの勝ち点を獲得していた。その中でハインケスが指揮したのが17試合（16勝1分け）、16試合がペップだ（14勝2分け）。監督就任した年のシーズン開幕から16戦負けなしで、勝ち点44ポイント、42得点、８失点というのも記録となった。その後チームはリーグ負けなしの記録を41試合まで伸ばし（35勝６分け）、２０１４年になって手ごわいチームを相手にその記録の更新は止まった。

当たり前のように、グアルディオラは偉大な記録に対しては、何のコメントもしない。
「チームが良くなるためには、まだまだ。足りないことばかり……」と繰り返すだけだった。

傑出した1年が終わる　２０１３年12月21日 マラケシュにて

グアルディオラが驚いたのはマラケシュの通りがお祭り騒ぎだったことだ。
「ああ、どこもかしこも人で溢れている。まるでバルサがＣＬで優勝した時みたいだ。通りに何千、何万という人が繰り出して……これじゃホテルに辿り着けないかもな」
コーチングスタッフと一緒に、ペップはラジャ・カサブランカとアトレチコ・ミネイロのセミファイナルを見に行った。モロッコのチームが、ロナウジーニョのいるブラジルのチーム相手に見事なカウンターで勝利。これも驚きだった。勝者のプレーには、カウンター芸術の宝庫ブンデスリーガの試合に立ち会っているかのような錯覚を覚えていた。

地元チームの勝利で通りが賑やかになることを考え、試合終了前の84分にはスタジアムを離れたが、すでにマラケシュの中心部は勝利を祝う何万もの人々で埋め尽くされていた。ラジャはクラブワールドカップのファイナルへ進み、オールマイティなバイエルンの挑戦者になったのだ。

前日のアガディールで行われたバイエルンのセミファイナルは、3－0にするのに7分あれば十分だった。世界で唯一、欧州CLとアジアCLとワールドカップのタイトルを持つマルセロ・リッピ監督が率いる広州恒大を圧倒したのである。グアルディオラは、チアゴをトップ下にするためにラームをメディオセントロに戻した。これによってチアゴのポジションが、よりゲッツェに近づく。そしてチアゴは、自身クラブワールドカップで3回目となるアシストでチームに貢献（2点はバルサ）した。ゲッツェのゴールは、クラブワールドカップが現在のような形になってから初めてのドイツ人の得点となった。

広州恒大との戦いを終えアガディールからマラケシュまでのバスの中で、アスティアルタが何気なく言った言葉がある。

「これでファイナルの数が、もう1つ増えたな」

グアルディオラにとって15回目のファイナルとなった。この15回の内、負けたのは2回。２０１１年、スペイン国王杯でモウリーニョのマドリーに延長戦で敗れたのと、２０１３年にクロップのドルトムントにドイツ・スーパーカップで敗れただけだ。

ファイナルのラジャ戦もセミファイナルのような展開で、20分までにダンテとチアゴがゴールを決めた。バイエルンは、芝の上で心地良さそうにプレーした。多くのポジションチェンジをする選手たちを眺めていると2011年のバルサ対サントス戦を思い出す。この試合の後、ブラジルのチームの監督は言った。「グアルディオラは3－7－0のフォーメーションで臨んできたんだ」と。このファイナルでもドイッチャンピオンが3－1－6－0もしくは3－2－5－0になるのにそれほど時間はかからなかった。

ミュラーはクラシックなセンターフォワードのポジションではなく、いたって流動的なFWとしてプレーし始めた。また、練習はしていたが12月初めのアウグスブルク戦では使わなかった1人の高いサイドバックと3人のDFによるサリーダ・デ・バロンを使った。戦術のアイデアを学ぶ、イコールすぐに実践で採用するのではないことを証明したことになる。ペップにとって大事なことは、いつでも選手たちがその戦術の概要を知っていて、練習しておくということ。つまり、その時がきたら使えることが大事なのだ。

ロレンソ・ブエナベントゥーラは、この監督のやり方について、こう説明している。

「選手たちとのミーティングでペップはときどき10分間ほどかけて正確な指示をだす。これと、これと、これをする。その他にはこうして、ああしてくれと……そして、すべての詳細を語り終えたところで、こう言うんだ。『今説明したことを全部忘れてくれ。そして、今はこれをするんだ』とね」

ブエナベントゥーラは大笑いしながら、さらに説明を付け加えた。

「初めに授業をしておく。でも、使うべき時を決めるのはペップなんだよ」

バイエルンは1976年と2001年以来となる3つ目のインターナショナルのタイトルをマラケシュで獲得した。ペップにとっても、これと同じタイトルは2009年と2011年に続き3回目となる。また、ペップが監督に就任してからの期間で、獲得可能な22個のタイトルの内、16個目でもあった。バルサでは19個中14個（バルサBで優勝したタイトルは入っていない）。バイエルンでは3個の内の2個目だ。ペップは、２つの違うチームでクラブワールドカップのタイトルを勝ち取ったことになる（これまで、それを達成したのはカルロス・ビアンチただ1人）。その上、進出したインターナショナルのファイナルには必ず勝っている。輝きを放ち続ける監督であることは間違いない。

２０１３年は、バイエルンにとって輝かしい年となった。ハインケスが、最重要であるブンデスリーガ、国内カップ、CLという3つのタイトルを獲り、ペップは欧州スーパーカップとクラブワールドカップを付け加えた。ドイツ・スーパーカップのドルトムント戦の敗戦だけがパーフェクトを妨げたが、ミュンヘンのクラブはサッカー界の支配者の立場を確立したと言える。同時に翌２０１４年への期待が一層高まったことは言うに及ばない。

ペップは、親しい仲間のサラ・イ・マルティンや映画監督のダビド・トゥルエバ、父のバランティー・グアルディオラらと優勝を祝った。ダビド・トゥルエバの映画『Vivir es faci con los ojos cerrados（Living Is Easy with Eyes Closed)』は、この年のスペイン映画界で名だたる賞を総なめ。気の置ける人たちだけが乗ったチャーター機で、ペップはバルセロナに一時帰国したのだった。

２０１３年は監督にとって新たな時代が始まった年。そして、年明けの２０１４年から狙うタイトルは、ハインケスの遺産ではなくペップ自身の仕事によるものになる。

バイエルンにとっては、傑出した結果（5つのタイトル、1年間で負けたのは3試合だけ）となったが、ペップにとってはまだまだ改善できる余地がある。この6カ月間、ケガ人の続出でペップのアイデアを思うようにチームに浸透させることができず、ファーストレグのシティ戦のようなエクセレントな試合が継続してできなかったのだ。

バルセロナのマイホームに向かう旅の途中、ペップはすでにバケーションの顔になっていた。

ペップの願いは、いつもとてもシンプル。そして、２０１４年に向けての願いも同じだ。

「私たちは、もっともっと良いプレーをしなければならない……」

第４章　３月のリーグ

「いつの時代でも、人々は新しいことを好む。しかし、その人々が新しいと信じていることは、古いものと何ら変わっていない」

チャールズ・ケターリング

ペップの変化　2014年1月12日 ドーハにて

ロレンソ・ブエナベントゥーラはクリスマス休暇中にペップが2キロ太ったことには一切触れず、ペップの大きな変化について語った。

「フットボールへのパッションと執着は変わらない。革新的で大胆なフットボール病患者そのもの。しかし、グアルディオラは別人になったんだ」

2013年6月の終わりにミュンヘンに来て以来、ドイツはペップの人格に対して大きな影響を与え続けた。バイエルンもまた、苦しみはしたがペップ印を導入することで変わっていった。

ペップはドイツで自由と満足を、クラブからは強い愛情とサポートを感じていた。会長のヘーネスとの関係は親密な友情に変わり、ロセイとバルセロナで過ごした厳しい2年間とはまったく対照的だ。バルサの時よりも命令や指揮することが少ない分、バイエルンは彼を自由な気持ちにさせた。バルサでは、監督業務以外の管理者としての仕事が多すぎた。ペップの親しい友の1人であるサラ・イ・マルティンは言う。

「バイエルンでのペップの消耗は、バルサよりもずっと少ない。バルサでは経営陣のリーダーシップの欠如を補う役割を担っていたから、かなり消耗していたよ。ほとんど一国の大統領のような責任を負う時期があった。その上スポークスマンの役もこなしながら、モウリーニョやUEFAからのドーピング疑惑にも立ち向かわなければならなかった。ミュンヘンでは、正常な状態で仕事ができるんだ」

ペップは選手たちのひたむきさが好きだ。記者会見を準備するメディア担当のマルクス・ホアヴィックの厳格さが好きだ。チームマネージャーのキャシュリーン・クルーガーの徹底した仕事ぶりが好きだ。ブンデスリーガの特徴を教えてくれるヘルマン・ゲラルドの気さくさが好きだ。マティアス・ザマーの情熱が好きなのだ……。

日々、ドイツは、ペップをオープンで穏やかで、新たな取り組みに喜々とする人間に教育している。バルサ時代には考えられなかった雑誌とテレビの取材に答えるだけではなく、率先してバイエルンの広報をサポートしている。そして、政治的な案件はヘーネスとルンメニゲが全面的に受け持っていることが、最も気に入っている。

「ここでは、私はただ監督なだけ。それがバルセロナとは違うところだ。ザマーの助けを借りて、チームのためにトレーニングし、良い結果を求めて戦う。ザマーは私にとってカギとなる重要な人物なんだ」

ペップは喜々として、現状を語ってくれた。

ペップの子どもたちも、ドイツ語をすごい速さで吸収していた。アリアンツ・アレーナでの試合には、ナイトマッチでも毎回駆けつける。学校でも良い友達を作ったようだ。奥方のクリスティーナは引き続き服飾の仕事をやり、ミュンヘン中のギャラリーをくまなく回っていた。ミュンヘン人としては珍しくないことのようだが、この穏やかなペップは家族から大いに歓迎された。サラ・イ・マルティンは言う。

「ミュンヘンでのペップは、ノスタルジーや懐かしさなど微塵もなく、とても満足そうだね。ペップにとって最も大事なのは子どもたち。ペップには信念がある。それは子どもたちを外国で学ばせて、いくつかの言語を話せるようにする、というもの。いつも言ってるのは、子どもにとって最良なことは良い教育と多くの言語を使えることだ、と」

ドイツサッカーがペップの血管の中に、どどっと入り込んできた。より速く、よりアグレッシブ、目も眩むような多くのカウンター、ＣＫの空中戦の強さ。ドイツサッカーには、戦術を最重要視しない代わりに、アグレッシブとフィジカルとチームの結束で補うという歴史があった。ペップはバイエルンのその歴史を変えたのだ。

「とても多くのことを変えたよ。この6カ月で4年間のバルサよりも、もっと多くの戦術のバリエーションをバイエルンに与えたんだ」

バルサB時代からベンチをともにするセカンドコーチのドゥメナックは、この6カ月間の戦術を以下のようにまとめてくれた。

(1)ディフェンスラインの設置場所。ゴールラインから平均して45メートルまでそのラインを高くした。攻撃の時は、センターバックがノイアーから56メートル離れた敵陣にポジションをとる

(2)チームは〝一緒に前進する〟というコンセプトを受け入れた。攻撃のために、プレーの始まりをとても重要な位置づけにした。後方から攻撃の出発をするのだ。選手たちのやり易い方法で、連続したパスをしながら

(3)パスによって選手の配置が整えられる。意味のあるパスの連続(意味のないティキタカと混同しないように)と適切なポジションで、グループ化した形で動きながら平衡を保つ。これによって秩序だった攻撃ができ、ボールを失った時も、素早い対応で奪い返すことができる

(4)中盤での優位性。ペップのプレーのエッセンスは、常に敵に対して中盤での数的優位やポジションの優位を持つこと。つまり中盤を獲得し支配すること。このやり方は、ゲーム全体の支配を保証するものでもある

(5)ファルソラテラル。これはグアルディオラの最初のシーズンでの、新たな大きな戦術だ。サイドのリベリーとロッベンの重要性と、敵のカウンターの根を断ち切る必要性から、サイドバックをファルソラテラル(偽りのサイドバック)としてインテリオールに同伴させ、ピッチ内側に配置させることを決めた

(6)ファルソ9の専属の廃止。バルセロナでの屋台骨だったファルソ9を、バイエルンでは単に戦術的な手

段に変えた。特定の日や特定の瞬間のために、ときどき使う手段とした。

以下もドゥメナックが語ってくれたもので、グアルディオラが受け入れたドイツサッカーの5つの傑出したコンセプトである。

（1）カウンターアタック。その速さと質から、ペップはブンデスリーガを『カウンターリーグ』と命名した。この戦術の効果に興奮して、バイエルンがカウンターを実行するのを歓迎した。同時に、敵のカウンターを避けるためにも、カウンター攻撃の実行を受け入れることにした

（2）空中戦を使った攻守の戦略。ドイツ人選手の大きくて強いという体格的な特徴は、プレーが流れている時もセットプレー時も空中戦を有利にする。バルサでは小さな選手たちを指揮していたが、バイエルンでは、セットプレーの得意な大きな選手たちを指揮している

（3）プレッシングの激しさ。バイエルンの選手たちの性格と敵のカウンターの質を考慮して、グアルディオラはボールを失った直後の激しいプレッシングの必要性を感じた。バルサでも常にやっていたことだが、ミュンヘンではこのタイプのコレクティブなアクションをより増やすことに成功している

（4）ドブレピボーテ。ワンピボーテ主義の旗手でもあるペップだが、バイエルンの中盤が良いパフォーマンスを獲得するまでは、それを断念した。ワンピボーテは来シーズンまでしばしお預けになるだろう

（5）サイドでのプレー。バルサではサイドにボールを送るのは、あくまで決定的なプレーをする場所であるインテリオールにボールを戻すまでの一種の『息抜き』だった。バイエルンでは、ファルソラテラルとしてサイドバックが中でプレーすることで、サイドが攻撃のための有効なレーンとなる。

さて、この2014年初めにペップは何を提案するのか？　それは、今あなたが想像したまさにそれである。ペップの独特のアイデアとドイツで新たに獲得したアイデアのコンビネーションだ。2つのミックス。ドゥ

メナックは、次のように説明した。

「ペップは本質的なところは保つ。例えばチームを結合させるためにボールに触るということ、パスを使ってピッチの4分の3のところまで到達する、とても高いディフェンスラインを敷く、どのような手段にせよ中盤には常にたくさんの選手たちを置く。しかし決まった戦術のシステムの機能を期待せず、スタメンも固定しない。試合によって変わっていくんだ。これからますます、対戦相手の分析が重要になっていくだろうな」

1月のドーハのステージは、ターニングポイントを意味していた。選手たちはすでに知識の吸収期間を完了。シーズン序盤を良い成績でスタートさせ、2つの新たなタイトルも獲得した（欧州スーパーカップとクラブワールドカップ）。グアルディオラへの信頼も最高潮だ。

もはやペップは、バルセロナですべてのタイトルを獲得した伝説的なカリスマ監督ではない。雨の日も雪の日も晴れの日も、スタメンやそうでない選手たちやセカンドチームの若い選手たちと、すべてのセッションをともにする《彼らみんなの》監督なのだ。畏敬の対象となるような遠い存在の監督ではない。ペップも肉と骨でできていて、微笑み、選手の頭を小突き、尻に足蹴りをする。また、叫ぶし、腹も立てて、多くのアイデアや技術、戦術を恒常的に要求する。２０１３年、ペップはバイエルンで初めてのタイトルを獲っただけではなく、多くの選手たちの心もつかんだのだ。

ドーハのステージは、2週間の完全オフの後から始まった。この冬のインターバルは、２０１３年素晴らしい活躍をした選手たちの疲れを取り、頭もすっきりさせた重要な休暇となった。グアルディオラもバケーションで2キロ太っていた。コーチングスタッフたちは、ペップが選手たちと走って、腹筋を鍛え、パスタを断ってサラダを食べているのを知っている。ペップはカッコつけマンなのだ。またこの冬のインターバルは、いくつものタイトルが待ち受ける第2ラウンドへの戦いの準備でもある。ブエナベントゥーラの意見はこうだ。

「ドイツの冬の長い休止は、身体と頭にとても良い。ドクターや理学療法士と話をしたけど、疑いのないことだね。イングランドでは反対のことをしている。クリスマスに2日に1度試合をしていて、ドクターたちは身体に悪いことを知っている。1月の中旬には、選手たちの身体は破綻寸前だ。2週間のバケーションと3週間のトレーニングというのは、まさに天の恵みだよ」

フィジカルコーチは、シーズン前のイタリアのトレンティーノと同じようなやり方で、ドーハのトレーニングを行った。しかし、そこには重要な違いがあった。それはチームはもう、あの時とは違う、ということだ。選手たちは100時間以上ものトレーニングを積んできて、新しいコンセプトを吸収している。躓きながらではあったが、ペップのアイデアを受け入れ、新しいサッカーの〝イデオマ（言語）〟をすでに学んでいた。

TZオンラインが放送したトレーニングの映像は、直接ペップのセッションを見られない人々を驚かせた。世界中を駆け巡った映像は、チームの真実の日々を映し出していた。選手たちが適切な動きを実行できるよう、監督はすべてのセッションで高いインテンシティをもってトレーニングしている。80分間が常にマックス。正確な動きと、質的な飛躍を可能にするアクションの追求が、そこにはあった。

アスティアルタにグアルディオラの変化について尋ねてみた。ドイツのファンやジャーナリストたちは理解しがたいことだろうが、バルサ時代を誰よりも知っている彼にはその変化がよくわかっている。

「バイエルンに派手さはないが、プロの仕事をするためのすべてがある。要するに、プロフェッショナルたちがいるってことさ。ペップの仕事に対しても、大きな敬意を払っている。昨日ペップに言ったんだ。『私たちは、理想的な時に理想的な場所に居るんじゃないか』って。今まさに思うのは、他にこんなに良いコンディションの場所を見つけるのは容易ではない、ということ。多くのタイトルを勝ち取ることが可能なクラブと言う意味ではない。もちろんそれもあるかもしれないが、このクラブは前進したいという欲求を持っている。

選手たちも前進したいと望み、個人でも集団でも改善を望んでいる。より良い選手になって、勝ちたいという学習に飢えている。クラブもチームも前進したいという欲求が、この卓越した環境を作っているんだと思う。もしかすると1年後には、もうこういう状況ではないかもしれない。しかし、今はそうだ。ペップが来たことで変わったんだ」

素晴らしい2013年は終わって、時計の針はゼロに戻った。フットボールの水車は新たな回転を始めている。ドーハに別れを告げたバイエルンは、タイトルを求めて留まることなくギャロップを踊り続けることだろう。もう少しで、一気にブンデスリーガを飲み込んでしまう勢いだ。選手たちのチームコンセプトの吸収も、加速度的に速くなっていく。ここから、とてつもない速さで前進していくだろう。

ペップがバイエルンを変えて、ドイツがペップを変えていく……

リーグを勝ち取った夜　2014年1月29日 シュトゥットガルトにて

寒い1月の夜のシュトゥットガルト。バイエルンは、リーグタイトルを獲得するための重要な試合に勝った。まるっきり良いプレーができなかったチアゴ・アルカンタラが、戦いの幕が下りる直前に起死回生のゴールを決めたのだ。逆転勝ちだった。

精彩を欠き混乱するバイエルンと、強い結束でコンパクトに守り、敵に多くのチャンスを与えなかったホームのシュトゥットガルト。たとえバイエルンが二重の守備の壁を乗り越えようとも、GKのスベン・ウルライヒが現れて素晴らしいセーブを見せる。また回数はわずかだったが、シュトゥットガルトの攻撃は知的で鮮やかだった。常にバイエルンの守備バランスが整う前に、攻撃に転じる。これが効果的にディフェンダーたちを苦しめたのである。さらにバイエルンの攻撃の組み立てやスローイン、セットプレーなどを強い狙いを持って遅らせることでリズムを崩した。トーマス・シュナイダー監督（6週間後に罷免《ひめん》）のプランがハマったと言えよう。そんな中、苦しい試合をものにできたことは、バイエルンにとって、極めて重要なことだった。

たとえ、クラブワールドカップ（2013年12月）によって延期になったシュトゥットガルト戦に負けたとしても、2位ドルトムントとの勝ち点差はすでに14。結果を残せなくても、それほど大きな問題ではなかった。しかし、バイエルンは、すっかり目の前の敵に怯えきって、真っ暗闇の中にどっぷりと浸かっているかのような状態だった。選手たちは思いがけないほど、疲労困憊していたのだ。

グアルディオラは、この試合を前節と同じスタメンでスタートさせた。5日前には鋭いパフォーマンスでアウェーのメンヘングラッドバッハに輝かしい勝利を飾ったメンバーである。それにしても、短期間でどうしてここまでバランスを崩してしまったのか？　身体を休ませる時間もあったはずだ。チアゴが決勝ゴールを決めた試合後のロッカールームで満足そうな笑顔で、こんなことを語った。

「もう、これ以上はできない。頭がやらせてくれないんだ。それほど前節のメンヘングラッドバッハとの試合は厳しく過酷だった。フットボールでは、こんなことがときどき起こる。最高に良いプレーをした後、何もできず解決策が見つからないと思えてくる。しかし、私たちは見つけたんだ」

この解決策は、ベンチからやって来た。

同じスタメンにした理由は3つ。1つはラーム、クロース、チアゴ、ゲッツェ、ミュラー、シャキリたちが中盤でコンスタントにポジションチェンジする動きが、とても効果的で気に入っていたから。2つ目はリベリー、ロッベン、シュバインシュタイガー、ハビをケガで欠いていたから。3つ目はマンジュキッチが練習中にやる気のない態度をとって、懲罰としてスタメンから外されていたからだ。

しかし、今夜の試合では、監督が期待したものは何も出てこなかった。バイエルンはボールを自分たちのものにして、敵陣のエリア近くを自在に動きまわるが、なかなかその先の深いところには入っていけない。圧倒的に支配はするものの、本当の危険に変えることができなかったのだ。時間の経過とともに、試合の様相も変わり始めた。バイエルンのDF陣が相手のカウンターに苦しむ。機械のように精密だったチームプレーが流れなくなり、前半が終わった時点でシュトゥットガルトに1点リードされることとなった。

そこでハーフタイムに、ペップは〝変える〟ことを決断した。試合を極端に変えようとしたのである。後半に入ると直ぐにマンジュキッチとピサーロとコンテントがアップを始めた。ペップの修正は、靴下をひっくり返すように試合の流れもひっくり返したのだ。

「ドゥメ、これ以外の選択肢はない。極端な変え方をしなければ勝てない」

ハーフタイム、ロッカールームに着くや否やペップはドゥメナックに、そう言い放った。そして後半が始まると、直ちにダブルで選手交代を実行した。良いところがなかったシャキリとクロースを、マンジュキッチとピサーロに代える。さらに、チアゴとラームをドブレピボーテにして、ピサーロをサイドにボールを配給するためのトップ下に据え、4－2－3－1の配置にした。

後方からの攻撃の組み立ては、こうなる。DF陣がチアゴかラームを探してボールを素早く渡し、受け取るや否やピサーロに向けてフィルターパス。このペルー人は、両ワイドに開いたウイングのミュラーかゲッツェにパスした後、エリアの中で待ち構えるマンジュキッチへのサポートに駆けつけた。ピサーロは、このタイプのプレーに卓越している。

つまりペップの提案は、バイエルンの伝統的なプレーシステムへの再帰だった。ペップのスタイルとは真反対の提案と言える。11月のドルトムント戦では、流れを引き戻してボルシアに勝つために、中盤のチアゴとゲッツェをダブルで投入し、まさに『グアルディオリスタ』のやり方に賭けた。今夜は違う。サイドからクロスを入れてマンジュキッチの頭にあわせる、という方法を採ったのだ。自分自身を裏切るペップを誰が想像しただろうか？

試合が終わってから質問してみると、顔色一つ変えずにこういう返事が戻ってきた。

「おいおい、冗談はよしてくれ。試合に勝とうとしただけだよ。ただ、それだけのことだ」

ピサーロ、マンジュキッチ投入後のピースたちは次第にかみ合っていき、シュトゥットガルトはリフォームしたバイエルンに抗えなくなっていく……。GKウルライヒのエリアにも頻繁に危険が及ぶようになり（24回のシュート）、終了15分前にヘディングで同点に追いついた（チアゴが蹴ったFKを、ピサーロがゲット）。ここでペップは最後の切り札を使う。疲れ切ったゲッツェに変えてコンテントを投入、アラバを左ウイングにコンバートしたのだ。チームの攻撃はより深いエリアに到達するようになる。

しかしシュトゥットガルトも、気力、体力が衰えることもなく、時折、物凄い威力のカウンターでノイアーに襲いかかる。シュトゥットガルト対バイエルンの戦いは、最高潮に達したのである。

ペップは勝利をつかみ取るためにもう一歩前に出た。非常にシンプルな作戦を命令するためだ。それは、サイドチェンジ。欧州スーパーカップのチェルシー戦と同じメッセージだった。あの時は、左でボールを持って敵を引きつけたアラバが、大きく右サイドにボールを送り、そこからクロスが入った。この作戦が的中したのだ。チアゴが素晴らしいゴールを決めたのは、93分を指す頃だった。左のアラバ、コンテント、ピサーロ、そしてチアゴのコンビネーションからラームにボールが渡り、右のラフィーニャへ。そのラフィーニャがクロスを上げると、ゴール前で待つチアゴのアーティストスピリットが姿を現したのである。

見事な『ティヘーラ』だ。身体を空中で斜めに浮かしての、オーバーヘッドキック。と同時に、リーグタイトルのカギとなる試合の決着の瞬間でもあった。チェルシー戦の延長戦で同点に追いついたハビのゴールや、偉大なライバルを3－0で打ち破ったドルトムントの夜を想起させるような達成感。チアゴのゴールは、リーグチャンピオンに贈られるマイスターシャーレの中に記憶として刻まれた。

「スネに軽く当たっただけ？」とロッカールームで茶化してみた。

「違う、違う、何を言うんだよ。身体全体で思いっきり蹴ったような感じだ。全力で蹴った、夢にまで見たシュートだったんだよ」

決勝ゴールは、チアゴのブンデスリーガでの初得点。チームは43試合連続負けなしの記録を打ち立てた。この記録は2カ月後に粉砕されることになるが、3月にリーグタイトルを獲るまでにさらに10試合、負けなしの連記録をつけ足すことになる。

グアルディオラは、シュトゥットガルト戦に勝ってとても満足した。しかし、エジプトのミイラのような無表情さで、その喜びを隠した。ロッカールームでは勝利を祝ったが、プレスルームに向かう途中では、もう勝利を忘れていた。リベリーとロッベンとハビを、ケガから取り戻さなければならない。マンジュキッチが毎試合90分間試合に出場しなくても、最高のモチベーションでトレーニングするように説得しなければならない。ドルトムントと契約延長問題（サラリーの要求）で、クロースの集中が切れないよう配慮しなければならない。ドルトムントと勝ち点が17も開いているとはいえ、チームが油断するのを妨げなければならない。そして、何と言ってもベンゲルのアーセナルとの戦いへの準備。ヨーロッパ中の強豪がミュンヘンを警戒するCL決勝ラウンドが、迫っていた。

シュトゥットガルトのスタジアムを立ち去る時、ブエナベントゥーラが、試合の流れを変えた時のペップの妥当性について語ってくれた。

「この試合で、私たちは行き詰まっていた。ペップが試合の流れを変えることに成功したのには、3つの理由がある。1つ目はバイエルンの選手たちやブンデスリーガの対戦相手から学ぶことで、ペップのカタログに新しいページが加わっていたから。2つ目は、ここにいる選手たちはバルサとは違い、今日のような形のプレーができるから。そして3つ目、ペップは自分に対する原理主義者ではなく、豊かな知性を示すことができる人間だから。自分のスタイルの基本的なコンセプトを消さないで、ブンデスリーガを研究して分析して受け入れることがペップにはできるんだ」

隣のペップは、この会話すら聞いていない。すでに次の試合のことを考え、挙げ句の果て、無意識に横槍を入れてきた。

「ロレン、ローテーションを組まなきゃならないな。これから、良いコンディションの選手たちを選んでいかないと」

ドゥメナックが、これに付け加えた。

「勝利のレコードを追求する監督たちは、選手を疲労困憊にさせる。そんな過ちを犯しちゃいけない」

ロッカールームで5分間だけの満足を味わって、すぐ未来に目を向ける。勝って大喜びすることを自分自身で許さない。勝利を一瞥だけして、すぐに次の章へ移っていく。ほぼリーグを手中に納めた後、ミュンヘンへの帰りのバスの中でも言っていた。

「私たちは改善せねばならない、改善せねば……」

対戦相手の分析　2014年1月31日ミュンヘンにて

「足が冷たい！　くそっ、なんて寒いんだ、ここは！」とペップは言った。シュトゥットガルトで最後の最後に起こった壮大な物語は、すでに過去のこととなっていた。チアゴは新聞のトップを飾り多くの称賛を浴びたが、サイクルは再び動き出した。新たな敵を徹底的に分析しなければならない。3つのミーティングで選手たちに授ける勝つための道具を準備せねばならないからだ。これはペップの試合前の変わらぬノルマ。各ミーティングは7分ほどの映像を含みながら15分ほどの時間をかけて常に同じガイドラインで行われる。

試合の前日、ペップは対戦相手の危険な攻撃シーンを、際立った動きをする選手の映像を通して詳細に説明する。この時監督は、対戦相手の攻撃の効果を消すため自分たちの守備の解決策も詳細に説明する。そして、その後のトレーニングで即座にミーティングで解説したばかりの守備を練習する。

2回目のミーティングは、試合当日の午前練習の前。敵の守備と攻撃の戦略を、細部にわたって説明する。このシーンではどうやって守ってくるか、CKやセットプレーではどうやって攻撃してくるか、など例を挙げる。セットプレーに関しては、セカンドコーチのドゥメナックが取り仕切る。ドゥメナックは対戦相手の直近のCKとFKを各50個ずつ詳細に調べあげ、その際立った特徴を選手たちに説明するのだ。選手交代時、選手にセットプレー時のポジションを指示するのもドゥメナックだ。

ミーティングの後で、分析したばかりの攻撃と守備の軽い練習をする。その時はまだスタメンがわからないので、みんなが参加してやっている。もし、試合がアウェーならこの練習はしない。前日にゼーベナー・シュトラーセで済ませておいた練習の映像を見直す。

試合の2時間前、ペップは最後となる3回目のミーティングをホテルでする（ロッカールームでは絶対にしない)。モチベーションを上げることも可能だが、どのように攻撃するかという詳細な戦術的な内容がほとんどで、この時にスタメンを告げる。この瞬間まで選手たちは、誰一人知らされていない。1回目のミーティングで、すでに守備とセットプレーは説明しているので、ここでは攻撃に焦点が絞られる。試合中にチームが準備した最初のCKとサイドからの最初のFKを、どのように蹴るかを説明する。

しかし、ミーティングでモチベーションを上げるための話をすることも、まれにある。また、逆に4月初めのマンチェスター・ユナイテッドとのCL準々決勝では、この3回目のミーティングを抜かした。初めてのことだったが、理由は、至極シンプル。前日、すでにスタメンを発表した上で攻撃の詳細の練習をしてしまったので、それ以上付け足す必要がなかったからだ。逆にブンデスリーガ再開の1月24日のメンヘングラッドバッハ戦では、3回目のミーティングが長引いたのでボルシアパークにぎりぎりで到着した。このミーティングでペップは、6日前の親善試合のザルツブルグ戦でバイエルンが0-3で負けた理由を語っていたのだ。それは、選手たちのインテンシティがまったくなく、全然走っていなかったからだった。ペップは言う。

「私がここにいるのは、対戦相手を分析するためと、君たちにとって良い戦術的な配置を決定するためだ。例えば、ダビド(アラバ)は今日の試合ではあまり高く上がってはいけない。なぜなら、シュトゥットガルトの右のウイング(マーティン・ハルニック)は、そのスペースを突く危険な選手だからだ。しかし、ここから先は君たち自身が責任をもってやらなければならない。もしインテンシティなく、ヤギのように走っていたら、勝つことはできない」。バイエルンはこのメンヘングラッドバッハ戦で、タイトル獲得を決定づけるよう素晴らしい試合で鮮やかに勝った(2-0の勝利)。

3つのミーティングの中身は、細部にまで行き届いた2つの分析の賜物だ。それは、対戦チームと自分たちのチームの分析。同時に、グアルディオラの基本的な性格もこのミーティングに反映されている。コロンビア大学の経済学者サラ・イ・マルティンによると、それはイノベーションであるという。

「ペップは偉大なイノベーターだ。細心の分析を通し、敵の弱点を探し、相手を負かそうとする。たとえ敵が修正を繰り返しバイエルンを研究してきたとしても、ペップは新しいプレーのバリエーションのアイデアを実行し続ける。コンスタントにイノベーションし続ける能力があるってことなんだ。いつも前に進もうとしている。中盤で常に優位性を見出そうとするところに基礎を置く、彼自身のプレー哲学を保ち続けながら、敵の特徴にあわせて戦うんだ」

ガリー・カスパロフは2012年10月、ニューヨークでペップに言った。

「山の頂上に居る時と、平野に居る時とでは戦い方が同じではない」

同じニューヨークで『エル・ブジ』を閉めたばかりの天才調理師のフェラン・アドリアはグアルディオラと夕食をともにして、2012年の終わりにこう言った。

「ペップは監督というよりも、イノベーターだね」

監督はそれに応えて「フェラン、私が唯一できることは、敵の試合映像をしつこく見て研究することだけだ（本当はもっと凡庸で下品な言い回しだったが）。私がしている唯一のことは、私の持っているすべての武器を検討して、それを1試合ごとに変えるだけなんだよ」

サラ・イ・マルティンにとって、このグアルディオラのイノベーターの資質は、ドイツの完璧主義の精神と重なるという。

「ドイツサッカー界の意見がどんなものかは知らないが、ドイツの大きな会社の経営者たちやドイツの国の指導者たちをたくさん知っている。彼らは皆イノベーターであり、完璧主義者だ。常に完璧さを求めることでイノベーションを続けている。ＢＭＷ、シーメンス、アウディを考えてもそうだ。そこがペップのスタイルと一致しているところだと思う。バイエルンをバルサのようにプレーさせるのではなく、自分の考え方をドイツと選手たちに応用しているんだ。チームのプレーは2013年7月1日の時点と今ではまったく変化している」

相手チームと自分たちのチームの分析をどのようにしているかを徹底的に知るためには、スカウティング責任者のカルラス・プランチャルトと話をする必要がある。彼はチームの分析班の責任者で、2007年のバルサB時代から一緒に仕事をしている。プランチャルトは、ペップがどのように彼やその協力者たちを使うのかを詳細に説明してくれた。

「基本的に2つのパートがある。自チームの分析と対戦相手の分析。2つはまったく異なる。3日に1回の試合が続くので、自分たちの弱点をピッチ上で修正する時間がなかなかとれない。もちろん試合中に多くの修正を選手に伝えることも不可能だ。もし1週間の練習が許されたら、一連の修正の練習ができる。例えば、DFがあまりにも高い位置に居たら、または低すぎたら、あるいは2つのラインが離れすぎていたり、センターバックとの関係の問題や、ニアポストに対するクロスの対処が悪かったら……。私たちが考える最も早く修正のアイデアを選手たちに伝えることができるやり方は、映像なんだ」

試合が終わるたびに、分析家（アナリスト）たちは、重要な集団での動きや個人での動き、戦略的・戦術的な動きを試合から抽出する。そして、週によってペップは具体的な選手にその映像を見せる、または、特別な瞬間や、もっと先のためにとっておく。しかし、普通は、個人と戦略の修正は即刻、正されて、次の試合で生かされる。

プランチャルトのグループはこのシーズンから他のディテールを追加した。それは、戦術的な動きに加えて、個人の動きの分析だ。試合が終わると同時に、すべての選手たちの具体的な動きのラインナップが整う。つまり、プレーに参加した状況のすべて、選手が下す決断が適切な瞬間や適切でない瞬間のすべてを、各選手がアーカイブを開いて見ることができるのだ。

試合が終わると同時に、空中戦やドリブルなどのプレーのタイプによって整理される。これらのすべてを、翌日のトレーニングでは、各選手に映像で示すことができて、個人での修正やラインごとの修正、戦術的な修正の練習をする。すべての映像はピッチ全体を撮影しているので、全体的な展望に立ってこれらの修正は行われる。つまり各選手の技術だけではなく、戦術のビジョンも提供しているのだ。プランチャルトは説明を続ける。

「このほかに、ペップはいつも1試合全部を見るので、試合が終わると彼のノートパソコンに映像を入れる。1試合全部も見れるし、私たちが選んだ動きを選ぶこともできる。あるいは選手、アクション、戦術などに分類して、私たちの注釈とともに見ることも可能なんだ。また、試合の前に話し合っていた特定のプレーについての映像と注釈も見ることができる。ペップは、映像を見て検討する時にメモを取るのが好きで、そうやって自分のメモや私たちのメモをあわせて自分の情報とするんだ。

2つ目のパートである敵の分析に関しては、その分析次第で自分たちの戦い方のタイプを選ばなければならないのでとても重要になってくる。ドイツのリーグは、ブンデスリーガとセカンド・ブンデスリーガのすべての試合をピッチ全体を映すよう撮影していて、月曜日の朝一番で各クラブに配られる。反対にCLは、このサービスがないだけではなく、撮影するのにライセンスの問題があるので、三脚を使わないで手だけで低い客席から小さなカメラで撮影したり、映像撮影ができるメガネまで使って苦労している。試合は適切な場所でピッチ全体が映るように撮影することが最も重要なんだ。

ここドイツでは、スカウティングはスパイ活動でもなんでもなく、ごく普通のこととして定着している。クラブ間でもときどき映像の交換をするんだ。それはごく普通のことなんだ」

プレーのシステムや、試合に備えた練習のやり方や使う選手のタイプを選ぶためには、対戦相手の分析は必要不可欠ということだ。

「バルセロナではCLのファイナルを戦った時、対戦相手の直近の12試合を分析した。しかし、普通の試合では半分の5試合か6試合だ。日程も詰まっているし、分析する対戦相手のチームのタイプにもよる。初対戦なのか、カウンター攻撃なのか、私たちのシステムと似ているのか……などなど。もし次の対戦相手を分析するための試合の相手が私たちと似た特徴のチームだったら、それはとても参考になる。違っていれば、あまり参考にはならない」

この5、6試合を分析した後、プランチャルトはペップのため幾つかのコンセプトとそれにあわせた局面の情報を用意する。より簡単に伝えることができる映像化した情報、各コンセプトの表示とそのコンセプトに対応した3つの局面。このコンセプトはペップの要望にあわせて、配慮しながらやっている。

「普通は試合が終わったその夜のうちに、あるいは翌日の朝一番で次の対戦相手の情報を渡す。私は2週間前には分析が終わっている。しかし、ペップはいつも目の前の対戦相手だけに集中している。何回か、CLで早く情報を渡したことがあったが、それは水曜日に試合がなく1週間まるまる空いていた時だったので、その空いた時間を利用して事前に観るためだった。しかし、ペップは、いつも1試合ごとだ。試合が終わると直ちに次の試合に集中するんだ」

グアルディオラは、まずプランチャルトから渡された50～60のシーンで構成された相手の情報を見る。それを基に全体的なアイデアとスタメンの可能性を考える。また、特定のプレーを中心にしたトレーニングメニューを翌日のためにドゥメナックとブエナベントゥーラと計画する。この一連の経過を説明すると、1試合全部または、試合の特定の瞬間を見ながら、対戦相手を詳細に分析する。推論して結論を得ることを繰り返すのだ。そして、とったメモの中から、どれを選手たちに伝えるコンセプトにするかを選ぶ。ときどき、前の試合の映像も組み合わせて使う。それは特定のプレー、動機づけ、戦術的なアイデアなどの理由による。

試合の間、カルラス・プランチャルトと彼のチームは、具体的なシーンの映像だけをベンチに送っている。ドゥメナックがその映像をiPadで受け取っているのだ。ドゥメナックは言う。

「カルラスは、私のiPadに送るんだ。彼はいろいろなことに気が付いて見つけ出す。私たちがそれを見られるように、送ってくれと頼んでいる。CKや、あるタイプのカウンターなどで、短い映像を送ってくれる。だからペップはほぼ同時進行で見ることができる」

分析チームはドゥメナックのiPadとつながれたカメラで、メインスタンドから撮影している。そのカメラは、ペップの執務室のノートパソコンとも、ロッカールームのパソコンともつながっている。ロッカールームではディスプレイにもつながっているので、ダイレクトに見られるようになっている。プランチャルトは、重要だと思われる動きを選び、ライブでそれらのいくつかに注釈をつけて送る、選んではメモを添える、という2つのことを同時にやる。ハーフタイム5分前に、ペップの書斎でプログラムをアーカイブして前半を完成させる。アウェーの試合の時は、ホームと同じようなコネクションは持てないので、自分のパソコンをロッカールームに持っていく。

ハーフタイムでの点検作業について語ってもらった。

「ハーフタイムで何をするかと言うと、まずペップに問う。彼の書斎に行って〝あなた方は何を見ますか?〟と質問するんだ。なぜなら、上から見るのは下とはビジョンがまったく違うから。その要望に沿って私は話をする。ペップはそれを注意深く聞く。ペップはいつも、とてもよく人の話を聞く人間なんだ。そこで、私の言ったことを分析して、弱点の修正のため、またはゲームを流れるようにするための解決策についてドゥメナックと話し合う。修正したい5、6個のコンセプトをメモして、後半が始まる5、6分前に選手たちのロッカールームに入り、関係する選手たちだけを呼んで映像を見せ、すべき修正を説明する。そしてピッチに戻っていくんだ」

この選手に見せる映像は、1つのコンセプトが3秒くらいの長さの2つか3つのシーンで構成されている。合計でも30秒足らずの短くて具体的な映像となる。ペップが『エル・ブジ』のフェラン・アドリアに「いいかい、フェラン！　私が唯一やっていることは、対戦相手の試合映像を見て打ち負かそうとすることだけなんだよ」と答えたように、ペップのイノベーションは、いたってありふれたものだった。

大事なこと、それは進化　2014年2月15日 ミュンヘンにて

2月2日、マリオ・ゲッツェはアリアンツ・アレーナで2014年初ゴールを決めた。バイエルンがホームに戻ってきたのは7週間ぶりだった。その間、多くの変化があった。別人のようになっていたのはペップだけではなく、選手たちも電光石火のごとくリフレッシュしたエネルギーでピッチ中を駆け回っていた。とはいえケガ人が絶えないことだけは変わりがない。

グアルディオラは、対戦相手を圧倒するバイエルンの象徴となったチアゴについて説明する。

「チアゴには、あの時のゴール（シュトゥットガルト戦終了間際のスーパーゴール）が必要だったんだ。人々が、チアゴの選手としての質を理解するためにね。チアゴはすごいゴールゲッターでは決してない。しかし、すごいプレーヤーだ。ドルトムント戦では3カ月間まったくプレーしてこなかったのに、いきなり途中出場して試合を自分のモノにしてしまったんだから」

シュトゥットガルトでのゴールはチームに心理的な効果をもたらしたが、チアゴのチームへの影響力が増したのは戦術的な理由からである。

グアルディオラはワンピボーテとファルソ9のアイデアを放棄した。ケガ人などの周囲の状況がそれを強いたのである。多くの試合でワントップと1人のトップ下という形で臨まなければならず、ピッチ中央をより守る必要があったのだ。10月から、ゲッツェがマンジュキッチのトップ下につくたびに、中盤の選手たちの配置を修正していった結果、ドブレピボーテに落ち着いた。1月の劇的な逆転劇を演じたシュトゥットガルト戦では、ピサーロをマンジュキッチのトップ下としてプレーさせたため、チアゴとラームをドブレピボーテとして配置せざるを得なかった。自分が慣れ親しんだフォーメーションを捨て、チームの動きが良くなっていったことについて、ペップは言う。

「このポジションのチアゴは、ワンタッチかツータッチでコンスタントにボールに触り、全体のプレーを継続させることができる。そしてフィリップ（ラーム）はボールの流れに貢献して、なおかつチアゴを助けてくれる。フィリップは非常に良い選手で、チアゴにもっともっと良いプレーをさせることができるんだ」

ドゥメナックはドブレピボーテについて、次のように要約してくれた。

「ドブレピボーテはファルソ9が消滅したことで生まれた。センターフォワードとトップ下を1人ずつ入れることが必要だった時に、守備の面を考えてドブレピボーテに帰着したんだ。その上、1人のメディオセントロが2人のインテリオールとプレーするよりも、2人のメディオセントロが1人のトップ下とプレーする方がチームは快適だった」

ペップは、これまで多くのローテーションを組んできた。前の試合と7人もスタメンが変わったこともある。そんな状況でも2014年最初のアリアンツ・アレーナでは、ゲッツェとチアゴとラームの中盤での共存によるスペクタクルなプレーが披露された。2月2日、バイエルンのファンクラブ『シッケリア』は確信を持って歌い始めた。

「3月にはチャンピオンだ！　3月にはチャンピオンだ！」

確かにその通りである。バイエルンの勝利の連続は、まるでハリケーンのようだった。2月2日から3月8日まで8戦全勝。得点が33で、失点はたったの2。アリアンツ・アレーナではフランクフルトに5－0、フライブルクに4－0、シャルケに5－1。アウェーはニュルンベルクに2－0、ハノーバーに4－0、ヴォルフスブルクに6－1。カップ戦ではハンブルクを5－0で破り、CLのエミレーツ・スタジアムでアーセナルを2－0で下していた。バイエルンは、止められない粉砕機と化したのだ。ドゥメナックは冬のインターバルにその要因があると言った。

「カタールのステージは、大きな変化をもたらしてくれた。2週間のバケーション後、選手たちのフレッシュさが教えたことをどんどん吸収させた。カタールでは、効果が足し算ではなくかけ算に変わったんだ。チームの力がぐっと上がって、今までやってきたことの理解を深めてくれた」

だがグアルディオラは、ドゥメナックのその発言に対してあまり満足気ではなかった。

「完璧なフットボールを達成するのはとても難しい。ハインケスのバイエルンは去年それを達成した。しかし、私にはまだ、ブンデスリーガを本当に理解するのと、選手たちが本当にできるプレーをさせるまでの時間が必要なんだ」

ハリケーンのような数週間、選手たちは尽きることのないエネルギーで動いた。トニ・クロースがマンジュキッチのようにやる気のない態度でトレーニングに臨み、ベンチに座ったが、あまり影響はなかった。集団のエネルギーは、個人のいかなる失敗やミスも超越する。チームは走った。ひたすら走ったのだ。試合後にファンにあいさつする時も含めて、記録を作りながら走りに走ったのだった。

またバイエルンは、フランクフルト戦のように長いボールも蹴ることができ、カップ戦の対ハンブルクのように84パーセントものポゼッションもできる。とはいえペップは数字にまったく興味を示さない。

「対戦相手が後ろに下がってスペースを閉じたサッカーをやってきたら、普通に起こることだよ。反対に、もし相手がアグレッシブに来たら数字は変わる。本当に重要なのは、ボールが私たちのゴールから遠いところにあること。それだけ。それが私を幸せにするんだ」

多くの人々が考えているのとは反対に、グアルディオラは、ボールポゼッションに何の興味も重要さも感じていない。いわんやポゼッション率なる統計の数字には、まったく見向きもしない。繰り返し言っているが、ペップにとっての重要なファクターは、走ること。この先何カ月間か、もっともっと要求していくだろう。

「良い試合ができる時、選手は楽しむことができる。そのためには走って、走って、走ることが必要なんだ。試合を楽しむためには、たくさん走らなきゃならない」

2月のもう1つの重要なファクターは、絶え間なく連続する試合である。ペップは主張する。

「今、私たちは3日に1回の割合で試合をしているので、じっくり考えることができていない。大事なことを見失いがちなんだ。最も重要な試合は、CLでも他の試合でもなく、常に次の試合だ。そのことだけを考えて、一試合一試合、ワンプレーワンプレーに集中しなければいけない。常に真面目に、常に集中して。勝利はいつでもゼロから始めなければならない。最も難しいのは勝つことではなく、勝ち続けることだ。一度勝つと、みんなは再び勝つだろうと考えるが、そんなことは決してない。去年の3冠、私たちの過去の勝利、すべてを忘れなきゃならない。まだ何も勝っていないかのように、日々トレーニングをする。一つ一つの試合を初めての試合のように新たに始めるんだ。それが大切だ」

誰も止めることができないバイエルンの2月が終わり、3月へ突入した。1日のシャルケ戦、相手は29分までセンターラインをまたぐことができず、ノイアーは41分までボールに触ることがなかった。圧倒するバイエルンの象徴的な試合となった。この時にペップが、渋い表情を浮かべながら言ったことがある。

「スポーツマンと言うのは、今この瞬間に集中しなければならない。誰も未来のことはわからないのだから」

止まらずに走り続け、目の前の試合のことだけを考える。この2つのキーワードが、2月の大躍進を支えてきた。

そして、3冠の可能性を残して迎えた4月の初め、この2つのカギは衰弱していく。リーグを獲るやいなや、シーズンで唯一のどん底がやってくるのだ。しかし、どん底になる前まで、バイエルンの選手たちはケガで出たり入ったりしながら敵を圧倒する試合を続けた。シュバインシュタイガーやハビはすでに回復していたが、シャキリは新しいケガに苦しみ、リベリーは手術を受けなければならなかった。その中でピサーロはエクセレントなパフォーマンスを続けていた。

フォーメーションと配置が突然変異するバイエルンは、敵の特徴や監督のプランによって手袋を変えるかのように、相手にあわせて戦う能力を持っている。フライブルクの監督クリスティアン・シュトライヒが、6カ月前にロッカールームで話したことを思い出しながら語ってくれた。

「そうそう、思い出したよ。あの時、私は『バイエルンは物凄いチームになる』と言っていた。実際そうなったね。相手が後退してスペースを閉じてきたらパスで打ち破り、高い所からプレッシャーをかけてきたらプレッシャーを分解する。多くのバリエーションを備え、精密にこなす。まるで機械みたいだ。ペップはわずか半年でこの仕事をやってのけてしまったんだな」

ケガ人や対戦相手によって、あるいは、選手たちの負担を減らすためのローテーションという理由でスタメンの変更を繰り返したペップ。2月のバイエルンは、彼本来の考え方が感じ取られたと言えよう。つまりそれはコンスタントな進化である。ペップは明言した。

「チームの個性は、監督の個性だ」

ペップという人間　2014年2月16日 ミュンヘンにて

ペップという人間を定義するのは、たいへん骨の折れる仕事だ。

ペップのような非常に複雑な性格の持ち主を、一言で完全に表す形容詞はない。時には鋼のようで、時にはバターのようでもある。しかし、ペップを定義するための最高の形容詞を見つけたいという衝動にかられる。例えばオブセッション（こだわり）。サラ・イ・マルティンはペップのオブセッションについてこう説明する。

「こだわりの強い人間というのは、パッションを持っていて精緻な準備をする人、という意味でもある。そういう意味でペップは、オブセッションな人間と言える。私の意見ではあるが、完璧なやり方で目的を達成することを好むことにオブセッションを抱くのなら、それはネガティブな言葉では決してない。ペップは、偉大な音楽家や画家と同じようにオブセッションを抱いている。ただ彼の場合、すべてのモノゴトをフットボールを通して見ている」

経済学教授としてのサラ・イ・マルティンは、自分の仕事を遂行するために徹底的に準備する男について、こんなことも語っている。

「オフだったニューヨークでの日々、ペップは私のコロンビア大学の経済学やイノベーションの授業にときどき現れ、グループではなくて個別のコミュニケーションに関して、とても興味を示して学んでいた。すでに、グラディエーターの映像（２００９年ＣＬ決勝で使ったモチベーションビデオ）や、１９９２年のクライフの指示『さあ行け、そして楽しんで来い』という時代ではなくなってきているとペップは直感していた。ペップは、個人と個人のコミュニケーションや選手に思いを伝えるさまざまな方法に興味を持っている。ピッチ外のコミュニケーションで使うために、ツイッターやソーシャルネットワークに関しても詳しく知りたいと考えていたはずだ。アメリカでは、ソーシャルネットワークのテクノロジーを選手たちとのコミュニケーションのサポートに使えるかについて考え、まだチームも持っていなかった時から準備をしていたんだ」

サラ・イ・マルティンは、ソーシャルネットワークの話をしながら、グアルディオラを理解するうえで外せない他の要素も思い出した。

「それは、パッション。ペップはパッションがなければプレーできないと言っている」

フットボールで勝つために、パッションは極めて重要で基本的なもの。フィジカルコーチのロレンソ・ブエナベントゥーラは、アトレティコの監督シメオネの言葉を引用する。

「チョロ・シメオネも、非常に似たようなことを言っているよ。『私は、そんなにうまい選手じゃなかったが多くの試合に出てきた。なぜか知っているかい？　パッションがあったからさ。どうやったら私のようなレベルで、アルゼンチン代表として１００試合も出場できたと思う。私は選手として才能はなかった。しかし、私が達成してきたすべてはパッションによって助けられたんだ』」

オブセッション、準備、パッション……これは必要不可欠のペップの特徴だが、ペップを包括するには不十分である。彼のパーソナリティに近づくため、多くの人たちと話をした。妻のクリスティーナ、コーチングスタッフ、選手たち、ザマー、ルンメニゲ、バルサの選手たち、ペップの友人たち、昔から知っているジャーナリストたち、最近知り合ったばかりの人々や多くのアーティスト。各人各様の表現だったが、共通しているのはペップの複雑さとバリエーションだった。

ペップがオブセッションを持っているのは間違いない。そして、戦う人間でもある。完璧主義、教え方がうまくて情熱的だ。エネルギッシュで好奇心にも溢れている。準備されているのに、もっと準備しようとする。ペップは近くて遠い。イノベーターであり、冷淡で情熱的。とてつもなく何度も要求を繰り返す。それも他人よりも自分自身に。自己批判的で、満足しない。永遠に満足しない。結果主義、実用主義、素朴だが怒りっぽく激しやすい。頑固、努力家、効率を良くするために仕事に工夫を凝らす働き者。熱狂する人、涙もろく感受性が高い。意味のない習慣や伝統には従わない。衝動的なのに熟考する。マニアック、迷信深くて合理的、とても合理的。そして疑い深い、とてつもなく疑い深い。

ペップは、ここに挙げたすべてであり、まだまだ足りないのがペップでもある。続けよう。

勇気があるが怖がり。際立った慧眼の持ち主。卓越した手腕を持っているのに仕事の仕方は才能に恵まれていないかのようにがむしゃら。頑固者で、執着する。多面的、難しい性格、なおかつ矛盾している。感激しやすく、愛情深い。疲れ果てるまで集中する。綿密で厳格。激しく鋭く寛大。陽気でほがらかな時もある。心配しつけが良くて、礼儀正しくて思いやりがある。しかし、辛辣な面も大いにある。洞察力があり、痛烈。心配性で物好き。人をからかうのが好き。シニカルにもなれる。知性がある、とても高い知性がある。

第三者から話を聞いてみると、ペップはまるですべて異なる1000もの層からなる玉ねぎのようだった。その層の一つ一つは前述した相反する形容詞でいっぱい。ペップは、ペップ自身の多くの矛盾を足したものの塊であり、それにプラスαしたものなのだ。

ペップは、自分のアイデアやコンセプトを知的にしようとは考えていない。他人が彼の考えや表現を使って、フットボールを知的にしようとするのも好まない。詩は好きだが、それは詩人を意味せず、文学は好きだが作家ではない。知的な向上心は持っているが、そのこととフットボールを知的にすることとは違う。いつも平易で簡単な言葉を使う。地道な左官職人の息子であり、決して能力をひけらかしたりしない。以前、チアゴが予言をしたことがあった。

「選手たちは、ペップに疲弊しきってしまうだろう。ペップのすごい集中と強度は、やがて俺たちをヘトヘトに疲れさせる。ペップは素晴らしい監督だが、それ以上に心理学者だ」

チアゴは、彼をよく知っている。多くの雷を落とされ、多くの愛情を受け取った。

「ペップは絶対に満足しないし、楽しめない。フットボールで楽しむことは、絶対にない。なぜなら、いつも修正のための悪いところを探しているから。ペップは絶対に幸せにはなれない。なぜなら、完璧主義だからね」

CLに集中する時　2014年2月17日 ミュンヘンにて

チームはシーズンの大いなる挑戦に向けて、良い準備、良いコンディション、ハングリーさを持って、この時期を迎えることができた。微に入り細に入り行われてきた何カ月ものトレーニングで、ペップのアイデアは選手たちのものとなっていた。誰も止められない勢いの2月は、良い結果を残しただけではない。選手たちは、より多くのサッカーの知恵を授かり、より賢くなったのであった。

リーグタイトルは、すでに手元にある。3月が始まるまでには2週間もあるが、バイエルンはレバークーゼンに16ポイント、ドルトムントに17ポイントの差をつけている。「もし、このリーグを獲れなかったら辞任するよ。真面目に言ってるんだ。この20ポイント近くの勝ち点を守りきれないようなら、辞めざるを得ない」。

現在のバイエルンのエクセレントなプレーについて、さまざまなエキスパートたちに話を聞いた。初めにアレクシス・メヌゲ。ドイツにあるフランス新聞社の記者で、リベリーの伝記の著者でもある。

「バイエルンは2013年末よりも、ずっと強くなっている。選手たちがペップのやろうとしていることをより理解してきたからだ。1月のカタールの合宿では、非常に高いインテンシティの中で、みんなが良いトレーニングをしていた。しかし、トレーニングだけが理由ではない。戦術との関係があるのだと思う。何週間か前からペップは、ハインケスがやっていた4－2－3－1のフォーメーションをよく使っているから、選手たちはやり易いんじゃないか」

フィリップ・ラームの代理人で、サッカーの戦術に造詣が深いロマン・グリルにもインタビューした。

「バイエルンが良くなったのは、ペップの指導力によるところが大きい。ラームが関わったバイエルンの監督たちの中でも、毎日新しいものを学ぶことができる最たる監督がペップだ。バルサで達成したフットボールによって、選手たちはペップから学びたがっているんだ」

バイエルンⅡの元選手で引退後はユースの監督もしたロマン・グリルは、バイエルンのプレーが改善されたことについて、疑問の余地がないことを熱弁した。

「このチームにはペップのような人物が必要だった。私は、これまでペップのように改善を達成できた監督を誰も知らない。去年のバイエルンは歴史上最も優れたチームとなったが、クラブの良い計画によって偶然、形になったんだ。ハインケスの戦術にはさまざまな疑問点があった。ハインケスは、その経験やリーダーシップ、カリスマ性、人柄などでチームを率いてきた。しかし、戦術的な解決は選手たちが個人でやっていた。翌年も同じやり方で続けることは不可能だった。その上、3冠すべてを獲った後では、尚のこと難しい。

だから、チームは新しいアイデアやプランを持ち、そのアイデアやプランを毎日のトレーニングで実践できる刺激剤となる監督が必要だった。私は世界中、どこを探してもこれを提供できる監督はグアルディオラ以外にはいないと思う。こんなにインテンシティの高いバイエルンを、未だかつて見たことがない。マンチェスター・シティ戦はスペクタクルでファンタジックですごかった。ペップは自分が何を望んでいるのかが、いつもはっきりわかっている。選手たちを助けたいと望み、選手たちと対立するのではなく協調してやっていきたいと望んでいる。彼は、自分が望んでいることと目的をはっきりと自覚しているんだ」

翌日には、今シーズンのバイエルンを追い続けているユーロスポーツ・ドイツの記者ダニー・ラシュイェンと話をした。

「この冬は、ペップやバイエルンにとって非常に重要だった。初夏、ペップは自分の哲学とアイデアを持ってやってきたが、当時のバイエルンはまだハインケスのチームだった。選手やクラブの幹部、ペップ自身のメンタルもそうだった。プレーの仕方もそうで、そのチェンジはペップにとって大きな挑戦となった。なにしろ時間が必要だった。多分、この衝撃的な変化は、モロッコでクラブワールドカップのタイトルを獲ったことがきっかけになったと思う。この時、ペップはハインケスに改めて感謝したんじゃないかな。『ユップ（ハインケス）、このタイトルを獲得できるチャンスを与えてくれてありがとう』とね。

しかし、それはある意味、古いチームとの決別でもあった。冬の2週間の休暇後のカタールでは、本当の意味での自分のチームを発進させた。ロッベンやシュバインシュタイガー、ラーム、リベリーは、再び大きなタイトルを獲る可能性を感知していた。ペップにとって、蒔いておいたアイデアの種を実らすのは容易だった。冬のインターバルまでの期間は互いを知ること、オートマチックなプレーの設置、ケガの災難からチームをどうやって生き残らせるかに時間を費やしてきた。にも拘らずバイエルンは、リーグを有無も言わせず支配した。そして1月、結束したチームとしての新たな段階が始まったんだ」

若くして逝ってしまったGKロベルト・エンケについて綴った回顧録の著者ロナルド・レングにも話を聞く

機会があった。彼は何年もバルセロナに住んでいて、グアルディオラのバルサにも精通していた。

「私は、ペップよりもバイエルンの選手たちに驚かされた。ペップのことはバルサ時代から、プレーのアイデアやイノベーションの能力を知っていた。だから、それを常に学ぼうとする選手たちの謙虚な態度の方が私を驚かせたんだ。すごく極端な変化だったから。彼らは、まるで外国で生活しているみたいに未知のことを学ぶ姿勢を見せた。いくつかの共通項はあるかもしれないが、バルサとバイエルンでは全然違う。ホームの試合でよく見られるんだが、バイエルンはバルサにできなかったことができる。それは攻撃の組み立てなしに、いきなり相手を叩けるんだ。何もないところから、いきなり攻撃してしまう能力がある」

レングは、2013年に3冠を獲得したのに未だに勝利への飽くなき欲望を持ち続けている、今のバイエルンのプロセスに最も興味を示す。

「2013年のバイエルンの3冠は、監督交代の影響が少なからずあった。なぜならすでに選手たちは、1月にペップが来ることを知っていて、そのことが心理的な影響を及ぼしていた。意識する、しないに関わらず、選手たちは去っていくと決まったハインケスを大いにサポートしていた。ハインケスにとって、選手の気持ちをつかむのは簡単だったんだ。タイトル獲得のカギになったロッベンやリベリーは、自分のためではなくて去っていく監督のことだけを考えられる選手だ。〝ペップ効果〟はペップがいない時から始まっていたということだね。

そして今、選手たちのレベルはさらに高くなっている。良い結果も残しているが、最も際立っているのはプレーのやり方の違い。今年のバイエルンのプレーは、去年とは比べ物にならないくらいに難しい。多くのパス、多くの決定機、複雑な戦術。

バイエルンにおいて、フットボールの世界において、とても珍しい現象が起こっている。すべてを勝ちとった選手たちが、友人にこう言いたがっているんだ。『私はペップ・グアルディオラの選手だ』と。普通のことじゃない。監督の欠点を常に探して批判的であることに慣れている選手たちに、その逆のことが起こっているんだから。ペップってどんな人間なのか？　という期待と好奇心の間で大きく揺れ動いていた選手たちの感情が、驚きに変わった。トレーニングも然りだが、ペップという人間そのものに選手たちはとても驚いたんだ。ペップの就任は、チームにとっての大きな刺激となった。このシーズンのバイエルンの最も大きな発見は、30歳前後の、すでに高いレベルの選手たちが、こんなにも素早く変化を遂げることができたということなんだ」

2月はバイエルンの強化月間のようなものとなった。1月のドーハ合宿での良い印象は、連勝によってブンデスリーガを記録的な早さで破壊するアドバンテージに変えただけではなく、CLに焦点を合わすことを可能にした。しかしペップとしては、国内リーグのタイトルが完全に保証されるまでは避けたい事態でもある。選手たちは国内リーグを忘れ、かぐわしい香りのするヨーロッパ最高のローレル冠をこの手から逃したくはないと意識し始めている。トレーニングは、必要以上のテンションとともに飛ぶような勢いで行われた。

ポジションプレーのトレーニングは、まるで方向指示器のようにプレーするチアゴのリサイタルそのものだった。チアゴがコントロールする度に、ピッチに小さなスペースが生み出された。

20×12のグリッド内で7×7＋5人のフリーマンの伝統的なメニュー。チアゴ、ラーム、シュバインシュタイガー、クロースなどの選ばれし者たちだけに2タッチが許され、他の選手は皆ワンタッチ。ペップは、止まることなくロッベンやシュバインシュタイガーやクロースを修正し続ける。激しいタクタクの練習だ。パスをして、引きつけて、敵を動かしながら、ボールを保持する。そして、常に良いポジションを保ち続ける……。

チームからは安定感が伝わってくる。「偶発性からも身を守れる」という感覚、この触れることも説明することも難しい感覚を、ペップ・バイエルンは今初めて獲得したのだと感じた。現実には存在しそうもないような、ただの感覚でしかないが、ペップはチームに「すべてを克服できる」と感じられる一種の救命胴衣を与えたのだ。無敵のオーラに包まれていたバルサ時代を思い出した。何が起ころうとも関係ない、あの時のバルサはどんな敵をも克服できると感じられた。

これと同じものを、バイエルンで私は感じ始めた。プレーのやり方や良い結果についてだけ言っているのではない。熟知できる何か……チームの中を駆け巡る心理状態のようなもの。ベンチからの解決策に加え、この心理状態は大きな統率力となっている。ハインケスのバイエルンを深く知っている訳ではないが、たぶん同じような心理状態が生まれていたはずだ。ペップ・バイエルンがハインケスのような無敵の状態になるかどうかは、まだわからない。だが、フットボールの偶発性からチームを守るマントをかけられる監督になる、という予感は十分にある。

決勝の地、リスボンへの道に続くCLアーセナル戦のためにロンドンに旅立つ前のトレーニングが終わり、チアゴ・アルカンタラに前述の感覚について聞いてみることにした。私が感じ取っているモノが本物かどうか、選手たちも同じような感覚を持っているのかを知りたかった。

「そうそう、確かにある。夕べも考えたんだ。あの時と同じ感覚だとわかったよ。安心感のような、すべてを克服できるような。去年の夏のU－21欧州選手権でも似たような感じを味わった。スペイン代表はトーナメントを勝ち抜いて、『唯一の敵は自分たち自身だけ』という確信のようなものがあった。そして俺たちは優勝したんだ」

最後に、決して緊張を緩めず、決して油断しない男にも、今のバイエルンについて語ってもらった。達成してきたことに対しても、決して満足しない男。ペップと緊密な関係を築いている、スポーツディレクターのマティアス・ザマーだ。

「うちの選手たちは強さも早さも備えて、野望も持ち、集中してプレーできている。何より、勝ちたいという強い欲求がある。しかし私たちには、まだこれから、もう一歩前に進むことが必要なんだ。なぜなら私たちはバイエルンだからだ。エクセレントさに到達するため、ビッグクラブとしてのレベルを保持するために、一回一回のトレーニングと一試合一試合を命がけで全うする。この状況は、歴史的なチャンスだ。私たちはそれを活用しなければならない。とどまることは絶対にできない」

魔法の手　2014年2月19日 ロンドンにて

午後5時。選手たちはCL決勝トーナメント1回戦アーセナル戦のミーティング前に、『ザ・ランドマーク・ロンドン』のウィンターガーデンにあるヤシの木陰で軽食を取っている。このホテルは、リージェンツ・パークと目と鼻の先にある。ペップはいつものように何も食べず、サロンで選手たちが来るのを待った。

軽い食事を終えた選手たちが姿を現しミーティングが始まると、小さな驚きがあった。スタメンにかなりの変化があったのだ。ハビがワンピボーテとして入り、ラームを右サイドバックに戻し、ラフィーニャはベンチスタート。11人のスタメンを発表してから、ペップはベンゲルのアーセナルに立ち向かうためのプランを説明した。

「ここにいる全員が、今日のような試合の経験を持っている。私たちはCLの決勝トーナメントを戦ったことがある。だから、この戦いがどんなもので何を意味しているのか知っているはずだ。激しく、困難で、アグレッシブで危険だということを。特に今日のプレーは慎重に、なおかつ的確にやってほしい」

ペップは、短い〝間〟を意図的に作った。みんなが耳を澄ませるための間である。

「最初の10分から12分ほどは、試合を動かすな。アーセナルのやる気をくじけ。敵はマックスで噛みついてくる。それを、うまくかわすんだ。ボールを回せ。私は生まれて初めて君たち選手に頼む。憎むべき、何度もクソッタレだと言ってきたティキタカをやってくれ。とても残念だが、今日はティキタカを数分間やってくれ。パスのためだけのパスをやってくれ。君たちが嫌気がさしても、何の役にも立たないと感じたとしてもやってくれ。唯一の目的は、ボールを保持し続け、アーセナルに『われわれからはボールを奪えない』とうんざりさせることだ。アグレッシブに戦うことは無意味だ、と思わせる……。そして、セニョーレス！　10分間のパス回しが終わるころ、アーセナルのガス抜きに成功して、失望の色が見え始める。その時こそ、本当の試合が始まる時。ティキタカを止め、いつものようにプレーを始める瞬間だ」

しかしペップが描いたシナリオは、試合ではまったく出てこなかった。別の様相が立ち上がりに展開されていたのだ。10分弱、バイエルンの選手たちは6回しかボールを奪えず、敵陣目がけて大きくボールを蹴り、アーセナルにボールをプレゼントしていた。この最初の10分間は、ペップにとっては永遠と感じられる時間であったに違いない。バイエルンは、まさにアーセナルの掌の上で戦っていたと言えよう。

ミュンヘンのチームにとってラッキーだったことは、マヌエル・ノイアーがいたことだ。何度、その身体を巨大化させて防いでくれたことか。メスト・エジルの蹴ったPKだけではなく、他のシュートも跳ね返してくれた。その上、チームメイトたちを落ち着かせ、監督の指示を果たすように叫ぶ。ノイアーは命綱と鎮静剤の両方の役目を担ったのだ。ナーバスな10分間。なぜ選手たちは、これほどまでに最初の指示を果たせなかったのか？　翌日になってから、ペップは冷静な態度で説明してくれた。

「これがフットボールだから。私たちは人間であって、ロボットじゃないからだ。したいことが、いつでもできる訳じゃない。トレーニングは試合に比べてどうしても緊張感が足りないが、試合はとても緊張する。敵もまたプレーしていて、多くの人は対戦相手を軽視してしまいがちだ。繰り返しになるけど昨日の戦い、これこそがフットボールなんだ……」

コントロールがまったく効かず、ペップにとって永遠に感じられた時間。試合後の記者会見で「20分間、苦しんだ」とペップは言っていたが、翌日映像で計るときっかり7分間だった。

「えっ、そうだったのか。永遠のようだった。マヌ（ノイアー）が届かなかったら……くそっ！　ぞっとするな。CLの試合では、5分も相手にやれやしない！　そんなことをしたら、危険すぎる」

ノイアーによって防がれたPKの後、バイエルンは試合とボールを取り戻した。チアゴがボールに絡むようになって、チャンスを作り始めた。やがて、クロースからロッベンのアリウープが生まれる。それに対応した相手GKヴォイチェフ・シュチェスニーはPKを取られ、なおかつ一発退場。しかし、アラバの蹴ったPKはポストに当たり、両者とも得点の動きがないまま前半が終わった。とはいえ結局、バイエルンのクロスの数は、前半だけで17本にのぼっていた。

後半に入ると、すべてが完全に変化した。ボアテングに変えてラフィーニャを投入。ハビをセンターバックにして、ラームをメディオセントロ、チアゴを左ウイングに変更したのだ。この変化は敵を解体した。ラームはボールを自分のモノにし、1人少ないアーセナルはいかなる希望の兆候もなくなっていた。中でも、クロースの後半のプレーは驚くべきもので、152本のパスの成功率が、なんと97パーセントだった。

グアルディオラは、過去の経験から学んでいた。10人になって自陣のエリアに閉じこもるチームと試合する時、バルサ時代は多くのFWを投入した。ここエミレーツ・スタジアムでは、もうその同じ過ちを犯さない。

ライバルを一方のサイドに引き寄せサイドチェンジする目的で、ペナルティエリア外の中盤の選手を増やすことを選んだ。そして、クロースはその役割を完璧に演じ、アーセナルの選手たちをサイドからサイドへと走らせた。ホームチームのボール保持率は20パーセントにまで落ち、後半のアーセナルのパスの回数は30本、バイエルンは550本で95パーセントの成功率を叩き出した（95パーセントはCLの新記録）。

ペップの、スペースを閉じてくるチームに対する過去の経験と、ラームの賢さ、クロースのリサイタル、そして試合を解釈するピサーロの賢さが、2－0という見事な結果をもたらしたといえる。

バイエルンは、CLで1つの新しい勝利と良い兆候を携えてイングランドを後にした。しかし、家路に着いた後もなおペップの身体には、あの驚きと恐怖が消えずに残っていた。「あの数分間はまさに永遠だった……。マヌがいてくれてラッキーだった。もしマヌの魔法の手がなかったら、CLでどうなっていたか、それこそ神のみぞ知る……」

ラームの名前が刻まれる　2014年3月8日 ミュンヘンにて

3月8日の時点で決まっていないのは「いつ、どこで?」だけだった。ブンデスリーガ優勝は、すでに言い渡されたも同然。ミュンヘンのチームは、ボルシア・ドルトムントに20ポイントの勝ち点差をつけている。素晴らしいパフォーマンスのヴォルフスブルクがバイエルンに少しでもブレーキをかけようと戦ったが、連続勝利と連続ゴールを阻止することはできなかった。

ヴォルフスブルク戦の前日トレーニングで、ユーモラスなことがあった。セカンドコーチのティガー・ゲルマンがダブルボックスのゲーム中に、リベリーのゴールをオフサイドとして取り消した。たとえトレーニング中だろうと、どんなゴールにも執念を燃やすリベリーはゲルマンに猛抗議。冗談だが大いに真面目だった。もちろん、抗議は却下。だがその後、リベリーは正真正銘のゴラッソをゴールの隅に決めた。ほぼ同時に満面の笑みで、ゲルマンを挑発するリベリーのポーズが決まった。

この話には、まだ続きがある。ペップが、続きのサプライズを演出していた。トレーニングが終わった時には何も言わず、チームはヴォルフスブルク行きの飛行機に乗った。ホテルでの夕食後、戦術に関するミーティングで分析映像を見終わると、突如、画面に見覚えのあるシーンが映し出されたのである。選手たちから驚きの声が上がった。

なんと、今日のトレーニングで取り消されたリベリーのゴールが映っていたのだ。それだけではない。分析担当のプランチャルトはオフサイドラインを映像の中に引いて、そのシーンの繰り返しを用意した。その結果、ゴールはオフサイドではなかったことが判明。ミーティングルームは大盛り上がりとなった。選手の半分はゲルマンにヤジを飛ばし、半分は守る側に回る。こうしてその夜は、みんな寝るまで大掛かりな冗談をネタに笑いあったのである。

翌日のヴォルフスブルク戦は6－1で勝利した。しかし、点差ほど容易な試合ではなかった。チームが今まで抱えてきたケガという問題点が露呈された内容だった。２０１３年10月26日以来、初めてロッベンとリベリーがともにスタメン。スムーズな共演とはいかなかった。最後の試合（ホームでのヘルタ・ベルリン戦）から19週、１３３日、22試合（内リーグ14試合）が過ぎていたのだ……。

国内リーグのほぼ半分を、突出した2人のFWを欠いて戦った。バイエルンは、ピッチ中央の流れるようなプレーという長所をフル活用し、問題を解決してきた。そして、ラームとクロースとチアゴが一緒にプレーした時が、シーズン中最も良い時期となった。クロースはチアゴの横で怯えることなく自由にプレーし、チームの攻撃のヒエラルキーのトップの座に着く。これはゲッツェには、まだできない。たぶん彼の内向的な性格のせいかもしれないが、ペップはゲッツェにもその才能を開花してほしいと望んでいる。これらの中盤の選手を統治しているのがフィリップ・ラームだ。ペップは言う。

「フィリップはすごい。ボールを自由自在に扱えるし、チームが進みたい場所にボールを運べる」

試合後、ペップの横で夕食をとっているアスティアルタは別の表現でラームを讃えた。

「まずボールを失わない、ターンをして前を向く、そしてチームを動かす。それが、ズバ抜けてすごい。ラームの人生はこのチームのためにあるようなものだ」

リーグでのバイエルンの圧倒的な強さは、ラームのメディオセントロの配置なしでは考えられなかった。バイエルンの24回目の優勝には、永遠にラームの名が記憶されることだろう。

ラームが果たした今シーズンの役割は、ビルドアップの始まりとなるパスを巧みに繰り出し、敵を分断し、敵の第1ディフェンスラインを超えるというものだった。もともとメディオセントロのポジションではなかった彼にとっては、とても難しいはずだ。それでも、このバイエルンのキャプテンは監督の期待に応えた。誰よりもラームのことを知る代理人のロマン・グリルは、こう説明する。

「もしチームのバランスがとれているように見えるなら、ラームが守備のオーガナイズに貢献しているからだと思う。プレーの流れを作り出すことにも貢献している。すでにサイドバックとしても、よく周りを見てチームメイトにアドバンテージを持たせるパスを出すことには長けていた。このラームのプレーが、集団としてのプレーをやりやすくするんだ。しかし、メディオセントロのポジションでのラームは、さらに際立っている。ハビは空中戦に強く、バスティアンは良いポジションをとることができる。しかしこのポジションに必要なすべての能力を足したら、ラームが最も完璧なのかもしれない」

グリルは全体のプレーの流れに貢献しているラーム、クロース、チアゴの3人トリオを使うことを支持した。

「バイエルンのどんな試合でも、中盤に最も技術を持った、この3人の選手を使った時が一番機能している。

チームは、ずっとボールを保持していられる。これはバイエルンにとって質的な飛躍を意味する。ピッチ中央にとって最も良いシステムは、ラームをワンピボーテに置くトライアングルだと思う」

しかし、このトリオが非常に良いパフォーマンスにもかかわらず、ペップは中盤に新たな微妙な変化を加えようとしている。そのいくつかは戦術的なものだ。例えば、サイドバックを従来の配置ではなく、サイドラインから離れてより中盤の選手に近いところに配置する。これについても、グリルは笑顔で話を続けてくれた。

「ペップの戦術的な動きであるサイドバックが中央を駆け上がるのは、最も注目されている戦術だ。私から見てもとても知的な戦略であり、ペップがいかに選手の特性を理解しているかがうかがわれる。ペップが望んでいることは、とてもはっきりしている。ピッチ中央のコントロールと優位を作り出すこと。サイドの攻撃はロッベンとリベリーで十分。選手の理解がよくできていると言ったのは、理由がある。ロッベンとリベリーが、プレーを変えると思うかい？　それはないだろ。彼らは自分のプレーをし続けるから、サイドバックを中に配置したんだ。ラフィーニャとアラバが作り出してくれた中盤での優位性によって、チアゴとゲッツェはもっと高くポジションをとれて、相手ＧＫの近くにより多くの選手を配置できる。それは勝利者の動き、称賛すべき知的な考え方だ」

微妙な変化のもう1つは、個人的な案件である。バイエルンは、自分たちの仲間をしっかりとサポートするクラブだ。独りぼっちで困難に立ち向かわせることはない。それを、誇りに思っている。それは、バドシュトゥバーのように長いケガで休んでいる選手の代わりに、新たな契約をしないことでもわかる。他に例を挙げると、自宅を放火し1年を刑務所で過ごしたブラジル人選手ブレーノは、ユースのアシスタントコーチとして刑務所からバイエルンに通っている（２０１３年時点）。驚くほどスケールが違う事例だ。

然るべきコンディションにないシュバインシュタイガーについてもそう。彼は２０１３年の5カ月間という短期間に、2回もの足首の手術を受ける（6月と11月）受難のシーズンだった。同年10月、クラブは来季に向け、世界で最も良いとされる中盤の選手の1人と契約できる可能性があった。質の高さ、金額の妥当性から見ても素晴らしい契約内容だったはず。しかし、その話を拒んだ。シュバインシュタイガーをサポートし続けるためだ。

こうした中、ラームとクロースとチアゴがエクセレントなレベルで良い効果を上げていた2月、ペップは組織を修正する決断をした。なぜなのか？　理由は1つだけだ。シュバインシュタイガーを道の途中で、置き去りにしないためだ。監督にとっては大きなジレンマだったに違いない。短期間でのチームのパフォーマンスは落ちるかもしれないが、何としてでもバスティアンを取り戻したかった。

ロマン・グリルの意見は厳しかった。流れるようなプレーは消滅する、という警鐘にも聞こえた。

「私の頭の中にあるバイエルンの最高の中盤はラーム、チアゴ、クロース、そして、まだ最高のパフォーマンスには届いていないかもしれないが、ゲッツェだ。だから、ペップがシュバインシュタイガーを入れるためにラームを後退させたことには、少し失望した。なぜなら、新しいことを身につけたばかりの彼らにとっては、繰り返し試合に出ることが極めて重要だからだ。ラームだけではない、クロースもそう。試合中に集中を切らすことが度々あるとはいえ、パウサ（小休止）を作りだすことはクロースにとっても新しいことだ。このフォーメーションを修正してしまったことが、とても残念でならない」

グリルは正しい。ラーム、クロース、チアゴのトリオはとても良く機能している。最高の流れを生み出し、プレーの継続を可能にしている。しかし一方で、ペップの決断も理解できる。シーズンが難しくなろうとも、シュバインシュタイガーのような選手を失いたくはないだろう。2つの意見を両立させるのは、丸を四角にするようなもので不可能だ。しかし監督は短期的な代償を払ってでも、この決断を下した。

コントロール、コントロール　2014年3月11日ミュンヘンにて

今夜の試合のスタメンを未だ決めかねている。CLの決勝トーナメント1回戦セカンドレグのアーセナル戦という非常に重要な試合の開始まで、9時間を切っていた。ペップはゼーベナー・シュトラーセのクエバ（洞窟）に閉じこもり、シュバインシュタイガーにするのかクロースにするのか考えあぐねているのだ。両者とも、何が何でも試合に出たいという顔である。

「どちらにするかを決めるまでは、落ち着いてなどいられない。どうやって戦うかではなく、選んだやり方ができるのは誰かという問題なんだ。どちらが適しているのか……？　この決定が、試合の重要なカギを握る」

場所はミュンヘン、時計の針は昼を指している。午前のミーティングも、その後に行われた敵のセットプレーに対する攻守のトレーニングも終わった。しかし、まだスタメンは決まらない。両選手ともそれぞれ小さな問題を抱えていた。クロースは風邪、シュバインシュタイガーはコンディションが上がっていない。クロースに具合はどうかと尋ねたら「良好だ」と応えるだろうし、シュバインシュタイガーも「完璧だ」と応じるだろう。

ペップは迷いに迷っている。

コーチングスタッフたちは、ここまで多くのケガ人がある中で、困難を乗り越えてくれたメンバーでいった方がいいというニュアンスのアドバイスをする。スタッフの1人はコーヒーを飲みながら、こんな言葉で語った。

「私の意見は、ここまで私たちを連れてきた選手たちでいくべきだと思う。これは1つのファイナルだ。もし準々決勝まで進むことができたら、それは物凄い成功となり、競争力を保ち続けることになる。でも、もし敗れたらシーズン終了までがただの長い消化試合に変わり、目標がなくなってしまう。多くのケガ人がいる中

で、耐えながらチームをここまで連れてきてくれたのは、選手たちのプレーだから」

この「選手たち」とは、サイドバックをラフィーニャにし、ラームとクロースを中盤にすることだ。実はペップも試合前日の午後の時点では、ほぼ、そう決めていた。

「ここまで戦って勝ってきた選手たちを使う。他の選手たちのケガが原因で、休むことなくずっとプレーし続けてきた選手たちで戦うんだ」

しかし、ペップの頭の中では考えが交錯し続けた。日が変わると、これまで使ってきた選手で、これまでどおり攻めることよりも「リスクを冒さない方法が良い」という考えが勝ってきた。準決勝は手の届くところにある。試合をコントロールし、フリーズさせ、ファーストレグの最初10分間でできなかったことをするだけで十分ではないか。もし90分間、適切なコントロールができたら、ヨーロッパのファイナルまで残すところ4試合となる。

ペップは、クロースを入れての攻撃なのか、シュバインシュタイガーを入れてのコントロールなのかと、自身によるディベートを繰り返している。いつもなら、ほとんどが『攻撃』を選択するのだが、そのジレンマによって、もう昼だというのに結論が出ていない。

2009年と2011年のバルサでのCLファイナルは、ほぼ半分が即席ディフェンダーだった。ペップは、このような極端な苦境を、ある意味で愉しむことができる人間だ。あの時と同じように苦境に立たされているが、今回は、すべての選手が揃っているという新たな状況に直面している。それは、喜ばしい問題のはずだが、この贅沢な悩みをミュンヘンのプロフェッショナルな選手たちは理解し、納得してくれるのだろうか？

ペップは先週、トニ・クロースと昼食をともにした。その際、クロースに来シーズンのリーダーの中の1人だとはっきりと伝えた。クラブと選手の交渉に、口を挟む気もスタメンを保証する気もまったくない。保証などというのは、どんな選手にもできない。ただ、クロースへの信頼を明かした。これと同じことをバルセロナでもヤヤ・トゥーレにしたことがある。

クロースはペップの隣に居たいと言い、ペップはクロースが今以上に良いフットボリスタになるために全力でサポートすると応えた。

しかし、結局この試合でクロースは、スタメンに入らなかった。シュバインシュタイガーを選んだのだ。なぜならクロースは風邪をひいていた。そして、シュバインシュタイガーをチームから置いてきぼりにしたくなかったからだ。4月、5月に、すべての選手のコンディションを良い状態にしたいとペップは考えていた。バドシュトゥバー以外に、もうケガ人はいない。これは今シーズンに入って初めてのことで、全員が揃うまでシーズン開始から3月10日まで待たねばならなかった。打ち身を患うものこそあったが、問題なく練習に参加している。誰一人としてアーセナル戦への出場機会を逃したくはなかったはずだ。

前日練習では、スタメン予想のヒントとなるようなものは見受けられなかった。セッションの目的は、ロンドンのチームのいかなる攻撃をも最初の段階で断ち切ることだった。敵のGKにボールが渡った時のディフェンスラインのスライドを入念におさらいした。スカウティング責任者のプランチャルトが、このことについて説明してくれた。

「GKのファビアンスキは、いつもボールを右に蹴る。もしそのボールがジルーに送られたら、ジルーは胸トラップして自分のモノにする。またはサニャに送られたら、彼はわれわれのサイドバックを引き出す目的でボールを受けに動き、その後、サイドバックの背後の空いたスペースにヘディングでボールを落とす」

20分間、ノイアーがウカシュ・ファビアンスキ役を演じ、このキックから始まる敵の攻撃に対する守備の練習を繰り返した。ダンテとシュバインシュタイガーはオリビエ・ジルー役のピサーロをマーク、バカリ・サニャに対しては、ボールを奪う方法をアラバが完璧に自分のものにした。

続けてペップは、アーセナルのミケル・アルテタが敵陣でエジルのプレースペースを広げるために、バイエルンのメディオセントロをどうやって引きつけるかを説明する。ペップがアルテタの動きをピッチ上で実演しながら。

「エジルは危険だ。本当に監視しなければならないのはエジルだ。アルテタは引きつけるだけだ。アルテタによってわれわれは捉えられ、エジルはそのゾーンに入り込み、カソルラとチェンバレンが一緒になって数的優位を作る」

この一連の動きから身を守る方法を練習した。ロッベンとリベリーには中のスペースを、センターバックのハビにはアルテタによって空けられたスペースを閉じるよう強く要求する。そしてラフィーニャには、ハビが移動したスペースをカバーすることを強調した。

ペップはアルテタ、エジル、サンティ・カソルラ、ペア・メルテザッカーの名前を止むことなく叫び続ける。バイエルンの選手たちは、前日練習とは思えないようなインテンシティと過度なリズムで練習に励んでいる。異様な光景だった。ペップは、真摯に練習に励む選手たちを意図的に動揺させ、アーセナルにはとうてい敵わないという雰囲気をチームの中に沸き起こさせた。20分という短い時間ではあったが、練習が終わるころには、皆、全身汗だくでヘトヘトだった。終了後、ペップは選手たちにとてもシンプルに語った。

「このリズムでプレーすることが大事なんだ。試合の流れは、戦術の適切さや、君たちの特性に左右されるものだが、試合のリズムはトレーニングによってのみ獲得できる。トレーニングでのリズムが悪かったら、試合のリズムも悪い。物凄いインテンシティでトレーニングしたら、試合でも物凄いインテンシティでプレーできる」

バスが練習場を出発してホテル・ドルチェに向かう頃、試合の6時間前になって、ようやく監督は決断を下した。肩の荷を下ろし、やっと落ち着いた気分になれたのである。思案の末にグアルディオラは、クロースの代わりにシュバインシュタイガーを選んだのだった。

「コントロールを選んだんだ。コントロール、コントロール、コントロール、コントロール!」

試合は、というと……。ロッベンが素晴らしいプレーをした。走って、守って、鮮やかに攻めた。意外性や素晴らしいアクションが際立つフットボリスタとして、未だかつて見せたことのない成熟度を見せつけた。その上、まだまだ成長できる余白も示した。バイエルンが敵にプレッシャーをかける時は、三角形の頂点にポジションをとり、30歳にしてエクセレントなプレーのコツを上達させた。ペップはこの素晴らしいプレーを祝福し、親しみを込めてロッベンを抱擁した。

54分、シュバインシュタイガーはエリア内でリベリーのクロスをシュートするために、ピッチ中央から走り出した。カソルラはこの動きを追わず、シュバインシュタイガーはゴールをゲット。その2分後、アーセナルは同点に追いつくも、それ以上のことは何も起こらなかった。バイエルンは全体として輝くような良いプレーをしたわけではない。その代わりに、完全なコントロールによって準々決勝に進出したのだった。

ペップは幸福であった。翌日にはバイエルンはまずまずだったと、分析グループが評価するだろうが、監督は今までにないほど満足を感じていた。準々決勝に駒を進めるということは、ヨーロッパの戦いで、最も遠いところへ再び辿り着けるチャンスを意味する。ペップは言う。

「私はコントロールを望んで、みんなはそれをやり遂げた。良くない試合だったことは認めるが、コントロールしようとして、それができた。ミュンヘンの人々はとても攻撃好きで、上に下に走ることを望んでいるのはよくわかっている。だが、この試合はその逆を要求していた。アウェーで2-0で勝っているのに、リスクを冒すのは賢いことではない。ピッチ中央での流れるようなプレーはなかった、それは認めよう。しかし私たちは、しなければならないことをしたんだ」

翌日の午前10時、試合を見直したペップがチームのミスを解説してくれた。

「サイドバックとウイングが同じ縦のレーンにいるというミスを犯している。ラームとロッベンが同じレーンで、アラバとリベリーが反対の同じレーンで。同じレーンにいれば、私たちの優位さを奪ってしまう。2人が同時に居ないことが重要なんだ。もし、ウイングたちがサイドのレーンだったらサイドバックたちは中のレーンに居なければならない、その逆も然りだ。それから、サイドバックたちはゲッツェが好きなところを動き回れるようにするために、あたかもトップ下のようなポジションにつかなければならない時がある。また、サイドバックたちは、中のレーンに居てウイングたちが中に入ってきたら敵を引き連れてサイドのレーンに出る。そこでゲッツェとチームは数的優位を獲得できる。しかし、同じレーンの中でサイドバックがウイングの下に残っていたら、すべての選手たちが1対1の状況になってしまい、誰も優位にならない。そこを修正せねばならない」

この日、太陽の輝きと喜びで満ちたゼーベナー・シュトラーセで、ペップは新たな決断を下した。鋭敏さのないリベリーとゲッツェに、3週間ほどの小さなプレシーズンを課すということ。ブエナベントゥーラは準々決勝が始まる4月1日に照準をあわせ、彼らのコンディションの準備をするだろう。つまり、CLが最優先の目標となったのだ。

ウリ、あなたを待っている　2014年3月14日ミュンヘンにて

3月13日にヨーロッパリーグのFCバーゼル対レッドブル・ザルツブルクを観るためにバーゼルへ行く計画を私たちは立てていた。レッドブルのロジャー・シュミット監督（14－15シーズンのレバークーゼン監督）に、ペップは大きな関心を寄せていたのである。冬のプレシーズンでの親善試合で0－3で負けた時、シュミットの能力を確信した。しかし、前日の午後になってバーゼルには行けないことが判明した。翌13日の正午に下されるウリ・ヘーネスの判決が、ほぼ有罪となる見込みとなったからだ。

禁錮3年6カ月の実刑。

以前から巨額の脱税容疑に問われていたとはいえ、その事実は地震のようにバイエルンを揺るがした。会長職だからという理由ではなく、ヘーネスはバイエルンの魂そのものだった（ヘーネスの罪はクラブとはまったく関係がない）。ヘーネスはバイエルンにとって、活躍した元選手以上の存在だ。1977年にゼネラルマネージャーのポストに就いて以来、クラブは素晴らしい設備や近代化を成し遂げてきた。もちろん、この判決によって会長職を辞しなければならないが、いわばニュー・バイエルンの建設者でもある。そして、クラブは公式に、「ウリ・ヘーネスはすべての責任を認め判決を順守した上で、辞任する」と伝えた。

この判決後、公の場においてクラブ関係者で最初に口を開いたのが、ペップだった。金曜日の正午、恒例の試合前の記者会見である。

「ウリは、私のハートそのものだ。彼はバイエルンの人々からとても愛されている。私はこれほどまでに愛され慕われている会長を未だかつて見たことがない。彼なしのバイエルンは想像しがたい」

一番最初に、見解を述べるということは決して容易なことではない。世間が、ペップの発言をクラブ全体の

考えとして捉えかねない。また、これには幾つかの解釈が成り立つだろう。例えばクラブはスポークスマンとして、あるいは旗手としてペップのことを盲目的に信頼している。それは、ある意味誇りに思えることだ。また、他の解釈は、クラブはペップを隠れ蓑にした。これはバルサ時代を思い出してペップを不安にさせる。

そんな状況下で、ペップは中途半端な態度ではなく、自分の感情を隠さず正直に話を続けた。

「ウリは、私たちの尊敬をすべてかき集めても足りないくらいの人物だ。私は彼ととても良い仕事を成し遂げてきた。彼は私の友人であり、この先もずっと友人であり続ける。将来、ここに戻ってきて、今までのように私たちをサポートしてほしい。ここで過ごしてきた9カ月の間、クラブにとってウリがどれほど大事な人間かがよく理解できた。彼こそクラブにとって最も重要な人物であり、ここのすべての人間はそれを知っている。みんながウリを慕っている。ウリはバイエルンのすべてであり、ナンバーワン、そしてクラブそのものだ」

ペップにとって、ヘーネスに対するコメントは感情的にならざるを得なかった。知り合ってから、まだわずかしか経っていないとはいえ、ヘーネスに対して強い連帯意識を抱いている。毎週ランチをともにしながら、フットボールのビジョンを共有しあった。そして何よりも、互いに親愛の情を感じ合っている。この先、知性に溢れたルンメニゲが時間をかけて彼不在の穴を全力でカバーするだろうが、それでもヘーネスなしのバイエルンは、ペップにとっては心許なかった。

選手たちに状況を説明したのは、ルンメニゲである。ゼーベナー・シュトラーセのミーティングルームで「クラブとチームの安定性を保証する」という組織としての短いメッセージを告げた。すすり泣きながらのCEOの言葉に、選手たちの心は動かされた。

何日かして、監督は、こんなことも語っている。

「2、3年はここで働いてチームに最良のものを授けたい。なぜなら、私の夢はウリが戻ってきた時、もう一度一緒に働くことだから。ウリ・へーネスがいなかったら、すべては実現しなかったし、始まらなかったからね」

3月15日のレバークーゼン戦が、へーネスとの別れを惜しむ最後の試合となった。いつも、アリアンツ・アレーナでの試合後にはへーネス、ルンメニゲ、ヤン・クリスティアン・ドレッセン（最高財務責任者）の3人が監督の仕事部屋に駆けつける。そこで何分間か話をした後、ルンメニゲとドレッセンの2人は選手たちを慰労するためにロッカールームへ向かう。へーネスだけが1人残って、ペップとサッカー談議に花を咲かせる。ペップがチームを自分のモノだと感じることができなかった初めの数試合、彼はペップを励まし続けた。

2－1でレバークーゼンに勝利したこの試合が、へーネスとのおしゃべりも最後となった。安定した内容で、特に語るべきこともない試合ではあったが、いくらでも時間をかけて、ペップは話をしていたかったにちがいない。

丁度この試合で、バイエルンは50試合負けなしの記録（その内25試合がハインケス、25試合がグアルディオラ）を達成した。最後に負けたのは２０１２年10月のアリアンツ・アレーナでのレバークーゼン戦。また、ペップはバルサでの16試合連続勝利の記録を打ち破りバイエルンで17とした。スタジアムでは、ファンたちがロッベンやマンジュキッチ、クロースなどの選手たちをスタンディングオベーションで讃えていた。

そしてバイエルンとレバークーゼンのファンたちの応援歌の後、75分を回ったあたりからスタジアムには元バイエルン会長を讃える歌が広がり始めた。

「ウリ・へーネス、あなたは最高だ」

その歌は、皆のノスタルジーを誘った。そして、スタジアムのあちらこちらで、ウリをサポートする多くのプラカードや横断幕が掲げられた。それらには、脱税による道徳的なジャッジなどとは関係ない、良い時も悪い時もリーダーとしてクラブを導いてくれた人物への別れの言葉だけが手書きで書かれていた。

フランクの停止　２０１４年３月15日　ミュンヘンにて

フィジカルコンディションが低調なリベリーは、レバークーゼン戦には出ない予定だった。しかし、ピサーロが練習で腰を打撲してスタメン入りできなくなったため、急遽ベンチ入りを果たし、途中出場することになった。

バロンドールが獲れなかったこと、裁判沙汰、筋肉のケガ、最終的に手術に至った背中の痛み、フランクの２０１４年は空白が続いた。ペップも半ばあきらめ、回復のための２週間のきついトレーニング、小さなプレシーズンを課したぐらいだ。そのことはレバークーゼン戦の前に、フランス人を自分の仕事部屋に呼んで伝えてあった。さらにこの時、ペップは２０１３年のレベル、誰も止められないようなドリブルを取り戻すことが必要だとも説いていた。

しかしその後も約６週間、リベリーのコンディションは回復する見込みさえなく、彼自身も「最高のレベルには戻れないかもしれない」という不安に怯え、精神的にも参ってしまい、思考停止状態に陥ったのである。

ペップは、それを隠した。同じように他の選手たちも、気づいてはいたが公にすることはなくリベリーの回復の手助けを懸命に行った。スポーツの世界では、常にマックスのレベルを保つことは不可能だ。リベリーは、シーズンを決定づける最も重要な時期を苦しむことになる。

レバークーゼン戦の勝利後、リーグタイトルは事実上バイエルンの手の中にあった。実際には、この10日後にベルリンで決めるのだが、残り7試合を残して2位のドルトムントに勝ち点25差をつけての優勝は驚いた。２０００年以来の連続優勝でもあった。

それにしてもバイエルンというビッグクラブが、14シーズン中、たった2回しか連続優勝を果たしていないのにも驚かされる。ルンメニゲとヘーネスとペップが成し遂げた成果は、このデータからしても大いに評価されるべきものであろう。バイエルンはこの10年間で７人の監督が代わり、成功するたびに、その翌年は大きな失敗に終わるという歴史の繰り返しだった。公表されていないが、バイエルンの最高責任者たちは「２０１３年の３冠後のシーズンは、失敗に終わる可能性が高い」と考えていたようだ。

ブンデスリーガの連覇を果たした主な要因。それは、選手たちがグアルディオラの就任によって大きな刺激を受けたことにある。選手全員が、すべての成功を手中に納めたようにではなく、あたかも挑戦者のようにシーズンに立ち向かった。そして３つのタイトル（欧州スーパーカップ、クラブワールドカップ、ブンデスリーガ）を獲得して、２つのファイナルが目視できる状況でこの時期に到達したのだ。

レバークーゼン戦後、ペップとセカンドコーチのドゥメナックと食事をともにして、バイエルンが打ち立てたリーグ記録の話になった。ペップは50試合負けなしの記録のことも、ハインケスの25試合負けなしや他のデータのことも知らなかった。その時、ドゥメナックはデータに対して厳しい態度を示していた。

「いいかいペップ、私たちは記録の心配をすべきじゃない。CLという本命に向かっていかなければならない。ここから、試合に負けたり失点したってかまわないじゃないか。記録は来シーズンのためにとっておこうぜ」

グアルディオラは応えた。

「君の言うとおりだよ。リーグをできるだけ早く確定し、カップ戦とCLに集中するんだ」

話題は、この後すぐに選手たちのこと、リベリー、ゲッツェ、シュバインシュタイガーなどの選手のコンディションの回復の問題に移った。そして監督が、自身がとても好きな話題でもある、チームがどのようにプレーしてほしいかを語り始めた。

「明らかだよ。チームはサイドでプレーすべきだ。2人のウイングは、サイドラインぎりぎりでプレーする。ワントップは、直接、自分がシュートをするためじゃなく、セカンドプレーのためにエリアの中に居るんだ。そして、4人の選手がセカンドアクションの準備をして待ち構える。その4人は2人のサイドバックと2人のインテリオールだ。リバウンドを利用してシュートを狙う。それにこのやり方は、敵のカウンターをとても高い位置で断ち切ることができる」

続けてペップが語った。

「来シーズンはもっと良いプレーをしなければならない」

この考えに対して、ぶしつけな質問を試みた。

「どうやって同じ選手たちで、もっと良いプレーができるんだい?」

ペップは、これには答えず、とぼけたような表情を浮かべるだけだった。代わりに、私に質問をぶつけてきたのだ。

「もし、明日CLのファイナルを戦うとしたら、スタメンは誰にする?」

バイエルンの監督とそのスタッフの前で、スタメンを提案するという機会を逃すわけにはいかない。私は理性を失いながらも無意識に武装して答えていた。

「それはもう明らかだよ。最も良い状態の選手たち11人を選んで4-2-1-3のフォーメーションで戦うね」

それから、11人の選手たちの名前を挙げた。またもやペップは私の意見を静かに聞くだけで、口を開かなかったが、2秒も経たないうちにドゥメナックが、私に質問してきた。

「もし、相手がクリスティアーノ(ロナウド)やベイルがいるマドリーでも、うちの最速のセンターバックのボアテングを使わないのかい？　もし相手がバルサでも、バスティアンなしでメッシに立ち向かうのかい？　チェルシー相手にゲッツェやミュラーなしの一般的な9番のワントップでいくのかい？」

うう、なんというバリエーションなのか！　その夜、私は、黙っていることの賢明さを学んだ。ペップは私のスタメンに対して何の意見も言わなかった。しかし、ドゥメナックの質問だけで、私が以下のことを理解するのは十分であった。

・すべての情報を把握するだけでは足りない
・多くのファクターを測って考えた末に選択する
・選択の際のいかなる過ちや性急さも深刻な失策に結びつく

もちろん、監督の仕事は複雑で難しいと知っていた。しかし、詳細も知らずに外部から眺めただけで分析するのはどんなに安易で無責任なことなのか……。それ以前にはまったく理解していなかった。そのことがよくわかった夕食会だった。また、グアルディオラの尽きない疑問は、彼の性格ゆえでも、決断不足や大胆さの欠如でもなく、すべての可能性を判断したいという意欲と責任感ゆえだったということも実感できた。この時、すべてのあらゆる可能性を分析することを追求するチェスプレーヤーのメンタリティのことを思い出して、ペップに話してみた。

「スタメンを選ぶのは、一手を選ぶ時のチェスプレーヤーを彷彿させるよ」

するとペップは、こう返してきたのである。

「そうだな、どれくらい似ているかはわからないけど。ところでエル・パイス紙のマグヌス・カールセンへのインタビュー記事を読んだかい？　彼が言っているんだ。『ゲームを始める時の最初の手を犠牲にするのは、たいしたことではない。なぜなら、ゲームの最後の段階では自分の方が強いと知っているからだ』。とても考えさせられたよ。フットボールにも当てはめて考えてみなければならないね……」

バスティアンの招待　２０１４年３月25日 ベルリンにて

ベルリンのロッカールームでリーグ優勝を祝っている最中、リベリーはアスティアルタの唇を切ってしまった。７試合を残して、バイエルンはブンデスリーガを獲った。グアルディオラのレシピ「最初の８試合で負けて、最後の８試合で決める」、これよりも７試合も早く決めたことになる。また、７回連続でアウェーの地での優勝ということになった。

誰にも止められないようなバイエルンの勢いで始まった試合は、開始13分ですでに２－０のスコア。圧倒的な内容だった。この試合、監督はここ数日間でプランを修正して戦った。ヘルタ・ベルリンのウイングがバイエルンのサイドバックに対してマンツーマンでくることを警戒し、サイドバックを本来の場所であるサイドでプレーさせたのだった。中に入らせず、ラフィーニャとアラバを両サイドに配置し、ベルリンのディフェンスラインを６人並ばせるようにし、ピッチ中央にスペースを作った。そこをミュラー、ゲッツェ、ロッベン、クロースとシュバインシュタイガーが、好きなように活用し、支配したのだ。まさに試合前のミーティングでペップが警戒していた通りになり、「対策がはまった」と選手の多くはコメントした。ベルリンのスタジアムには、ケガ人のバドシュトゥバーやコンテント、３日前にマインツ戦で頭を打ち、一時的に記憶喪失になったハビ・マルティネスも来ていた。

結局、試合は３－１で終了し、ペップ・バイエルンはブンデスリーガ史上初となる３月に優勝を決めたチームとなった。同時にヨーロッパのビッグリーグの歴史の中でも、最も早い時期の優勝を遂げた。27試合で25勝

2分け、79得点、13失点。ブンデスリーガのすべての記録を塗り替えたシーズンでもあった。1試合の平均得点は約3点（2・92）、失点は平均0・48。その上、この優勝は13－14シーズン3つ目のタイトルとなった。

試合後のロッカールームでは、全員がプールに放り込まれた。慎み深く口数の少ない男ヘルマン・ゲラルドも例外なくプールに突き落とされたが、びしょ濡れになる前に、ペップに近づいてきて一言だけ口を開いた。

「ペップ、君は天才だ」

一方、マネル・アスティアルタは、真夜中に唇を2針縫わなければならなかった。なぜなら、プールの犠牲者となる際に、リベリーに肘鉄をくらったからだ。その時のリベリーの興奮が目に浮かぶが、もちろん故意にではない。

その後、場所を移した真夜中のパーティーは、さらに皆の心を解き放った。このパーティーは、バスティアン・シュバインシュタイガーが用意したもので、クラブが用意したのではない。この8日前にも、シュバインシュタイガーはチームメイトを仮装パーティーに招待していた。今夜は、ベルリンのミッテ地区にある『キティー・チェン・バー』にチームに関わるすべての人々が集まった。

深夜2時ちょうど、なんとペップが踊り始めた。今まで、ペップを知る親しい人々の誰一人として、ペップが踊っているところを見たことがない。家族のパーティーでさえ、またバルセロナでの多くの祝賀パーティーでも一度も見られなかった。いつもは、友人たちやスタッフに囲まれて、座りながら、たくさんの話をしている。もちろん、ほとんどがフットボールの話だ。近いところでは、3カ月前のモロッコでのクラブワールドカップのパーティーで、サラ・イ・マルティンやダビド・トゥルエバなどと話をしていた。そのパーティーでは、ほとんど誰も踊ろうとはしなかった。ただペップの妻のクリスティーナと長女のマリア、クリスティーナの母、サラ・イ・マルティンの妻、そして踊り好きのブラジル人のダンテとラフィーニャがちょっと控えめに踊っていただけだった。

　ベルリンでは、まったく違う。ダビド・アラバはＤＪをしながら歌った。とても良い声の持ち主だ！　ペップも会場の異常な熱気と盛り上がりに押され、選手たちに混じって踊りを披露したのだ。選手よりも選手っぽく、弾けて踊る。みんなで飲んで踊って、最高に幸せそうだ。リベリーが踊るペップに近づいてきて、片腕で首を絞めながら言った。

「ペップ、愛してるぜ。あんたはいつも俺の心の中にあるんだ。俺はストリートサッカー育ちだ。まともなフットボールなんて教わったことがない。だけどあんたは、いつも俺の心の中にあって、これからもずっとあり続ける。今までの俺の人生を思ったら、俺がこんなにサッカーを学べるなんて想像もしてみなかったぜ」

　パーティーは遅くまで続いた。ペップが床に就いたのは朝5時ごろである。何人かの選手たちは、朝食の時間にホテルに辿り着いたぐらいだ。お祭り騒ぎとお祝いパーティーの疲れがミュンヘンへの帰路、選手たちの表情にクッキリ表れていた。飛行機の中ではキャプテンたちが水曜日にたっぷり休めるようにと、木曜日の練習時間を遅らせてくれと何度も頼んできた。最終的にグアルディオラは受け入れた。リーグのタイトルを輝かしい内容で獲得した選手たちの頼みとあって、許可しないわけにはいかなかった。

　大きなタイトルを獲った後の最初のトレーニングに、私はとても興味を持っていた。きっと、これからのさまざまな兆候を示すはずだ。勝利に満足しきってしまうのか？　ハングリーであり続けるのか？　勝利に関係なく進めるのか？　終止符なのか？　1年目でリーグを獲得したペップの、優勝決定後、最初のトレーニングを確認することは、たいへん意味深い。21世紀になってから、バイエルンはたった2回しか連続優勝を果たしていない。このデータは、成功の後の不安定さを物語っているはずだ。

　木曜日、シュバインシュタイガーはミュンヘン出身のスキーヤー、フェリックス・ノイロイターの紙のお面をかぶってピッチに現れた。選手たちは笑顔で満ち溢れている。しかし、ペップが姿を現わしてアップが始まるやいなや、その笑顔は消えた。チームは気持ちを切り替えて、7人ずつ3つのグループに分かれて、ダブルボックスの5分間のミニゲームを4回続けた。そして、スピード系トレーニングを9回、ハイパワーのスピードトレーニングを6回繰り返した。

セッションは、休みなく緩みなく続く。ペップは端にいる私に近づいてきて言った。

「リベリーは今シーズンで最もいいトレーニングをしている。物凄いよ、これは」

成功の後の最初のトレーニングは、こうやって過ぎていった。選手たちはハングリーさを持って、11人の席を勝ち取るために戦っている。CLの試合は近い、誰一人としてベンチには座りたくはない。もちろん、この時、チームの誰一人としてレアル・マドリー戦で大敗するとは夢にも思っていなかった。

リーグはすでにポケットの中、CLの輝きは地平線まで近づいている。そんなある日、ペップの隣に座って話をじっくり聞くことができた。

「これまで、このシーズンで最も悪かったのは、エミレーツ・スタジアムのあの10分間だった。マヌ（ノイアー）の手が私たちを救ってくれた。最も良かったのは、たぶんマンチェスター・シティ戦と優勝を決めたヘルタ・ベルリン戦の最初の45分だ」

バイエルンによって塗り替えられた記録の話を振ってみると、こうだ。

「記録なんて馬鹿げているよ。記録は私たちを害するだけだ。今はCLとカップ戦が待っている。リーグはもう終わった。それだけなんだ」

準々決勝のマンチェスター・ユナイテッド戦まで4日しかない。ペップの鋭い目が私に突き刺さる。

「弱そうに見えてもCLでは別人となって噛みついてくる。疑いなくユナイテッドは、私たちを苦しめてくるだろう。相手は中のスペースを閉じてくるから、われわれは長いボールを使って、サイドバックから攻撃するつもりだ。内側のルーニーから始まり、サイドのバレンシアやヤングのスピードを活かしたカウンターを警戒しなければならない。彼らは長いボールを蹴ってくるはずだ。われわれはボールを保持し続けるためとボールを動かすためとピッチ中央を支配するために中盤に最も良い選手たちを置く。しかし、注意が必要だ。オールド・トラッフォードには、未だミスター・ファーガソンの影がある。そして、その重みは想像以上に大きい……」

それでも、この準々決勝はバイエルンが明らかに有利だった。ペップは続けた。

「そうだね。しかし、バイエルンはもうセミファイナリストだ、とはどこにも書いてない。唯一明らかなのは、これからCLで2試合を戦うということ。もし、もっと試合をしたかったら、ピッチで目の前の試合に勝つしかない。このことをユナイテッド戦の前のミーティングで、選手たちに言おうと思っているんだ」

この時、何かを思いついたのか、ペップは私と話しながら、自分の黒いノートにメモをとった。

「ボアテングと話をしなきゃならないな。マインツ戦で抜け出した相手のFWを奇跡的にボアテングが防いだんだ。でも警告だった。もしCLでそのような状況が起こったら……。私は10人で戦うよりも、1点とられる方を選ぶ」

今日のグアルディオラは、リラックスしていて急いでもいない。この機会を利用して、チームの進化について評価してもらうことにした。

「ポジションプレーは、物凄く改善されたよ。最初の頃は、苦労していたんだ。この練習はとても要求が高く、選手たちは根本から学ばなければならなかった。しかし、その進化はファンタスティックで、すでに真のエキスパートになっている。もはや、いつプレッシャーをかけに飛び出すのか、どうポジションを保つのか、要求し続ける必要はないくらいだ。でも、まだまだやらなければならないことはたくさんある……。それは、来シーズンにやることにするよ。このシーズンに必要なことは、すべて伝えた。今はこれまで獲得した成果で戦うだけのことだ。

次のコースでは、もっと多くのコンセプトを伝えるよ。もしかすると何試合かは負けるかもしれないけど、もっと良いプレーができるようになるはずだ。選手たちは、この1年間で学んだ新しいプレーの〝イデオマ〟を、2年目に堅固なものにするだろう。多分、もっと多様性が出てくると思う。例えば、ある時は3バックで、またはサイドぎりぎりのウイングとトップ下とインテリオールたちのピッチ中央での執拗なボール回し……つまり、とても成長するということ」

プレーの軸として、ボールが主役となって現れるのは避けがたい事実である。

「フットボールは、パスとボールのスピードが肝だ。現実的には、フットボールだけではない。すべてのボール競技においてもそうだ。

バスケットボールで、もし必要以上にドリブルしたらDFは容易に守れる。その代わり、ボールを素早く選手から選手へと動かしたら、敵にとっての多くの問題を作り出すことができる。

フットボールでも同じことだ。人から人へ、タクタクとボールを動かす。一見、何もなされていないようにも見えるが、敵に私たちの背後を追わせているんだ。だから私は、敵陣での多くのパスに、とても興味を持っている。中央のゾーンでボールを動かすために、味方の2人のFWが敵の4人のDFを引きつける。よっぽどのエキスパートでなければできないが、1人のFWが4人の敵のDFを引きつけることができたら、もっといい。パスしてパスして、でもボールを保持しておくためだけではなく、速いパス回しをして敵を打ち負かすんだ。ボールが私たちを整えてくれ、敵の整然とした陣形を壊して混乱させる。ファンマ・リージョやラウール・カネダのような監督たちは、いつも言ってきた。信じるのは容易ではないかもしれないが、速いパスは自分たちの秩序を整えて、敵を茫然と立ち止まらせるんだ」

そう、もし選手たちがそれを信じなかったら、このプレーには可能性がまったくなくなってしまうのかもしれない。

「そうだ、そこなんだよ。新しいコンセプトを理解して受け入れてもらうために、選手たちを夢中にさせて魅了することなんだ。モチベートするのではなく、魅了して、夢中にさせる。バルセロナで起こったことは、モチベートできなくなったのではない。彼らは、最高のフットボリスタたちで、素晴らしい人格の持ち主たちだった。私は、彼らを魅了して夢中にさせることができなくなった。あの4年間、私たちは1000以上の小さな進化を遂げてきて、次のステップに行くのはもう簡単ではなかった。選手たちの瞳を見て、恋人同士のような輝きがあったら、そこにはパッションと魅惑が宿っている。しかし、だんだんと彼らの瞳からパッションの炎が消えていった。何年かして、バイエルンでも同じことが起こるだろう。多分、選手たちを魅了して夢中にさせることができなくなる。その時が、私の立ち去る時だ。そう、瞳なんだよ。魅了することなんだ……」

第５章　負けて立ち上がる

「もしあなたが、１度も失敗したことがないのなら、
成功を測ることはできない」
シュテフィ・グラフ

チアゴが壊れた　2014年3月29日　ミュンヘンにて

バイエルンにとって3月が勇壮な月なら、4月は惨劇の月となった。

リーグタイトルを獲った直後、ペップは大きくシフトチェンジして、ホッフェンハイム戦を控え選手で臨むことに決めた。しかし、ここ2週間、足にできた血腫が原因で、わずかな時間しかプレーしていなかったチアゴに戦うリズムを取り戻させるため、チアゴだけはスタメンとして出場させている。ペップは数日後に控えているオールド・トラッフォードの戦いに、どうしてもリズムを取り戻したチアゴが必要だと考えていた。

しかし、試合開始10分、その計画は頓挫してしまう。ファウルの笛が鳴らされた直後、プレーを止め、一瞬気を抜いたチアゴの右足にケヴィン・フォラントが激しく突っ込んできたのだ。その衝撃は、ひざの内側靭帯を80パーセントも断裂するほどの強さだった。

この前日、ペップは2つの提案を断っていた。1つは、世界的に有名なセンターバックの来季の契約の申し出。その選手の戦術的な緻密さに疑問を抱いていたので退ける。2つ目は、来季の監督としてヨーロッパのビッグクラブから白紙の小切手を差し出された。もちろん、拒んだ。

さらに、ホッフェンハイム戦を翌日に控え、リーグを閉じる意志も表明していた。

「私はリーグのタイトルを獲得できたことにとても満足している。これからもブンデスリーガに対する敬意を払って、すべての試合を戦っていく。しかし、火曜日にはユナイテッドとの（CL）ファイナルが待っている。勿論、準々決勝だが、それはファイナルのようなもの。ドイツのカップ戦にしてもそうだ。今の私たちにタイトルをかけて戦う権利が保証されているのはユナイテッド戦の2試合とカイザースラウテルンとのカップ戦だけ。私にとって、記録の更新は重要じゃない。ただ、この3試合だけが、今最も重要なんだ」

ペップは、この言葉で１つのステージ（国内リーグ）の扉を閉じ、別のステージであるＣＬとカップ戦の扉を開きたかったのだ。選手たちに、記録という脇道に気を逸らすことなく、可能性が残されているタイトルの試合だけに集中してほしかった。

とても良い考え方だったかもしれない。だが、それはチーム全体に深刻なパフォーマンスの低下をもたらし、惨劇に終わるチーム解体の萌芽となった。はっきりした不振に流れ着いたことは否定できないだろう。加えてチアゴの損失も、下落のカギとなる。中盤で選手たちをつなぎながらプレーを継続させることができる選手こそチアゴ。彼はすべての選手を結びつける接着剤なのだ。

ハイプレッシャーを仕掛けてきたホッフェンハイムは、控え選手でいっぱいのバイエルンを大いに傷つけた。この試合では負けなかったものの、後に対戦したニュルンベルクやマインツ、ヴォルフスブルクは、ホッフェンハイムと同じように高いところからプレッシャーをかけ、バイエルンの攻撃の開始を邪魔してきた。そして、窮地に陥らせた。

３つのタイトルを獲得したというバイエルンの慢心をアウグスブルクのマークス・ワインツィアル監督、マインツ05のトーマス・トゥヘル監督、ヴォルフスブルクのディーター・ヘッキンク監督が見逃すわけがない。彼らは、ホッフェンハイムの戦いをヒントにして、グアルディオラに立ち向かうための解決策を探し求め、果敢にＤＦ陣へのプレッシャーを積極的に仕掛けたのだった。

ホッフェンハイムのハイプレッシャーは、リーグ王者のプラン変更を余儀なくさせ、バイエルンにカウンター攻撃を強いた。最終的な結果でも示されているが、それは衝撃的なものであった。３－１にしてから３－３に追いつかれている。また、このシーズンで相手のシュートの数がバイエルンよりも上回ったのは、これが最初で最後だった。ホッフェンハイムが20本、バイエルンが11本だ。リーグでの３失点も２年ぶり。２０１３

年10月5日のレバークーゼン戦で引き分け、次節から続いた19連勝の記録もストップした。しかし、チームはまだ53試合負けなしの記録を更新中である。

21分、チアゴが交代を申し出た時、グアルディオラの牙城が崩壊し始めるとともにマンチェスター・ユナイテッド戦のプランも壊れ始めていた。ペップは、この時、チアゴの不在がCLにおいて大打撃となるだろうと告白している。

選手たちとの食事会でブエナベントゥーラは、ツイッターのチアゴのケガの写真を見ながらロッベンに言った。

「アリエン、たとえファウルの笛が鳴っても絶対に油断しないで常に緊張感を持っていないとダメだぞ。ドリブルする時も相手の激しいタックルを警戒しながら中に入っていくんだ。気の毒なチアゴみたいなケガにならないようにな」

その少し前に、病院にいるチアゴから診断内容を伝える電話がこのフィジカルコーチにあった。

「ひざの靭帯がほぼ断裂していて、6~8週間かかる。ワールドカップもサヨナラだ……」

ブエナベントゥーラはチアゴを慰めようと、ハビ・マルティネス伴ってすぐにチアゴの家に向かった。その際、この苦境の真っただ中で、1つのエピソードが生まれた。この出来事は彼らに数分間の笑いを授けたのである。1994年のワールドカップチャンピオンの父マジーニョに、診断内容を伝える電話をしたことからエピソードは始まった。マジーニョはその内容を早とちりして受け取り、チアゴとの電話を切った後、その手で友人でもあるブエナベントゥーラに電話をかけた。それも、泣きながら……。

「ロレン、チアゴのことだが、どうしたらいいんだ！　もうどうしようもないくらい俺は落ち込んでるんだ。ひどいケガで6~8カ月かかるんだ。どうしたらいいんだ。どうしたらいいんだ」

マジーニョは、チアゴのケガが前十字靭帯の損傷で回復まで半年以上かかると勘違いしていたのだ。ブエナベントゥーラとチアゴは大笑いしてからマジーニョをなだめ、前十字よりも軽い側副靭帯であること、また、6～8カ月ではなく6～8週間であると説明した。これは、苦しい夜の救いの瞬間だった。

3月30日、日曜の朝、前日ホッフェンハイムに引き分けた選手たちは、ピッチ組と自転車組の2つのグループに分かれて回復トレーニングに励んだ。ピッチにいる数人の選手たちの中には、夕べあまり眠れなかったピサーロがいる。今シーズン、初めて1試合フル出場したが、終わりの方で足を攣ってしまったのだ。自転車グループのリベリー、シュバインシュタイガー、バンブイテン、ゲッツェ、シャキリは、30分間ほど、街の中を自転車で回った。この日チアゴとペップは、ドクター・ハンスと治療方針についての話し合いを持った。ドクターはギブスをするのがいいと言うが、チアゴはバルセロナのラモン・クガット医師に、関節に直接、成長因子を注入する治療をしてもらいたいと主張した。

「その治療は、まるで足が焼けるみたいに痛いことはよくわかっているけど、その痛みを耐えなきゃならないんだ」

話し合いを終え、ロッカールームを出ると、早い回復を祈るチームメイトたちからチアゴに、励ましの言葉がかかった。その1人はノイアーである。

「チアゴ、チームには君が必要なんだ。早く戻ってきてくれ」

一夜明け、すぐにでも戻って戦いたいチアゴの士気はとても高いものになっていた。

「本当に、もう最悪だと思ったよ。昨日はとてつもなくショックだった。夜の間はめちゃくちゃ落ち込んだけど、今朝になったら立ち直れたよ。朝食をチームメイトと一緒に食べるためにここに来て、1日経ったことで、回復までの期間が1日減ったとも考えられるようになったんだ。思考はケガの回復に物凄く影響するし、これからは回復に向けてすべてを注ぎ込む。6~8週間といわれているけど、俺は5週間で治したい」

3月最後の日曜日。ペップはチアゴに、カップ戦とCLのファイナリストになると約束した。そして、チアゴはその試合に出られるように準備すると約束した。お互い、この約束を果たすことは決して容易でないことなど、わかりきっていたはずだが……。

試合後のペップ　2014年3月29日 ミュンヘンにて

ヘトヘトに疲れ切っているが、最も魅力的なグアルディオラが垣間見える瞬間。それは試合後……。

記者たちの質問に30分ほど答えてから、アリアンツ・アレーナの選手たちのレストランに駆けつける。1杯のシャンパンとひと切れのパルメザンチーズを頼んで、終わったばかりの試合について本音を打ち明ける。とても情熱的な説明で、その場に居合わせることは、なんという特権だろうか。

すぐに食事ができるコンディションになっていないので、通常は立ったままか、テーブルにもたれかかって話し始める。試合当日、ペップは一日中何も食べない。胃が何も受けつけず、たった1杯のコーヒーを朝飲んでからは、水、水、水、ひたすら水を飲むだけだ。これがシーズン中ずっと続く。試合が終わると空腹感が襲う。だが、大好物のサーモンを目の前にしても30分ほどかけて試合と試合前日のすべてのアドレナリンを取り除かなければ、食事がのどを通らないらしい。まずは試合で起こったすべてのアクションを思い出し、機関銃のように話し出す。

「18分のラフィーニャを見たかい？　敵が通り抜けようとしたスペースを2メートルほど内側にポジションをとって塞いだんだ……」

私は、それを見ていなかった。試合で起こったすべてを分析できる写真のようなペップの記憶力はテニスプレーヤーのラファ・ナダルを想起させる。ラファはコート上のすべてのボールの動きと得点経過、自分と相手のミスとその帰結を覚えていて、かなり後でも思い出すことができる。ペップ・グアルディオラの場合は、すべてのプレーを覚えている。どんなプレーだったのか、何が起こったのか、誰がそのプレーに関わってどんな結果になったか……。その代わりにスタッツの数字にはまったく興味を持たないし、知ろうともしない。

「今日は、63パーセントしかポゼッションがなかったのかい？」と聞くと、「えっ！　そうなんだ？」と答える。データを見て「シュターケは、ホッフェンハイムのどの選手よりもボールに触ってパスをしていたよ」と話しかけると、「えっ？　そうだったんだ！　なってこったぁ、ああ恐ろしい」と、ただ呟くだけだ。サッカーのスタッツにはまったく興味を示さないペップ。パッションを感じるのはあくまでプレーそのものと、試合の分析なのだ。

「ラームの賢さを見たかい？　あのターンの仕方、ボールの保持の仕方、敵の分断の仕方！」

「トニ（クロース）とも話をしなきゃ。ユナイテッド戦では、あのコントロールと右へのターンは絶対にやっちゃいけない。そこを確実に突かれて、カウンターを仕掛けられるからね」

忽然とスカウティング責任者のカルラス・プランチャルトのテーブルに近づいて行き、こんなことも言う。

「カルラス、君が私にコメントした36分のプレーの映像を用意しておいてくれ。明日、センターバックに攻撃を遅らせるための身体の向きの方法を教えるから、いいかい……」

この奇跡的なレストランでの30分間で、ペップはまだベンチにいるかのように、終わったばかりの試合のすべてを再現する。プレーを一つ一つ取り出して、並べる。まるで解剖するように筋肉という筋肉、靭帯という靭帯を取り除いて、きれいに骨格だけにするまで試合を解体する。選手たち、対戦チーム、試合の局面、各アクションの理由（動機、原因）、ゴールまでの経緯（ゴールに至るプレーをどうやって準備したか）を分析する。時には1つのアクションを説明するために、そのシーンから何分間か遡って示したりもした。終わったばかりの試合は、丸裸にされた。

次の試合はどうなるか？　試合前の1週間をどうやって練習するのか？　誰に休みを与えるのか？　など、これからの話も飛び出す。ときどきチーズをひと切れつまむが、シャンパンにはほとんど口をつけない。セカンドコーチのドゥメナックとは、次の試合に向けてのセットプレーの具体的な練習の必要性で合意した。

金髪のとても美しい3人の子どもを連れたロッベンが、別れのあいさつにやってきたのでハグをした。ロッベンはたいへんな子煩悩だ。その時、ロッベンが右足で敵の頭を超えた80分のプレーを思い出し、「あれをもっと繰り返しやっていこう」とロッベンに伝えた。

ペップは突然、レッドブル・ザルツブルクの監督ロジャー・シュミットへの称賛を並べ始める。オーストリアのチャンピオンチームを分析し始めたのだ。FWがどうやってプレッシャーをかけに行くか、サイドバックがどうやって飛び出すか、その瞬間2人のメディオセントロがどんなポジションにつくのか、などなど。まるでザルツブルグとの対戦を明日に控えているかのような詳細な説明だった。なぜそんな分析を急に始めたのかという理由を私が探そうとしていると、今度は、今夜やっていたバルサ対エスパニョールにも話題が移る。敵のセンターバックの背後への、イニエスタのパスについて話が及んだ。「いったい、いつ試合を見たんだい？」と質問してみると、こうだ。「廊下を通った時に、テレビでやってたんだ。アンドレスは天才だね！」。

この30分間のペップは、まるで宝石のよう。なぜなら彼の真のパッションが、そこに集約されているからだ。プレーを解読して、確信を持って自己批判する。試合全体の包括的な分析から、詳細な分析。改善策を提案して、別の試合や他チームの試合も考慮しながら、次の試合で使う手段を考える。今日の試合の成果や、次の対戦相手にどうやって立ち向かうかも語ってくれる。

何度も述べてきたように、グアルディオラが残酷なまでの結果主義者であることをわかっていただけただろう。同時に、結果主義者を突き動かしているのはフットボールへのパッションであることも。そして、この30分は洞察力に溢れ、かつ実用的な素晴らしい授業なのだ。

ある夜のこと、アゼルバイジャンU－19女子サッカー代表の若き監督パトリシア・ゴンザレスを伴って試合後のプレーヤーズラウンジで食事をしたことがあった。その時、ペップは彼女を見て言った。

「パトリシア、1つアドバイスをあげるよ。常に良い選手たちでチームを作れ。常にだ！」

若い代表監督は意味が汲み取れず、ペップに質問を投げ返す。

「ペップ、良い選手たちって誰ですか？　有名な選手という意味？」

バイエルンの監督の答えは明確だった。

「違うよ、本当に良い選手というのはボールを絶対に失わない選手だ。パスしながらボールを失わない選手たち。それが良い選手なんだ。たとえ有名でなくても、そういう選手たちで試合をしなければダメなんだ」

垣間見えるいくつかの症状　2014年4月1日 マンチェスターにて

今シーズン、バイエルンがCLでイングランドのスタジアムを訪れるのは3回目になる。過去2戦ともペップのチームは勝利している。グループステージでの対戦となったマンチェスター・シティとのエティハド・スタジアムでの戦いは素晴らしい内容とともに3－1で決着。また、開始7分間こそ苦しんだものの、30分過ぎからはリサイタルのような様相で勝ったアーセナルとのエミレーツ・スタジアムでの激突は2－0だった。

そして、ここオールド・トラッフォードでは、これまでと同じようにゲームは支配したものの勝つことはできなかった。苦いシーズンを送ってきたマンチェスター・ユナイテッドが、見違えるほど勇敢に守り、ドイツのチームの勝利を阻んだのだ。結果は1－1の引き分け。

まずバイエルンの狙いは、相手を深く広く押し込んで、いかなるカウンターも展開させないように、相手に6－2－2の3本のディフェンスラインを強いることだった。これに対してユナイテッドは、前線に張る数少ない攻撃の主役ウェルベックがバイエルンのセンターバックのボアテングに近づき、マッチアップを挑んだ。

この時、ドイツ人のセンターバックはどのような対応をするべきなのか迷っていた。たぶんグアルディオラのアドバイスを思い出していたのだろう。ファウルすることを恐れてプレーが中途半端になり、イギリス人FWとノイアーの1対1を許してしまう。しかし、この決定的な場面での対決は、ことごとくバイエルンの守護神が勝利し、ホームチームのゴールを消し去った。ノイアーはチームとボアテングを救ったのである。

メディオセントロのラーム、インテリオールのクロースとシュバインシュタイガーは、試合の完全なるメインキャストとなってプレーしたと言っていい。ところが後になってはっきり現れるが、いくつかの気になる症状が、この一戦で垣間見られた。

中盤を支配しても、ゴールチャンスになかなか結びつかない。シーズン通しての傾向でもあるシュートの確率がとても低いのだ。対戦相手がゴール前のスペースをきつく閉ざしてくるため、シュートの決定率は必然的に低くなるのだが……。

また、不調のフランク・リベリーは左サイドで自分のマークを追従させることができず、バイエルンの攻撃は過度に逆サイドのロッベン側に偏った。右インテリオールのシュバインシュタイガーの同点ゴール（復帰後、4点目）が生まれたのは、そのような状況のせいもあるだろう。彼自身の身体の切れは、完璧にはほど遠く、プレーがあまりにも遅すぎた。ちなみにこのゴールは、失点の9分後、ラフィーニャのクロスをマンジュキッチがヘディングでエリアのセンターに落とし、タイミングよく走り込んだシュバインシュタイガーが豪快に決めたものだった。

そして、この戦いの一番の驚きはユナイテッドのCKによる先制点だった。ネマニャ・ヴィディッチが頭で流し込んだのである。なぜ驚いたのか？　これまでバイエルンは、CKからの失点がわずか3点しかないからだ。ヘルタのFWであるアドリアン・ラモス、ホッフェンハイムのDFニクラス・ズーレの2人だけがCKからのゴールを決めている。ホッフェンハイムのゴールはノイアーが弾いたリバウンドを押し込んだもの。3点目は、シャルケ戦のラフィーニャのオウンゴールだった。

45試合中CKからの失点が3というのは、間違いなく良い守備バランスの証だろう。これは、グアルディオラのアイデンティティであるゾーンディフェンスの効果とも言える。ペップにとってゾーンディフェンスはプレーシステムの根幹をなすものなのだ。

「私は、ゾーンディフェンスが最も良いやり方だと思う。なぜなら、各選手は自分が受け持つゾーンの前にいる選手だけをマークすればいいからだ」

バイエルンはCK時の守備を4－3－2－1、または5－3－1－1の配置で守る。ラームはフリーマンとしてショートコーナーの対応時に飛び出す。ゴールに近い最初の4人、あるいは5人ラインの先頭には、空中戦に強いスペシャリストのマンジュキッチまたはハビを置く。その後ろは2人のセンターバック、そして最後尾の遠い方のバーは常にはアラバを据える。折り返し狙いの長いCKだった場合、バックステップが速いアラバの能力が生きるからだ。

このタイプの守り方にリスクがない訳ではない、もちろん短所もある。しかし、ペップはゾーンで守ることを信頼していて、マンツーマンよりもこちらを選択している。

「もしマンツーマンだったら、相手の4人の選手はファーポストにバイエルンの選手を引きつけることができ、簡単にニアポストの前をボールが通過してしまう。あるいは、その逆でニアに引きつけることもできる。でもゾーンディフェンスでそれは絶対に起こらない」

この守備のコンセプトは、すべてのプレーに適用可能ということなのか。

「ゾーンディフェンスはマンツーマンディフェンスよりもずっと良いやり方だ。選手にとっても簡単でやりやすい。そして、各ゾーンを守るという個人の責任感がグループの結束につながるんだ」

ペップにとっての守備は、以下のわずかな行に要約されているかもしれない。

「フットボールの本質は、最も効果的な攻撃のやり方を推測することである。そのためには、相手チームに対して、どのように守備をして、どのように攻撃するか?という明確なアイデアを持って後方からボールをつないでプレーを始める」

また、選手たちが守備のコンセプトに対して常にフレッシュでいられるよう、習慣的にやり方を復習している。

「常に優先順位をチェックするんだ。どのように守るか、重要な試合の前には20分間守り方を復習して、試合でどのような状況に陥るのか、敵はどうやって攻撃してくるのか、どこにスペースを見つけられて、どのゾーンでボールを奪えるかを選手たちに説明する。そして、私たちが言ったことが試合で起こることで、選手たちはコーチングスタッフを信頼するようになる」

ヴィディッチの失点の時、バイエルンの守備は小さなミスを多く犯していた。最も初歩的なミスは、選手たちがゾーンディフェンスの尊重を怠ったことである。これはやがて、レアル・マドリー戦にも大きく影響することになる。

　バイエルンは本来の能力とはほど遠いパフォーマンスで、オールド・トラッフォードを後にした。試合は十分支配したが、シュートに至るまでの攻撃の回数がわずか15回に終わった。そんな中、興味深い新たな守備の一面を2つ見せている。1つは、ユナイテッドのスローイン時、逆サイドのサイドバックのラームがセンターバックの間にはまり込んで第3のセンターバックとしてポジションをとる。もう1つは、ユナイテッドの後方からの攻撃の組み立てに対して、ロッベンを頂点としてサイドラインを一辺とする三角形に相手を追い込み、ボールを奪う。反対側のピッチがガラガラに空いてしまうが、ペップは気にしなかった。そのスペースでの危険はないと判断したからだ。

　エティハドとエミレーツでの勝者バイエルンは、イギリスでの3戦目、オールド・トラッフォードでは勝つことはできなかった。しかし、この引き分けという結果は驚くに値しない。

　すでにブンデスリーガのタイトルを獲って、3冠が頭に浮かぶのは避けられないことだが、3冠をもう一度⁉　それは、何の根拠も伴わない儚いユートピアでしかない。歴史上どのチームも成し遂げてはいない快挙なのだから。フットボールというスポーツが存在してから3冠を獲得したのは、わずか7チームだけ。グラスゴーのセルティック、アムステルダムのアヤックス、アイントホーフェンのPSV、マンチェスター・ユナイテッド、FCバルセロナ、インテル、そして昨シーズンのバイエルンだ。それもたったの1回きり。2年連続でCLを獲ったチームはどこにもない。まさに3冠の2連覇は夢というよりも幻想に近い。

　100年以上の歴史あるバイエルンが、昨シーズンやっと達成した3冠の防衛を夢見るのは、いったいどういうことか、良識のある前監督ユップ・ハインケスに質問してみた。

「バイエルンはゼップ・マイヤーやフランツ・ベッケンバウアー、ゲルト・ミュラーのような伝説の選手たちが活躍し、ビッグチームとしての歴史がある。しかし、そんな彼らでも3冠は獲っていない。かなわなかった。ペップがすでにリーグを獲ったとはいえ、3冠の防衛は非常に難しいことだ……」

これはユナイテッド戦の後に答えてもらったインタビューだが、この時、1年目のバイエルンのパフォーマンスについても評価してもらった。

「バルサの選手としてメディオセントロでプレーしていた頃から、私はペップをよく知っている。良いパスと素晴らしいプレーのビジョンを持った、ピッチ中央の戦略家だった。彼の人としての在り様も好きだ。私は長い期間スペインにいて、バルサやペップのプレー哲学、彼のチームがどのようにプレーするのかを知っていた。これまで彼がやったことに、特に驚きはない。バイエルンが変わるだろうこともわかっていた。例えば、今やっているようなサイドバックが中に入るようなこと……。ドイツ人にとって、その動きを理解するのは難題だ（笑）。2人のセンターバックだけを残して、中盤のトニ・クロースとともにサイドバックがポジションをとるという動きは、ドイツでは衝撃的すぎるからね。

昨シーズン、バルサとやった時のことを思い出すよ。周りのみんなは『ペップからアドバイスをもらわないのか』と言ったんだ。しかし、そんな必要はなかった。バルサを深く理解していたからね。ペップが、今ミュンヘンでやっていることに対しても驚いていない。彼はバイエルンとは何か、バイエルンの選手たちの質とバイエルンの組織の在り方と側面をよく理解している。だから、上手くはまっていると思うよ。彼は人柄がとても良いしね」

もう1つハインケスに聞きたいことがあった。グアルディオラのイノベーションは、ドイツサッカーにとってカルチャーショックなのか？

「監督というのは、各人各様のプレー哲学とチームの指導の仕方を持っている。当然、ペップはアヤックス由来のヨハン・クライフや、ＦＣバルセロナのマシアから学んだものがある。私のサッカー人生はメンヘングラッドバッハで始まり、指導者はヘネス・バイスバイラーだ。たぶんペップと私の行く道は違う。しかし、今年のバイエルンはとても好きだよ。ペップの今の選手たちは、50年のブンデスリーガの歴史で誰も達成し得なかった3冠を獲った選手たちだ。このチームには個性があり、選手たちの相互理解も深い。その上、ペップはバルセロナで監督としての資質を示したエクセレントな監督なんだ。これからも、バイエルンがどのようにプレーするかを見るのがとても楽しみだよ」

しかし、今まさにバイエルンの悪循環は始まったところだった。３つの負のファクター。チアゴの不在、12カ月で獲得した6個のタイトルが及ぼす弛み、ローテーションのためにプレーする控え選手たちが試合慣れしていないこと。これらの要因でバイエルンは、ブンデスリーガで初めての敗戦を喫した。バイエルンにとって常に難しい試合となるアウグスブルク、それもアウェーの戦いにラームとロッベンとリベリーを帯同させていない。ベンチにはラフィーニャ、ダンテ、ボアテング、アラバ、ゲッツェ、ミュラーなどが座っていた。さらには、シュターケがひじ関節の故障で治療中だ。

アウグスブルクの地で２０１２年10月から続いていた53試合負けなしの記録は２０１４年4月5日をもって終わりを告げた。ハインケス25試合、ペップ28試合という卓越した2人の監督が積み上げた偉大な数字である。また、不発に終わったこの対戦は、65試合ぶりの無得点試合にもなった。

どんなに強いチームだとしても、いつかは負ける。フットボールとは、勝負とはそういうものだ。負け自体は、そんなに深刻な問題ではないはず。それよりも、チームの緊張感はゆるんだ症状を呈している。圧倒的な強さを誇ったブンデスリーガの後で、ＣＬの舞台に完全にフォーカスを移した結果、いつ最大限の力を発揮して、いつしないのか、という精緻な調節が難しくなってしまったのだ。

2-3-3-2でユナイテッド戦に臨む　2014年4月8日 ミュンヘンにて

マンチェスター・ユナイテッド戦に向けた最後のトレーニングが終わり、ペップは言った。

「私が用意した戦術的な道具は、すでに彼らに授けてある。だから今はもう、すべては選手たちの手の中にある。明日の試合は彼ら次第だ。私の番はすでに終わった。次は、彼らの番だ。選手たちは、もうすべてを把握しているのだから明日のミーティングも必要ない。試合前に選手とあいさつを交わすだけだ。今は、その時なんだ」

24時間後、アリアンツ・アレーナでルーニーがいるチームとのCL準々決勝を戦う。ペップは選手たちに、2日間の練習の中で、実績あるイングランドのチームを打ち破るためのプランを提示してきた。ヨーロッパチャンピオンのタイトルを防衛することにだけに集中したのだ。グアルディオラはどんなことがあっても、計画した目標を達成する男。そしてこの時も、記録にはなんの関心もなかった。

ペップとドゥメナックは、CL防衛へ集中することについて何度も話し合ってきた。彼らのその決断は、ホッフェンハイム戦の引き分けとアウグスブルク戦の負け、という脆さを招いた。だが、ブンデスリーガを勝ち取った後、チームのすべての力をCLだけに結集すると決めたのだ。それによって多くの批判を受けることになる。優勝決定後に選手の質を落としてリーグに臨んだ、とも非難された。そんなペップが心の内を明かしたのはユナイテッド戦の2日前のことだった。

「わかっている。しかし、タイトルを獲ってしまった以上、私の仕事はCLに集中することなんだ」。何人かの新聞記者たちは「3冠の防衛も危うい」という厳しい仮説を立てた（フットボールの世界で、これまで誰も成し遂げていないことを忘れて……）。しかしこれら新聞の批判に対して、ペップは少しも不愉快ではなかった。きっぱりとこう語った。

「ビッグクラブにとって、批判は必要なんだ。批判に対して、私が不愉快に感じていると思っているだろうが、そうじゃない。批判は居眠りしないように目を覚まさせてくれる。だから私も、選手たちと自分自身を批判する」

土曜日のアウグスブルク戦で、ペップはカギとなる３選手、ラーム、ロッベン、リベリーを帯同させなかった。また２部練習が始まる月曜日に備えて、リフレッシュするために日曜日には全選手に休暇を与えた。ユナイテッド戦のプランを伝達するのに、彼らの頭をさっぱりさせておく必要があったのだ。

試合プランは、月並みではない。ペップとドゥメナックとプランチャルトは、ユナイテッドのあらゆる側面を、レントゲンを撮るように丸裸にした。すべてを網羅した上で、監督の提案が打ち出された。月曜日の朝９時には、水曜日の戦いのプランとスタメンは決まっていた。その日の午前と午後、ペップは２回に分けて、選手たちに戦術の説明をした。

最初に、相手のセットプレーのやり方を説明。映像を使い、またピッチ上で伝えていく。監督は要点となることをしつこく要求した。オールド・トラッフォードでの戦いの時、ユナイテッドは、たった２回しか決定的な場面を作り出せなかった。ＣＫからとウェルベックとノイアーの１対１である。ペップの提案は、簡潔に言うと、セットプレーでの良い守備と流れの中で相手にチャンスを与えないことだった。

月曜日の時点で、選手たちは誰がスタメンかをすでに感じ取っていたことだろう。警告の累積で出場停止のハビとシュバインシュタイガー、ケガのチアゴ（バルセロナのドクター・クガットのところで成長因子の注入の治療を続けている）の不在で出場できる選手たちは限られていた。しかし火曜日の食事の後、ペップが説明した具体的なプレーの提案は、選手たちの予想を完璧に覆すものだった。明確な言葉で、「２－３－３－２で行く」と監督は言った。そして選手たちは、それを大いに喜んだのである。

続けてスタメンを発表した。ノイアー、ボアテング、ダンテ、ラーム、クロース、アラバ、ロッベン、ゲッツェ、リベリー、ミュラーとマンジュキッチ。この時、11人の名前を挙げただけではなく、4本の各ラインの特別な配置も説明した。監督は試合の75パーセントは敵陣で攻撃ができると見積もっていた。だから、2人のセンターバックだけでディフェンスラインを形成し、2人のサイドバックをクロースとともにピッチ中央に配置したのだ。キャプテンのラームに期待するプレーを、以下のように示した。

「サイドバックとしてプレーするのではなく、クロースとアラバとともに3人で中盤のラインを形成して中盤の選手としてプレーしてほしい。クロースは左に行ってしまう傾向が強く、アラバは上に行く傾向が強い。その時は中盤の軸として真のメディオセントロのようにプレーする。もちろん守備のフェーズの時は、2人のサイドバックは、いつものポジションをとり、4バックに戻るんだ」

この3人の前には、完全な自由を与えられたマリオ・ゲッツェを置いた。ゲッツェは後ろからパスを組み立てる時にはダイアモンドの頂点に、最終的な攻撃の局面ではエリアの中で最前線にポジションをとる。

アリエン・ロッベンとフランク・リベリーは、サイドいっぱいに広がってプレーしなければならない。センターラインから上のサイドのスペースはすべてこの2人のためのモノだ。

「アリエンとフランクは、ウイングバックとしてプレーしなければならない。ボールを受けるためにセンターラインまで下がって、またサイドを駆け上がる。サイドバックが中盤でプレーするので、さらにこの2人の責任は重い」

この数時間後に、ペップは次のようなことを私に告げた。

「今まで一度も、そうバルサ時代もこんなやり方で戦ったことはない。私にとってこれは新しい試みだが、明確なアイデアでもある。このやり方は、きっとうまくいく。アリエンとフランクの眼を見ればわかるんだ。2人の放つ空気に、それを感じるんだ……」

ミュラーは攻撃の第1ラインで、マンジュキッチと組む。2人のセンターフォワードはユナイテッドのセンターバックとサイドバックの間に配置。これはコーチングスタッフと何度も話し合ってきたことだ。

「2人で4人を捉える。2人のセンターフォワードが4人のDFたちを捉えるんだ。ミュラーとマンジュキッチはユナイテッドのすべてのDFに対応しなきゃならない。4人のDFたちに2人のセンターフォワードを常に監視させて、フランクとアリエンがよりフリーな状況でボールを受けられるようにする」

試合には、ブラジル代表監督のルイス・フェリペ・スコラーリが見に来ていた。スタメンに入れなかったラフィーニャは、このフォーメーションの犠牲となってしまった。

ミーティングで説明したことをトレーニングで実践するために、ペップは試合前日にスタメンを発表した。これはシーズンで初めてのことである。緑のビブスを着たスタメン11人が2－3－3－2の配置をとり、仮想ユナイテッドはピサーロがルーニー役、ハビとバンブイテンはヴィディッチとファーディナンド役を演じた。

全面シャットアウトが可能な第1ピッチ。好奇心に満ちた輩たちが、はるか遠くから見守る中、ペップは必要な動きを何度も何度も説明した。マンジュキッチとミュラーが4人のDFを引きつけ、サイドに開いたリベリーとロッベンに、きれいにボールが到着する。もしこのウイングたちに対して敵が1人だったら、深く攻撃する。また、マークする敵が2人だったら、最も近くにいる中盤のアラバかラームにボールを渡して、攻撃をスローダウンさせ、ボールを受け取ったアラバ、もしくはラームは中にいるゲッツェや2人のセンターフォワードと連携をとるという動きを繰り返す。

ペップの一つ一つの説明の後に、選手たちはすべてのアクションをトップスピードで繰り返し、イメージ上のユナイテッドを自陣に押し込んだ。ユナイテッドは完全に自陣に籠ってスペースを閉じ、ルーニーからのカウンターの機会を狙ってくると監督は考えている。これを阻止するためにラームとアラバをクロースの近くの中盤に置きたかったのだ。

午後も動きの練習を繰り返し、それぞれの状況に対する戦術のバリエーションを示した。コーチングスタッフの1人は、その模様をこう語っている。

「監督が可能なすべてを説明し、選手たちは全教科を履修した。そして、習得していった。後はもう実行するのみだ！」

セッション最後のポジションプレーのトレーニングで、ペップはロッベンの動きを止めさせた。昨日、足に打撲を負ったためだ。それ以上、リスクを冒させたくなかった。チームは、ほかにも多くの問題を抱えていた。先週、第2GKのシュターケが大きなケガを負い、チアゴも治療中で、アウグスブルク戦で負傷したシャキリも試合には出られない。シュバインシュタイガーとマルティネスは警告で出場停止だ。この件に関して、ペップはこんなことを言っている。

「チアゴをベンチに置けないのは残念だ。苦境に立たされた時、解決策の1つをチームに授けることができない」

ペップを筆頭に、チームは間違いなくナーバスになっていた。アスティアルタも言う。

「私の胃は何も受けつけない。こんな重要な試合の日は、前日から何も食べられなくなる。この1年間、この瞬間のために私たちは働いてきたんだから」

マヌエル・ノイアーも、同じような心境を語った。

「早く明日にならないかな……。だって、試合当日は前日よりも、ずっとましなんだ。ホテルに入って、すぐにバスに乗って、スタジアムに着いて、アップして試合をする。でも、試合前日というのは果てしなく長く感じる……」

ノイアーがロッベンの代わりに、ポジションプレーの練習に紛れ込んでいた。５分間の2回のセッション。いつもは3回だが、ＣＬの試合の前日は、延長戦があるかもしれない翌日に備えて、選手たちが過度に疲れないために配慮する。そして、素晴らしいまでに集中したトレーニングは、ペップの叫び声とともに終わった。

「これで終わりだ！　もし明日の試合で今日の練習のようにプレーできたらセミファイナルへ行けるぞ！」

ポジションプレーのセッションでは、ノイアーが足元の上手さを披露した。数日前、ノイアーは「チアゴやシュバインシュタイガー、ハビの代わりに中盤の選手として自分を使ってくれ」とペップに頼んだ、というジョークをツイートしている。それを聞いたペップは笑いながら言った。

「ハッハッハ、そのカードは捨てられないな。マヌはすべてできるからね」

ピッチに誰もいなくなってから、ナーバスになっているかどうかをペップに訊いてみることにした。

「イエス、しかし、それほどでもないよ。もしこの2－3－3－2がうまくできれば、勝てる。セカンドプレーで得点をするんだ。２０１２年のバルサ対チェルシーの試合のことを覚えているかい？　あの時はリバウンドとセカンドプレーを追求することが、バルサにはできなかった。今回は、これをするんだ。彼らは必要なことが、すべてできる。明日はミーティングもしない。何も話さない。みんな、もうすべてわかっているからね。勇気を持って、できることをやるだけだ。それをしたら、確実にセミファイナルに行ける」

チームは、すでに選手たちの時間となったようだ。こんなに確信を持ったペップを見るのは、本当に久しぶりのことかもしれない。

もっと胡椒をきかせてくれ　２０１４年４月９日ミュンヘンにて

4月9日、午後11時15分、アリアンツ・アレーナでのグアルディオラの振る舞い。これはフットボールに没頭し過ぎる彼を理解するのに役に立つだろう。わずか45分前にCLのセミファイナリストになったばかりだというのに、ペップの頭の中はどうなっているのか……。

バイエルンにとっては5年間で4回目、ペップにとっては5シーズンで連続5回目に当たるセミファイナル進出である。このとてつもなく偉大な成功で、スタジアムの人々は幸福感に包まれた。選手、ファン、クラブの幹部……、すべての人々が大きな喜びに沸いていた。その中でも、グアルディオラの喜びようはひとしお。ロッカールームで全選手と熱く抱擁し合い、スタンドから降りてきたウリ・ヘーネスとも熱く言葉を交わした。

しかし、試合後の記者会見に駆けつける前、重要な試合に勝ったばかりの人間とは思えないような行動をとったのだ。歓喜の声が途切れることのないロッカールームの中で、アスティアルタに、アリアンツ・アレーナを訪れている、ある人物との緊急会合を要請したのである。

「マネル、頼みがある……」

2分後、自分の書斎の扉を閉ざし、その人物と約15分間、セミファイナルで対戦する可能性のあるチームのキーポイントを分析しあった。この人物の名は、伏せておく。成功を味わう前に、次の戦いの準備をする。少しでも早く詳細を知る人間から、直接、情報を聞き出すことができたらそれに越したことはない。ペップにとって今はまだ、心底勝利を祝う時ではなかった。家族と祝杯や、仲間との美酒を楽しむ時でもない。ましてや、記者たちを前にして悠然と意見を述べる時ではなく、対戦する可能性のある3つの強豪チームの詳細な情報を拾う時だったのだ。これが、本当のペップの姿。成功をゆっくり楽しむことなど決してできず、すぐに次の一手を考えずにはいられない。

　ユナイテッド戦はペップが望んだように展開した。とはいえ、厳密に言うと、決して簡単な勝利ではなかった。プラン通りバイエルンは２－３－３－２の配置。両サイドバックをピッチ中央でプレーさせ、クロースはルーニーを監視しながらメディオセントロのポジション。ミュンヘンのチームはボールを保持しながら、前半のほとんどをコントロールした。しかし、ユナイテッドの1回に対して3回のシュートを放つも、ゴール前の守りが固く得点には至らなかった。ハーフタイムでのコーチングスタッフの分析はこうだ。

「ゲームは支配していたが、試合を決定づけるためのスペースを見出すことができなかった」

　後半を０－０で迎えたバイエルン、このままならセミファイナルへの勝ち抜けが決まる。そして、さらに試合が進むにつれて、ＣＬのシティ戦やリーグのメンヘングラッドバッハ戦とホッフェンハイム戦を彷彿させるほど、バイエルンは試合を支配していった。０－０というスコアはセミファイナルに行くには十分なスコア、バイエルンはただゲームをコントロールさえしていればＯＫという印象を与えた。しかし、ペップの受け止め方は違った。大きく広げた両腕を何度も揺らしながら、より一層のインテンシティと、より深い攻撃を選手たちに要求し続けた。だが、フランス人のエブラのロングシュートで失点を喫するまで、ペップのその要求に応える選手たちはいなかった。そしてユナイテッドが先取点をとった直後、スタジアム中が恐怖に蒼ざめていた。なぜなら試合開始56分の時点で、そのまま終われば、バイエルンがＣＬから脱落することを意味していたからである。

　そして、失点のその瞬間から、一気に試合が動き始めた。選手たちの頭の中が曇りから晴れへと変わり、視界良好となる。わずか69秒後、まずミュラーが敵のセンターバックをゴール前から引き離し、左サイドではリベリーとゲッツェが敵の守備バランスを崩す。そこからマンジュキッチへのクロスが送られ、ヘディングでのゴールが生まれた。この時のエブラのポジションについては、「ぬるかった」と言わざるを得ないだろう。

ここでペップは、電光石火のごとくプランを変更した。ゲッツェの代わりにラフィーニャ投入、ラームとクロースをドブレピボーテにする。すると10分弱の間に、ミュラーとロッベンがゴールを決めて完全にユナイテッドの息の根を止めた。ベンチに目を移すと、スタンドのファンに向かって選手たちを鼓舞するように扇動するペップがいた。

試合後、ペップが選手たちのレストランに駆けつけた時には、時計の針はすでに12時を回っていた。3人の子どもたちと抱き合って、妻と長いキスを交わす。いつものように試合の日は一日中何も食べられないので、腹ペコだった。今夜は好物のサーモンのマリネを、一皿、ペロッと平らげると、こう言いながらお代わりをプレーヤーズラウンジの調理師に頼んだ。

「もっと胡椒をきかせてくれ」

同時に、いつもの2杯のシャンパンの代わりに、「4杯のシャンパン、いや、ボトルごともらおうかな？」と冗談を言って笑った。

試合後のペップは、いつも自由な雰囲気で、ジョークを飛ばす。だが、今夜は特別だった。彼にとって5回目となるCLのセミファイナル。それも5回中5回、ベスト4の前に一度も敗れたことがないのだ。夕食会は、やがて試合を詳細におさらいするペップのリサイタルに変わっていった。適切にできたこと、ミスについて、エクセレントなプレーをした選手や期待以上のプレーができなかった選手について……。

「アリエンはモンスターだよ。ラフィーニャにも驚かされた。ベンチからピッチに出る時の集中力は物凄かったよ。それからクロースにもびっくりだ。わずか1年前まではトップ下でプレーしていたのに、今夜は守備的なメディオセントロでプレーして、ルーニーに何もさせなかった。あのルーニーにだよ！　選手たちを誇りに思うよ」

さらにイングランドのチームの守備を破る難しさについても言及している。

「もちろん、みんなが考える通り彼らは素晴らしい選手たちだ。私は２－３－３－２が気に入っているが、隠れているスペースを見つけるのに苦労した。前半では、それをロッベンがやってくれた。後半になったら、あらゆる場所でスペースを見出すことができたんだ」

ユナイテッドのエブラが先制ゴールを決めるまで、バイエルンがまるでブレーキをかけた車みたいに動かなかったことについても聞いてみた。

「本当にそうだった。理由はわからない。ラームと後で話したんだが、すぐには答えが得られなかった。ときどきこういうことが起こるんだ。はっきりした理由もなくね……」

ペップは、例のペップモードに加速度的に入っていく。アイデアがほとばしり、バイエルンの分析をしながら、対戦する可能性のある３つのチームと、どう戦うかを描写し始める。抽選の結果がアトレティコであるのがいいと言う。「じゃあ決勝は？」と聞くと、「それは、決勝まで行けたら、どこのチームでも同じだ。できることなら決勝まで行きたい。チアゴとの約束のためにも……」

眠っているバランティーナを抱えて、ペップがスタジアムを後にした時には、もうずいぶんと夜も更けていた。今夜、監督は簡単には眠りにつけないかもしれない。それでも翌朝８時半にはゼーベナー・シュトラーセの書斎で、次のリーグの対戦相手、他でもないボルシア・ドルトムントの分析を始めているに違いない。

試合翌日の公開練習は、和やかな雰囲気の中でリラックスして始められた。第２ピッチで控え組が身体を動かす。だがペップが現れた瞬間、ジョークはすべて断ち切られて空気が一変した。ユナイテッド戦に出場した選手たちは、ファンから遠く離れた第１ピッチにいた。ロンドで、ダンテが股抜きの標的にされて、選手たちが笑い転げる。それを見たペップは怒り、すぐに止めさせ、ゼーベナー・シュトラーセに来てくれるファンたちにリスペクトを持つこと、真剣にやることを命じた。その後、スタメンたちは移動して、60メートルの軽いダッシュをファンたちの前で静かに繰り返して練習を終えた。12本のダッシュだった。

敗戦レポート　２０１４年４月12日

そうである。グアルディオラのバイエルンでの旅は、２０１３年7月27日のドイツ・スーパーカップのドルトムント戦の敗戦から始まったとも言える。あれから8カ月半が過ぎ、再び同じチームとホームのアリアンツ・アレーナで対戦する。今回の舞台はリーグ戦だ。メディアは「ペップ・バイエルン最大のライバル、ユルゲン・クロップ」と書き立てる。しかし、相手監督はこう発言する。

「ペップは私のライバルではない。実際、私は17チームすべてと戦い、その17チームのすべてがライバルなんだ。ライバルは1つだけじゃない。それは、ペップにとっても同じことだ」

この試合の後、グアルディオラのプレースタイルに関するインタビューに答えてもらうためにクロップに時間をとってもらった。

「バルセロナでも、ここバイエルンの1年目でもチームを成長させるペップの手腕は並外れている。それも、とても複雑なプレースタイルを作り出しながらやっている。本当に複雑で特別な形なので、対戦はいつも苦労するよ」

さらにドルトムントの監督はペップ・バイエルンの強さは、そのプレースタイルよりも戦い続けるところにあると言う。

「次から次へとやってくる試合に集中するのは、容易なことじゃない。ましてや、成功の後にそれをやり続けるのは。私がシーズン中ずっと懸念していることでもある。ペップは、その最も大切なことをやっている。その上、難しいフットボールのスタイルを実行しながら。獰猛なタイガーのようなリズムを毎試合90分間保ちながら怯まず攻撃の姿勢を崩さない。最も難しいはずなのに、やり続けている。私は、この勢いは止まらないと思うね」

アリアンツ・アレーナでの3－0の勝利に、クロップは非常に満足していた。2013年11月終わりに、ドルトムントのホームでやっつけられたのとまさに同じスコアでやり返したのだ。しかし、その結果の重さは違う。ドルトムントはまだリーグを戦っているが、バイエルンはこの試合で優勝が取り消される訳でもなかった。ただ、多くの躓きが続くバイエルンにとって、このパンチは強烈で重くのしかかるものとなった。

ペップのゲームプランは、決して間違っていなかった。チームは2－3－2－3でラフィーニャ、ラーム、アラバが中盤のライン、シュバインシュタイガーとゲッツェがトップ下についた。ドルトムントがビルドアップ時のラームからの最初のパスを塞いできたら、ラフィーニャがその任務を請け負い、とても正確にプレーした。バイエルンは、すべてがうまくいくはずだった。しかし、それはドルトムントの先制点につながったスローインまでのことである。

ドルトムントは武器のロングスローから、ヘンリク・ムヒタリアンがゴールを決めた。ペップのチームの雲行きを怪しくするには、これで十分だった。後半早々に、ノイアーが左ふくらはぎのけいれんでルーカス・レーダーと交代した後のことは、詳しくは語る必要もない。その直後、カウンターと長いパスからの2ゴールで、バイエルンにとどめを刺す。ミュンヘンの夜は、よどんだ嫌な空気に包まれ、苦いものとなった。

「症状は、まだ軽い」などとは、もう言えない。より深刻な事態に陥っている。チームはCLのレアル・マドリーとのセミファイナルを1週間半後に控えたこの時点で、重力に抗うことなく落下している。ケガの選手たち（チアゴ、ノイアー、シャキリ）、スランプのリベリーとゲッツェ、また、コンディションが万全ではないシュバインシュタイガーとマンジュキッチ。チームが抱く感情は〝無力〟に近かった。リーグ優勝を決めたゆえのプレッシャーの減少は、まさにシーズンを決定づける重要な時期に、アイデンティティの喪失という事態を引き起こしたのだ。チームは勢いを失った。

負けた時のペップの振る舞いを観察するのは、非常に興味深い。ペップにとってはよくあることではないからだ。バルサとバイエルンの監督として戦った３０３試合中、負けたのはわずか27試合だけ。平均すると11試合に1回の割合でしか負けていない。そして、これらの数少ない敗戦は、次の勝利に貢献し、無駄にはなっていない。

友人の映画監督ダビド・トゥルエバが著したペップの愛読書に、『Saber perder』という小説がある。その中で著者は、負けは1つの浄化であり啓示となり得ると言っている。またある夜、ジャーナリストのイザック・リュックが、シーズン最初のドイツ・スーパーカップでドルトムントに負けた試合のことを語ったことがあった。

「ペップにとって、負けで始まることは、ヒーローが最後の最後に克服しがたいものを克服するために必要な一種の条件だったのかもしれない」

さまざまな理由によるが、躓きはついて回るものだ。すべての勝利は、過去のすべての敗戦から作られ、人は負けることによって洞察力を獲得できるのだ。

負けたばかりのバイエルン。それも、ホームで０－３の大敗。敗因は、選手を出し惜しみしたことではない。控えの選手やセカンドチームの選手たちで臨んだアウグスブルク戦のように、ローテーションを組んだ訳でもなかった。猛烈なトレーニングを課し、相手チームに勝つための戦術も十分に分析した。それでも、クロップのドルトムントの方が勝っていたのだ。

ペップは試合後の記者会見で、いつもよりもオープンに、よくしゃべっていた。クロップと良好な関係を持っていることを述べ、記者たちの前で彼の能力を大いに讃えた。また自分のチームのミスと、ブンデスリーガを獲った後に失ってしまった競争力を回復する必要性も認めている。会見後、アリアンツ・アレーナの廊下でファンがサインや写真を求めてくると、笑顔で応じていた。表面的には、この敗戦はペップに何の影響も及ぼしていないかのようだった。

ところが、プレーヤーズラウンジに足を踏み入れると、妻のクリスティーナと2人だけで食事をし始めた。いつもなら選手たちやその家族たちと愛情深く丁寧にあいさつを交わすはずだが、この夜は違った。ただの偶然かもしれないが、初めて見る光景だ。これには、何か意味があると直感した。いつものペップなら、ここに来ると始めに子どもたちとの温かいハグとキスの嵐となる。その後クリスティーナとは少し話をするだけだ。すぐに選手の家族のところに行ってあいさつを済ませ、写真を撮りたがっている人々の要望に応える。そして、アスティアルタやドゥメナックと食事をしながら試合の話を始める。ここで家族との時間を過ごすことは、ほぼできない。

だが、今夜はいつものシャンパンの代わりに赤ワインを1杯頼み、クリスティーナと2人きりでテーブルについている。パートナーと一緒に辛い時間を分かち合い、エンジンを再始動させる前に敗戦の痛みを癒そうとしているように見えた。監督としてではなく1人の人間としての内省の時間を持つことが必要だったのではないかと、思わせる風景だった。

30分ほどの間……奇しくもそこにいるすべての人々は、監督が独りになりたがっていることを理解しているかのごとく、誰もペップとクリスティーナのテーブルには近づかなかった。やがて、そのペップの静かな内省を破ったのは彼の子どもたちだった。唐突にバルサがグラナダに負けたことを伝えてきた。たぶん、この負けでバルサはリーグタイトルの防衛を逃してしまうだろう。

レストランには、もうわずかな人しか残っていない。その中でアリエン・ロッベンが、少し怒ったふうに熱弁を振るっていた。

「CLのファイナルに行きたいなら、ハングリーさを持って戦わなければ！」

この頃から、ようやくペップはフリーズを解き、ワインを手に持ってテーブルを変えた。いつものエネルギッシュで情熱的な姿に再び戻ったのである。まるでクリスティーナが、ペップにエネルギーをチャージしたみたいだった。

「私は間違っていた」とペップが言った。

最初その間違いとは、いくつかの戦術的なことかと思った。しかし、ペップの言う間違いとは、成功を管理する方法だったのだ。

「95パーセントの人間は、何者でもない、ただの人間だ。私もそうだ。謙虚に振る舞うための嘘じゃない。監督として最高の成績を残したとはいえ、私はただの人間なんだ。私は自分を良い監督などと思ったことは一度もない。自分を信じることが難しい。そう言うと、人々は謙虚な嘘だと思うかもしれないが、それは本当のことなんだ。いつも私は迷う。すべてにすごく迷い、自分の中で確実なものを何一つ感じることができない。でも1つだけ確実なことがある。それは、私は間違っていた。ベルリンで勝ってから（ブンデスリーガの優勝を決めた時）、私たちは『自分たちが最高だ』と思い上がった。そして、負けた。それも、ありきたりな負け方ではなく坂を転げ落ちるようにして負けたんだ」

長男のマリウスと長女のマリアも私たちのテーブルに近づいてきて、父の話を注意深く聞いていた。ときどき、ペップに小さな質問をしたが、父はかまわず話をつづけた。

「称賛は人を弱くする。それは私たちすべての人間に起こる。ベルリンの後、私は腑抜けになった。試合の翌日のトレーニングを休みにしてくれと選手たちに頼まれた時、受け入れてしまった。11対11のマックスでやる試合形式のトレーニングを、ケガを避けるためにやらなかった。私はすべてを台なしにしたんだ。選手たちをいかなるケガからも守りたくてしたことが、堕落を招いた。戦術的な問題ではない。今までこのチームは、ケガ人、重要な選手の出場停止があっても、異なった戦術でも、ハインケスと私で53試合負けなしだった。良く走ったんだ。野獣のように走った。しかし、それをやらなくなってしまった。戦術なんていう問題じゃないんだ！」

クリスティーナが、夫のエネルギーとエモーションの回復のプロセスに付き添うためにテーブルにやって来て、成功が油断を招くことについて意見を言った。

「でもペップ、それは私たちみんなに起こることでしょ。避けがたいことよ。私も今日のドルトムント戦にはとてもリラックスして到着したわ。だって、もうリーグは獲ってしまったんだもの。」

「もちろん、もちろんそうさ。君の言っていることは間違いない。否定はしないよ。私自身も、今日は、違っていた。私が試合前に食べられるなんて考えてもみてくれよ……」

試合前、ペップはホテルで、昼食時にエビをつまんでいた。ナーバスになっていない、まぎれもない証拠だ。そしてペップは、こう付け加えている。

「なぜか、食べられたんだ。いつもの試合前とは明らかに違っていた。でも、試合の準備はいつものようにやった。昨日も夜９時まで練習場にいて、準備をしていた。本当は、子どもたちと一緒に過ごしたかったが、ゼーベナー・シュトラーセの仕事部屋で、ドルトムントを分析しながら解決策を探していたんだ。プランチャルトと一緒に練習場を出る時には、いつものように誰もいなかった。私たちが扉を閉めて帰ったよ。私は、いつものように試合に向けての準備に人一倍励んだが、根本が間違っていたんだ」

夫婦のやり取りが終わると、私は、この痛い敗戦に戦術的な理由があったかどうかを訊いてみた。

「スタートでは、私たちは良いプレーをしていた。ラインの間でゲッツェを見つけることができなかったとはいえ始まりは良かった。もし、ドルトムントの2人のメディオセントロが、私たちの2人のメディオセントロを監視すれば、その時は明らかにゲッツェがフリーになれる。でも今日は、そのゲッツェを探し当てることができなかった。

それでも前半は、それほど不満はなかった。ラフィーニャとアラバが中でプレーしていて、前半だけで何回、カウンターを受けたか覚えているかい？　1つもなかったんだ。そして後半、4人の攻撃陣を上に置くためにラフィーニャとアラバをサイドに移した時、ドルトムントは私たちを崩壊させた。でも、もう過ぎたことだ。カップ戦のファイナルでドルトムントと戦うことになったら、とても面白い。本当のところ、怒り狂っていたので今夜の試合を冷静に見るのは、とても難しかったよ」

子どもたちが何人かの選手について質問してきたが、ペップはコレクティブな問題だということを強調すると、すぐさま、再び走ることの重要さについて語り始めた。

「私たちは、自分を神々のように感じてはいけない。神ではないし、走らなければダメだ。チームというのは、とても良い状態の時でさえ、1本の細い糸でぶら下がっているだけなんだ。この糸はちょっとしたことで簡単に切れてしまう。走るのを止めるということだけで、糸は簡単に切れる。それが敗戦の原因なんだ」

このようにペップは矢継ぎ早に語り、今週のプランについても話が及んだ。

「今までやってきたことは全部終わりにする。もうブラウンシュヴァイク戦（土曜日にアウェーで最下位のチームと対戦する）でローテーションはしない。もし主力がケガをしたとしても、運が悪かったと思ってベルナベウでは他の選手がプレーするだけだ。これまでだってチームの半分がケガという状況で、ブンデスリーガを獲ったんだ。多くのスタメンがいない難しい状況で勝ってきたんだ。３－０で勝ったアウェーでのドルトムント戦もそうだった。誰も私たちのゴールをこじ開けられなかったのに、今日だけで3失点、穴だらけになってしまった。これを終わりにさせなければならない……」

ここでの11歳のマリウスの質問は、さらにペップを熱くした。今日言ったことを選手たちに話すのかどうか？

「もちろん！　月曜日はトレーニングして、火曜日のミーティングで、自分が間違っていたことを言おうと思う。大きな間違いだったと。しかし選手たちにも、獲得した多くの勝利で、自分たちをステータスの高い人間だと思ってはいけない、獣のごとく走らなければダメだと言う。良い選手であるために、良い選手であり続けるために走らなければダメだと。私が監督として給料をもらっているのはそのため、選手たちを走らせるためなのだから……。美しいプレーをさせるためじゃなくて、走るためにクラブは私に給料を払っているんだ。チームが走らなくなったら、私はいらない。だから、もし2つのファイナル（カップ戦とCL）を戦いたいのなら、最高の要求をしなければならないんだ」

私もクリスティーナと同じ質問を繰り返した。勝った時の油断は避けられないのではないか？

「もちろんそうだ。油断が起こるのは当たり前だ。しかし、私は受け入れない。バルサでもそれは起こった。リーグを獲るたびに、その後はダメになった。しかし、私は決して受け入れない。抵抗する。こんなクソッタレのまったく何の可能性もないような０－３の負けのまま、バケーションには行きたくない。今まで私に、０－３で勝ったチームがあったかい?」

もちろん、ホームで0－3という大敗を喫したことなど一度もなかった(しかし、この後、ホームでのレアル・マドリー戦で、0－4で負けることになる……)。ペップはその答えを知っていて、私に尋ねてきたのである。

さて次の1歩は、カップ戦のファイナルに行くことだ。ペップがその意気込みを語る。

「カイザースラウテルン(カップ戦のセミファイナルで、水曜日にアリアンツ・アレーナで対戦する2部リーグのチーム)は、このツケを払うことになる。この負けは、私たちへの良い仕打ちだった。もしドルトムントに勝っていたら、私たちは未だに自分たちは最高だと信じ込んでいただろう。この負けで、私たちは良い方向に進むことができる。もしカップ戦のファイナルに進出してドルトムントと対戦できたら、もう私たちは優位でもなんでもない。優位なのは、明らかにドルトムントの方だ。CLでもマドリーに対して、私たちは明らかに不利な立場に立たされているんだ」

ペップの頭の中はすでに火曜日のミーティングと、次の水曜日とその次の水曜日の試合(カイザースラウテルンとマドリー)のことでいっぱいだ。

「今からは、ノンストップでマックスなトレーニングに戻る。マドリー戦では2人のFWが4人のDFたちを捉えて、2人のウイングはサイドでプレーし、ユナイテッドのように中盤にうまい選手たちを置いて、長い時間ボールを保持してプレーする。マドリー戦では、この2つの戦術のアイデアだけで戦う。あとは、特定の選手に具体的なことを言って、獣のように走るのみだ。そして勝つために、2つの必要なアイデア。それは敵のカウンターのコントロールとボール保持の長い時間。実行するために走って、走って、走る。獣のように走るしかないんだ……」

ドルトムント戦が終わってから、すでに3時間が経過していた。アリアンツ・アレーナには、いつものようにもう誰もいない。ペップは眠りについている小さなバランティーナを、赤ちゃんみたいに抱いている。試合後のおなじみの風景だ。いつもと違っているのは、今夜は負けたということ。この3時間の間にグアルディオラは、敗戦を経験し、味わい、受け入れて、認め、内省し、言葉にし、自らの過ちと選手たちの過ちを見出し、明日からの日々を続けるための指針を設置した。ペップ自身も変化し、すでに敗戦を前向きなファクターに変え、より強くなってスタジアムを出ていこうとしている。

そして、階下に向かうエレベーターの中では、すでに来シーズンについて考えていた。

「レバンドフスキとあと数人。もっと内部の競争を高めなければならない。誰一人としてスタメンは保証されない。毎日のトレーニングで、スタメンの椅子をかけて獣のように戦うんだ。それができなかったら、他のチームに起こるようなことがバイエルンにも起こる。もし来シーズン、リーグでドルトムントのケツを追いたくなかったら、進化しなければならない」

最後にペップは、長い間ずっと考えてきたことをスタジアムを出る前に言った。それは、彼のプレーのアイデアは、ドイツのサッカー文化と対立するカウンターカルチャーだということ。しかし、決して論争を煽るために言っているのではない。現実に在ることとして、ペップ自身のフットボール観を広げるチャンスとして言っているのだった。

カルチャーショック　2014年4月23日

今、バイエルンはベルナベウという巨大なスタジアムで、ごく少数のチームしか示すことができないようなやり方でフットボールをプレーしている。レアル・マドリーは、ホームでありながら自陣にこもったまま出てこない。バイエルンは、ボールを保持して自在に運ぶ。試合開始から9分後には、見かねたマドリーのファンたちが、ボールをいいように支配されて、攻撃に出てこようとしないホームチームにヤジを飛ばし始めたほどだ。

試合前のミーティング、グアルディオラの話は短く簡潔だった。

「君たちは、いずれも素晴らしいプレーヤーだ。この歴史的なスタジアムに飛び出して、それを証明してくれ。君たちができるプレーをするんだ。さぁ、ピッチで、これがフットボールだというものを見せてくれ。この巨大なスタジアムで、フットボリスタとしてプレーしてこい！」

立ち上がりから18分間、バイエルンはファンタスティックなフットボールを見せた。少し前、マドリーはバルサとカップ戦を戦っている。その際、4－4－2の配置で自陣に深く下がって守り、相手チームを守備でコントロールして、カウンターの一撃で勝利した。カルロ・アンチェロッティの手腕と戦略が見事にはまった展開であった。そして、マドリーの監督はバイエルンにもその方法を採用してきた。ゲームとボールの支配を相手に譲って、ペペとセルヒオ・ラモスという白い巨人が守る自陣のスペースを完全に閉ざした。

これに対して、バイエルンは監督が要請した通りのやり方でプレーを遂行した。クロースを中心に据え、サイドからサイドへとボールを動かす。そのサイドを使っての攻撃では、ロッベンをセンターのゾーンに近づけさせ、サイドバックたちがマンジュキッチの頭にクロスをあわせた。そして、白いチームのカウンターを避けるためにシュートで終わるように心がけた。だが、圧倒的にボールを支配するも、それが本当の危険には変わらなかった。

そんな中、前半18分、エリア内でマンジュキッチが頭で落としたボールをクロースがシュート。初めての決定的な場面となった。これをペペが体を張って防ぎ、セカンドボールがベンゼマの足元にこぼれ落ちる。そこからマドリーの攻撃が鮮やかなカウンターへと変わったのだ。バイエルンの選手たちは、それを誰も遮ることができず、ゴールを決められた。消極的で臆病なミュンヘンのディフェンスは、手も足も出なかった。この瞬間まで、マドリーの攻撃はセンターラインを3回しかまたいでいなかったことを付け加えておく。マドリーの先取点はここ3週間、下降線を辿りながら負けを喫していたチームにとって精神的に厳しいものとなった。立ち上がりから、ベルナベウで素晴らしいプレーを見せた直後に、隠れん坊の様に後ろに隠れていたチームから受けた先制パンチ。これは、あまりにも苦々しいものだったに違いない。

グアルディオラは、ドルトムントに負けてからの1週間半というもの、必死になって再発進に努めた。火曜日（15日）にチームはミーティングを行い、ホームで0－3で負けた時の自身の気持ちを選手たちに語っている。ゼーベナー・シュトラーセの映像室の明かりを消し、暗闇の中で、ペップは自らのドイツ語のつたなさを詫びてから話し始めた。

「しかしみんなは問題なく、私のドイツ語を理解してくれると思っている……。私はトレーニングや試合が終わった後、家に帰って妻とワインを開けるのが恒例なんだ」

この時、ペップは両手を使ったジェスチャーでワインのボトルを示した。すると、選手たちから笑い声が漏れた。なぜなら、そのジェスチャーで示したワインのボトルがあまりにも大きすぎたからだ。真面目にやっているからこそ、なおのこと面白かったのだろう。構わずペップは話を続けた。

「家でのその時間、いつも君たちのことを考える。私にどんな助けができるのか、君たちがもっと正確で良いプレーができるために私は何ができるのか、君たちをサポートするためにどんな貢献ができるのか。しかし、今君たちに最も必要なことを私は何もできない。君たちの代わりに走ることはできない」

さらにリーグのタイトルを獲る前と、獲った後のプレーのリズムの違いを、短い映像を通して明らかにした。

「これはとても普通のことで、勝った後には必ずすべての人間に起こることなんだ。だから、私たちは考えなければならない。もし走らなければ、私たちは何者でもなくなってしまう。もしボールをスペースでもらう代わりに足元で求めれば、私たちは取るに足らない者になり果てるしかない」

つまり、今のバイエルンは最大限に走っていないのだ。この瞬間に映像室の照明が灯って、選手たちの前に黒板が置かれた。そこには、ある数字が書かれてあった。

27試合＝13失点

3試合＝7失点

今日までの失点の数だ。タイトル獲得までの27試合で、たったの13失点。その後は、3試合で7失点ということだった。チームの崩壊は明らかである。数字は時として、言葉よりも饒舌で説得力を持つ。

このミーティング後の2試合で、選手たちは問題修正に必死に取り組んだ。簡単な試合ではなかったが、カイザースラウテルン（5－1）に勝って、リーグ最下位のアイントラハト・ブラウンシュバイクをアウェーにおいて2－0で下した。

2部リーグのカイザースラウテルンは、アリアンツ・アレーナという敵地で勇敢に戦ってバイエルンを苦しめた。ノイアー以外、ローテーションを組むことなく最高のスタメンで臨んだにもかかわらずだ。この試合では、2つの印象を残している。1つは大きな喜び。ベルリンで行われるカップ戦のファイナルでドルトムントと戦えることになった。もう1つは、プレーが鈍重で2月、3月の活気が伝わってこなかったことだ。選手たちは、懸命にやってはいるものの、流れるようなプレーがなかなか現れない。それは、ブラウンシュヴァイク戦でも同じだった。

リーグ最下位のチームは、降格を避けるための最後のチャンスに爪を立て、歯をむき出しにして襲い掛かっできた。この試合は多分、シーズンで最も悪いバイエルンだったと言わざるを得ないだろう。前半で、多くの選手たちが半分以上の確率でパスミスを繰り返し、最終的にチームのパス成功率は78パーセントまで落ち込んでしまった。

そして、マドリーと対戦する5日前、２０１３年に最も輝いた男がスランプに陥っていた。フランク・リベリーである。興味と意欲が欠如し、マックスで頑張っても、どんな敵にも立ち向かっていった時のような状態には戻れなかった。２月６日に受けた背中の手術と関係があるとはいえ、精神的なものも大いにあるようだった（この何カ月後かには、背中の痛みによってワールドカップ出場も阻まれることになる）。

一方、ポジティブな面では、ピサーロがコンスタントなプレーを続けていること。ブラウンシュヴァイクの勝利は、この年、最も効果的なＦＷだった彼の75分のゴールで決まった。68分に1回の割合でゴールしているパフォーマンスをみて、来シーズンの契約延長をペップは強く要望している。

スペインの首都マドリードでは、バイエルンの後継者として後にＣＬで優勝するチームが、岩のような堅い守りを準備してバイエルンを待ち受けていた。

グアルディオラは、リベリーの調子を見てスタメンに使うかどうかを迷ったが、ポジティブな理由が見つからない。この遠征ではアラバが風邪、ノイアーはケガ、ゲッツェは傑出したコンデョンには至っておらず、コレクティブなプレーは欠点だらけだ。その上、スタメン予定だったハビは胃腸炎で、週末だけで4キロも体重が減ってしまった。さらに追い討ちを食らったのは、ミュンヘンを出る前にホイビュルクの父の訃報を知ったことだった。

それでもペップは、バルセロナとともに偉大な勝利を何度も果たしてきたベルナベウで、勇敢に戦うことを選んだ。またマドリーがバイエルンには勝てないという悪いジンクスを意味する、『ラ・ベスティア・ネグラ』

の噂話がペップは気に入らなかった。選手時代も監督になってからも、常に偉大な敵だったクラブに特別なリスペクトを持っていたからだ。デリケートなチーム状態ではあったが、選手たちにベルナベウで勇敢かつ積極的に戦ってほしかったのだ。ペップは私に語りかけてきた。

「私たちは多くのトレーニングを積んで、額に汗しながら多くの勝利を積み重ねてここまで辿り着いたんだ。このいるべき場所に立つために、私たちはケガと格闘してきた。今さら私たちは相手に服従などしない。このチャンスを楽しむんだ。私は挑みたい。ボールをマドリーから奪い取って、後方から良い攻撃を始めて、ベルナベウを支配するんだ」

まさに、ボールはバイエルンのものだった。だが結局、攻撃は不毛に終わった。15回のCK、31回のサイドからのクロス、94パーセントのパス成功率、18回のシュートはマドリーの2倍、それでも決定的なチャンスは十分ではなかった。84分、ゲッツェのシュートは、成果のない支配のシンボルだったと言える。マドリーと対戦が決まった日、ルンメニゲはアウェーゴールを願い、こう言った。

「もし、ベルナベウでゴールを決めることができたらファイナルへ行けるだろう……」

0－1で敗れたペップは批判されている。アウグスブルクやドルトムントに負けた時も、何人かの新聞記者たちは、プレーのやり方を警告していた。ベッケンバウアーは、スカイテレビで次のように語った。

「敵にチャンスを与えるようなボール保持は何の意味もない。マドリーの得点が1点で済んで私たちは満足しなければならない」

逆に、ペップをサポートするメッセージもあった。その中の1人は、誰とは言わないが、バルサの選手がSNSで語ったものだった。

「ペップは自分のチームに誇りを持つべきだ。ベルナベウで、滅多に、あんな攻撃的なプレーはできないよ」

メディアのマドリー戦の総括的な評価には、大きな過ちが見られる。試合を理解するために90分間の完全な分析は必要ない。たぶん、バイエルンは今までの多くの試合の中でも、とても良いプレーをしていた（レアル・マドリーも然り）。シュートが的中しなかったに過ぎない。

多くの熱い批判は、その逆のことを言っている。そして選手たち、ファンたちの間に悲観的な雰囲気が生み出され、結果的にセカンドレグでグアルディオラが選んだプランに影響を及ぼしていく。

議論の余地のないほどシュートはダメだったが、それ以外、バイエルンは素晴らしいプレーをした。しかし、世間の一般的な分析は、ベンゼマのゴールと2つのC・ロナウドのチャンスとディ・マリアのプレーに集中した。世界でも最も象徴的なスタジアムでバイエルンが示した支配と個性はまったく評価されない。これは重大な過ちなのだ。

そしてこの敗戦と同時に、ペップが導入したプレーと、ドイツの伝統的なサッカーの間のカウンターカルチャーが浮上した。試合後の食事中のことだ。ペップは力を込めて言った。

「もちろん、このプレーのやり方はドイツのサッカー文化と対立する。私も、このやり方をドイツ人が理解しにくいことはわかっている。ドイツのサッカーのやり方は、私が興味を抱くフットボールとは違っているんだ。確実にレアル・マドリーやドルトムントのやり方のほうが、ここの人間は好きなんだ。でもバイエルンは、私と契約を交わした。私は私のアイデアとドイツサッカーのバランスを保ったサッカーをしている。最終的にそれを導入するのは選手たちなんだ。彼らはこのアイデアに賛同しているよ」

カウンターカルチャーは、ネガティブにもポジティブにも解釈できるが、それは1つの現実なのだ。ブンデスリーガの特徴をエクセレントなカウンターとダイレクトプレーと縦に速いとするなら、グアルディオラのアイデアは、それらと正面衝突する。彼のポジションプレーは、グループで前進することと、ロープでつながれたアルピニストたちが、一歩一歩、山に登るがごとく、ゴール前までの行程でポジションを勝ち取りながらゴールを目指して進んでいく。攻撃の通り道が閉ざされていたら、後ろに戻ることを問題視しない。相手のチームが混乱するまで、何度でもパスを繰り返す。明らかに、2つのフットボール文化は異なっている。いや、非常に異なっている、よってこの対立は避けられないのである。

実はルンメニゲは、このカウンターカルチャーに関してペップよりも心配している人物だ。マドリードのホテルでの夕食後、ルンメニゲがマティアス・ザマーとともにコーチングスタッフのテーブルに近づいてきて、30分ほど元気のない監督を励まし続けた。ペップに自分のアイデアを手放してはいけないことと、これまでの多くの勝利を可能にしたプレーのやり方やアイデアと選手たちを信じるべきだということを伝えた。このアイデアこそ、バイエルンがクラブとしてペップをサポートし、この先、時間をかけてより深めてほしいものなのだ。

負けた日の夜、ペップとコーチングスタッフのドゥメナック、プランチャルトは、何時間も試合を解剖してセカンドレグでどう戦うかの解決策を考えた。そして、スリーバックにして、マドリーのカウンターを避けるために中盤の選手を厚くすると監督は言った。なぜなら、マドリーは3人のFW（ベンゼマ、C・ロナウド、ベイル）をバイエルンの4人のDFにマークさせて数的優位を作ろうとしてくる。このFWたちは、絶好調なのだ。時計の針は、すでに明け方の3時48分を指している。まだ次の試合のプランを詳細に話し合っている最中だ。この時、ペップはドゥメナックに頼んだ。

「何が起ころうとも、この考えを変えることを私に許すな」

ペップはどのようにプレーすべきかをよく理解していて、意見を変えないことを望んでいたのだった。

その夜ペップは、本当に落ち込んでいた。それは試合の結果や批判に晒されたせいではない。ティト・ビラノバの主治医から電話があったからだ。今、ティトは非常に危険でデリケートな状態だったのだ。

大失敗　2014年4月29日ミュンヘンにて

「私は間違った。それも完全に。大失敗なんてものではない。これまで監督として一度も犯したことのない失態をやらかしてしまった」

ペップは、すべての責任が自分にあることを記者会見で表明し、足早にアリアンツ・アレーナの書斎に閉じこもった。レアル・マドリーが、CLのセミファイナルでバイエルンに0－4で圧勝したのだ。この記録的な大敗はグアルディオラの監督としてのキャリアに傷痕として残るだろう。彼の人生のなかでもバイエルンにとっても（欧州の大会において）、最もひどい結果となった。この4週間後にバイエルンからバトンを渡されてヨーロッパのチャンピオンとなるチームに、バイエルンはホームで服従し、圧倒され、面目を失った。

今シーズン、バイエルンはCKからの失点が4点しかなかった。しかし、マドリーの先制ゴールは試合開始16分。CKからセルヒオ・ラモスが頭であわせたものだった。この失点でバイエルンは完全に追い詰められ、大敗の序章となったのだ。

さらにシーズン中、バイエルンは間接FKからの失点が一度もなかった。にもかかわらず、前半20分、マドリーはC・ロナウドがファウルを受けて間接FKを得ると、ディ・マリアが蹴ったリスタートのボールがペペの頭をかすめて軌道が変わり、最後は再びセルヒオ・ラモスが頭で叩きつけた。この時、マドリーはダンテの誤ったポジションを抜け目なく利用している。

3失点目はその15分後、リベリーがボールを失ったところから始まった。白いチームが得意とし、狙っていたカウンタームでC・ロナウドが決める。これで試合は決し、深くて暗い夜となった。バイエルンはアディショナルタイムにも、今シーズン2回目の直接FKからのC・ロナウドによって味わった。この時のキックはバイエルンの壁が一斉にジャンプした下を狙ったものだ。まさにこの最後のゴールは、大きな屈辱と後味の悪さを残しながらネットを揺らしていた。

マドリーが獲得した4得点の内、3点がセットプレーから。これまでのバイエルンを考えると驚くべき事実である。バイエルンはこの失点まで、ヨーロッパで最もセットプレーの守備が確実なチームだったのだ。今シーズンの52試合中、FKからの失点はわずか1（ホッフェンハイムのセヤド・サリホヴィッチ）。CKからの失点は4。この数字が証明するように、バイエルンの堅固な守備に疑いの余地はなかった。勝点102という圧倒的な記録で優勝したイタリアのユベントスでさえも、サイドからのFKとCKから10失点しているのだ。

このセミファイナルをホームで大敗したという結果に対して、ゴールを生み出そうとするプロセスに目を向けなければ、表面的な問題だけを取り出して議論することになる。本当の敗因はゴールを目指すプレーにあり、そこにグアルディオラの大きな過ちがあったのだ。

一連の過ちの経過を理解するために、1週間前の木曜日、試合（ファーストレグ）後のマドリードのインターコンチネンタルホテルに戻って検証する。時は明け方、プライベートサロンの3つのテーブル以外はガラガラだった。1つ目のテーブルにはクラブのメディア担当者たちがいた。2つ目はバイエルンのスポンサーの小さなグループ。そして3つ目のテーブルにペップと彼をサポートをするスタッフたちが座っている。そう、もちろんベルナベウで喫した0-1の敗北をみんなで検証しているのだ。

ファーストレグ、ペップは自分のプランをチームに課した。そして、そのベルナベウで採用したプレーのやり方で選手たちはフットボリスタとしてのプライドを大いに示してくれた。しかし、ペップのプランはマドリーの高い資質を持った絶好調のプレーヤーたちが徹底的に後退して守る、まるでゴール前に停車した大型バスに向かって攻撃しなければならないことを意味していた。グアルディオラは、フットボールの1つのジレンマと対峙したのだ。かなり前から、多くの監督たちを悩ましてきたジレンマだ。

「こんなに少ないスペースで、どうやって良い攻撃をするのか？」

多くの場合この質問の答えは、「たくさんシュートする」。バイエルンはベルナベウで、マドリーの倍の18回シュートした。あるいは、「FWにたくさんクロスを上げる」。バイエルンはマドリーの3倍の31回クロスを上げた。しかし、ゴールには至らなかった。この10年来、ポジションをしっかりとって攻撃を仕掛けるチームが、後退して守るチームに勝利するための最終的な結論は、コレクティブなトレーニングの追求と個人の技量での解決とされている。それが、フットボールの現実なのだ。つまり多くの場合、攻撃する選手のタレントによって解決がもたらされるということなのだ。

今のバイエルンのFWたちは、ロッベンを除いてとてもデリケートな状態である。マークされる敵のDFをドリブルで抜き去ることができず、センターバックを引き出して、正面からシュートすることもできない。これは、ポジションプレーをするチームにとって大きな問題である。狭いスペースを克服するためには才能豊かで、洗練された攻撃陣を持つことが必要不可欠なのだ。エリアまでの到達はビルドアップの賜物であり、監督の影響が大いに及ぶところでもある。しかし、そこから先のエリアの中での解決策は、選手の能力に頼るところが大きい。もちろん、すべてのチームはプレーの方法を選ぶ権利を持っているが、グアルディオラのバイエルンはポジションプレーを選んだ。効果も大きいがその分、困難も多い。

4月24日の明け方3時、マドリーはアリアンツ・アレーナでもスペースを閉じて戦ってくるとペップは結論づけた。よって、ファーストレグと同じ武器で戦うと決めている。この武器とは、切れのあるロッベンと痛みとスランプの真っただ中のリベリー、そして、ベルナベウで15回のCK獲得に貢献したマンジュキッチ、もしくは読めない動きをするミュラーだ。しかし、ペップはガリー・カスパロフのこの言葉も忘れてはいなかった。

「前にばかりピースを集めても、勝てない」

この時点で、ペップはセカンドレグを3－4－3でいくことに決めた。スリーバック、中盤を厚くするために2人のサイドバックをメディオセントロとともに中盤に置く。また、より中盤の優位性を獲得するために下がって中盤の選手たちを助けるゲッツェを攻撃陣として使うと決めた。この3－4－3は、守備時には3－5－2で相手のカウンターを防ぐと同時に、マドリーが自陣のゴール前のスペースを過度に閉じられないことを狙った。そして私は、ドゥメナックに告げたペップの言葉を直接聞いていた。

「このやり方を私が変更するのを許可しないでくれ。これでいかなければダメなんだ！」

しかし、ミュンヘンへの帰りの飛行機の中でペップは考えを変え始めた。3バックは12月から練習し始めたばかりで、あまり準備に時間をかけていない。その上、ハビが胃腸炎だけではなく両ひざの腱炎も患っている。ミュンヘンに着くころにはペップの頭の中のシステムは4－2－3－1に変更されていた。

セカンドレグで90分間プレーできる状態ではなかった。3－4－3は来シーズンのためにとっておく。これはブンデスリーガで良い結果を出し、中盤での優位性を獲得でき、チームが慣れ親しんだシステムでもあった。ゲッツェとリベリーの真価が問われるやり方でもあり、特にリベリーのスランプからの脱出が必要とされた。

4月25日、ペップは選手たちに簡潔に話をしている。

「ベルナベウで君たちがやったプレーに感謝する。君たちは勇敢で、私が理解するフットボールにおいて、真のフットボリスタだった。私は君たちを誇りに思う」

そして、この日にティト・ビラノバが亡くなった。ティトの家族や友達、バルサのファンたちにとって非常に辛い日となった。フットボール界にも衝撃が走った。何年も仕事をともにしてきたペップやドゥメナック、プランチャルト、アスティアルタ、そしてブエナベントゥーラにとって、その落胆はなおさらなことだった。

翌日のアリアンツ・アレーナでのブレーメン戦（リーグ戦）も難しい試合となった。

この日、バイエルンは監督に細やかで洗練された気遣いをほどこしている。試合前、クラブはドイツ語とカタルーニャ語でティトへの追悼の意を述べ、黙とうを行った。選手たちは黒い喪章を腕に巻いて試合に臨んだ。ブレーメンがカウンターからのゴールで2回もバイエルンも上回ったにもかかわらず、ペップは、70分にリベリーと抱き合うためと、センターでのリベリーのプレーを褒めるため以外はベンチから動かなかった。結局、試合はリベリーの復活を予感させて5－2の勝利で終わった。ロッベンは15分しかプレーしなかったが、ファーストプレーで15回目の得点を挙げている。この時、ペップはウイングのロッベンを段階的にサイドから離して、よりセンターに近づけてプレーさせるべきだ、と頭の中にメモをとった。

試合後、監督は数人の友人たちと夕食のテーブルを囲んだ。しかし、心はレストランにはない。何度も何度もティトとの写真を取り出しては、皆に見せた。ペップが最も好きな写真はアトレティコ・マドリーのホーム、ビセンテ・カルデロンのロッカールームでの写真。ある戦い方を提案している時のものだそうだ。ティトを弔うために集まった食事会だったが、フットボールの話はあまり出なかった。ペップにとってティトとともに戦ったフットボールの思い出は、まだ、あまりにも悲しすぎたのかもしれない。

月曜日、選手たちの意気は上がっていた。マドリーとのリターンマッチを心から望み、意気揚々だった。ミュンヘンには冷静な分析よりも、壮大な英雄物語の雰囲気が醸し出されていた。ペップはその空気には手をつけず、放っておいた。それがペップの大いなるミスだった。記者会見でのペップの試合への意気込みも、普段とは明らかに違っていた。

ペップは選手たちに今の感覚を尋ねている。彼らは力強く語り、ペップに懇願した。

「どんな困難も克服できるゲルマン魂と情熱で、アリアンツ・アレーナを大胆な夜にしてみせる。だから、試合の最初から全員で全面的に攻撃させてくれ、ハートでプレーするから……！」

こうして、ペップの考えは再び変わった。3－4－3から4－2－3－1になり、月曜日に4－2－4になったのだ。２０１３年7月、ドルトムント戦で情熱と忍耐の間で葛藤し、情熱を選んで負けた時と同じ4－2－4。この戦いは、駆け引きのない、最悪の負けとなった。

月曜日の練習は、ロンドと瞬発力のフィジカル、10分間の11対11の試合をした。そして、翌日の試合を想定した20分間のクロスの練習だ。アラバとリベリーは熱とのどの痛みがあり、ハビのひざは、まだ治っていなかった。それでもこの時、スタメンはすでに決まっていた。ペップはリベリーを呼んで申し渡している。

「スタメンだ」

試合当日、チャールズ・ホテルのサロンで行われたミーティングにも、ミュンヘンの街を覆っているような楽観的な雰囲気が流れ込んでいた。ペップは言った。

「ピッチに飛び出してプレーを楽しむのではなく、この試合では相手に噛みつくんだ。すべてをかけてプレーする。君たちはドイツ人だ。もっともっとドイツ人たれ！　そしてピッチで死ぬまで戦うんだ……」

こうして火曜日（4月29日）、この壮大な英雄物語の叙事詩は完全なる失敗に終わったのである。ゴールの入れられ方からしても、大いなる失敗と言えよう。

なぜバイエルンは今までやって来たプレーをしなかったのか？　ベルナベウやロンドン、マンチェスター、多くのピッチでやってきたようにボールの所有者にならなかったのか。ペップ・バイエルンはチームの象徴である中盤を捨てた。ドイツ・スーパーカップで起こったことを思い出す。中盤にチアゴとクロースとミュラーの3人を置いていたのに、4‐2‐4にフォーメーションを変え、チームは2つに分断されてしまったのだ。

アリアンツ・アレーナでは理想的な舞台が整っていた。スペクタクルな雰囲気、バイエルンを応援する歌で溢れ、期待への熱い感情でスタジアムは沸き立っていた。

「行け！　バイエルン！　ゴールを決めろ！」

試合が始まる前、選手たちはシーズンで最初で最後の円陣を組みモチベーションをさらに上げた。興奮するバイエルン全体が、アドレナリンそのものだった。開始20秒、リベリーが左サイドでボールを奪うと、すかさずダニエル・カルバハルのプレッシャーから逃れようとしたが、ガレス・ベイルがマドリーのサイドを助けるために駆けつけ、相手の攻撃をコントロールした。この夜は、ずっとサイドでの攻防でマドリーが3対2の優位な状況を作り出していた。45秒には、スペインの白いチームがカウンターを仕掛けてバイエルンのゴールに激しく迫る。この最初の2つのプレーは試合の行方を予言しているかのようだった。

ペップは「試合が始まって間もなくして、チームは機能していないと感じた」と後になって語っている。実際に、CKでそれは証明された。マドリーがコントロールしているボールを、マンジュキッチとミュラーが狂ったように追いかけたのだ。それは気力と野心の表れだったが、バイエルンの中盤は空っぽのままで、ライバルチームにスペースという恩恵を与え続けていた。

監督はラフィーニャをベンチに置いて、キャプテンのラームを右サイドで使った。この選択が命運を分けた原因でもある。なぜなら1年で最も重要な夜に、ペップはすべてのピースを整える男、シーズンを通して最も良い中盤でチームの軸でもあるラームをピッチ中央から外したのだ。クロースとシュバインシュタイガーの2

人はポジションを交換しながらドブレピボーテとしてプレーしたが、常に優位な状況ではなかった。攻撃時にはラームやチアゴやゲッツェが本来持っているラストパスの繊細さを欠き、守備時にはいつも数的不利であった。

流れをコントロールすることなく、前に前に加速するばかりのバイエルンよりも、マドリーは頭を使ってプレーしていた。ボールを持つこととゲームをコントロールすることはまったく違う、それを理解するのが簡単な夜だったと言えよう。バイエルンはボールを持っていた、いや持たされていた。マドリーが試合をコントロールし、支配していた。

「なぜ、このような状況になったのか？」

それは、長いシーズンに渡って種をまいてきたアイデアにペップが背いたからだ。バイエルンは、後方からのビルドアップの始め方が悪く、何度も長いボールを蹴らされた。中盤の選手たちの不利な状況をそのままにして、グループ化して一緒に前進する形をとらず、どのゾーンでも優位性を生み出せない。結局、ボールを失うたびにマドリーにチャンスを作られる始末だった。ルカ・モドリッチの素晴らしいプレーも、我慢も節度も分別もないバイエルンのプレーによって一層輝き、彼はこの試合の主役となった。

セルヒオ・ラモスの最初の2ゴールは、ＣＫと間接ＦＫからである。もちろん、偶然のゴールではない。チームの軽率さからの失点で、戦術と頭脳的なコントロールの絶対的な不足、故だった。

しかしながら、バイエルンはＣ・ロナウドにカウンターから3点目を決められた後でさえも戦い続けた。この時、ハビはピッチの外でアップを始めている。バイエルンのコーチングスタッフは、ロジカルではないと知りつつもロッベンにクロスを入れるように何度も何度も指示を与えた。ゴールには至らなかったが、わずか7分間で4回のＣＫを得た。

グアルディオラは、ハーフタイムを利用してチームを組み立て直すことを試みた。マンジュキッチに変えてハビ、シュバインシュタイガーを前に出して４－３－３に変更したのだ。だが、それは、あまりにも遅すぎた変化で慰めにしかならなかった。

後半に入ると、リベリーは腰痛でプレーできなくなっていた。そのツケを次の週に払わなければならなくなったほどである。しかしバイエルンのファンたちは、ピッチに向かって、リベリーとゲッツェのやむない交代にヤジを飛ばし、ミュラーとピサーロの交代の時には、おもむろにペップに対してヤジを飛ばした。ミュラー贔屓の抗議の叫び声が巻き起こったのだ。ファンたちのペップに対する批判の態度は明らかだった。

試合後、監督はすべての責任を負った。

選手たちからの要望のことには一切触れず、彼らをかばった。この大敗に対して選手たちは関係なく、すべて自分の過失として皆の注目を自らに引きつけたのである。マドリーという獅子の群れに立ち向かう試合で、バイエルンは中盤に選手を集めなかった。モドリッチとシャビ・アロンソは正確に攻撃方向をコントロールして、ベンゼマはC・ロナウドとベイルに必要な時間を与えた。そのC・ロナウドとベイルの速さといったら一級品で、2人とも素晴らしいスペースの使い方を見せた。一方、バイエルンは中盤の代わりにFWを多く使い、コントロールの代わりにその場限りのインスピレーションという不利さを持って立ち向かった。結果は最初から明らかだったのかもしれない。

シーズンを通して、ペップはドイツサッカーへのカウンターカルチャーに関して考えてきた。昨年11月、３－０でドルトムントに勝った後に、こんなことを言っていた。「ボールをエリアの中に放り込んでも、ゴールを決めることはできるが、ゲームを支配することはできない」。今回は、マドリーとの試合の１８０分間で74回クロスを上げて、シュートはわずか6回だけだった。クロスを上げてもゴールを決めることができなかった。そして、敗北から少しの時間を経て、ペップは確信を持って語っている。

「中盤に良い選手たちを置いて結びついてプレーする時、私たちはゲームをコントロールできる。もし負けたとしてもいい。満足だ。なぜなら、私が信じたプレーをしたのだから」

しかし1年で最も重要な日に、ペップは自分を裏切ったのである。勝利と前進のために必要不可欠だと信じてきたプレーをしなかった。それを正確に実行するために必要な選手がいなかったのは事実。その上ペップのフットボールは、外科医のような正確無比さを要求され、とても高いリスクを伴うのも確かだ。それでも、この大失敗の元はペップの決断にあった。ペップは自分を裏切ったのだった。

何週間か前に監督は言っている。「チームというのはガラスの水差しのようにもろく、1本の細い糸だけで支えられているだけだ」と。バイエルンは完全に壊れていた。糸＝プレーはすでに切れていたのだ。こんなに短い時間で、決定的に自滅してしまうチームは少ない。この大きな負けはグアルディオラの評価を変えることになるだろう。ドイツの新聞を読む限り、あれほど崇拝されたペップの評価が一気に落ちたことは否定できない。

すべてのスポーツ選手は、大きな負け、大失敗、赤恥を経験している。4月29日まで、ペップにはその経験がなかった。だが、今は違う。深い傷として持っている。絶対に忘れることができない傷の1つとして。しかし、より大きなエネルギーを注いで、自分のキャリアを再び始めるために必要な苦しみだったと考えることもできる。なぜなら、偉大な勝利は常に大きな負けから生まれるから……。

マドリー戦に負けたこの夜、ペップはアリアンツ・アレーナの書斎の扉を閉ざして、いつものようにドゥメナック、プランチャルト、アスティアルタとともに試合の検証をした。実際は監督を励ますために集まっていたのだが、ペップはそれほどまでに落ち込んでいたのだった。どうやって、この大きな穴から這い上がるのか。

どの方向へ行くべきか、上なのか下なのか。

「シーズン中、ずっと、4－2－4を自分の中で拒否し続けてきた。ずっと抵抗してきたのに……。最も重要な日にそれをやってしまった……。これは本当に大失敗だった」

ルンメニゲのサポート　2014年5月1日ミュンヘンにて

スタジアムを出ながら、ルンメニゲの妻がペップの心配をしていた。打ちひしがれて、くじけて、落ち込んでいるペップを見かけて、クラブの最高責任者である夫に知らせたのだ。ルンメニゲ夫人もまた、あのような悲惨な負け方をしたペップの様子が気になっていた。ルンメニゲは契約の紙きれ1枚だけでペップをサポートしている訳ではない。ペップの提案するプレースタイルの、熱烈な支持者でもある。今まで慣れ親しんできたワイドに広がってダイレクトに攻撃するというバイエルンのやり方とは極端なまでに反するが、彼は、難しさやもろさもあるペップ流のポジションプレーが必要だと考えている。よって外部からの批判で、監督に迷いを持ってほしくなかった。しかし、マドリー戦では、それが起こってしまったのだ……。


マドリーに負け、少ししてからカール・ハインツ・ルンメニゲにインタビューに答えてもらった。場所はルンメニゲのオフィス。快く私を招いてくれた。いきなり最初に、避けては通れない重い質問をぶつけてみた。

――ドイツではあまり馴染みのないプレースタイルで、その上、CLで負けた後でも、ペップのサッカーをバイエルンはサポートするのか？

「ペップと契約した時点で、私たちは彼のやり方に何を期待すべきか、完璧に理解していた。私は仕事における責任を重視する人間だ。ペップには戦術の責任を担ってもらっている。ペップは明確な戦術を持っている。

彼にとってボール保持は、言うまでもなく重要だ。だから彼のやり方に、微塵の驚きもない。その上、ペップにはとても良いところがある。それは決して、難しい人間ではないという点。試合の準備をする時、いつも自分の立ち位置を知っている。そう、ペップはドイツの文化に十分な配慮をしているんだ。

私たちは、明らかにフィジカルとスピードに頼ったダイレクトなサッカーに慣れ親しんできたが、今シーズン、私たちのチームにあらゆる可能性を見ることができた。ボールを保持して、良い攻撃をして、良い守備をして、しかも前にも速かった……。さまざまな理由によって、この3週間私たちは集中できなかった。たぶん、リーグをあまりにも早く獲ってしまい、少し混乱したのかもしれない。ペップの責任感と信念は彼の哲学から来ていると私は思う。だからこそ、本来のペップとかけ離れたサッカーをペップに期待するのは間違っている」

――火曜日のレアル・マドリー戦での彼の失敗は大きなものだったのか?

「確かに大きな失敗だった。火曜日のペップは今までの中で最も落ち込んでいた。なぜなら、自分自身で納得してないのに、自分のアイデアを変えたからだ。アイデアを貫かないで、彼のサッカーとはほど遠いサッカーをやった。だから、自分自身にとても腹を立てているんだ。ピッチの中盤を空にして、ダイレクトプレーに走っていた。それは、きっとベルナベウでの結果に影響されたのだろう。素晴らしかったプレー内容ではなく、結果に影響されてしまったのだ。ベルナベウでのペップの戦術のことを、皆が批判するのは間違っている。なぜなら、シーズンを通して、いつもやってきたボールを求めるプレーをしたのだから。しかしゴールに近づくことができなかった。それが批判を生みだしたんだ。もし同じようにプレーしてゴールを1点でも獲れていたら、ペップは天才になっていただろう。

私たちはフットボールの世界で長いこと生計を立てているにもかかわらず、そこで実行されているプレーを少しも分析しようとしないで、1点や1失点に一喜一憂し続けている。つまり、いつも結果なのだ。ゲッツェがベルナベウであのシュートを決めていたら、その時はバイエルンとペップは物凄いチームで物凄い監督になるはずだ。ゴールを決めなかったから、すべてが失敗に終わり、すべてを否定する。ドイツで見られる問題は、一般的に戦術にあまりにも重きを置かないこと。プレーの見方がフィジカル、ダイレクトプレー、速さに偏っている。フットボールというのはそれだけじゃない。もっと豊かなスポーツだ。バイエルンが今年、大差をつけてリーグのタイトルを勝ちとったのには理由がある。その理由は間違いなく、ペップだ。もう、これ以上言うことは何もないよ」

――ペップは、まだ2年の契約期間を残している。この2年間のペップに何を期待するのか？

「ペップは、ドイツのサッカー文化を大きく変えることに貢献するだろう。この3週間のバイエルンは、さまざまなことで良い結果を得られなかった。なので、ペップがやってきたことを世間は過小評価しようとする。これまで、大衆の意見はいつもペップを支持していたのに、こうなると、彼の哲学は適切ではなく、私たちには合っていないと言いながらペップを頂上から引きずりおろそうとする。私は、それは間違いだと思う。長くバイエルンに席を置く選手たちと話をした。彼らは短い間にバイエルンで5人か6人か7人の異なった監督たちとやってきた。その彼らみんなが口を揃えて言うのは、良い意味でペップが最も多様性があり、さまざまな要素を完璧に持ち、変化に富んでいるということ。つまり選手たちの間での信頼度が極めて高いんだ」

――ドイツの伝統的なサッカー文化とペップのプレーモデルとの間にある壁のようなものに関して、どう思うか？

「ペップはドイツサッカーの哲学を少し変えてくれたと思う。私は今年、ペップにすべてのタイトルを獲って欲しかった。『ペップの哲学は、すべてを獲得できる』ということをみんなに知って欲しかったからだ。ドイツサッカーの見方は、あまりにも単純すぎるという罪がある。フットボールは獲得したタイトルだけで測れるものでは決してない。フットボールがもしそうだとしたら、最悪だ。2年前、私たちは3つの大会のサブチャンピオンだった。ブンデスリーガ、カップ戦、CL。CLではホームで決勝を戦ったのにタイトルが獲れなかった。何も獲得できなかったので、私はその時点ではハインケスが良い仕事をしたとは言えなかった。しかし、監督を続けてもらった。そうすると翌年、ユップはすべてを獲り、人々はハインケスのやったことすべてが良い、と言い出した。なぜなら3冠を獲ったからだ。私はイタリアでプレーヤーとして5年間住んだ経験を持っているので、ドイツで慣れ親しんだのとは違う見方で、フットボールを見ることが可能になった」

――バイエルンは、グアルディオラの監督就任1年目に満足しているのか？

「今シーズン起こったすべてを鑑みて、ペップとバイエルンの連携に満足している。彼は偉大な監督に他ならない。明確なアイデアと計画、そしてフットボールに関する戦術哲学を持っている。それらのお陰で、今までできなかったことを達成できた。これまでは良い成績を上げた翌年はいつも成功するのが難しかった。選手たちは疲れ果て、モチベーションも上がらない。CL決勝でバレンシアに勝った翌年（2001年）、リーガは3位、CLはベスト8止まり、カップ戦においては決勝にも進めなかった。そういうことは、今年は起こらなかった。あのシーズンは絶望的だったよ。

レアル・マドリーに0－4で負けた先週の火曜日のような時、人々は絶望し、メディアは批判を始める。こういう時の私の仕事は、それらの批判を必要以上に重要視しないことだ。重要なのは、シーズンを通してのグローバルな視点だ。

たった4週間前にベルリンでリーグタイトルを獲った時、同じ新聞が「バイエルンがあまりにも良いプレーをするので退屈だ」「バイエルンのレベルはあまりにも高すぎる」と、書いていたことを忘れてはいけない。そして、今は、まるで私たちがへたくそで最低みたいに書いている。私たちはメンタルの衰退があって、いくつかの試合に負けた。確かに火曜日の敗戦はかなり痛いが、そういったことは起こりうるのだ。受け入れられるし、納得できるよ」

――マドリーの敗戦は、シーズンの総合的な評価に大きく影響するのか？

「フットボールの世界には、ディフェンディングチャンピオンは、翌年タイトルを獲れないという戒律があることを忘れてはいけない。なぜなのかはわからない。しかし、ＣＬが今の形になってから22年間それは続いている。私たちは歴史を書き換えるために、挑んでいるんだ。私はチームの安定性というのは、プレーの中に見ることができると考えている。もちろん、成功の中にもだ。ペップがバルサの監督になる前から、バルサは私にとって１つの指標だった。例えば、ほとんど毎年ＣＬセミファイナルまで行き、他のすべての大会でもファイナルまで行く。これこそが大事なことだ。近年、すべてのチームのレベルはとても接近している。成功と失敗の間にある違いはごくわずかで、小さなミスやＰＫかどうかのジャッジ、またはケガによる重要な選手の不在などにかかっている……。

私たちはＣＬでこの３年間に38試合戦っていることを忘れてはいけない。私たちが最も多い。マドリーでもバルサでもユナイテッドでもチェルシーでもない。そしてペップは、この数字を積み上げた偉大な監督の１人なんだ」

――実際のその数字は、バイエルンが38試合、マドリーが37試合、バルサが34試合、チェルシーが29試合、ユナイテッドが24試合。もしこれを５年間にしたら、バイエルンとバルセロナが59で同じ、レアル・マドリーは57、チェルシーとユナイテッドが47になる。

「ＣＬを戦った試合の数字は、チームの堅固さの証でもある。苦い負けも含めて今シーズン、チームは良くやった。シティやユナイテッド、アーセナル、ベルナベウでのマドリー戦でどのような戦いをしたのかを検証し、しっかり評価せねばならない。私にとっては、それがとても重要なんだ。理性を持って、より合理的に評価する。私はペップが私たちの監督であることに、とても満足している。彼はとても高いクオリティを持っていると思う。マドリー戦の後、落ち込んでしまったが、繰り返すが、彼は偉大な、とても偉大な監督だ」

——2015年のCL決勝はドイツ（ベルリン）だが、あなたは14－15シーズンの最も重要な目標はブンデスリーガだと、去年と同じように宣言するのか？

「もちろん、そうだ。疑いの余地はない。どんなシーズンであっても、常に最も重要なのはリーグタイトルだ。それはスペインでもイタリア、イングランドでも、どこの国でも同じだ。なぜなら、ブンデスリーガだったら34試合だが、多くの戦いを、偶然で優勝することはできない。不可能だ。CLは高いレベルを持っていても、とても悪い日がセミファイナルに当ったら、それだけで排除される。私たちに起こったようにね。リーグでは0－4で負けることもできるが、もし良い状態を続けることができたら10試合連続で勝つこともでき、問題を解決できる。CLは試合の数が少ない。CLのタイトルは最も魅惑的かもしれないが、重要なのはいつも国内リーグ戦なのだ」

——バイエルンは、3冠を獲ったチームを維持していくのか、それとも進化していくのかの決断に迫られているが、どう考えているのか。

「私たちは繊細さをもって、感性や知性の変化を成し遂げていかなければならない。スポーツディレクターのザマー、監督、私は、いつも同じスピーチを心掛けている。クラブにとって重要な経営面も配慮しながら、その上で適切かつ慎重な形で進化していく。マドリー戦に負けた困難な瞬間には影響されない」

——ロベルト・レバンドフスキだけの加入では足りないのは明らかで、トップレベルの何人かの選手の契約が必要なのは事実だろう。ドイツでは、バイエルンは競合相手にならないようブンデスリーガの強豪から選手を引き抜くと言われているが、それについては。

「この10年間でバイエルンはリーグを半分獲ったが、他にもチャンピオンはいた。ドルトムントが2回、降格圏内にいた時期もあるヴォルフスブルクやシュトゥットガルトもリーグを獲得している。バイエルンは、すべての戦いで優勝を目指している。また、堅固な経営基盤のお陰で重要な契約を獲る事ができるのも事実だ。しかし、事前に契約交渉でき、選手が出ていくことをクラブが許可したら、それは私たちのせいではない。ドイツでは、もしドルトムントやシャルケや昨シーズンのようにブレーメンの選手と契約したら、新聞はいつも同じことを書くんだ。『バイエルンは、補強するために選手を獲るのではなく、敵を弱くするために契約する』と。しかし、そうではない。今だったら、ドイツサッカーのどこに補強を求める？　それは、ドルトムントかシャルケだろう。いい選手がいるのだから、そうするのはロジカルだ。

他の国でも、確実に同じことが起こっているはずだ。毎年、繰り返されている。だからもし、レバンドフスキのような選手がマーケットでフリーになっていたら、契約しようとしない方が馬鹿げていることだ。この場合、みんなレバンドフスキがドルトムントを出ていくことは知っている。イングランドかスペインか他のどこへでも行く可能性があった。私たちがしたことは、レバンドフスキの移籍先としてバイエルンを選ぶことを説得したままでだ」

――マドリーがレバンドフスキを獲ろうとしたのは確かなのか？

「そうだ。２０１３年11月の終わりにマドリーが近寄ってきた。それを知ってすぐに行動をとった。契約を完了したんだ。彼は偉大なＦＷで、私たちの大きな補強になると思ったからね」

グアルディオラは、カップ戦の決勝が終わるまでは、来シーズンのプランは実行しないとメディアには語っていた。しかし、実は5月6日に、ルンメニゲとザマーと最高財務責任者のドレッセンと話し合いをする約束を取りつけていたのである。内容は、来シーズンすべてのタイトルをかけて戦うためのプラン、どの選手を放出して、特に重要な案件であるどの選手を獲得したいか、ということだった。

メアクルパ　2014年5月1日ミュンヘンにて

バランティーナがゼーベナー・シュトラーセの芝の上で、ボールと一緒に転げまわって遊んでいる。木曜日の午後の始まり、唯一の救いはこの光景だけだ。チームは一昨日の大敗後、初めてのミーティングを持った。皆の表情がいつもよりも厳しいのは当然だ。しかし、回復トレーニングとダブルボックスの練習はいつもと同じインテンシティで行われた。ケガからの復帰に終わりがないかのようにさえ思えたバドシュトゥバーが、このダブルボックスのセッションに初めて加わった。チアゴは、別メニューでスプリントとひざの強化のターンを繰り返している。遠くから見ていると、まだCLの大事な試合が続いているかのような練習風景だった。ミーティングでのペップはもろい姿を完全に拭い去っていた。火曜日に意気消沈していた監督は、より強くなって戻ってきたのだ。そして、その態度を微塵も隠そうとはしなかった。

「この躓きの後には、2つの選択肢がある。1つは転んだままで終わること。もう1つはより強くなって立ち上がることだ。君たちに宣言する。私はよりエネルギッシュに、より強い信念を持って立ち上がる。今日ほど私たちがやってきた、このプレーのやり方に強い確信を持ったことはない」

次に火曜日の試合プランについて、自分の考えを裏切るものだったと、監督として然るべき表現で自分の過ちを詫びた。そして、その謝罪の言葉の最後を、こう締めくくった。

「……メアクルパ」

ミーティング後、私は思い切ってペップに自分の意見をぶつけてみた。ペップが受けている批判は、基本的には相応しい。なぜなら、中盤は空っぽだったし、ペップの考えとは完全に真逆のプレーのやり方だったから。ペップは、私の意見に応えた。

「君の言うことは正しい。まさに、そうなんだ。メアクルパ（すべて私のせい）なんだ。自分のアイデアでいかず、代わりに選手たちのアイデアでいった。そこに私のアイデアはなかった。私は間違いを犯した。この過ちは、これで2回目だ。２０１２年にバルサ対インテルの試合で同じことをした。信じているプレーを深める代わりに、当時契約した80億円のスター選手にあわせた。今回、マドリーはとても調子が良かった。だから私のやり方で戦っても負けたかもしれないが、そこにはアイデアがあったはずだ」

監督は選手たちをとがめるようなことは一切言わず、すべての責任を負った。試合前日、8〜9人の選手たちから、「管理されないで、自分たちで正々堂々と戦いたい」という申し出があったのは事実である。ペップは、それを受け入れた。そこに彼の大きな過ちがあり、自分自身を裏切ることになったのだ。

クリスティーナは3人の子どもを連れて練習場に来ていた。言うまでもないことだが、休日に自分の夫を励ましにやって来たのだ。長女のマリアはペップの書斎に、父をサポートする内容の素敵なメッセージを残した。その横に英語で〝消さないで〟と添えて。選手たちはこの打撃を忘れようとして努力している。その姿はわざとらしくもあり、痛々しい。特にロッベンの姿は健気でさえあった。

負けた後のリアクションは、選手全員が同じではない。しかし、多くの選手たちはペップの側に立って、苦い夜のすべての責任を負ってくれたことに感謝した。試合後、ペップは自分の掟を破ってロッカールームに駆けつけ、選手たちを励まし、責任はすべて自分にあると言った。すると試合には1分も出ていなかったラフィーニャは泣き出した。ハビはペップを抱きしめた。ほとんどの選手たちが、ペップに恩義を感じていることは、誰もがすぐにわかった。

5月1日のトレーニングが終わり、第2ピッチの中央で、ペップはキャプテンのラームと60分に渡って話し合った。シーズン中、最も長い話し合いである。ペップは失敗を詫びてから、3バックでやろうとしたアイデアを諦めた経緯を説明した。そして、自分の本心を打ち明けながら、次のステップは今シーズンの最初のプレーのアイデアをより深めていく、という信念を宣言した。ラームはあまり口を開かず聞いていたが、最後に、明確な言葉で、ペップを固くサポートすることを誓った。

「ペップ、あなたを死ぬまでサポートします。死ぬまで」

キャプテンは自分だけの言葉として言ったのではない。選手たちを代表して言ったのだ。ロッカールームのほとんどはペップをサポートしている。選手たちはペップと、ペップのプレーのやり方を信じている。将来より多くの勝利をもたらすものだと感じているのだ。

その後、ペップとラームの話し合いが終わると、選手たちだけの話し合いが行われた。バランティーナとマリウスが小さなゴールに飽きることなくシュートを繰り返しながら遊んでいたが、ちょうどそれをやめた時、グアルディオラはその深い胸の内を私に語り出した。

「私はドイツやバイエルンのサッカー文化を変えるために、ここに来たんじゃない。それは私の目標ではない。しかし、選手たちが私のアイデアを信じなかったら、このアイデアを伝えることはできない。申し訳ないが、私は自分のアイデアを持っていて、来シーズンはこのアイデアでいくと決めた。マドリー戦の大敗で私が批判されるのは、当然だ。受け入れる。しかし、私は原理主義者じゃないし、頑固で閉じた人間でもない。良く聞き、良く見て進化を求めていくが、バイエルンや選手にとっても良くないことで、もし、そうしたら私という人間を信じられなくなるだろう。

私がドイツにいることは重々承知していて、それを受け入れている。ここではツートップの場合もあるが、ワントップの純粋なＦＷがプレーする。私は、バルセロナでは絶対にしなかったことをいくつもやってきたし、バイエルンがバルサのようにプレーしてほしいなどとは、一度も考えたことがない。選手たちが、違うのだから当然だ。君なら、選手たちの違いがよくわかるだろう。だからと言って、選手たちのアイデアでプレーすることはできない。各選手が各様の異なったアイデアでプレーしたいのだから、それは不可能だ。監督のアイデアでプレーするしか解決策はない」

ここで、この考えをクラブがサポートしてくれるかどうか、尋ねてみた。

「私たちは、このアイデアでリーグタイトルを素晴らしい形で獲った。ベルナベウでは負けたが良いプレーをした。このクラブと選手たちにより良くなってもらいたい。バイエルンの一員であることを誇りに感じている。できる限りのことをして、クラブを良くしていきたい。最後の１日まで力のすべてを使う。しかし、すべて自分のアイデアでね」

再度、クラブの経営陣は、どう考えるのかと質問した。

「世界のどこでも、監督という職業は結果に生きている。だが、経営陣が納得しているかどうかは問題ではない。私は、彼らとの信頼関係の中で生きているのではなく、選手との信頼関係の中で生きている。この信頼関係は、日々発展させていかなければならない。特に負けた後は。これから自分の考えや感じること、そして、信念をより強く持つために、いつも頭や心の中にこの負けを置いておこうと思う。この負けで、私はよろめいたり迷ったりしない。その逆なんだ。自分をより強くするために、この負けのことを絶対に忘れない。私が知っている勝つための唯一の道は、私が理解している良いプレーをすること、中盤に人を集めてボールをもっともっとパスすることだ。今までもそれをして、良いプレーができた時は、いつも勝ってきたのだから」

次の火曜日に、ルンメニゲ、ザマー、ドレッセンと契約解除の選手たち、来季の継続する選手たち、新たに契約が必要な選手たちについて話し合う。クラブのペップへのサポートが、言葉だけなのか、実際に行動を伴うのかが、この話し合いの結果でわかるだろう。ペップは、今、自分の監督としてのキャリアの中で、常に政治的に正しくはいられない、という1つの転機に達している。時には理不尽さも必要なのかもしれない。

好調な両チーム　2014年5月15日

土曜日（5月17日）には、ボルシア・ドルトムントとの試合が控えている。ドイツカップ決勝、シーズン最後の試合だ。ミュンヘンでのシーズンの始まりと終わりが、同じ形になった。まさに運命のいたずらか。再び1つのタイトルをかけて、ペップ・グアルディオラは、ユルゲン・クロップと戦う。そして、2013年7月のドイツ・スーパーカップの時と同じように、ドルトムントの方がバイエルンよりも良いチーム状態と見られていた。

そう、バイエルンは、わずか2週間前にマドリーに大敗したばかり。ボルシア・ドルトムントは、シーズンで最も好調な時期を過している真っただ中なのだ。4月2日にレアル・マドリーにベルナベウで0－3と破れてからは、負けなしだ。ダイレクトで縦に速いサッカーを披露し、この5週間で8試合戦って7勝1分け。22得点、失点はわずか7。結果も伴ったクロップのチームは非常にスペクタクル。ホームのマドリー戦は2－0と相手を撃破し、ブンデスでは敵地アリアンツ・アレーナで3－0と完膚なきまでにバイエルンを打ちのめした。

しかし、一方のバイエルンもマドリー戦の惨敗以降は、その屈辱を無駄にはしていない。チームの中で、負けからプラス効果を生み出しているのも事実だ。ほとんどの選手が監督との結束を強めることで、選手間の結束も強まり、より堅固でまとまった集団となったのだ。

この件に関して、選手たちに話を聞いてみると、皆似たように答えてきた。

「ペップとともにある」

「ペップとともに死ぬまで戦う」

「多くのことを教わった」

「ペップと私たちを引き離すことはできない」

〝ほとんどの選手〟という表現は、全員ではないことを意味する。スタメンから外れていると感じている選手や、距離を持って成り行きを観察している選手もいる。ペップとそのアイデアを信じることができず他のチームに行く選手、1年間監督と衝突し続けそれを隠そうとしない選手もいた。しかし、ほとんどの選手は監督とともに死ぬ覚悟だ。

その気持ちは、レアル・マドリーに負けた2週間前の時点よりも強まっている。もう後戻りはしないという覚悟がはっきりと感じ取れた。彼らはこのプレーのやり方が、チームに大きなパフォーマンスと成果をもたらすことが可能だと信じている。成功や勝利の数だけではない。一貫性と安定性を伴いながら、世界のエリートとしてより長くとどまるための可能性を感じている。ピッチ上にはペップのやり方に完璧に貢献できる選手が少なくとも15人はいるように見えた。その中の11人が、土曜日のカップ戦決勝のスタメンに名を連ねることになるのだ。

マドリーから食らった強烈なパンチは、ペップを強くした。とても強い信念を持って、監督はドルトムント戦の対策を説明してくれた。自分のアイデアを信じ、もう決して迷わない。決勝の5日前の朝には、どの11人で、どうやってプレーするかをすでに決めていた。

ロッベンはセンターフォワード、ディフェンスラインは3人、中盤はダイアモンドでホイビュルクをスタメンで使う。マンジュキッチは帯同させない。ペップは、ドルトムントの直近の試合をすべて分析し、相手の攻撃の仕方を明らかにしていた。

「アリアンツ・アレーナで私たちが3－0で勝った時、彼らはたった2回のCKしかなかった。土曜日にヘルタ・ベルリンに4－0で勝った時は、CKは1回だけ。これは偶然じゃない」

ドルトムントはサイドからの攻撃を仕掛けようとしない。サイドからクロスを上げることが極端に少ない。相手のミスを待ちながらボール奪取を狙う。そして、ボールを奪うやいなや、すべてのカウンターはサイドではなくセンターを通って実行されていた。その上、少し強引でも、ゴールを大きく外そうとも、常にプレーの最後はシュートだった。これらの理由でCKが少ない。つまりドルトムントは、後退しながらピッチセンターの敵のスペースを閉じてボールを奪い、その後、物凄い速さでカウンターを仕掛けシュートする、という一連の動きの練習をしているとの結論に至った。

こうしてグアルディオラは、カップ戦決勝のための具体的なプランを描いた。センターをコンパクトに閉じる3人のディフェンスライン、サイドバックをメディオセントロのラームの横に配置する。中盤はラームとクロース、ホイビュルク、今回はサイドではなくトップ下でプレーするゲッツェの4人でダイアモンド型を形成する。そして、センターフォワードとしてプレーするロッベンには、とても具体的な指示を出した。

「アリエン（ロッベン）は、常にフレッシュでいなければならない。プレッシャーをかけに行かなくていい。疲れるからだ。いつもフレッシュで爆発的でいてほしいんだ。足元でボールをもらおうとせず、ボールはスペースでもらってほしい。走ってスペースでボールをもらうために、いつもフレッシュでいてくれ！」

ペップは、リーグ優勝の祝賀会翌日の月曜日からこのプランを導入した。

最終節のシュトゥットガルト戦は、最後の1秒で決まったピサーロのゴールとともに、新たな一勝を加えて終了した。29勝3分け2敗、94ゴール、23失点。勝ち点は2位のドルトムントと19点差の90ポイント、4位のレバークーゼンとは30ポイント差という素晴らしい成績を残したシーズンだった。

5月10日、ミュンヘンで祝賀会が催されたものの、すでに7週間前にチームはベルリンで優勝を決めており、あれからもう1年くらいたったような感覚でもあった。しかし、選手たちがビールを浴びて祝うのを阻む理由は何もない。もちろんお気に入りの赤いセーターを着たグアルディオラは標的だ。ビールかけのマエストロ・ボアテングのビールシャワーをペップは両手で受け入れた。

「大いに祝いたい。私たちは、やり遂げたんだ。このシャワーをたくさん浴びたいね。これはチャンピオンの証なんだから。私の最初のブンデスリーガだ。幸せだよ。本当に」

この歓喜の叫びの数分後には、チャンピオンのトロフィーを手渡されて、今度はバンブイテンが2メートルの高さから慈悲の欠片もなく大量のビールを浴びせかけてきた（この少し前に、ペップは手が滑ってトロフィーをピッチの芝に落としてしまった）。

この日、選手たち、ペップ、ドゥメナックも皆、濡れないでピッチから出ることは不可能だった。ただ、アスティアルタだけが狡猾な手段で免れたのである。それは、ペップの3人の子どもたちに付き添うようにして、ピッチにいたからだ。ダビド・アラバが突進してきた時、子どもたちが濡れてしまうと、静止した。戦略家である。だがアスティアルタは今回は免れたが、もしバイエルンがカップ戦を獲ったら、その時は、間違いなく、ビールのシャワーを浴びることになるだろう。

祝賀会は遅くまで続いた。多くのファンたちは活気ある選手たちの表情を間近で見ることができ、喜んだことだろう。ペップは市役所のバルコニーから短いスピーチをした。紋切り型の表現ではあったが、グアルディオラにとっては温かく迎えてくれた街に捧げる心からの言葉だった。

「皆さんを愛している。私はミュンヘン人だ」

ペップらしいストレートな表現である。

そして、月曜日。ビールの痕跡は何も残っていなかった。決勝に向けて、チームは練習に勤しんだ。チアゴもグループに加わり、ポジションプレーのセッションで輝いていた。決勝で数分間でもプレーさせようとコーチたちは考えていたのだ。ペップも再び、2月から3月のチームが飛ぶような勢いだった頃のラーム、クロース、チアゴの中盤のダイアモンドを夢見ていた。

しかし、チアゴは、再び負傷してしまった。それはトレーニングの最後のアクション。バルセロナでの4週間の治療とゼーベナー・シュトラーセでの2週間の回復期間の後で、完治したと思われていたにもかかわらず……。ワールドカップの代表の1次枠にも選ばれ、カップ戦決勝の最後の30分にも出場できる見込みだった。すべてうまくいっていたはずが、コンセルバシオネスのアクションで右ひざの内側側副靭帯を再び壊してしまった。カップ戦もワールドカップもダメになった。チアゴを待っていたのは、外科的手術だけだった。

これでチアゴと、ひざの靱帯を痛めたシュバインシュタイガーも試合には出られない。監督はドルトムント戦にホイビュルクを使うことを決めた。ペップがデンマーク人の才能を感じ始めたイタリアのトレンティーノの合宿から10カ月が過ぎていた。約1年に渡ってこの若者を成長させるために、厳しくトレーニングしてきた。そして、今カップ戦の決勝のスタメンという本当のチャンスが巡ってきたのだ。

こんなことがあった。トップチームのトレーニングに呼ばれてもいないのに、ホイビュルクはロッカールームに入って行き、そこで着替えてピッチに出た。するとペップがホイビュルクを見つけて、そのままトップチームの練習に招き入れたのだ。いい心臓をしている。彼のプレーは、ほんのわずかな選手しか備えていないほどの正確さだ。学習意欲は他の誰にも負けないだろう。そして、ホイビュルクは誰よりも監督に真のパッションを感じている。

「ペップは今日のためのトレーニングをするが、それは明日のためのトレーニングでもある。だから、僕たちのような若者をとてもサポートすることになるんだ。ペップはチームに戦術のコンセプトを注入している。僕は今週のためだけに練習するんじゃない、来シーズンのためにも練習している。毎週、試合に出るために練習したいが同時に将来のためにも練習したい。これは、ハインケスの時と最も違うところだ。

ペップは毎試合の準備を怠らない。それは彼の哲学とパッションだ。ハインケスは、勝つことだけだった。ペップも勝つこと、でも勝つことだが、同時に来シーズンのことも考えてやっている。このチームは、次の5年間を確実に勝ち続けることができるとわかっているみたいだ。僕たちは良いメンタルと素質をすでに持っているのだから、もう少し感動的になることを学んだら、もっと良いチームになると思う」

リーグ戦の最終節、ホイビュルクはエクセレントなプレーを見せた。親善試合のハンガリー戦とスウェーデン戦のデンマーク代表に選ばれるのは間違いない。

「ズラタン（イブラヒモビッチ）と対戦できるんだ。それもコペンハーゲンのホームで。とても感動的なことだ。その上、そのスタジアムの裏側に父とよく通った礼拝堂がある（彼の父は先月亡くなってしまった）。カップ戦の決勝進出と同じくらい、母はとても喜んでいるし、ベルリンには家族みんなが見にくるんだ」

トレーニングを見れば、ホイビュルクの決勝スタメンは明らかだったが、本人にはまだ正式には知らされていなかった。先週、ブエナベントゥーラは、レジスタンストレーニングの要素が入った練習を選手たちに課したが、それはすべて戦術的なセッションだった。ホイビュルクは、ペップが考案するトレーニングをこのように語った。

「このシーズンでバイエルンに起きたことで一番良いことは、ペップが来たことだ。昨シーズンのチームは本当に良いチームだった。でも夏頃、僕に『バイエルンはどうやって進化するのか？　どの側面を改善できると思うか？』という質問をしたよね。ピッチでの一つ一つの説明、見せてくれる一つ一つの映像……、一日一日のトレーニングの度に、ペップはより良い戦術を僕らに提供してきた。チームがもっと良いプレーができることは、みんな確信していた。でも、どうやって？　ペップはその『どうやって』を示したんだ。ボール保持が長くなれば、もっと良いプレーができ、戦術的に前進できる可能性がある。バイエルンに足りない何か、その大きな1パーセントをペップは持ってきたんだ」

月曜日、ボアテングとダンテの間にはめ込まれた第3のセンターバックとなったハビをあわせた3人のDF陣に、ペップは高いインテンシティのトレーニングを施した。次の土曜日のレバンドフスキ対策だ。何回もドルトムントの攻撃のシステムを繰り返す。DF陣がそのカウンターをより良い形で止められるように。ハビはペップがこんな言葉で表現するくらい、トレーニングを終えるまでエクセレントなプレーを見せ続けた。

「いいよハビ、切れてるね。必要なコンディションを取り戻したな」

バイエルンとドルトムント、この2つのチームは、とても良い状態で決勝を迎えようとしている。しかし、1年間この状態を続けるのは不可能だ。バイエルンは2月と3月が良かった。4月には完璧に落ちたが、今また回復している。さまざまな理由で選手が足りないのは確かだが（リベリーは好調からは遠い、チアゴとシュバインシュタイガーはケガ、マンジュキッチは新しいチームのことを考えている）、チームの動きはコンパスとなるラームとクロースによって再び流れるようになってきている。キャプテンのラームは、ペップとともにドルトムントの中盤を越えるための最も良い方法を分析しあっていた。2人でドルトムントの動きを真似てジェスチャーで示し合った。

ラームは明らかに、ピッチ上の指揮者である。この決勝というオペレーションの責任者で、ペップに変わってピッチの上で戦術を指揮する。

トニ・クロースは、チームのもう1つの頭脳だ。ペップは、クロースに土曜日の試合に向けた自分のプランをどう捉えるか質問している。2人だけの話し合いだったが、ときどき、いくつかの言葉が漏れ聞こえてきた。

「いいと思うよ、ペップ。とてもいいと思う。やり易くて好きだな。決勝の対策としていいやり方だと思う」

クロースもまた、もう1人のピッチ上のペップなのだ。ペップのプレーのアイデアを信じ、ペップのために一所懸命やる。いつもトレーニングに全精力を傾け、今日もまさにその姿を示し、止まらずに走り続け、自ら進んで厳しい要求に応えた。ペップは盲目的にトニを信頼し、できる限りロッベンがフレッシュでいて、足元ではなくスペースでボールをもらうように、しつこく要求した。

そういえば、ペップは急にテーマを変えて、私に言った。

「今朝、君の娘さんのツイッターを読んだよ。『負けはポジティブな何かを持っていて、決して終着点ではない。その反対に勝利は何かネガティブなものを持っていて、勝利もまた終着点ではない（ジョゼ・サラマーゴ）』。私もこの言葉がとても好きだ。まさにそうだね。すべては常に流れていて、すべては刹那的なんだ」

チームの良い状態も、決して決定的でも最終的なものでもない。まだ、いくつかのトレーニングを良いリズムでこなしただけで、本当に良い状態を示さなければならない土曜日の決勝戦は終わっていない。バイエルンの復調の兆しは間違いない。しかし巷の予想では、バイエルンの不利は変わらない。ペップが、これまでの試合の中で最も抜かりなく準備しているとは、外部からではとうてい想像できなかっただろう。

月曜日と火曜日にはプレーのプランの基礎をやった。水曜日の午前練習では、ディフェンスのトランジション（移行）の練習。昼食をはさんで午後は、ドルトムントの攻撃のうまさを詳細に説明しながら、守備の特別なセッションをやった。そして、木曜日はマンジュキッチに別れを告げた。トレーニングの前にクロアチア人を自分の書斎に呼んで、次のチームでの幸運を祈る言葉を送った。一緒にトレーニングする最後の日、ベルリンには帯同させないことを告げたのだ。

トレーニングは、軽い瞬発系を繰り返して、2つの戦術を徹底的にやった。1つ目はFWと中盤が、ドルトムントのDF陣から出発するサリーダ・デ・バロン（ビルドアップの始まり）にプレッシャーをかける。7人の選手たちが時間も動きも制限をせず、何度も何度もプレッシャーをかける練習を繰り返した。そして、これ以上ないほどの連携が取れるようになった時、今度はスタメンのDFたちを集めて、2つ目の練習に入った。その練習は、まさにさっきのトレーニングとは逆の、ノイアーから始める自分たちのサリーダ・デ・バロンだった。

土曜日の試合で、これまでの試合と最も違う点は3人のセンターバックだ。ポジションを下げてスリーバックを助けるラームのサポートを受けながら、敵のプレッシャーに対してボアテング、ハビ、ダンテはサイドからサイドへとボールを回す。決勝戦で、ラームにはこの骨の折れる仕事が期待されている。ハビは自分に課せられた動きを懸命にやった。ペップは以下のことをハビにしつこく要求した。

「ボアテングとダンテが深いドライブができるように、あるいは前にいる中盤にパスを出しやすくするために、前向きでパスを受けられるようにカーブをかけてパスを出せ」

また、アリエン・ロッベンへの指示も非常に微細で独特なものだった。

「アリエン、歩け。いいか、サイドからサイドへ歩くんだ。決して走るな、走って疲れるんじゃない。君のフレッシュな状態が必要なんだ。歩くんだ、そして前に突破できるところでパスを受けとったら、その時はチーターのごとく走るんだ」

　この何日間かのペップは、低迷していたチームに叱咤激励をしていた４月のペップとは明らかに違っていた。今はとても静かで落ち着いた佇まいだ。ピッチサイドで、選手たちから「結束」という明快で堅いメッセージを受け取っている。ピッチ上の身体を使った選手たちの言語も、確かなものとなっていた。

　チアゴが手術を受けている一方で、バイエルンは決勝に向けた最終準備の３つの戦略的なアクションの練習が終わろうとしている。ゼーベナー・シュトラーセでの今シーズン最後の練習だ。１つ目は相手のＣＫをゾーンで守ること。続けて自分たちのショートコーナー。最後に、中盤のゾーンからのスローインの点検。ペップは選手たちに、大いに警戒を促した。

「このタイプの決勝は、ワンプレーで決まってしまうことがある。戦術に沿って的確にプレーする必要があるんだ！」

　こうして、練習はすべて終わった。高いインテンシティで厳選され、かつ明確で精緻な練習だった。監督は、可能な限りの武器を選手たちに授けるためにドルトムントの分析に力を注いだ。正式にスタメンの発表はしていなかったが、誰がプレーするかは、みんなわかっていた。選手たちもその武器を学び取って、自分のモノにするために高いインテンシティと集中力を持ってこの厳しい週に臨んだ。シーズンを閉めるためにベルリンへ行く。ブンデスリーガを取ったベルリンへ再び赴くのである。ペップの永遠のジレンマ、情熱をとるか忍耐をとるか……。今回は忍耐とコントロール、そして自分のアイデアでいくというオーソドックス（正統性）を選んだのだった。

ハビとロッベン、守備と攻撃　２０１４年5月16日ミュンヘンにて

ドイツカップ決勝の前日、ベルリンのリージェントホテルの前では、バイエルンファンの小さなグループがたむろしている。見事な菩提樹の並木路ウンター・デン・リンデン通りの近くにあるホテル。ここがチーム・バイエルンの宿泊先だ。平穏さに満ちたホテルの中で、選手たちは静かな自信を示している。今シーズンのバイエルンの攻撃と守備を象徴する２人の選手に話を聞いてみた。

その1人、守備を担うハビ・マルティネスは多くの身体のトラブルに悩まされたシーズンだった。２回の手術（恥骨周辺と口内）、足首のねんざ、ひざの腱炎、数度の胃腸炎。スタメン出場ができたのは、わずか19試合だけ。明日で20回目となるが、バイエルン1年目の34試合、ビルバオ最後のシーズンの53試合には程遠い。しかし多くの身体の不調に苦しみながらも、ペップの下で経験できたことに満足し、このように語っている。

「今のバイエルンは守備、中盤、前線のすべてのラインが1つになって、とても良く訓練されているんだ。それは、ペップの才能を示すいい例だと思う。試合やトレーニングを見に来る監督たちは、皆そこに注目している。守備から攻撃まで、ＧＫからセンターフォワードまで同じシナリオでプレーしている。それにペップはピッチ外での選手たちの扱いがとてもうまいんだ。スタメンをどう扱うか、控えの選手をどう扱うかを心得ていて、冗談が必要な時には冗談を言うこともできる。ピッチ外のペップも理想的じゃないかな」

――怒鳴って怒ることが足りないのでは？

「いやいや！　すごく怒鳴りつけるよ。もちろん、そうしなければならない時はする。ハインケスだってそうだった。チームが油断している時や必要な時はそうする。ペップはすごく怒鳴る、それも物凄い勢いでね。雷を落とす先は、ベテランか有名選手だね。それが監督であり、指令を出す人間というものだと思うよ」

——去年の7月に、バケーションからミュンヘンに戻った時、すでに新監督としてペップがいて、センターバックをやることになると想像してた？

「いや。バルサ時代にペップが、センターバックとして私に興味を持っていたことはメディアを通して知っていだけどね。夏にミュンヘンに着いた時は、私に何を期待していたかは、本当にまったく知らなかった。会ってすぐに、私に『センターバックをプレーすることが多くなる』と言ったんだ。もちろんメディオセントロとしてもプレーしながら。ペップは、私が良いセンターバックになるための条件を備えていると確信していた。私はセンターバックのコンセプトを理解するために、すごく厳しい練習をしなければならなかった。グアルディオラのフットボールでは、メディオセントロとセンターバックのポジションはとても似ている。だから、メディオセントロがしばしば第3のセンターバックとして、特にビルドアップの最初のボールを出すプレーをするんだ。自分はセンターバックに合っていると思うよ。私の特徴は、ディフェンスにおける集中力。それはセンターバックにとっても必要だからね」

——ハインケスからグアルディオラに変わってから多くの戦術的な変化があった？

「そうだね。まるで大きなジャンプみたいだったよ。プレーの形から私の負う役割まで、そして、他の選手たちも去年と比べて役割が大きく変わった。でも一つ一つの変化は的確だった。選手はまだ限界に達していない。まだまだ成長できる余白がある。ペップはそれをよくわかっていて、ピッチで私たちがまだ成長できることを証明できるように、とても良く研究する」

——今シーズンは、すでに3つのタイトルを獲っていて、明日、もう1つのタイトルが残っている。だが、CLでは大敗した。昨シーズンから続けた多くの勝利で満腹になってしまった、という問題があったのでは？

「私たちは、一人一人が自分に要求し続けながら、勝利に飢えるメンタリティを保ち続けなければならないと自覚している。バイエルンの選手たちは、フットボールの世界に美しい物語を描きたがっているんだ。そして、フットボールは過去のものではなく、今しかない。それこそバイエルンで私たちが求め続けなければならないものだ。勝利に飢え、タイトルを獲り続けること。諦めたり自分たちのことを最高だと思う時、タイトルを手放すことになるんだ」

さて次は、センターフォワードとしてプレーするアリエン・ロッベンに話を聞く番である。ハビとは逆に、ほとんどケガもなく、今シーズンほど試合に出続けた年はなかった。これまでバイエルンでもマドリーでもチェルシーでもPSVアイントホーフェンでも、いつもケガがついて回っていた。今シーズンは37回のスタメン、45試合に出場して21ゴール&14アシスト。彼の人生で最も良い数字となった。

ロッベンはこの戦績を受けて、こう語った。

「そう、間違いないね。バイエルンの1年目（09－10シーズン）も良かったし、昨シーズンの3冠もとても重要だった。しかし、今シーズンは素晴らしかったよ。だってペップと一緒にできたんだ。そして、ペップは私をとても良くサポートしてくれて、私のレベルを引き上げてくれた。その上、フィジカル的にも調子が良かったんだ。２０１３年1月からケガをしていない。私にしたら、とても長い期間だ。繰り返すけど、今シーズンの最も重要なポイントはペップと一緒にできたこと。彼のフットボールの理解の仕方や考え方が、とても気に入っているよ」

――今シーズンは、小さな外転筋の問題とアウグスブルク戦でのひざのケガだけだったね。なぜこんなにまでもフィジカルが改善されたの？　どうやってこれを達成したのかな？

「よく考えてみると、バイエルンに来た当初からとても良くなっていったんだ。毎年、少しづつ良くなっていった。レアル・マドリーの最後の年に一緒だった整体師と一緒にやるようになってから、今の改善が始まったんだと思う。このミュンヘンでの5年間で、大きなケガは2回だけなんだ。小さなケガや違和感はあったけど、それほど重症ではなかった。経験と年齢が私をサポートしてくれて、自分の身体をコントロールできるようになった。普通は反対で、若い時の方が良いと感じるだろう？　でも、私は反対だ。歳を重ねるたびに自分の身体のコントロールがうまくなってきたよ」

――グアルディオラとやる前は、彼とはあわないと考えていたのでは？

「その考えは確かにあった。ドイツやオランダの周りの人々が、みんな口を揃えて私に言うんだ。『ペップと私はうまくいかない』とね。なぜなら私のプレーはドリブルが多くて、個人技が主体だから。ティキタカと呼ばれている戦術に反目するからと、みんなが言った。しかし、もうそんな疑問は微塵もない。私たちは、ぴったりあっている。１秒たりとも疑ったことはないよ」

――君はＣＬのファイナル、ウェンブリーで決勝点を入れたゴールゲッターだった。しかしオフシーズン、トレンティーノに来た時、大スターみたいな態度を一切とらなかったね。それはとても驚きで、ペップにとっては気持ちの良いことだったようだが……。

「ペップが監督になると決まった時から、私はペップにとても信頼を置いている。初めて会った時、ドゥメ（ドゥメナック）やロレン（ブエナベントゥーラ）にも、とても良い印象を持ったよ。そして、私も彼らのフットボールの見方に加わりたいと思った。監督と最初にトレンティーノで話した内容もよく覚えているよ。私にとって、とても大事なことだったんだ。ペップは言ったよ。『フットボールを楽しんでくれ。君はＣＬのファイナルで決勝点を決め、常に重要な試合で点を決めている。それはリラックスして楽しんでいるからできるんだ。だからフットボールを楽しんでほしい、もちろん家族との時間も大切にして。ぜひ、幸せな人生を送ってくれ……』。これが最初の言葉だったんだ。そして、こんな言葉を監督がかけてくるなんて、とても意味深いことだった。大きな信頼を寄せてくれている証だからね。間違いなく、始まりの瞬間から好印象だったよ」

――何人かの選手たちは、ハインケスのバイエルンは素晴らしかったが、新しいステップや変化が必要だったと言っている。もし同じように続けていたら、多分、チームは停滞してしまっただろうか。君はどう考えているかな？

「そうだと思う。すべてを勝ち取った後にはリスクが付き物だ。もし同じように続けて、同じアイデアを保ち続けていたら、リスクがあったと思う。3冠を獲った後、油断するのはいとも簡単だ。新しい監督、新しいフットボールのアイデアによる進化が、チームに可能性を与えたんだ。変化は私たちに、常に集中することを課した」

――ペップのプレーのコンセプトとアイデアを理解するのは、大変だったはずだが？

「そうだね。もちろん難しいプロセスだった。選手たちにとっても、ペップにとってもそうだったんじゃないかな？　新しい国、特に言葉の問題……。ペップはドイツ語を習う努力を来る前からしていて、すぐにドイツ語を話した時はびっくりしたよ。しかし、常に最初の何カ月間は、お互いを受け入れるのに苦労するものだと思う。毎月、毎週、日々、少しずつ理解しあっていくものだ。そして、マンチェスター・シティ戦のような、物凄い試合ができるようになるんだ。私はこのスタイルがすごく好きだ。なぜなら、オランダの伝統的なプレーを彷彿させるからね。ファン・ハールの時にやったような感じかな。後ろに下がってスペースを閉じて守るのではなく、前に進みながら常に攻撃し続ける。このアイデアが初日から好きだった」

――高いラインを保って攻撃し続けるのは、現代サッカーでは一般的ではない。多くのチームは、後ろに下がって自陣で待つサッカーをしている。スペースを閉じた相手を攻撃するのは困難だ。それをバイエルンは毎試合のようにやっている。メンタル的にすごく疲れたりはしない？

「明らかにフットボールは、攻撃することよりも守る方がずっと簡単なんだ。守るということは待つことを意味する。しかし、もしボールを持っているなら、新たな道を求めなくてはならない。壊すことよりも建設することを求めなければならない。でも昨日、監督は言ったよ。『もし、ピッチに君たちが入ったら、選手としてプレーを楽しみたいだろう。私たちのこのアイデアは、よりフットボールを楽しむことができるんだ』と。とはいえ、閉じたチームを相手にするのは非常に難しい。本当に難しいよ」

――今シーズンは、たくさんゴールを奪って、同時にアシストも多かった。新しいプレーのアイデアと何か関係があるの？

「もちろん、あるよ！　チームが良い調子の時に、ペップが私に言ったんだ。ゴールすることにこだわるんじゃなくて、プレーし続けろって。プレーを続けていれば、ゴールに到達できるからと。言われたようにやったら、本当にそうなった。スペースを探して動き続けて、ボールを持ったらチームと連携する。そのやり方を続けたら、いつもゴールできるようになったんだ。すべての試合で、必ずプレーの最後にゴールのオプションを持って終えることができた。たくさんボールを持ってみんなでプレーしたら、自動的にゴールかラストパスのオプションに辿り着くことを知ったよ」

――２月、３月と、とても良いプレーをしたね。しかし、４月はとても悪かった。なぜなの？　ブンデスリーガを早く獲りすぎてしまったから？

「説明するのは、とても難しい。リーガを早く獲りすぎたせいだけではないと思う。すべての理由を説明するのは、まだ難しい。リーガではとても良いプレーをしてきて、明確な方法で勝ってきた。しかし、ここベルリンでタイトルを獲った後は、ペチャンコになってしまった……。毎週、悪くなっていったな。しかしなぜ、そんなことが起こったのかを明らかにするのは、簡単なことじゃない。リーグを早く獲りすぎたことだけが、原因のはずがない。たくさんの小さなことがあったんだと思う。チームというのは複雑で、壊れやすいものだ。このことを理解するためには、より良い観点から考えるための時間が必要だ」

――反対に今週のトレーニングを見ると、チームは一番良い時期に戻ってきたような感じがするけど。どうなの？

「そう、私も同じ感覚なんだ。明日のカップ戦の決勝に勝つために、とても良い状態だと思う。人々はその反対だと考えているけれどね。フットボールで最も大切なことは、いつも頭を使うことだ。今、私たちはとても集中できているんだ」

――ペップは、このプレーの方法は、ドイツサッカーに対する「カウンターカルチャー」だと言っている。ペップのプレーのコンセプトが、ドイツでポピュラーになると思うかい？

「なると思うよ、間違いなく。リーグで勝ち続けてきた何カ月間か、ペップはバイエルンをより良く成長させて、それは信じがたいことだとみんなが言っていた。しかし、フットボールは常に結果だ。私たちは一年中良いプレーをしてきて周りの人々は称賛してきた。だけど敗れると、すぐにすべてが悪いと考えるようになる。それは現実的じゃない。私たちはこのシステムで、とても良いプレーをしてきて、大きな結果を得た。来年はもっと良いプレーができると確信している。来シーズンが楽しみでならないよ」

――来シーズン、チームはより良くなるってことかな？

「間違いない。1年目の新しいモデルや新しい監督は、常に難しい。その環境で私たちは3つのタイトルを獲って、ブンデスリーガの記録を塗り替えた。CLではセミファイナルまで進み、明日はカップ戦の決勝を戦う。最初の年に、これだけ達成するなんて信じがたいよ。選手たちは、来シーズンはもっと良いプレーができるとわかっている。なぜなら今シーズン、私たちはこんなにも成長できたのだから……」

信じる者たちとともに　２０１４年5月17日 ベルリンにて

リベリーとの競り合い……。ベルリンのオリンピア・スタジアムでの試合前日トレーニングで、ケガ人が出た。金曜日の午後、シーズン最後のトレーニングでの出来事。ダビド・アラバが腹筋を負傷して痛がっている。決勝には出られそうもない。また1人、大きな痛手となった。

夕食の後、グアルディオラはラフィーニャを呼んで簡単な質問をした。

「ラファ、左でプレーできるか？」

ブラジル人は確信を持って答返した。

「あなたが望むところなら、どこでもプレーするよ」

監督はアラバの代わりを見つけたが、この交換によって事前の計画よりもサイドが開いた展開になることを覚悟した。次は、右で先発予定だったラフィーニャの代わりだ。しかし、ペップはすぐにはことを起こさなかった。少年を静かに寝かせておくことにしたのだ。

土曜日の朝食後、ホイビュルクを呼んでスタメンを告げたが、中盤ではなく右サイドバックとしてであった。少年は「何の問題もない、チームが必要とするならどこでもプレーする」と答えている。

ベルリンの街は、黄色で溢れ返る。何千、何万ものボルシアのファンたちが首都を占領してしまったかのようだ。反対に、対戦相手の赤はあまり見られない。メディアの評判と巷の予想に比例して、ファンの数もまたドルトムント有利を物語っていた。ペップは、3－6－1の配置を準備した。ピッチの上にいる選手たちは、この独特なプレーのアイデアを信じて戦う者たちばかりだ。そう、監督自身のアイデンティティでもある進化する戦術。これは来シーズンへの宣言とも捉えることができる。

ペップは、応援歌の一節『輝かしい幸せが花開く』という部分をハミングする。夜8時、ベルリンの空から雨が落ちている。カップ戦のタイトルという以外にも多くの意味を持つこの試合で、グアルディオラは極端なまでの変化を加えてきた。試合のたびに、トレーニングによって成熟させてきた戦術的進化の披露だ。

このドルトムント戦では、5つの原則を設けた。

（1）チームの長所を鑑みて至った結論は、3人で攻撃を始める形（サリーダ・ラ・ボルピアーナ）

（2）サイドを駆け上がるサイドバックを入れ1人が上がったら1人は内側の敵のカウンターの通り道を監視する

（3）メディオセントロに敵のカウンターをコントロールする役割を与え、中盤のゾーンには常に数的優位を作る

（4）敵を引きつけて後退させることができるFWを置く

（5）このFWを助けるために、近くでプレーするトップ下を置く

この5つの原則がペップの書斎の黒板に書かれてあった。これを基に詳細なトレーニングが施された。数日間の練習を経て、今まさに決勝のホイッスルとともに芝の上でそのプランが繰り広げられようとしている。3－6－1、守備の局面では5－4－1となり、攻撃の局面では3－4－3となる。決勝で、ホイビュルクは右のサイドバック、ラフィーニャは左、ラームとクロースが中盤、ゲッツェはその左上、中盤がダイアモンドの時にはその頂点にもなる。右上のミュラーも同じようにダイアモンドの頂点となる。ロッベンは攻撃のすべてのポジションをどこでも自由に動けるワントップ。このシステムに加えて、ドルトムントに攻撃のスペースを与えないために、いつもよりもディフェンスラインを後ろに敷いた。また試合開始直後も、いつものように激しく前に出ないで、相手の出方をうかがった。

オリンピア・スタジアムは、圧倒的に多勢のドルトムントファンたちの歌声がピッチまで届いている。まるで黄色一色に染まっているかのようだ。反対に、バイエルンのファンたちは火が消えたように静かに自分たちの不利を認識していた。

しかし、試合が始まり少しすると、クロップとその選手たちは混乱に陥った。バイエルンがまるで他のチームのようだったからだ。守備の心配をしないで、後方のスペースを丸裸にしながら大胆に攻撃するあのバイエルンではなかった。かと思うと、唐突に攻撃に転じ、ミュラーの放ったシュートがロマン・ヴァイデンフェラーの顔面に当たった時には、何が起こったのかわからないくらいの速攻だった。２回目のチャンスは、枠は外れたが、ラームからの正確な長いパスをロッベンがシュートした。

ドルトムントの混乱は、かなりのものだったに違いない。このチームは、罠をかけるのがとてもうまい。特にバイエルンに罠をかけさせたら、天下一品である。しかし、今日は反対に罠をかけられているのだ。

ドルトムントは、バイエルンにひとかけらのチーズを与え、かぎ爪で待ち構える猫。クロップの選手たちは、いつもならＧＫやＤＦからのサリーダ・デ・バロンを簡単に出させ、喜んで前進させてから、ねずみを追い込むようにしてバイエルンを捉えてボールを奪う。そして、おなじみの鮮やかなスピードで相手を置き去りにしてしまうのだ。

だが、今日のねずみは実に賢い。いつもとは違った。グアルディオラは、ピッチ中央に途方もないような数的優位を作るため、３人の固定したＤＦを後ろに置いて、中盤に６人の選手を置いたのだ。この対策にドルトムントは成す術がなかった。この数的優位に引き出され、高い位置でプレッシャーをかけてくるドルトムントの選手たちは、試合中ずっと何の役にも立たなかった。その結果、ペップのチームは、相手ゴール前に攻撃する人数は最小だったが、シュートはすべて大きな危険と化していた。

ペップは、少ない攻撃にしてコントロールを選んだのである。ロッベンは1人きりの最前線の攻撃陣だったが、敵の2人のセンターバックと1人のサイドバック、合計3人のDFを捉えるのには十分だった。

ミュラーがロッベンをサポートする時、素晴らしいコンビネーションでチャンスが生み出された。2人は4人のDFを捕まえ、その分ピッチ中央ではそれと反対のことが起こっていた。ペップの5人の選手たちが、クロップが配置した4人に対して常に数的優位を作り出したのだ。

こういった状況下で、ラームはカギとなる選手だった。守備ではDFから出るボールをサポート。攻撃面ではヴァイデンフェラーからシャヒンにボールが渡される度に、プレッシャーをかける役割を担っていた。キャプテンには長く厳しい繰り返しが要求される。なぜなら、縦70メートルほどの広いピッチが、今夜はラームの責任だったからだ。

ところが、開始8分に左ふくらはぎを蹴られて負傷。相当なダメージを受けていた。15分には、メディカルスタッフの対応が必要となり、20分には明らかに足を引きずり、28分には完全に壊れてしまった。バイエルンにとって、ラームの脱落は決定的だ。チアゴも、アラバも、シュバインシュタイガーもいない。そして今、ラームもいなくなってしまった。中盤の選手たちは跡形もなく消えてしまったのである……。

ベンチには、もう交代のオプションがあまり残っていなかった。ペップの選択は、両足にまで影響を与えるほど、長く背中の痛みを抱え続けるリベリー。この時グアルディオラは、リベリー投入とともに、戦いのカギとなる驚くべき決断を下したのだ。

リベリーはウイングとしてプレーするのではなく、トニ・クロースをサポートするメディオセントロとしてピッチに入った。前代未聞の決断で、まさに即興の中盤が出現したのである。だが、この交代が功を奏し、ドルトムントがリアクションできるまで、30分以上もの時間を要した。結果的に守備の目的は達成され、クロップのチームにカウンターからのシュートを1本も打たせなかったのだ。

攻撃時のノイアーの足元のプレーは、あまり正確ではなかったが、ビルドアップの時のハビ、クロース、リベリーの段階的なポジションのお陰で、バイエルンは問題なく自分たちのプランを保つことができた。さらに中盤の軸となるこの3人は、サイドでホイビュルクがプレーしやすいよう時間を与えてサポートした。ハビは戦術的な知性と集中力を見せ、リベリーは素晴らしいプレーのレベルでチームに効果をもたらした。リベリーのような攻撃の選手がメディオセントロのポジションを、これほどまでにうまくプレーするとは信じがたい光景だった。そして、クロース。彼はラームの役割を全うしながら、自身のプレーも完璧にこなしていた。

後半、ロッベンとリベリーによって生み出されたビッグチャンスの後、ドルトムントの監督は最初のピースを切ってきた。ムヒタリアンに代えてオリヴァー・キルヒを中盤に投じたのだ。グアルディオラはそれに応えて、リベリーとゲッツェのポジションを交換し、ゲッツェをクロースとともに低いメディオセントロにした。しかし、これによってリベリーをゴールに近づけることはできたが、反対にフランス人選手が中盤で作り出していた効果はなくなってしまった。

戦いは永遠に決着がつかないかのような緊迫した雰囲気を醸し出していた。サイドからのＦＫをフンメルスが頭でシュート。ダンテがはじき返すも、すでにゴールラインを超えていたのを審判が見逃さなかったら、スタジアムの黄色は一斉に爆発していただろう。90分が終わって、試合は0−0のまま。ドルトムントのシュートは（ノーゴールになったフンメルスのシュートも含めて）２回だけで、バイエルンは、敵の長所を潰しながら巧妙に5回のシュートを放っていた。

延長戦に入る前のピッチ上でのペップの話は、選手たちに足ではなく頭が試合を支配する局面に突入したことを知らせるにとどまり、ごく一般的なアドバイスをしただけだった。

「マリオ（ゲッツェ）を見つけろ、ラインの間のマリオを見つけるんだ」

リベリーの背中の痛みは我慢の限界を越えていた。この時、監督はロッベンに交代のオプションについて尋ねている。試合後、夜も更けた頃、このオランダ人は私にその経緯を説明してくれた。

「ペップは私に聞いてきたんだ。延長戦も戦えるコンディションかどうかを。私は答えた、『もちろんだ』と。その返事以外の選択肢はなかった。フランク（リベリー）はあれ以上戦えなかったし、ホイビュルクはふくらはぎを蹴られて負傷していた。どんな状態だろうと、私たちは耐えなければならなかったんだ」

ペップが予言した通り、延長戦は頭の戦いだった。同時に何人かの選手たちの足は限界にまで達していた。延長開始後、しばらくはすべてが良くなかった。少し経つと、クロースがこの夜の唯一のミスを犯してしまう。ピエール・エメリク・オバメヤンにシュートを打たせてしまったのだ。このシュートを防ごうとしたノイアーが濡れたピッチのせいで、右肩を脱臼。延長が始まって2分しか経っていない。その後の30分間、ノイアーは氷で患部を冷やしながらプレーを続けた。

続けざまに、クロースがふくらはぎを蹴られ、最後まで足を引きずることになる。さらに、ミュラーはハムストリングのけいれん、ホイビュルクはバンブイテンと交代しなければならないほど重傷を負った。

それでも、多くの問題を持ちながら、バイエルンはハビとクロースの連携のお陰で自陣から前進することができた。一方、ドルトムントは引き続きカウンターを1本も仕掛けることができなかった。

ピサーロが、リベリーと交代するためにサイドで出番を待っていた時にゴールが生まれた。ボアテングが逆サイドにボールを送り、その後ペナルティエリアで待つロッベンまでリベリーがボールを運ぶ。オランダ人がヴァイデンフェラー目がけてシュートしたボールが跳ね返ると、ドルトムントのケビン・グロスクロイツがすぐに反応。しかし、前進していたボアテングがボールを奪い取って、エリア内の1番前にいたロッベンに再びクロスを上げてゴール。ようやく均衡が破られたのだ。この先取点は決定的なパンチとなった。

最後の延長後半の15分間は、ドルトムントの捨て鉢のような攻撃の一言に尽きるが、シュートは1回だけ。そのシュートはロイスが外してくれたおかげで助かった。バイエルンの2回のカウンターは、明らかなチャンスとなった。1つはロッベンがポストに当て、その後、122分のチャンスは、ミュラーのゴールを生み出した。追加点はラフィーニャのボール奪取の手柄から始まった。疲れ知らずのロッベン、ピサーロのパスの巧みさ、そしてヴァイデンフェラーを抜き去ったミュラーのトリッキーなプレーが功を奏したのだ。

ついにバイエルンは、リーグとカップ戦の2冠を達成した。PSVアイントホーフェンに次いで歴史上2チーム目の3冠後の2冠達成だ。ミュンヘンのチームはシーズン6つのタイトルの内、4つを獲得した。グアルディオラにとっては、監督として25個中18のタイトルを5シーズンで獲ったことになる（19個中14個がバルセロナ、6個中4個がバイエルン）。

チームは、この優勝を盛大に祝った。ボアテングはグアルディオラを高く抱き上げた。ノイアーも肩のケガがありながらボアテングをまねた。それから監督はハビ、ラフィーニャ、ゲッツェ、クロースらときつく抱き合い、ロッベンとは特に堅い抱擁を交わした。ダンテとバンブイテンはペップの頭に再びビールのシャワーを浴びせかけて、今回はアスティアルタも無傷では済まなかった。

ハビは言った。

「私は理想的な居場所を発見した。とうとう自分の壁をぶち破れたんだ」

キャプテンのラームも、胸を張って語った。

「バイエルンの選手たちは、自分たちの価値を示すことができた。それは、自尊心の成長だ。驚くべきことだよ」

選手たちの言葉の中から、レアル・マドリー戦の大敗に対する自身への怒りのようなものと、監督をサポートして、ペップのプレーのアイデアを深めていきたいという気持ちが感じ取られた。

午前2時、みんなの幸せは絶頂、ラフィーニャはシーズン最後のメッセージをこう語った。

「試合前にドゥメ（ドゥメナック）に言ったんだ。俺たちはみんなでピッチに死にに行くんだ。チームの半分は壊れている。その上ペップはあえて18歳の少年をピッチに入れた。そして本来右の俺が、左でプレーした。ペップにとって、マドリーに大敗した後のこの試合はとても重要だった。俺たちは、死に物狂いで戦うしかなかったんだ。そして、勝った。マドリーの時にいろいろ言った奴らに、そっくりそのままその言葉を返してやりたいね」

ロッベンの発言もこれと似ていた。

「スタメンを見たら、勝利を目指すのは無謀で、難しいことだとわかったはずだ。でも、この試合はとても重要だった。なぜなら、私たちは自分たちのフットボールのアイデアを再確認したんだ。日に日に確信が強まっていくアイデアを。ペップのアイデアで勝って、来シーズンはもっともっと良いチームになれる」

祝賀会の間、ペップは多くの時間を家族と部屋の隅にいた。もちろん満足げで幸せそうだった。しかし、この決勝のように自分のアイデアで戦わなかったマドリー戦のことを、今日ほど自分自身に怒っているペップを見たことはなかった。

午前3時半、ペップは眠っているバランティーナを赤ちゃんのように抱いて祝賀会に別れを告げた。通りに出ると、雨が降っていた。

少年とキャプテン　2014年5月18日　ベルリンにて

ドイツの首都ベルリンは、ペップにとって幸運のお守りのような街となった。国内のタイトルを2つとも決めた場所である。チームはすでにミュンヘンへの帰途にある。多くのファンたちが、2冠のお祝いのために、意気揚々とマリエン広場に集まっているだろう。ペップのシーズン1年目のシンボルとなる2人のフットボリスタ。若いホイビュルクと、キャプテンのラームへのインタビューで、本書の総括としたい。バイエルン州に戻る前にホイビュルクに話を聞いた。

――君は監督から何を得た？

「ボールを持って大胆にプレーすること。怖がらず、ボールを持ってプレーすること。絶対に怖がってはいけないということ。そして、プレーして、プレーして、プレーし続けること。目の前にシャビ・アロンソが立ちはだかろうと、アマチュア選手がいようと、そんなことには構わないで、常に怖がらず大胆にプレーすること。ペップが言ったんだ。『一般的に若者には、あまり厳しい要求をしないでソフトに練習させようとする。でも、そんなことをしたら前進も成長もできない。マックスでやらなければ成長はできない』と。ペップは、怖がらずにボールとともにプレーすることを、私に要求した。そして、そのための戦術とディフェンスをたくさん教えてくれた。それから、特に、ハートを学んだんだ。頭とハートを同時に使ってプレーするということをね。

私は今シーズン非常に辛い時期（父の病気）を過ごした。その時、ペップは私をとても励まし助けてくれたよ。サッカーに専念する時間は1日のうち1時間半しかないが、より深く、よりマックスで練習に打ち込んだら、不安は消え、静かな気持ちになれる、と」

――2012年にわずか16歳でバイエルンにやって来た君は、1週間で4日のトレーニングに慣れるのにとても苦労したそうだね？

「私はまだ子どもで、身体が厳しい練習についていけなかった。最初の1年間は身体中が毎日痛かったよ。そして、このペップとの1年間で、その時と同じようなことが起こったんだ。1週間で6日間トップチームで練習したから、そのリズムに慣れるのにちょっと苦労したな」

――君にとって、このシーズンは競争よりも学習だったの？

「もちろん、学びだね。毎朝、目が覚めてベッドから出る時、自分に言うんだ。『昨日より良いフットボリスタになる。新しい何かを学ぶ。毎日、新しいことを学びたい』と。きっとペップは僕の、この常に前進したいという気持ちを感じとっていたんじゃないかな。ペップが私に与えてくれたすべて、授けてくれたすべてを実行しようと努力したよ。私は、自分が信じることと、自分の成長のためになることだけをする選手なんだ。決してエゴイストではないけれど、自分に大きな信頼を持っている。ときどき、馬鹿なこともするけど、自分のプレーの判断を信じている。しかし、そのためには、より良い判断を学ばねばならない。ペップが、そのより良いプレーの判断ができるように導いてくれているんだ」

――具体的にどんなことを学んだの？

「世界のトップにいるためには、ディフェンスのコンセプトに精通し、戦術的に訓練されていなければならないことを初めて理解した。守備の秩序には意味があることと、頭で考えることの重要性を確認できた。一つ一つのスプリント、トラップ、シュートを100パーセントでやらなければならない。夏から、戦術的な身体の使い方だけではなく、頭の使い方で多くのことを学んできた。以前は持っていなかった知識を獲得できたから、ペップが来る前よりも僕は良いプレーヤーになった。しかしまだ、5つ以上の動きを続けて正確にできないと自覚している。たぶん6つ目の動きになると集中が切れて、誤ったプレーをしてボールを失ってしまうだろうな……。僕は今、ユースから大人のプロフェッショナルにジャンプする時期にいるのだと思う。そのカギになるのはメンタルだ。ダンテのようなチームメイトが、毎日、僕に思い出させてくれるんだ。最も大事なことは一つ一つのトレーニング、一瞬一瞬を集中して１００パーセントでやり切ることだ、と」

――君にとってペップは何？

「情熱そのものであり、フットボールにハートを注入した人だ。もちろん僕の監督でもある。しかし、それ以上の存在だ。第２の父とも言える。良い人間で、僕らが良いプレーができるために全力を注いで日々を送っている」

――昨年と違うところはあった？

「昨シーズンは、今よりもちょっとだけドイツっぽかった。つまり、あまり感情豊かではなかったんだ。ドイツでは、ゲラーデ（Gerade／まっすぐ）って言うんだけど。直進的な感じがする。わかるよね？　今は、より感情豊かになって僕は好きだな。自分はとても感動に突き動かされる選手で、ハートでプレーするのが好き。だけど、ドイツ人は、スペイン人やブラジル人、ピサーロや僕みたいなタイプに慣れていないんだ。感動的なのは良いことでも悪いことでもない。ただ違うだけ。しかし、この変化は明らかに感じ取れて、それはチームにとって、今良いものとして影響していると思う。もし僕たちがもっと感動的になれば、毎週勝ち続けることを求め続けることができるんじゃないかな。そしてペップはいつも、パッションのようなものによって突き動かされることをチームに求めている」

――勝利の時と同じくらい、敗北の時にも感情を露わそうとしないの？

「そうだね。僕たちはとてもドイツっぽいチームで、感情を表に出すことに慣れていない。だからときどき、高慢で冷たいと誤解されるんだ。僕は、もっと感情豊かになりたい。夕べのような祝賀会で感動を解き放ったり、勝利に震えたいんだ。そのために選手はトレーニングを積んでプレーするんだ」

――君はこのチームの重要な一員になれるのかい？

「ときどき、このチームに居続けるのはとても難しいと思う。何人かの人々は、不可能だと言う。18歳で、ここでプレーするのは難しい。2年後には20歳になる……。この現実を考える日がよくある。ペップ・グアルディオラと1年間を過ごしてきた。つまり僕は、世界で最も良いチームのバイエルン・ミュンヘンで、世界で最も良い監督の下にいて、今までの人生の中で最も多くを学んだ。日々、成長して良いフットボリスタになれると思う。それが私にとっては、とても重要なんだ。

まるで学校のようなんだ。毎週、試合に出られないことは完璧に理解している。チームは勝たなければならない。だから、僕はバイエルンとペップの学校にいるような感覚でとても幸せだよ。けれど、毎週試合に出なければならない時期が必ずやってくる。それは簡単なことじゃないし、僕も馬鹿じゃない。だから、いつかはバイエルンを出て、他のブンデスリーガのチーム、あるいは外国に行かなければならないことはよくわかっている。

でも、そんなことは重要じゃない。ペップと一緒に居たことは、この先もずっと僕の誇りで、バイエルンやペップとともにたくさんのことを学んだ。今はとにかく学ぶ、学ぶ、学ぶことが必要なんだ。常に学ぶ、いつでも学ぶ。10年先に、若い選手たちに言うことができるよ。『君たちに僕の知識を与えよう』ってね。今は、できる限りそれを受け取るんだ」

――昨日の決勝を18歳でプレーするなんてすごい精神力だね。

「僕はとても心臓が強い。マックスで没頭できる。父や家族から強い精神力と気骨を受け継いだんだ。時には、この強い性格で失敗することもあるけど、長い人生の道のりでは、それは勝つために僕をサポートしてくれる。まずは自分の道を見つけ出すことと、良いバランスが必要だけどね……」

チームで最も若い選手へのインタビューの後は、キャプテンに話を聞いた。監督の言葉を借りると「すべてのピースを整える選手」。2013年8月30日の欧州スーパーカップ決勝の真っただ中、サイドバックからメディオセントロにコンバートされたフィリップ・ラームが私を待っていた。

——フィリップ、極端にポジションが変わった日のことを、覚えている？

「プレシーズン中、ペップの指示で何度もそのポジションはプレーしていたから、それほど驚かなかった。長い間そこではプレーしていなかったけど、ペップは、私にその場所ができると判断したんだ。欧州スーパーカップでメディオセントロでプレーできたことは私にとって特別なことだった。本当は中盤でプレーするのがすごく好きだから。それに、監督が長い間そのポジションでプレーしてこなかった自分に、信頼を寄せてくれるなんて素晴らしいことじゃないか」

——あの日から、そのポジションは君のモノになったね。ペップが引き起こしたことは問題だった？　それとも背番号6のポジションは快適だった？

「このシーズン中、そこでプレーするのは、とても良い感覚だったよ。私がとても快適にプレーしているのをペップは感じ取って、続けてこのポジションに僕を置いたんだと思う。メディオセントロとしてプレーするのは本当に気持ちよくて、新しい発見になった。ずっとサイドバックとしてプレーしてきたからね。とても興味深く、常に覚醒した状態でなければならない。当然だが、メディオセントロは周りをたくさんの選手に囲まれ、何もかもがサイドバックとは違う。しかしペップの期待を受け取って、それを証明できたと思う」

——来シーズンも、サイドバックよりもメディオセントロのラームを多く見られるのかな？

「今シーズン、私はサイドバックとメディオセントロの両方のポジションをプレーできることを見せられたと思う。メディオセントロをプレーするのが、すごく好きだということも示せたんじゃないかな。10年間サイドバックをやってきた後で、新しい場所で別の役割を果たすことができた。このことは、今後左右のサイドバックをプレーしないことは意味しないけど、私は中盤でのプレーをとても楽しむことができる。それは監督が決めることだけどね」

――グアルディオラが来てから、チームの本質的なことでの変化はあるの？

「特に変わったことは、ポジションプレーとボール保持だね。例えば昨シーズン、CLの準々決勝や準決勝の試合で、私たちは爆発的なエネルギーでカウンター攻撃を仕掛けるために、みんなで後ろに下がって相手が出てくるのを待ち構えていることが多かった。だからボール保持は少なく、今のように試合を支配することもなかった。2番目に変わったことは、各選手のスペースの配分をどうするか、またボールを失った後、どうやって素早いプレッシャーをかけるか。大きなところではこの2つが昨シーズンより改善された部分かな」

――ペップが提案したコンセプトを短い時間で受け入れるのは、簡単ではなかったと思うけど。

「もちろん、難しいものだった。3冠を獲って、新しい監督が来て、チームに何か新しいものをもたらそうとした。多分、多くの選手にとって難しいものだったと思う。前の方がチームは良く機能していた、前の形ですべてを勝ち取ったと言う人はいるけど、勝ち取った後だからこそ新しくて違うものに行きついたんだ。ペップもまた、ドイツサッカーをうまく受け入れたと思うし、ペップのやり方も少しは変化したと思う。しかし、当然なことだけど、選手たちが正確にできるようになるまでには時間が必要だし、監督もまた選手を受け入れなければならない。でも、それは達成できていると思う」

――グアルディオラは、ドイツの伝統的なサッカーと自分のサッカーのコンセプトは対立すると言っていたが。それは本当？　そして、それは引き続き起こり続ける？　お互い相容れることはできるのかな？

「対立は1つのプロセスだ。ペップ自身がよくコメントしているのは、ドイツの多くのチームがカウンター攻撃をすることに驚いている、ということ。多くのチームがバイエルン相手に後退して、スペースを閉じて、素早いカウンターを仕掛けてくる。ボールを持とうとしないで、守ってくる。これは、スペインサッカーとドイツサッカーの違いの1つだと思う。お互いが学びあうプロセスだと思うんだ。ペップは少しずつドイツサッカーと、そのプレースタイルと、ライバルたちへの理解を深めてきた。いずれにせよ、このプロセスは今シーズンで終わったと思うな」

――普通は、3冠を獲った後はあまり良い成績は残せない。歴史の中でもそれは証明されていて、PSVアイントホーフェンだけが、3冠の後に2冠を獲っている。この成功に関して、ペップの存在は重要だった？

「私は、チームが失敗するのを避けるための大きなメリットの一部が、ペップだったと確信している。一般的に3冠の後、選手たちは満足してしまって、新しくリーグを獲るのは非常に難しい。しかしペップのやり方、チーム戦術、どのようにプレーすべきか考える新しい方法……すべてがとても新しいものばかり。機能させるためには選手全員が非常に注意深くプレーしなければならなかった。このやり方しか、可能性はなかったと思うよ。とても良いリズムでブンデスリーガのスタートを切って、最終的にとても素晴らしい成績で優勝したんだから」

――ペップの最も良いところと最も悪いところは？

「ペップの最も大きな強みは戦術だ。信じられないくらいすごい。それから、とても繊細な仕事ぶりだ。すべての対戦相手に対して、素晴らしい準備をする。常に最高の仕事をする。だけど、同時にそれが弱さでもある。完璧主義なんだ。すべてを完璧にやりたがる。どんな小さなことでも。それは特別なことなんだけれど、ときどき過剰になる。絶対に満足できないから、絶対に〝最高だ〟とは言わない」

――バイエルンでのペップの旅は長くなると思う？

「確かだと思う。もちろん成否にもよるし、それは選手に依るところが大きい。成功したら長くいる可能性は高まる。バイエルンのようなビッグクラブでは、成功が伴わなかったらそれはわからない、それは選手も同じだ。でも、私たちはかなり高い確率で成功するだろう。私たちはペップとあっていると思う。とても満足しているよ」

――チームがポジションプレーをする時、対戦相手はスペースを閉じて後ろで待ちながらカウンターを狙ってくる。選手たちは、いつも同じように戦わなければならなくて精神的に疲れるんじゃないかなと想像するんだけど。

「私は選手の立場でしか話せないけど、守って、守って、守って、たった5秒しかボールを持ってゴールを目指す時間がなくて、再び後退して守り続けるよりは、ボールを持ってプレーする方がずっと素晴らしい。試合が自分の手の中にあるなんて、とても素晴らしいことだ。確かに11人の選手に後退して守られたら難しいけど……。そりゃあ難しいよ。しかし守って待っているよりも、試合のイニシアティブを握ることの方がずっと素晴らしいことなんだ。私は、そう思うよ」

――このポジション攻撃をする場合、後退して守ってくる敵に対して、君のチームは何をすべきなの？シュートをもっと打つこと？　クロスの精度を上げること？　そのブロックに対してどんな解決策があるの？

「選手たちは、状況を100パーセント識別しなければならない。それぞれのパスが重要だから。ボールが速く回れば回るほど、敵からのコンタクトが少ない。だから当然、チームメイトにスペースを与える動きが重要になってくる。最後にGKの近くで4対3になった時が、決定的なチャンスになるんじゃないかな。スペースを作るのと、テクニックがあって常にボールを求める能力を備えた選手たちが重要だと思う」

18歳のメディオセントロは、カップ戦の決勝でサイドバックとしてプレーした。30歳のサイドバックはメディオセントロにコンバートされ、1年間素晴らしいプレーをした。ホイビュルク少年とラームキャプテン、13－14シーズン、２人はペップ・バイエルンのシンボルだった。

エピローグ

ペップの言葉　２０１４年５月20日ミュンヘンにて

この本をあなたが手に取っている頃には、14－15シーズンがすでに始動し、最初のタイトルをかけた試合も終わっているはずだ。回り続ける車輪のように。ヴェストファーレン・スタジアムでのトロフィーをかけたドイツ・スーパーカップ。ペップ・グアルディオラの２年目のシーズンも、１年目の始めと終わりに対戦したライバル、そうユルゲン・クロップのボルシア・ドルトムントとの対戦で始まる。

バイエルンでのペップ１年目の戦績、公式戦56試合で44勝６分け６敗。つまり78・５パーセントの勝率だった。ブンデスリーガにおける勝率は85・３パーセントにまで達した。得点は１５０ゴール（１試合平均２・67）、その内、セットプレーからの得点は28ゴール（ＣＫ14、間接ＦＫ９、直接ＦＫ５）。失点は44（１試合平均０・78）となっている。

また、２０１３年６月26日から２０１４年５月17日までの３２６日間で、２７９回のトレーニングセッションを行い、56試合の公式戦に加えて14試合の親善試合を戦った。その間に２週間のバケーションがあったので、実際の稼働日数は３１２日間である。

チームの中で9人の選手が、39週続けてプレーした。そのうち、週の間に試合がなかったのは、たった6週だけ。よってバイエルンは33週を週2回のペースで試合をしたことになる。4000分のプレー時間を超えた選手もいて、彼らは練習も90パーセントか、それ以上参加した。それはノイアー、ラーム、ボアテング、ダンテ、アラバ、クロース、ミュラー、マンジュキッチ、ロッベンだ。最も練習を休まなかったのがミュラーのわずか2日間、アラバは3日、クロースが4日で続いた。

これらの数字は、あくまで参考に過ぎないが、グアルディオラの1年目は見事な出来だったと言っていい。ドイツサッカーの強烈なカウンター攻撃、バイエルンの選手たちの特性、ケガの苦しみを受け入れてポジションプレーのコンセプト（新しい〝イデオマ〟）を教えた。そして、予想をはるかに超える好成績で、すべての大会において秀でた競争力を見せつけたのだ。

グアルディオラにこの1年間を総括してもらって、この本を閉じることにする。

5月20日、選手たちは別れのあいさつをするため、次々とゼーベナー・シュトラーセにあるペップの書斎を訪れた。ある者たちはワールドカップへ旅立ち、チアゴやノイアー、ラームは理学療法士とともにケガの治療に専念するだろう。

ちなみにこの日の前日（ベルリンから戻った翌日）、ペップはクリスティーナとゴルフを楽しんだ。そして、約束の待ち合わせの時間にペップの書斎に行くと、机の上にはまだドルトムント戦の情報がそのままになっていた。白板にはベルリンで見せた3‐6‐1の5つの原則と、ペップの長女マリアのメモが緑の字で書かれてあった。映画マネーボールの言葉だ。

「辛く厳しいいばらの道だということは十分承知しているが、最初に壁を打ち破る者はいつも血まみれになるんだ。いつも」

もうひとつ、ペップ自身が書いたものもあった。

「実際に、すべてのチームで起こっている問題は、エゴによるものだ」

――今、ペップ個人としての最初の年の成功、失敗、ドラマ、喜びなどを総括する時だと思うが、ここミュンヘンが好きになったかい?

「…………チームが自分のものだと確認するためには、まだ時間がいるんだ(ペップの口が開くまで、とても長い時間を要したように感じたが、実際には8秒だった)。多くの勝利をおさめた、という点ではとても満足している。なぜなら、勝利は常に時間を与えてくれる。タイトルの獲得は、未来を建設するための時間を与えてくれる。しかし、本当の意味での満足は、チームが自分のものだと感じられ、自分の望むようにチームがプレーする時だ。そのためには、まだ時間が必要だ。まだ完全に私のものにはなっていない。もっと、その時間を持ちたい。ビッグチームは常に勝ち続けなければならないが、もしこの時間を持つことができたら、どこへ向かいたいかを決めることができる。まだまだ実行したい計画があるんだ。

私は、選手たちを今以上に説得しなければならない。彼らの出身はミュンヘンだったり、グライフスヴァルトであったり、ローゼンハイム、ゲルゼンキルヒェンなどさまざまだ。そして、私はサンパドーの出身だ。環境も考え方もまったく違うところで生まれ育った。お互いに歩み寄るためには、合意点が必要なんだ。例えば、私はベッケンバウアーのサッカーの考え方に自分をあわせることはできないし、あわせたくはないが、彼もまた、私のサッカーの考え方には納得しないだろう。しかし私たちは、ある合意点には到達できるはずだ。

私がこのチームの選手たちを説得するということは、1つのカウンターカルチャーだと思う。彼らは、すでに3冠を獲った選手たちなのだから、私がやろうとしていることは、なおさらのことカウンターカルチャーだ。彼らのサッカー文化に対立するものだと思う。もし3冠を獲っても7人の新しい選手たちが入ってきたら、プレーのやり方を変えるのはもっと簡単だ。しかし、実際には2人しか新しい選手がいなかった。私がバルサに就任した時は、8人の新しい選手たちがやってきた。その上、チームは良い成績を上げていなかった。悲惨な結果だったんだ。バイエルンは、これ以上ないような成功の後で、新しい選手はゲッツェとチアゴの2人。これが現実で、チーム作りは簡単ではなかった」

——道に迷ったと感じたことはあったかい？

「これは、1つの実験だ。バルサでは、18ポイントも差をつけられて負けたチームを回復するためにチーム作りをした。ここでは、3冠の後のチーム作りということになる。これは大きく深い違いだ。今シーズン、バイエルンで結果を残して責任を果した。クラブの会長や幹部からも評価を得た。この意味で、今シーズンの総括は良いと言える。6個のタイトルの内、4つ。確かにCLでは敗れた。結果はロジカルだったし、負け方に後味の悪さを残した。ホームのマドリー戦での負けに関しては、何の言い訳もできない。頭を下げて受け入れる。しかし、その他は良かった。

新しい国で3冠を獲った後のチームに、新たな〝イデオマ〟を加えなければならなかった。そこで言葉の問題……。1つは表現するための言葉。もう1つは選手たちに届けるための言葉だ。深いところまで届く言葉。だからこそ言葉が必要で、今年はまだまだ適切ではなかった。考えてみると1年前まで、『グーテンアーベント（こんばんは）』が何を意味するのかさえ知らなかった。このあいさつの言葉を夕方に言うのか、夜なのかも。選手たちに本当に届くために必要な言葉を早く習得するのは、簡単なことではないよ」

——ハインケスが残したことへの挑戦は難しかった？

「そうだね。しかし、1つ言っておかなければならない。それは、私たちが勝った多くの試合やタイトルは、昨年のハインケスの仕事によるところが大きい。ダイナミックに勝って、勝って、勝ち続けた……だからこそ、リーグを獲った後にカップ戦を獲ることが重要だった。3冠を獲った後でも再び勝つことができることを証明して、このまま今の目指しているやり方を続けていくために。もしカップ戦に負けていたら、この先、何カ月間かは厳しかったと思う。バルサは私とともに3冠を獲った。ここではユップが獲った3冠だった。それは、私にとって挑戦だ。もちろん、バルサでも私は3冠の後にチーム作りをしたが、それはこのケースとは違う。

私自身も他の国で、他の言語で、他の監督の成功の後にチーム作りをすることを試してみたかった。とても厳しいことだとわかっていたが……そして私は、4つのタイトルを獲ったが、それは真の問題ではない。本当に重要な問題でもない。真の問題は、自分のモノだと感じられるプレーのやり方をするかどうか。例えば、昨夏のテレコムカップや、シティ戦やレバークーゼン戦のようにだ」

——今シーズン、カウンターカルチャーという言葉をたくさん聞いた。バルセロナの外でやることは、すべてカウンターカルチャーになるのかな?

「そうだね。基本的には。私はポジション攻撃のファンなんだ。つまり、対戦相手を自陣に押し込んで、そこから出られないようにする。それをやっているチームは本当に少ない。バルサとパコ・ハメス(ラージョ・バジェカノの監督)とほんのわずかなチームだけ。多くのチームは自陣で守ってカウンターをする。ポジション攻撃はとても難しいよ。選手たちに謙虚さが必要だからね。

長い時間、直接ボールに触れないことでチームをサポートする、という考え方で成り立っているんだ。しかし、一旦ボールに触れたなら、数的優位を得て決定的なプレーができる。選手は深い謙虚さと、犠牲心を理解して、受け入れなければならないんだ。直接プレーに関わらないということは、チームメイトにスペースを与えているということ。そして、このプロセスはとてもとても長い。良い連携がとれたDFたちを、8人も9人もゴール前に置くというやり方も1つのサッカー。実行しやすく、多くの試合で見かける。しかしながらポジション攻撃の練習をすると、その選手たちはフットボリスタとして、すべてを獲得できると思う。でもポジション攻撃でないプレーモデルのトレーニングでは、それは難しいかもしれない。

チアゴやラームのような選手が、我慢して、ボールを待ち、適切な瞬間までプレーに直接関わらないでいたら3対2の優位な状況を作り出せる。ロッベンやリベリーのようなタレントのある選手が、15分間直接プレーに関わらなかったら、プレーのプロセスをサポートすることになり、最終的に敵にとっての大きな危険に変わるんだ」

——選手と監督が互いに相手にあわせようとするプロセスがあったか。

「もちろん。ポジション攻撃に必要な謙虚さを選手たちに要求する一方で、私は選手たちにあわせた。しかし、各選手が個人プレーに走った時、私たちは悪いプレーをした。だからポジション攻撃のプレーモデルを選手たちが受け入れることを要求するんだ。例えば私はエクストレモ（ウイング）のファンで、ここには素晴らしいエクストレモがいる。しかし、彼らがアドバンテージを持ってプレーに参加するためには、後方から組み立てる攻撃でエクストレモに与えるアドバンテージを作り出さなければならない。これは、長くて複雑なプロセスだ。

今、うちのチームはGKから50メートルのところでセンターバックがプレーしている。リスキーなことか？もちろんリスキーだ。疑いなく。しかし、優勝決定までの27試合で、失点はわずか13点だった。そこに注目してほしい。バルサではチャビ、メッシ、イニエスタがこの高いディフェンスラインの中で10年間、プレーを続けている。それは間違いなくドイツの伝統的なサッカーと対立するカウンターカルチャーになる」

——選手たちの中に、ペップのサッカーを支持した者はいた？

「何人かの選手たちには、このやり方が苦手で性格に合わなかったが、とても努力してくれた。走るために走るんじゃない、パスのためにパスするんじゃない、戦術的なトレーニング。私たちがやっているポジションプレーを、各自が良くも悪くも解釈した。でも、これらのタイプの練習が嫌いだったら不可能だった。3冠を獲った選手たちからしても、簡単なことではなかったと思う」

――常にカウンターを警戒しながら攻撃し続けるのは、フラストレーションがたまるのでは?

「もちろんそうだ。しかし、カウンターをしたいチームにカウンターをさせないのも、気持ちがいいし非常に満足できる。ポジション攻撃の基本的なコンセプトは、攻撃の形が作れたら、どこでボールを失っても守ることができること。マドリー戦の大失敗は私たちのミスで、最初からそれは見て取れたが、スタートのシステムを途中で変えることは簡単ではなかった。ハーフタイムまで待たなければならなかったが、時すでに遅し。

4―3―3にしてトップ下を入れたら、後半にカウンターは受けなかった。ドイツでは、選手たちが広いスペースを持つことに慣れている。例えばドイツカップ決勝のミュラーの2点目。そこにはスペースがあった。そして、彼らは広いスペースが好きだ。しかしスペースを持つためには、後ろから作っていかなければならない。もし敵がゴール前のスペースを閉じたら、なおさらだ」

――何カ月か前に言ったね。「来シーズンはより良くプレーするけど、今シーズンよりも負ける」と。

「それは、言葉のアヤ。私が本当に考えていることは、良いプレーができたら負けないということ。来シーズンは故障なくプレーできる選手がもっと欲しい。何人かの補強と、より良いプレーができる可能性を高めるため、勝つために欲しい。私たちは来シーズン、今年よりも良いプレーをすると思う。ユップ・ハインケスのチームと比較するのではなく、今シーズン私たちがやってきたプレーと比較すべき時だ。人間なら避けがたいことだが、ハインケスの後でみんなは『なぜ変えるんだ?』と考えた。私でも、確実にそう言ったと思うよ」

──しかし、3冠の後の変化は避けられないことで、進化がなければフットボールは停滞するのでは？

「もし、変化させなかったら何が起こっていたか。確認できるなら、その目で見てきてくれよ。それは誰にもわからないんだ……しかし、フットボールは進化するものであり、進化は選手によって起こる。私はこのシーズン、自分のモノだと感じられないことを多くしたが、それは選手たちが自分たちのリズムを獲得するために必要だったんだ。だから選手たちに自分をあわせた。

一歩一歩進むためには、間違いは必要だ。対戦相手を知ることも必要だ。リーガを知ることも……。今、私たちは一通りライバルたちと対戦し終わり、スタジアムも直接訪れて知ることができ、対戦相手の監督たちも知った。そして、私自身はこのクラブを知ることができた。これらのことを学びながら獲得した4つのタイトルは、やり続け変化し続けることを可能にする酸素のようなものだ。

この4つのタイトルは来シーズンに向けた財産であり、選手たちの自尊心の糧になる。4つのタイトルを獲るのは簡単じゃないが、決勝に到達するだけではダメだ。勝たなければならない。3冠の後はプレッシャーが減るのは普通のことで、カール（ルンメニゲ）は、いつも私にこう言っている。『CLやリーグを獲った翌年は、いつもダメになっていた。今年は高いレベルを保ったまま、リーグを歴史上最速で優勝を決めた』と。25勝2分けはとても良い結果だ」

──チームはあなたが望む方向に進化しているか？

「この11カ月間の変化は大きかった。チームは輝かしい時もあり、悪い時もあった。CLのマドリー戦で私たちは良いパンチを食らった。エミレーツやオールド・トラッフォード、ベルナベウではとても良いプレーをした。このタイプの試合こそ、私が大事にしていて、すべきプレーだと思っている。時間が経てばバイエルンのファンたちは、これらの試合を思い出してくれるだろう。ある程度の時間が過ぎたら、そうなることはわかっているんだ」

2年目の方が1年目よりも厳しいことを、グアルディオラは承知している。だからこれまでの人生で、これ以上ないほど強烈なペップになろうとしている。そう、もっと大胆に、深淵に、プレーのコンセプトを追求するだろう。より理解して受け入れた選手たち、ペップの提案する新たな知識である〝イデオマ〟を携えた選手たちとともに。

しかし、バリエーションに富んだカタログの中から、カップ戦で見せたような手段も取り出して、後ろに下がってプレーすることも散発的にやっていく。長いシーズンの中で私たちが見てきたように、チームは決して写真のように止まったままではなく、いつも生きている。そう、生き物なのだ。流動し、成長し、部分的には後退しながらも、全体としては前に進んでいる……。


チームとは、成功の印。

チームとは、気持ち以上のモノ、しかし、気持ちのそのもの。

チームとは、戦術とトレーニング、しかし、能力と才能。

チームとは、練習と明確なアイデア、しかし、ハートと感動。

チームとは、1つの道、時には未知で冒険に満ちている。しかし、ルーティンと繰り返しの道でもある。

チームとは、明確に進む方向があり、潜んでる危険を探知しながら、みんなで一緒に進み、約束事を理解する。

このフットボールの道は、常に終わりがなく始まりを繰り返す。

たくさんのファイナル（決勝）はあるが、決してファイナル（終わり）がないのがフットボールの道なのだ。

ニューヨークのあの夜、チェスの超人ガリー・カスパロフはペップを見てからこう言った。

「2度目の世界チャンピオンになった1986年、私はすでに誰が私を負かすかを知っていたんだ」

「誰ですか?」とグアルディオラは聞いた。

「時間だよ。ペップ、それは時間なんだ」

<著者プロフィール>

マルティ・パラルナウ Martí Perarnau

1955年バルセロナ生まれ。1980年のモスクワオリンピックに高跳び競技で出場。その後ジャーナリストとして、さまざまな新聞やテレビ局でスポーツ関連のディレクターを務めながらコラムを執筆。著書にFCバルセロナでのペップの監督時代を綴った『El largo viaje de Pep』『FCバルセロナの人材獲得術と育成メソッドのすべて』(カンゼン)がある。Webでパラルナウ・マガジン(http://www.martiperarnau.com)を主催。

<訳者プロフィール>

羽中田昌 Masashi Hachuda

1964年7月19日生まれ。山梨県甲府市出身。1983年山梨県立韮崎高校卒業、その年の8月にバイク事故で脊髄を損傷する。車椅子の生活を余儀なくされ、サッカー選手としてのキャリアもここでストップした。その後、山梨県庁に入庁。9年間の勤務を経て、車椅子でプロのサッカー監督を目指すべく、憧れのヨハン・クライフがいるスペイン・バルセロナに留学(5年間)。帰国後は暁星高校と韮崎高校でコーチ、カマタマーレ讃岐と奈良クラブで念願の監督を歴任。現在は東京23FC監督、サッカー解説者、講演活動、執筆業など幅広く活動。2006年JFL・S級ライセンス取得。著書に『夢からはじまる』(集英社)、『バルセロナが最強なのは必然である・グアルディオラが受け継いだ戦術フィロソフィー』(翻訳、カンゼン)などがある。

<訳者プロフィール>

羽中田まゆみ Mayumi Hachuda

1965年3月14日生まれ。山梨県韮崎市出身。1990年から夫(羽中田昌)に伴いバルセロナに5年間留学。公立の語学学校でスペイン語を学ぶ。

装　丁　　鈴木彩子
写　真　　GettyImages
構　成　　澤山大輔
編　集　　中林良輔
制　作　　シーロック出版社

ペップ・グアルディオラ
キミにすべてを語ろう

マルティ・パラルナウ／著　羽中田昌＋羽中田まゆみ／訳

2015年4月16日　初版第1刷発行

発 行 人　保川敏克
発 行 所　東邦出版株式会社
〒169-0051　東京都新宿区西早稲田3-30-16
http://www.toho-pub.com
印刷・製本　信毎書籍印刷株式会社
（本文用紙／ラフクリーム琥珀 四六 66.5kg）